U0645754

松于阿而珍于朋

爪牙

清代县衙的
书吏与差役

〔美〕白德瑞－著

尤陈俊　赖骏楠－译

TALONS
AND TEETH

County Clerks
and Runners
in the Qing Dynasty

GUANGXI NORMAL UNIVERSITY PRESS
广西师范大学出版社
·桂林·

爪牙：清代县衙的书吏与差役
ZHAOYA: QINGDAIXIANYA DE SHULI YU CHAIYI

Talons and Teeth: County Clerks and Runners in the Qing Dynasty , by Bradly W. Reed, published in English by Stanford University Press.
Copyright © 2000 by the Board of Trustees of the Leland Stanford Jr. University. All rights reserved. This translation is published by arrangement with Stanford University Press, www.sup.org.
著作权合同登记号桂图登字：20-2020-173 号

图书在版编目（CIP）数据

爪牙：清代县衙的书吏与差役 / （美）白德瑞著；尤陈俊，赖骏楠译. --桂林：广西师范大学出版社，2021.7（2024.3 重印）
（实践社会科学系列 / 黄宗智主编）
书名原文: Talons and Teeth: County Clerks and Runners in the Qing Dynasty
ISBN 978-7-5495-7625-8

Ⅰ．①爪… Ⅱ．①白… ②尤… ③赖… Ⅲ．①地方政府－行政管理－政治制度史－研究－中国－清代 Ⅳ．①D691.22

中国版本图书馆 CIP 数据核字（2021）第 043966 号

广西师范大学出版社出版发行

（广西桂林市五里店路 9 号　邮政编码：541004）
网址：http://www.bbtpress.com
出版人：黄轩庄
全国新华书店经销
广西广大印务有限责任公司印刷
（桂林市临桂区秧塘工业园西城大道北侧广西师范大学出版社集团有限公司创意产业园内　邮政编码：541199）
开本：880 mm ×1 240 mm　　1/32
印张：16.125　　　字数：340 千
2021 年 7 月第 1 版　　2024 年 3 月第 7 次印刷
印数：25 656~28 656 册　定价：98.00 元

如发现印装质量问题，影响阅读，请与出版社发行部门联系调换。

"实践社会科学系列"总序

中国和美国的社会科学近年来多偏重脱离现实的抽象理论建构,而本系列丛书所强调的则是实践中的经济、法律、社会与历史,以及由此呈现的理论逻辑。本丛书所收入的理论作品不是由理论出发去裁剪实践,而是从实践出发去建构理论;所收入的经验研究则是那些具有重要理论含义的著作。

我们拟在如下三个子系列中收入精选后的重要作品,将同时推出中文版和英文版;如果相关作品已有英文版或中文版,则将其翻译出版。三个子系列分别是"实践法史与法理""实践经济史与经济学""中国乡村:实践历史、现实与理论"。

现今的社会科学研究通常由某一特定的理论立场出发,提出一项由该理论视角所生发出的研究问题,目标则是证明(有时候是否证)所设定的"假说"。这种研究方法可以是被明确说明的,也可以是未经明言的,但总是带有一系列不言而喻的预设,甚或是无意识的预设。

因为当下的社会科学理论基本上发端于西方,这种认识论的进路经常伴随着西方的经验(诸如资本主义、自由市场、形式主义法律等),以及其理论抽象乃是普适真理的信仰。而在适用于发展中的非西方世界时,社会科学的研究基本上变成一种探索研究对象国家或地区的不足的工作,经常隐含或者公开倡导在西方"模式"道路上的发展。在经济学和法学领域内,它表现得最为明显,这是因为它们是当前最形式主义化和意识形态化的学科。而中国乡村的历史与现实则是最明显与主流西方理论不相符的经验实际。

我们的"实践社会科学系列"倡导把上述的认知过程颠倒过来,不是从源自西方的理论及由此得出的理论假说出发,而是从研究对象国家的实践历史与现实出发,而后进入理论建构。近代以来,面对西方在经济、军事及文化学理上的扩张,非西方国家无可避免地被卷入充满冲突性斗争的历史情境中——传统与西方"现代性"、本土与引进、东方与西方的矛盾。若从西方理论的视野去观察,在发展中国家的历史社会实践中所发生的现象几乎是悖论式的。

我们从实践出发,是因为不同于理论,实践是生成于研究对象国家自身的历史、社会、经济与政治的情境、视域和话语内的。而且由实践(而非理论)出发所发现的问题,更有可能是所研究国家自身的内生要求,而不是源自西方理论/认知所关切的问题。

实践所展示的首先是悖论现象的共存——那些看起来自相矛盾且相互排斥的二元现实,却既真实又真切地共存着。例如,没有(社会)发展的(全球化的)商业化、没有民主的资本主义,或者没有相应司法实践的西化形式主义法律。其挑战着那些在它们之间预设因果关系的主流西方理论的有效性,因此呼吁新理论的构建。此外,理论往往由源自西方的形式演绎逻辑所主导,坚持逻辑上的前后一贯,而实践则不同于理论,惯常地容纳着看起来是自相矛盾的现象。从实践出发的认知要求的是,根据实践自身逻辑的概念化来建构理论——比如中国的"摸着石头过河"。

从实践出发的视野要求将历史过程作为出发点,要求由此出发的理论建构。但是,这样的实践和理论关怀并不意味着简单地拒斥或盲目地无视西方的社会科学理论,而是要与现有理论进行自觉的对话,同时自觉地借鉴和推进西方内部多样的非主流理论传统。此类研究还可以表现在实际层面上,在西方主流的形式主义理论以外,有必要结合西方主流以外的理论传统去理解西方自身的经验——例如,结合法律实用主义(以及马克思主义和后现代主义)和主流的"古典正统"法学传统,去理解美国法律实践的过去和现在，或者结合马克思主义、实体主义和主流的亚当·斯密古典自由主义经济学传统，去理解西方的实践经济史。更重要的还在于，要去揭示这些存在于实践中的结合的运转理论逻辑，在这些看起来相互排斥的二元对立之间，去寻找超越"非此即彼"之逻辑的道路。

我们的丛书拟收入在实践法史与法理、实践经济史与经济学，以及中国乡村的实践历史、现实与理论研究领域内的此类著作，也包括讨论中国创新的著作，这些创新已经发生在实践内，却尚未得到充分的理论关注和表述。我们的目标是要形成一系列具有比主流形式主义研究更适合中国历史、现实的问题意识和理论观念的著作。

黄宗智

《邑宰仁厚》，载《点石斋画报》第 35 号，第 9 页。

《点石斋画报》创刊于 1884 年，1898 年停刊，前后历 14 年。该图为吴友如所画，所配文字为："上海县差人张春生，系谢庆、蔡锦之副身也。前日，奉提某姓抢蘸一案，擅将案内无名之图甲并提到案。图甲备诉原委。邑尊怒喝，答百六十板，以儆其擅。不料答至满百，遽扒起向外逃走。堂上下人众累累，几乎失笑。夫官长耳目难周，私提私押等事，往往而有。若夫既经喝责，岂有受责未终而遽思逃遁者。后虽备责满数，犹属邑尊之仁慈也。如此蒝法，答之宜加数倍，否则刁风易长耳。（疼痛难忍）"

[清]何耿绳:《学治一得编》,清道光十七年(1837)刊本。该页写有"书差为官之爪牙,一日不可无,一事不能少"字样。

[清]陈宏谋:《在官法戒录》,清乾隆八年(1743)培远堂刻本。该页自序中写道:"然国家设官置吏,官暂而吏久也,官少而吏众也。官之去乡国常数千里,簿书钱谷或非专长,风土好尚或多未习。而吏则习熟而谙练者也。他如通行之案例,与夫缮发文移、稽查勾摄之务,有非官所能为,而不能不资于吏者。则凡国计民生系于官,即系于吏,吏之为责不亦重乎?"

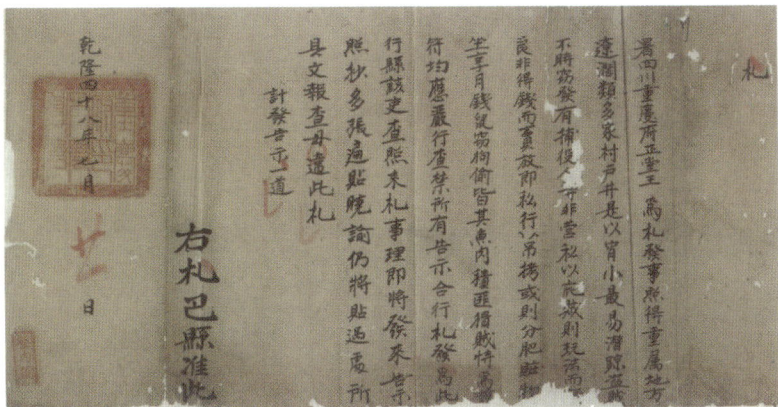

清乾隆四十八年(1783)七月二十一日重庆府严查捕役包庇盗贼诬害平民札。选自四川省档案馆编:《清代巴县档案整理初编·司法卷·乾隆朝(一)》,成都:西南交通大学出版社,2015,第 73 页。

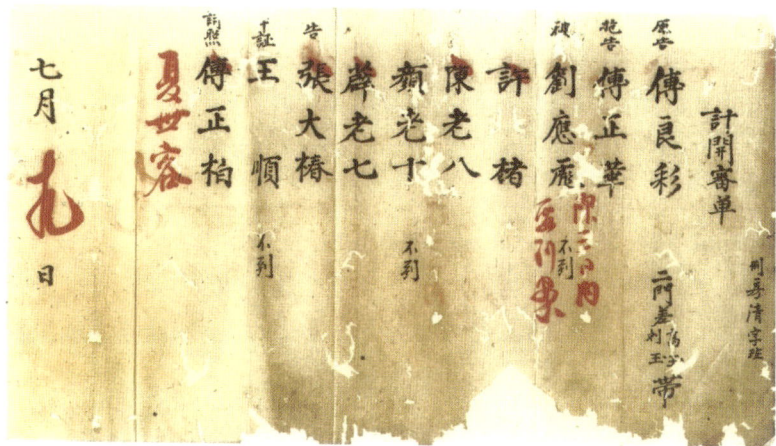

清嘉庆十五年(1810)七月十九日巴县衙门刑房开具的审单。选自四川省档案馆编:《清代巴县档案整理初编·司法卷·嘉庆朝》,成都:西南交通大学出版社,2018,第 110 页。该件文书右边写有"刑房清字班"的字样,表明该案子是被分派到巴县衙门刑房,由该房内分别冠以"清""慎""勤"为号的三班书吏中的清字班承办。

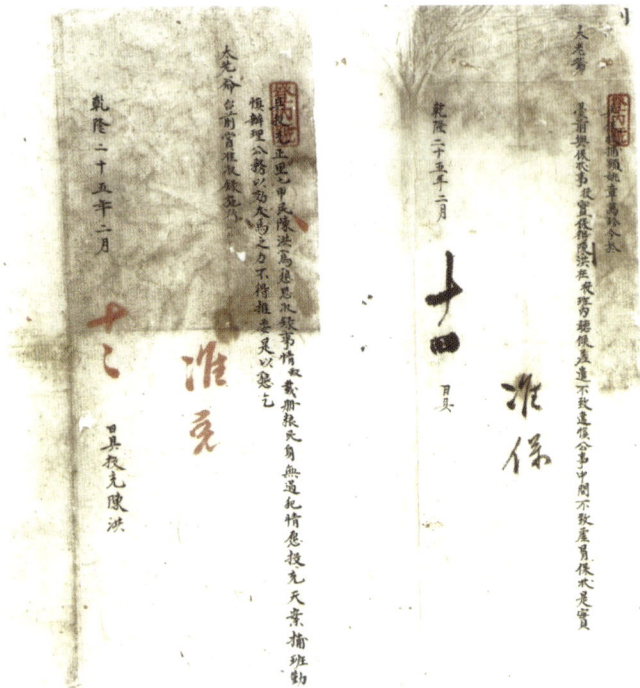

左图为清乾隆二十五年（1760）二月十二日陈洪自愿投充巴县衙门捕班差役状。其文字内容为："具投充。正里七甲民陈洪为恳恩收录事情。蚁载册粮民，身无过犯，情愿投充天案捕班，勤慎办理公务，以效犬马之力，不得推委。是以恳乞大老爷台前赏准收录施行。乾隆二十五年二月十二日，具投充陈洪。"上面还有巴县衙门以朱笔所写的"准充"字样。

右图为清乾隆二十五年二月十四日巴县衙门捕头姚章、万珍为陈洪投充捕役作保状。其文字内容为："具保状。捕头姚章、万珍今于台前与保状事。役实保得陈洪在役班内听候差遣，不致违误公事，中间不致虚冒。保状是实。乾隆二十五年二月十四日具。"上面还有巴县衙门以朱笔所写的"准保"字样。

上述二图皆选自四川省档案馆编：《清代巴县档案整理初编·司法卷·乾隆朝（一）》，成都：西南交通大学出版社，2015，第87页。

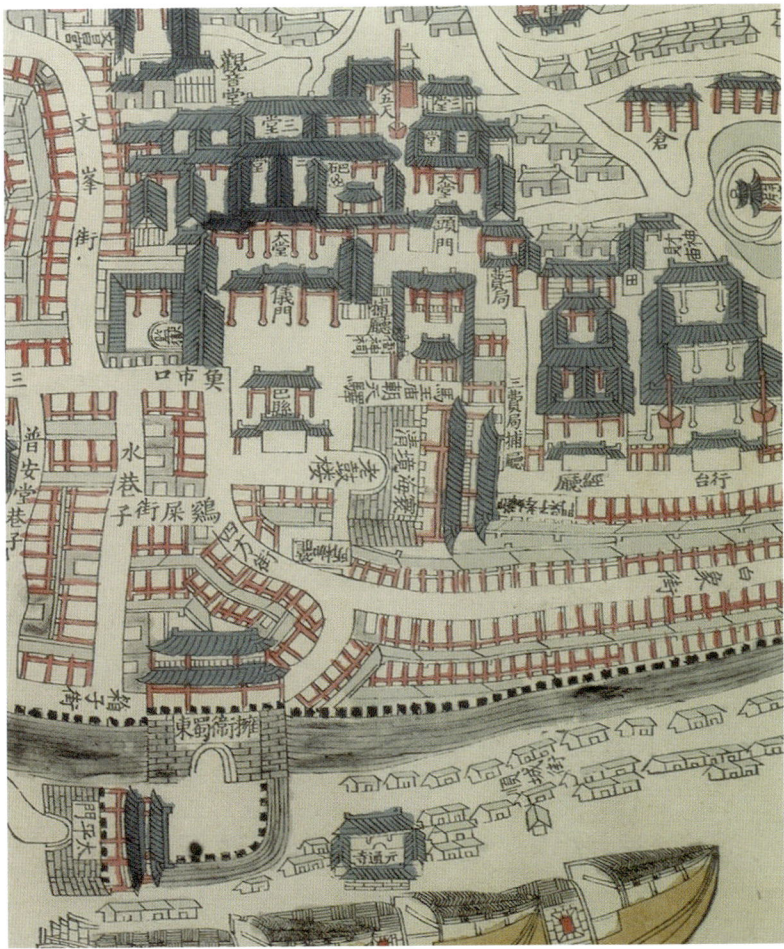

　　光绪朝时由张云轩绘制的《重庆府治全图》，制成于 1886 年－1890 年之间，今在中国国家图书馆、北京大学图书馆、美国耶鲁大学图书馆、日本国立公文书馆、日本天理大学图书馆均有收藏。

　　上图为从北京大学图书馆藏《重庆府治全图》截取的局部，不仅展示了巴县衙门的整体建筑架构，而且还明确标注了巴县衙门吏役们经常用作集议剖决其内部争执之场所的衙神祠，以及当时办公地点设在巴县衙署里的三费局。

上图为现位于重庆市渝中区解放东路一侧的巴县衙门旧址仅存的老房子。2003 年由渝中区人民政府公布为区级文物保护单位。据参考清末绘制的《重庆府治全图》等文献推测，此处当年为清代巴县衙署内的衙神祠。后来历经沧桑，被改造为砖木结构民房，但原有木质撑拱和挂落上的雕花、墙石上的浮雕至今仍清晰可见。巴县衙门旧址现正被保护性修缮，据悉将打造成南宋老鼓楼遗址公园的重要组成部分。（尤陈俊摄于 2015 年 6 月 25 日）

献给 Ellen 与 Rachel

中文版序

　　如同我在本书英文版自序中所言,我对此一主题进行研究的学术意图之一,乃是尝试超越那种将清代县衙吏役描述为皆腐败不堪和自私自利的模式化表达。与刑罚残酷和州县官所作的裁判具有不可预测性这两种表达一道,上述这种清代衙门吏役皆是贪腐之辈的刻板印象,长期以来也被用以支持如下预设,那就是认为清代普通百姓竭力避免与县衙公堂发生任何接触。不过,黄宗智在他 20 世纪 80 年代后期以来所做的研究中已经揭示,实际上有相当数量的清代普通百姓前往县衙打官司。如果清代的书吏和差役们真的像通常说的那样皆极为贪腐,那么普通人怎么可能还会前往县衙打官司?如果县衙这一帝国官僚机构的最低层级被贪得无厌的吏役所充斥,那么整个清帝国的众多县级政府何以实现持续性运转?此外,上述这一切,又能对我们理解清朝统治的基本特征提供何种启发?

　　起初正是带着诸如此类的疑问,我开始了对清代巴县档案的探索。这批档案目前被保存在位于成都的四川省档案馆。经过对巴县档案中相关资料长达 18 个月的研究,我开始建构出一幅与人们先前的设想相当不同的历史图景。我的发现(而且我至今仍相信这是本书最主要的学术贡献)是,在那些支配着清代县级政府行政的成文法规的一旁,还存在着另一种因正式制度无力满足地方政府运作之实际需求而产生的非正式制度。由于这种非正式制度存在于正式法律的界限之外,在定义层面上它就是"非法"的,因而也是腐败的。不过,就算它是一种腐败,它也是一旦消失就会令清代地方政府无法运转的一种腐败形式。

若干曾阅读过本书英文版的中国读者向我表示,我对清代衙门吏役过于友好了。前述那些中国读者认为,由于没有充分关注书吏和(尤其是)差役扰害地方民众的各种方式,我实际上忽视了普通百姓在清朝统治下所遭受的诸般苦楚。我对这种批评的回应可分为如下两方面:我并不否认某些清代衙门吏役存在滥用手中权力的腐败行为。实际上,我的看法是,正是许多清代县衙运作方式的上述非正式性特点,通过将县衙的日常运作置于按照成文法律规定开展行政实践的各种界限之外,使得这类腐败行为成为可能。不过,我同时也认为,清代吏役的行政实践尽管是非正式的,但仍然是制度化和为规则所驱动的。我进而主张,清代县衙当中那些非正式实践的这种规则驱动型特征,在某种程度上起到了约束腐败的作用。正如我在本书中所展示的,由于一些吏役违反清代巴县衙门各种内部规矩(房规、班规)之举威胁到其他衙门雇员的生计和安全,吏役们极为关注此类内部规则的落实。当此类内部规则的遵循受到威胁时,由此导致的那些冲突经常会被提交给知县裁决,正如其他形式的诉讼被呈请知县处置那样。这就导致清代地方行政的正式领域和非正式领域被关联在同一个制度当中。

自从本书英文版于 2000 年出版以来,有关此主题的新研究尚不多见。不过在过去几年中,不少更为年轻的中国学者,开始从巴县档案中爬梳清代地方行政所展示的理论面向与实践面向。我希望本书中译本的出版将有助于他们的学术探索。

最后,我要感谢本书的两位译者尤陈俊和赖骏楠,他们为本书的中译耗费了大量的心力。我也要表达对广西师范大学出版社及该社编辑刘隆进的感激之情,正是他们使得本书中译本的出版成为可能。

白德瑞

英文版序

　　我最初对清代的书吏和差役们产生学术兴趣，是在攻读研究生期间。我那时发现似乎很少有人对他们有真正的了解。的确，几乎所有研究清代地方政府的学术著作都会提及书吏和差役，但此类著作中所引用的绝大多数史料，都没有超出那种将衙门吏役皆视作贪腐成性、一心只为追求自身私利之辈的讽刺性描述。尽管书吏和差役们实际承担了县衙当中的大量行政工作，但关于他们到底是什么样的人、来自何方、怎样被组织起来，又或者他们是如何在衙门中开展工作的信息，却极少能够见到，或者根本就付之阙如。

　　我的博士论文便是为了改变上述局面而撰写的，它也是本书的底稿。我的目标是要超越那些将书吏和差役们简单地视为反面人物的描述，从而更好地理解他们在清代县衙当中所扮演的角色，并思考他们的活动是如何可能影响清代的国家与地方社区之关系。在此过程中，我力图穿越那段横亘在清代中央政府所制定的法律规范与地方政府的日常行政事务之具体实施间的距离,来探讨当时的地方衙门究竟是如何运作的。随后,为了完成这一任务,我决定选用的最佳方案,并非对清帝国境内所有的县衙进行整体性概述,而是着眼于其中的某一座县衙展开具体研究。

然而,在具体着手开展这项研究计划之前,我首先要面对资料来源方面的问题。以往那些关于清代地方政府的研究成果,几乎全都是利用如下三大类文献史料:由地方政府或当地士绅主持纂修而成的县志或省志;一些官员所撰写的官箴书或回忆录之类的文集;各种中央层级公文书的汇编,包括谕旨、奏折和行政法令。这些文献对于描述清代地方政府的正式架构及其相关的官方政令而言或许已然足矣,但倘若人们想要借其考察县衙日常工作的各种细节,则它们的价值就要小很多。而要想找出这些细节,就必须在清代县级政府的档案里面进行挖掘。

但是直到最近,历史学家们依然面临着此类资料极为匮乏的难题。在这一方面,颇具反讽意味的是,保存至今的清代中央政府资料相当丰富,但留存下来的清代地方政府资料却少之又少。尽管这一巨大的反差令历史学家们感到非常沮丧,但我们所面对的事实仍然是,除了一些零星的地方政府档案,极少有清代县衙的档案被成规模地保存至今。在 20 世纪 80 年代中期之前,西方学者所能利用的清代地方政府档案,仅有清代台湾的淡水厅和新竹县档案(简称"淡新档案")。淡新档案提供了关于清代台湾社会及其法律制度运作的宝贵史料,艾马克(Mark A. Allee)、包恒(David C. Buxbaum)、戴炎辉和黄宗智(Philip C. C. Huang)等学者均已利用这批史料出版或发表了各自的研究成果。① 但淡新档案中关于衙门吏役的资料仍然太过单薄,以至于无法用来开展此方面的深入研究。

所幸的是,在过去的十多年里面,西方学者逐渐能够接触在中国已知现存的规模最大、最完整的清代地方政府档案,亦即四川省的清代巴县档案。虽然本书还引用了其他一些现今可以看到的档案或已出版的资料,但我主要利用的则是从巴县档案这批独一无二的文献里所搜集到的相关材料。因此,有必要在此先对我所主要利用的这批资料做一番介绍,并交代本书在资料使用方面的一些问题。

1911年清政府垮台之后,巴县档案基本上被民国时期的当地县政府所遗忘,直到第二次世界大战期间,这批档案才被转移到位于四川省雅安市郊的一座庙宇内存放,以免被侵华日军炸毁。② 这批档案在那里又被遗忘了将近二十年。在此期间,它们不仅发霉,而且还遭到虫蛀。到了1953年,这批档案被重新发现,随后被转移至位于四川省省会成都市的四川大学。尽管四川大学的学者们随后便开始对这批多达113000卷的档案进行初步的编目并抄录了一

---

① Mark A. Allee, *Law and Society in Late Imperial China, Northern Taiwan in the Nineteenth Century*, Stanford: Stanford University Press, 1994; David C. Buxbaum, "Some Aspects of Civil Procedure and Practice at the Trial Level in Tanshui and Hsinchu from 1789 to 1895", *The Journal of Asian Studies*, Vol.30, No.2(1971), pp.255-279; 戴炎辉:《清代台湾之乡治》,台北:联经出版事业股份有限公司,1979; Philip C. C. Huang, "Between Informal Mediation and Formal Adjudication: The Third Realm of Qing Justice", *Modern China*, Vo.19, No.3(1993), pp.216-240; Philip C. C. Huang, *Civil Justice in China: Representation and Practice in the Qing*, Stanford: Stanford University Press, 1996。

② Joseph W. Esherick & Ye Wa, *Chinese Archives, An Introductory Guide*, Berkeley: University of California Press, 1996, p.280.

xv 套副本,但在 1965 年,这批档案又被转移到四川省档案馆,并在那里存放至今。直到 1980 年,四川省档案馆才开始对这批受损严重、已然变脆易碎的历史文献开展保护、修复及摄制微缩胶片的工作。从那时起,中外学者们对这批档案的利用才变得越来越便利。

四川省档案馆的工作人员起初对巴县档案所做的整理,乃是按照清代各位皇帝的在位统治顺序先后进行编目,每位皇帝在位期间的档案又被分为如下六大类,亦即内政、经济、兵、教育、司法、外交。有关衙门吏役的卷宗,主要是被归入清代各朝巴县档案的内政类部分。这些档案提供了关于巴县衙门书吏和差役们的大量信息:招募与任用吏役的流程;吏役们的承充情况记载;巴县衙门向其上级衙门呈交的吏役人员情况报告;关于个别吏役的卷宗;对吏役加以惩戒的各种程序;吏役们内部奉行的各种规矩及程序;来自上级衙门的指示;当地百姓向巴县知县控告衙门吏役的文书;还有最重要的,关于衙门吏役之间所发生的那些纠纷的案卷记录。

尽管巴县档案中的内政类档案在时间上几乎涵盖了清朝定鼎中原之后全部十位皇帝的在位时期,但其中保存至今的 19 世纪之前的资料非常支离破碎,以至于无法用来对该时期巴县衙门的行政运作进行细致描述。不过,相较于 19 世纪之前的此类资料的保存状况欠佳,19 世纪的巴县衙门档案资料之保存状况有很大的改善,其中以光绪朝(1875—1908)的档案最为丰富。单单这一时期的档案,就几乎占到了现存巴县档案内政类全部 4500 卷档案的一半。① 因此,我最初的研究是建立在从光绪朝巴县档案中挑选出来

① 四川省档案馆编:《四川省档案馆馆藏档案概述》,成都:四川省社会科学院出版社,1988,第 10 页。

的 500 多卷档案之基础上，而为了从中挑选出那些可用于本课题研究的档案资料，我花了 10 个月的时间。

500 多卷这一数字可能会有某些误导性，因为并非所有的卷宗都是互不相关、自成一体的。例如，同一起纠纷可能会在数个分开来各自编目的卷宗当中均被提及；反之，不少卷宗当中包含了多起案件及其相关的记录，经常是多达 50 条至 80 条互不相关的条目被包含在同一个卷宗之中。因此，我的档案资料抽样工作虽然未能做到穷尽，但还是获得了足够多的素材来对清代的一个县衙是如何被组织起来并维持其日常运作的情况加以描述。

为了将这一描述扩大到光绪朝之外，我后来再次回到四川省 xvi 档案馆搜集了清朝其他皇帝在位期间的一些档案文献。尽管相较于光绪朝巴县档案的上述情况，我后来搜集到的那些档案文献，无论是在数量上还是完整性方面都大有不及，但它们还是为我先前所做的那番描述增添了深度，且并没有在实质性内容方面将其改变。因此，尽管在诸如巴县衙门吏役的总人数及其内部组织情况等细节上，光绪朝之前的档案文献所反映的情况与光绪朝的档案文献有所不同，但在各种主要的非正式运作模式方面，两者则是一以贯之的。

虽然这些档案文献提供了先前未被研究者们注意到的大量细节，但要想对这些档案文献加以利用，也同样会遭遇任何利用地方档案做研究的历史学家皆将面对的诸多难题和陷阱。其中的难点之一，源于本书力图理解的那些惯例性的、非正式的运作方式所具有的高度地方性。例如，有关巴县衙门吏役们的内部组织架构及其程序的信息，很少会在某一份或某几份档案文献当中被全面提及。除了在极个别的情况下某位书吏或差役需要向巴县知县就某种特定惯例做出解释,这些信息通常是零星散落在很多个不同的卷宗之内,且往往是用高度当地化的惯用语加以表述。

此外,鉴于巴县衙门吏役内部奉行的许多程序均是非正式的,而此类惯例性做法又常常有违清代法律的明文规定,法律条文当中那些关于行政程序的说明,不大具有可被作为参考指引的价值。简言之,我要研究的,恰恰是那些从未想要让巴县衙门之外的人们知悉的地方性知识。因此,历史学家常常发现自己身处类似于考古学家那样的位置,要去搜集各种零碎散乱的证据,以期能够重新合理地构建出一幅关于上述那一切究竟是如何实际运作的综合性图景。但在此过程中,我们将不可避免地遭遇到不同的档案文献之间彼此无法衔接的问题,而这至少会给这幅图景的某些部分留下使其在不同程度上归于无效的阴影。

将档案作为历史文献加以利用的第二个难点,在于许多档案文献所具有的那种话语性特征(discursive nature),以及应当如何就其中那些关于事件和人物的主观性描述展开诠释这一问题。在那些关于巴县衙门吏役内部纠纷及衙门吏役与当地百姓之间所发生的各种冲突的记录当中,此问题变得极为突出。我们必须注意到,如同在其他被提交至更高级别的官员那里进行处置的冲突那样,这些争端中各方当事人所给出的证词首先是一种表达。纠纷各方所持的皆是一种经过其主观建构的说辞,它是讲给一位特定的听众——作为司法者的知县——来听的,其目的是赢得一个对自己有利的裁决结果。在县衙公堂之上,证词的主观性成分尤为突出,因为此时相对而言更为重要的常常不是某一行为本身,而是知县

xvii

6

对各方当事人的道德品性和意图的看法,还有知县对该行为是在何种条件下和情境中被付诸实施的认识。

在一些案件当中,某人所提出的一些客观性主张,可以通过参阅其他资料予以印证。例如,某人是否曾在某一时期受雇于衙门,或者衙门内各房各班之间是否曾订立过关于他们自己均予认可的各种办事程序的合约。与此相类似的,如果某位书吏或差役被发现过去曾遭到过多起类似的指控,那么他此次被判败诉的可能性也会相应增大,尽管这绝不意味着该项指控的内容就可以因此被证明属实。不过即便如此,我们也不应假定对纠纷事件的任何特定表述在本质上就是真实的。这是因为,知县采信这种表述而非另一种表述,本身并不意味着前者就必定为真。和所有人一样,知县们也会犯错,他们同样会受其自身的成见与利益的影响,进而被那些成见与利益所操纵,犯下一些愚蠢的错误。我们也不应当自以为与那些纠纷事件的发生时间相隔了一个多世纪,就能够比当时针对那些纠纷事件做出裁断的知县更好地辨别出个中真伪。尽管在档案馆中扮演业余侦探之角色的做法颇具吸引力,但事实上,我们仍然无法掌握许多档案文献的"真实内容",尤其是那些关于当事人之动机和性格的表述。

但是对我们来说,探讨某种说法究竟是否属实,最终还是不如将此类说法本身作为研究对象来得更有意义。某起纠纷所指向的实质性目的,争端各方所使用的言辞,以及某起争端是在何处、以何种形式被告到知县那里请其进行裁决的,这些都可以提供各种有用的信息。例如,衙役们之间围绕某起具体讼案收取陋规的"权利"所发生的争端,常常是被告到知县那里请后者做出裁决,而这一举动本身说明了,在承办讼案过程中收取陋规的做法尽管从形式上看属于违法,但它在一定程度上却具有某种惯例意义上的正当性(customary legitimacy)。① 与其相类似的是,某一特定的请求或指控被提出,首先意味着的并非这些说法本身确系属实,而是提出该请求或指控的人们觉得知县至少有可能会认为其说辞可信并予以采纳。无论某位或一群衙门吏役是否被其他人认为是品行正直之人,他们自称为人正直和品行端正的说法,其本身就很值得我们琢磨。同样重要的,还有那些作为此类声称之基础的价值观(无论它们是被明确言明还是暗含其中),以及那些被用来表达这些价值观的话语要素。那些针对人物和事件的主观表达,并非凭空捏造而来。毋宁说,为了使它们能被知县采信,此类表达除了受到提出请求之人或涉讼者的个人利益之支配,同时还必须与那些由特定文化所决定的规范和期待保持一致。通过将注意力集中到诸般争端及其相关表达的这一方面,我们就可以更好地理解文化、意识形态和个人利益之间的互动,而县衙这一社会性世界(social world)正是建立在这种互动之上。

---

① 译者注:英文原书此处使用的"legitimacy"一词,其中文译法目前尚不统一,有将其译为"合法性",亦有将其译为"正当性"。本书作者在全书中乃是从马克斯·韦伯所说的意义上使用这一概念。为了避免中西语境中对"法"/"law"之理解的微妙差异所可能引发的误解,尤其是考虑到受过法学训练的读者很可能会下意识地从实定法(positive law)意义上来理解"合法性",而本书作者在前后文当中又反复强调人数众多的非经制吏役在清代县衙当中的存在本身便违反了朝廷颁布的正式法律规定,故而我们将英文原书中的"legitimacy"译为"正当性"。

此外,本书作者在英文原书的一些地方还使用了"legality"这一概念,意在强调该做法等符合当时正式法律的明文规定。为了避免"合法性"概念在广义和狭义上的区别所可能造成的混淆,我们将英文原书中的"legality"译为"合法律性"。

或许有人会认为，我在本书中对巴县衙门吏役内部各种惯例性做法所做的描述过于自成体系，而并没有将它们与更为广阔的清代国家大环境或历史因素进行足够多的关联。在描绘巴县衙门当中那些错综复杂的细节时，我的确没有将注意力主要放置在诸如西方帝国主义势力入侵、19世纪中期清帝国境内发生的各种叛乱、同治中兴、清末新政改革或收回利权运动等历史大事之上，而所有这些历史大事皆对清朝的中央政府和各地方政府造成了极为重要的影响。我之所以选择这样做，并非出于对那些历史大事的刻意忽视。我这样做仅仅是因为那些历史大事在县一级的档案中极少被提及。尽管这些历史大事对于中国历史的轮廓及清政府在19世纪末20世纪初的命运有很大影响，但从巴县衙门吏役们的角度来看，那些历史大事与他们日常的工作方式基本上无甚直接关联。如果说此点会给人留下如下印象的话，亦即由此认为清代地方政府的运作在很多方面是独立于国家大事、朝廷的规划或者官方发动的政治改革努力的，那么如此理解也并非有失准确。

许多人曾非常慷慨地花费他们的时间和精力对我的这项研究给予惠助。于我而言，在此对他们谨致谢忱，既是我的一种荣幸，也让我感到愉悦。赫尔曼·欧姆斯（Herman Ooms）、爱德华·贝伦森（Edward Berenson）、本杰明·艾尔曼（Benjamin Elman）、迈克尔·曼（Michael Mann）、万志英（Richard von Glahn）、白凯（Kathryn Bernhardt）、欧中坦（Jonathan Ocko）、经君健和康无为（Hal Kahn）等人都曾在我撰写博士论文期间提供了宝贵的建议。我要特别感谢我的博士论文委员会主席黄宗智教授，是他在整个研究过程中不断地给予我建议与鼓励。在加利福尼亚大学洛杉矶分校求学期间,我有幸与一群非常出色的研究生同学共同学习,他们包括苏成捷(Matthew Sommer)、唐泽靖彦(Yasuhiko Karasawa)、艾仁民(Christopher Isett)、魏达维(David Wakefield)和杜克雷(Clayton Dube)。对于他们给予我的批评、建议,我深表感激。我也要向周锡瑞(Joseph Esherick)、丹·奇洛特(Dan Chirot)、罗威廉(Bill Rowe)、许慧文(Vivienne Shue)和斯坦福大学出版社的匿名审稿人致以谢意,他们在我修改完善本书书稿的过程中仔细阅读了不同阶段的版本,并惠赐了许多宝贵的建议和指导。我要感谢斯坦福大学出版社的穆里尔·贝尔(Muriel Bell)、南森·麦克布里恩(Nathan MacBrien)和亚历山德里亚·基亚蒂诺(Alexandria Giardino)等人,他们对本书的付梓给予了极大的帮助。

美国国家科学院美中学术交流委员会为我提供的研究经费,使得此项研究成为可能。在中国搜集资料期间,四川省档案馆的工作人员和四川大学历史系的刘传英给予我很大的帮助。在我返回美国之后,加利福尼亚大学洛杉矶分校的中国研究中心和历史系也给予我诸多支持,对此我深表感激。弗吉尼亚大学的两项资助使我得以开展随后的研究,其中包括再次前往中国进一步查阅搜集巴县档案中的相关资料。

我尤其要感谢我的妻子兼最好的朋友,埃伦·富勒(Ellen Fuller),感谢她给予我的坚定支持和她向我分享的智慧,以及她为了使我的思考和写作能够更为明晰所做的耐心付出。

白德瑞(Bradly W. Reed)

10

本书征引的巴县档案史料来源及其说明

巴县档案。本书作者从现藏于四川省档案馆的巴县档案中挑选了若干卷宗加以研究利用。

四川省档案馆编:《清代巴县档案汇编(乾隆卷)》,北京:档案出版社,1991。

四川大学藏巴县档案抄件。

本书中凡引用巴县档案之处,均采用四川省档案馆编定的目录凡例。注释中的数字分别指的是分类、目录和卷的编号。在引用包含多个互不关联之案件记录的卷宗时,我会添加该卷宗中的具体文书编号。

在引用四川大学藏的巴县档案抄件时,则采用四川大学的工作人员用以分类的凡例:文件类别有一名称,其下面的分类又有另外的名称,之后有一数字用以表示具体引用的某份文书。在必要时,我还会在该数字之后加上当时的年号及年份。

良法美意坏于奸胥蠹役。

——［清］屠仁守①

---

① 译者注：屠仁守生于清道光乙未年十二月二十二日(1836 年 2 月 8 日)，卒于光绪癸卯年十二月二十四日(1904 年 2 月 9 日)。据《清史稿·屠仁守传》记载："屠仁守，字梅君，湖北孝感人。同治十三年进士，选庶吉士，授编修。光绪中，转御史。"此处所引之语，摘自屠仁守的《谨革除钱粮积弊片》，原句为"朝廷有轻赋之名，州县有重敛之实，良法美意坏于奸胥蠹役而莫之省忧"。参见鲁子健：《清代四川财政史料》(上册)，成都：四川省社会科学院出版社，1984，第 587 页。

目　录

第一章 非法的"官僚"们

　　倘若没有县衙当中的那些书吏与差役,清帝国的统治便无法正常地运转。书吏与差役们在知县(知县乃是清帝国规模庞大的官僚序列中品级最低的正印官)的直接领导下,从事着下列这些最基本但非常关键的工作,例如文书案卷的起草、誊抄和归档,清丈田地后的造册,田宅交易的登记,接收状纸并转呈给知县,官府文告的张贴,执照与许可的颁发,与上级衙门的文书沟通,以及其他一切与县衙日常事务相关的事项。除了落实上述行政职责,作为贯彻朝廷权威的最重要机制之一,书吏与差役们还在下列领域发挥着重要作用,例如缉捕、关押人犯,维持地方治安,以及征收税赋。从上述情形来看,正如人们常说的那样,衙门吏役"为官之爪牙"。

　　尽管地方衙门中的吏役们在清帝国的行政事务中所扮演的角色极为重要,但清代的官员们对这些人持公然蔑视的态度。地方衙门中的书吏和差役们普遍被贬作最为奸诈狡猾与贪得无厌的恶棍,而这与县级以上官员们自称的那种道德风范与正直品性形成了强烈的对比。正如 19 世纪的一位评论者有感而发的那样,"今天下之患,独在胥吏","吏之骄横,与官长同。缙绅士大夫,俯首屈志,以顺从其所欲。小民之受其渔夺者,无所控诉,而转死于沟壑"。①

　　官场当中对衙门书吏和差役们的这种憎恶,当然并非直到清代才出现的新现象。早在宋朝(960—1279)之时,官员们便经常对书吏和差役们表现出一种敌意。一方面,这种敌意本身深植于那一时代的意识形态变化与社会转型之中。另一方面,在唐代之后各中央王朝以迄清末的那段时间(960—1911)里,随着皇权的持续巩固和日益集中,对县级行政人员产生了相较于以往而言更大的需求。但是,官职的获得,变得越来越与个人在科举考试中的脱颖而出息息相关,同时也与那种由科举考试所营造的"精英士人文化"密不可分。即便是在北宋时期(960—1127),也没有任何书吏或差役会被看作是官,因为"官"这个词通常指的是那些由朝廷正式任命的人员。书吏和差役们只是当地被雇来在县衙中从事一些特定工作的办事人手,故而在他们获得这份工作之前,并不要求其拥有一段曾受过科考教育之洗礼的经历。由此造成的结果是,官员与衙门吏役之间在社会地位方面形成了一道裂痕的同时,又发展出另一道专业方面的裂痕,而后者在中华帝国往后的岁月中将呈现出不断扩大的趋势。②

　　上述这道裂痕的出现,与"理学"正统观念在宋代的形成紧密

---

① [清]贺长龄辑:《皇朝经世文编》,台北:国风出版社,1963,卷24,第8页。

② Winston W. Lo, *An Introduction to the Civil Service of Sung China*, Honolulu: University of Hawaii Press, 1987, p.24.

相关,而中华帝国晚期的社会政治秩序正是建立在这一学派的思想基础之上。按照理学的观点,政治权力乃是"君子"方可拥有的特权,而这些人担任官职所需的个人素养与道德品质,则是由朝廷以向其授予某个职官品级的形式予以承认。相较而言,书吏和差役只是有一技之长的行家里手而已,像他们这样的具体行政事务承办者,其价值仅在于其所掌握的那些狭义上的"技艺"。实际上,正是吏役们的这种实用性功能及其所掌握的那些狭隘的技能,使得他们没有资格担任高阶的官职。[1] 由于他们缺乏从儒家经典当中广泛获得文字素养方面的训练,以致未能为其中所蕴含的那些正统的社会价值观与政治伦理所熏陶,衙门吏役被认为显然不适合行使官员所拥有的那些权力。衙门吏役在正统观念中被视作"小人"。于是,他们在衙门当中所从事的工作,也因此被与那些在社会当中为人们瞧不起的卑贱工作形式联系在了一起。在社会大众的观念里面,只有那些生活极度穷困潦倒之辈,或者那些希望通过接近官府权力以实现其不良居心的败德之人,才会愿意投充吏役从事这些卑贱的工作。

诸如此类的态度,既植根于意识形态、教育背景和社会身份上的差距,又由于行政依赖性和行政控制的那些实际操作问题而变得更加复杂。虽然书吏与差役们通常被人们鄙视为唯利是图的贪墨之辈,但生活在中华帝国晚期的评论者们承认,吏役们所拥有的专业技能及其对当地情况、习俗和百姓们的熟悉,对于维持地方行政运转而言至关重要。无论是从社会方面还是制度上来讲,衙门

3

---

① Jonathan K. Ocko, *Bureaucratic Reform in Provincial China, Ting Jih-ch'ang in Restoration Kiangsu, 1867-1870*, Cambridge: Harvard University Press, 1983, pp.133-135, 176.

吏役与有品秩的官员们之间的那些分界线都已被牢牢地建立起来,于是问题就变成了如何维持对这些"衙蠹"的控制,以及怎样使他们那种由于在行政架构中占据了功能性位置而获得的影响力最小化。

在此方面的第一道防线,就是对在衙门当中任何特定的房或者整个衙门里面工作的吏役总人数进行限制。在北宋王朝最后的那几十年里,中央政府曾就此规定了严格的经制吏役额数,并对衙门吏役的服役期限加以限制。书吏与差役们并非由朝廷任命,故而他们并不受制于那套适用于职官考评、惩戒和奖掖的控制体系。于是,对衙门吏役实际加以监管和训诫的责任,就直接落到了知县们的头上,知县个人将要为其所在衙门中这些所雇办事人手的任何劣行承担责任。对朝廷规定的各衙门经制吏役额数,以及知县个人所具有的权威的依赖,就成了中国帝制时期后来那套用成文法律加以规定的控制体系的重要特征。

但这一控制体系自其创设之初就无法正常运转。北宋时期王安石在 11 世纪时的变法,虽然在很多方面皆归于失败,却通过在国家行政的范围内规定了为数更多的任务,从而大大增加了县级政府的工作量。因而,当北宋朝廷在为落实关于衙门经制吏役额数的法令规定而念兹在兹之时,县级政府的实际工作需求,正在迫使知县们雇用远超朝廷明文规定的衙门经制吏役额数的办事人手。① 在随后的数百年间,这种存在于衙门经制吏役之法定额数和实际所需人手数量之间的差距,更是由于人口滋长、帝国社会经济复杂性的加剧、地方行政单位总数量相对于人口总数的比例不断

---

① James T. C. Liu, "The Sung Views on the Control of Government Clerks, " *The Journal of the Economic and Social History of the Orient*, Vol. 10, No. 2-3(1967) , p. 331.

下降,以及衙门吏役不断地将许多原先由地方社区完成的行政职责收归己手,而变得日益恶化。① 由此造成的后果是,不仅知县那种本就令人怀疑的能够有效控制其手下吏役的能力变得更加脆弱,而且,对很多行政运作过程的实质性控制,逐渐落入那些违反朝廷所颁法令的明文规定而进入衙门工作的非经制吏役的手中。

如果说上述这种事态让朝堂上的官员们为之忧心忡忡的话,那么书吏和差役们维持自身生计的那种方式则更是让这种担忧雪上加霜。由于朝廷只为这些衙门吏役提供少得可怜的补贴甚至根本就不向这些人支付酬劳,自南宋以降,这些人就依赖于从任何与衙门打交道的人们那里收取各种无处不在的惯例性费用(陋规、规费)过活,而不管对方是否自愿提供这些费用。这种为官方所禁止的做法,正是书吏和差役们那种贪腐成性与唯利是图的恶名之得来的首要缘由。正如 19 世纪的官员何耿绳在描述衙门吏役的形象时所说的那样:"此辈止知为利,不知感恩,官宽则纵欲而行,官严则畏威而止。"②何耿绳提醒清帝国的同僚们须对衙门吏役采取最严厉的控制措施,以保护皇帝的子民们免受这些国家的办事人手的盘剥勒索。他的此番告诫绝非乖僻之见,在清代各级政府的官员当中,我们也经常可以听到与此相类似的声音。尽管书吏与差役们被承认是官府行政运作所必需的办事人手,但他们作为个

---

① E. A. Kracke, *Civil Service in Early Sung China, 960 - 1067*, Cambridge: Harvard University Press, 1953, p. 47; James T. C. Liu, "The Sung Views on the Control of Government Clerks", *The Journal of the Economic and Social History of the Orient*, Vol. 10, No. 2 - 3 (1967), p. 318; William G. Skinner, ed., *The City in Late Imperial China*, Stanford: Stanford University Press, 1977, p. 24.

② [清]徐栋辑:《牧令书》,清同治七年(1868)江苏书局刻本,卷 4,第 30 页。

人无疑一直被认为是腐败无度的,并且无论在制度上还是意识形态上都被排斥在正式官员的范围之外。

然而,到了 18、19 世纪,中华帝国日益变得与其行政制度草创之初时的情形大不相同。人口数量的增长和人口构成的多样化,商业活动的扩张,以及无论是经济制度还是税收制度均日益货币化,这一切都共同加重了各地县衙的日常行政工作负担,以至于那些关于衙门办事人手与行政经费的法律规定变得几乎完全不切实际。面对这种各方面均正在普遍发生变化而法律规定却一仍其旧的窘境,县衙只得通过不断增加对各种非正式手段的运用,以及雇用一些从法律上讲原本不应存在于衙门当中的非经制吏役,来维持其自身的运转。在此过程中,发展出了一套清朝中央政府对其不甚了解且仅仅只有很弱的控制力的地方行政制度。

就书吏和差役们在清代地方行政中所起到的重要作用而言,我们先前对其知之甚少。尽管几乎每一种研究清代县级政府的学术论著都会简要地提及书吏和差役,但那些作品都倾向接受彼时的官员们和精英人士所撰的文献当中那种将此类人物描绘成一群自私自利、贪得无厌的小人的形象刻画。而在分享此类文献当中的那些成见和各种充满鄙夷之情的臆断时,我们往往也会像清朝中央政府那样,对那些在整个清代实际维系着地方政府运作的非正式做法视而不见。本书试图通过对 19 世纪时在巴县衙门当中工作的书吏和差役之人员构成情况及其日常工作的检视,来纠正上述成见。

我用"制度(system)"一词来描述那些非正式的行政做法,乃是经过深思熟虑的。虽然那些非正式的行政做法是在正式法律制度之外发挥其作用,并常常直接违反了《大清律例》中的明文规定,但书吏和差役们却通过那些形成于其内部并加以奉行的规矩和程序,在条理性(organization)和理性化(rationalization)方面展示出一种明显的前后连贯。如同这一点所暗示的,我在这里所采用的研究进路,并非仅仅着眼于吏役们的这些非正式做法与朝廷所制定的那些成文规则之间的背离,而是还要将吏役们的这些非正式做法当作一种其各个内在组成部分在最大程度地协调运行的地方行政制度之构成内容加以审视。唯有超越那些正式的行政架构及其表达,我们才能真正看清这一地方行政制度。易言之,我在这里所关注的,并非地方政府应当如何运转,而是地方行政事务实际上是怎样运作的。而且,除了其在经验层面的学术价值,这种对衙门吏役的内部组织情况及其活动的细致研究,还能够开启一扇大门,使我们得以重新审视以往那些被用来分析中华帝国晚期的国家与社会之关系的概念性框架。

第一节　学界以往的研究

一　行政机构与官僚制

近些年来,对清代行政的学术研究,通常都聚焦于当时法律所规定的组织架构之上,尤其是关注清帝国借以控制其官员的那些制度化手段,而往往忽略了其实际做法。即便有之,先前的研究成果也绝少有将其视线转移到知县及其法定职责这一层面之下,来

6　审视地方行政运作当中那些相较而言不那么正式的方面,或者地方政府运行其间的那个更为广阔的社会背景。① 这种研究模式的一个明显例外,乃是萧公权(Hsiao Kung-ch'uan)在 1960 年出版的英文专著《中国乡村:19 世纪的帝国控制》(Rural China, Imperial Control in the Nineteenth Century)。该书针对清朝时期政府与地方社会之间的关系做了细致的研究。然而,正如其书名所表明的那样,萧公权所关注的是国家在乡村层级的那些控制机制。故而在相当大的程度上,萧公权并未对清代县级衙门给予充分的审视。直到在后来瞿同祖于 1962 年出版的英文专著《清代地方政府》(Local Government in China under the Ch'ing)当中,我们才有幸得以对清代县级衙门的内部情况有了全新的了解。

瞿同祖的上述开创性工作,在此领域的学术研究当中是后人无法绕过的一个起点。不过,正是那些使得该著作在面世之后便成为一份突破性研究的特色,同时也构成了对其研究思路的束缚。利用从大量的中央政府文献、地方志、官箴书及州县与省级政府的官员们所撰写的个人回忆录中采撷而来的各种资料,瞿同祖力图为读者们提供关于整个清帝国境内的地方行政运作情况的全景式描摹。在这种学术尝试当中,他成功地为我们展示了一份包括清

---

① William Fredrick Mayers, *The Chinese Government: A Manual of Chinese Titles Categorically Arranged and Explained*, Shanghai: American Presbyterian Mission Press, 1878; H. S. Brunnert and V. V. Hagelstrom, *Present-Day Political Organization of China*, 台北:成文出版社,1978;Hsieh Pao-chao, *The Government of China, 1644-1911*, Baltimore: The Johns Hopkins Press, 1925; Thomas A. Metzger, *The Internal Organization of Ch'ing Bureaucracy: Legal, Normative, and Communicative Aspects*, Cambridge: Harvard University Press, 1973; Silas Wu, *Communication and Imperial Control in China: Evolution of the Palace Memorial System, 1693-1735*, Cambridge: Harvard University Press, 1970。

代地方政府之组织架构、相关的法律规定、实际做法与趣闻轶事在内的名副其实的概览图。但问题也正是出在这里。瞿同祖所做的这些描述涉及面太过广泛,以至于他所做的那些描述总体上适用于清代所有的地方政府,但具体来讲又不完全适用于当时任何一个特定的地方政府。

瞿同祖上述著作的第二个同时也是更加值得注意的不足之处在于,除了该书中那些对细节的烦琐考证,其分析视角仍然停留于清代行政制度当中他所认为的各种功能紊乱(dysfunctional)及其在结构方面所展现出来的各种非理性(irrationalities)之上。虽然该书对书吏和差役都分别设置了专章加以讨论,但瞿同祖之所以关注这些人物,主要是为了说明清代行政机制的各方面缺陷是如何导致吏役们在行使其手中权力时发生腐败,以及这些人的此种腐败会给作为行政管理者的州县官的有效施政带来什么样的负面影响。职是之故,瞿同祖的这本著作既未能揭示清代地方政府中的书吏和差役们是如何在既有法律规定不足的情况下被加以组织起来开展工作的,也没有阐明由此造成那些非正式的运作方式是如何被联结在一起,进而形成一种起作用的地方行政制度。

继萧公权、瞿同祖的上述专著之后出版的许多学术作品,也极大地增进了我们对清代地方政府的了解。[1] 但这些研究成果对清

---

[1] 例如,John R. Watt, *The District Magistrate in Late Imperial China*, New York: Columbia University Press, 1972; Jonathan K. Ocko, *Bureaucratic Reform in Provincial China, Ting Jih-ch'ang in Restoration Kiangsu, 1867—1870*, Cambridge: Harvard University Press, 1983; Philip C. C. Huang, *The Peasant Economy and Social Change in North China*, Stanford: Stanford University Press, 1985; Mary Backus Rankin, *Elite Activism and Political Transformation in China, Zhejiang Province, 1865—1911*, Stanford: Stanford University Press,

7 代地方衙门吏役们所扮演的角色的关注程度可谓微乎其微。即便衙门吏役的身影在这些学术作品当中出现，这些人通常也只是被看作一个只考虑自身私利的群体，被认为其贪腐行为使得他们身处与知县或当地社区或这二者的冲突之中。

除了由于相关的一手文献匮乏，以往学术研究中对衙门吏役的漠视，其原因还可部分归结于人们很难将之纳入马克斯·韦伯（Max Weber）的那套概念体系当中，而后者对中国官僚行政研究的学术影响极为深远。就此而言，华璋（John R. Watt）对清代前期的知县和县衙的研究，可被视为其中的一个范例。②

华璋的这本著作比瞿同祖的前述研究更进了一步，他着重突出了清代地方政府那些非正式的社会功能，而并非地方政府作为国家权力正式结构之组成部分的那种角色。根据华璋的分析，县衙是某种紧张关系的生长点，而这种紧张关系的一端是他所认为的朝向政治集权化与结构理性化的方向发展的长时段趋势，另一

（接前页）1986；Keith R. Schoppa, *Chinese Elites and Political Change: Zhejiang Province in the Early Twentieth Century*, Cambridge: Harvard University Press, 1982; Keith R. Schoppa, *Xiang Lake−Nine Centuries of Chinese Life*, New Haven: Yale University Press, 1989; Min Tu−ki, *National Polity and Local Power, The Transformation of Late Imperial China*, Cambridge: Harvard University Press, 1989; Madeline Zelin, *The Magistrate's Tael, Rationalizing Fiscal Reform in Eighteenth−Century Ch'ing China*, Berkeley: University of California Press, 1984。

② John R. Watt, *The District Magistrate in Late Imperial China*, New York: Columbia University Press, 1972; John R. Watt, "The Yamen and Urban Administration", in William G. Skinner, ed., *The City in Late Imperial China*, Stanford: Stanford University Press, 1977, pp.353−390.

端则是导致地方权力多元化的各种社会压力。① 华璋解释说,清政府在财政上的捉襟见肘,以及由此导致的地方行政对非正式财源的依赖,乃是造成出现此种紧张关系的重要成因。② 正是由于这种依赖,县衙的财政运作保持着一种华璋所认为的非理性化(nonrational)、非官僚制化(nonbureaucratic)的特性,而这种特性使得地方行政的运作在经济方面仰赖地方社会,从而阻碍了前文提及的那种行政权威朝向集权化与理性化的方向发展的趋势。在论证上述这些观点的过程中,华璋的关注点始终聚焦在他称之为被裹挟在这两种相互竞争的发展过程之夹缝中的知县身上。③ 因此,他对衙门吏役的论述,仅限于将这些人视作一个特殊的地方性利益群体,关注他们是以哪些方式既影响到知县作为国家利益之代表的角色,又成了清代地方行政活动进一步理性化的绊脚石。④

华璋对清代县衙实际上仰赖于非正式财源这一事实的强调,有力地说明了清代行政制度内部的诸多自相矛盾之处。但是,他将清初国家的那些中央集权化特征视为构成了一种朝着类似西方的那种官僚机构理性化之方向演变的长期趋势,则属于论断有误。

---

① John R. Watt, *The District Magistrate in Late Imperial China*, New York: Columbia University Press, 1972, Chapter 7.

② John R. Watt, "The Yamen and Urban Administration", in William G. Skinner, ed., *The City in Late Imperial China*, Stanford: Stanford University Press, 1977, pp. 353 – 390; Madeline Zelin, *The Magistrate's Tael, Rationalizing Fiscal Reform in Eighteenth – Century Ch'ing China*, Berkeley: University of California Press, 1984, Chapter 2.

③ John R. Watt, *The District Magistrate in Late Imperial China*, New York: Columbia University Press, 1972, p. 211.

④ John R. Watt, "The Yamen and Urban Administration", in William G. Skinner, ed., *The City in Late Imperial China*, Stanford: Stanford University Press, 1977, pp.375–376, 384.

更进一步,根据功能上的理性化唯有在中央政府所规定的正式行
政制度发生结构性变化后才会发生这一预设,华璋推论说,财政支
持方面的不足,导致了清代试图在国家行政与社会之间造就一种
结构性分化的尝试不可避免地归于失败。① 这或许是历史实情。
但是在论证其观点的过程中,华璋忽略了这样一种可能性,亦即中
华帝国晚期的情形与其说是代表了一个西化失败的典型例子,还
不如说是代表了官僚政府的另一种可选模式。因此,华璋关于清
代地方行政中那些非理性因素的描述,很少告诉我们中华帝国晚
期这种独特的行政形式是怎样运行的,为何能支撑如此之久,或者
它是如何回应清代后期在社会、政治和经济等方面所发生的各种
变化的。

　　导致出现上述问题的原因,至少可以部分归结为对韦伯的那
套理论不加鉴别的运用。韦伯认为,现代官僚行政组织的特征,在
于其既具有法定性(legal),同时又是理性的(rational)。② 现代官僚
行政组织之所以是理性的,是因为它的那些实用性行政职责是与
具体的不同部门逐一对应,而各部门的功能又是被安置在一个彼
此间界限明晰的权责等级制度之内。这样的一种制度同时还具有
法定性,因为上述那种理性化乃是建立在通过正式的立法与法典
编纂而形成的组织规则与程序规则之基础上,而现代官僚行政组
织中的所有成员均可诉诸这些正式规则以寻求救济,同时也按照

---

① John R. Watt, "The Yamen and Urban Administration", in William G. Skinner, ed., *The City in Late Imperial China*, Stanford: Stanford University Press, 1977, p. 375.

② Max Weber, *Economy and Society*, Berkeley: University of California Press, 1978, pp.956 - 969; Reinhard Bendix, *Max Weber, An Intellectual Portrait*, Garden City: Doubleday Anchor, 1960, pp.423 - 430.

这些正式规则对他们以公务人员身份所从事的所有活动划定边界并加以评估。在此方面最为重要的一点是,官职及各种授予官职的行政方式,在法律上是被与任职者本身相分离的。与世袭官僚制不同的是,在一种兼具法定性与理性的官僚制当中,官职不能像私有财产那样被私人据为己有。官职不可被私人用来买卖、继承或者以其他方式加以处置。还有,此种官僚制当中的官员们,不能利用其职位而获得额外的利益,他们只可以从国家那里领取固定的薪俸作为其工作报酬。虽然表述得不是很明确,但当华璋论及国家行政体制当中的"正式结构"或者"理性化的官僚制化(rationalized bureaucratization)"时,他实际上指的就是上述这种官僚制的理想类型。

虽然下面这点在前文中已被多次提及,但我仍然要不厌其烦地对其做进一步的强调。韦伯所描述的那种现代官僚制行政,仅仅只是一种理想类型(ideal type),就他对其所给出的那种定义而言,它从来就没有在任何历史阶段完全存在过。这种理想类型仅在一定程度上与某个特定地理时空当中的情况相吻合,而那就是韦伯眼中的欧洲——在很大程度上就是德国——在 20 世纪的发展历程。这两点均为将韦伯的那套理论用来分析非西方语境下的历史增添了很大的难度,当将其用来分析中国历史时更是如此。

就上述问题而言,首先将遇到的困难是如何准确把握"官僚制(bureaucracy)"这一术语的含义。① 如果这个术语是被用来指称一种以政府官员作为其基础进行统治的风格,或者将其作为一个指

---

① 关于这一问题的讨论,详见 Martin Albrow, *Bureaucracy*, New York: Praeger, 1970, Chapter 1。

称这些政府官员的集合性名词，那么我们在本书中的讨论范围，就可以明确地限定在那些由朝廷通过科举考试选拔出来并任命的有品秩的官员。这部分行政人员的资格认定、官职委任、仕途升擢和惩戒程序，皆由成文法律予以正式规定。在清代的体制当中，这类群体当时是被用"官员"或"官"这样的词语加以称呼。

但是，倘若我们将"官僚制"扩展理解为行政的一种形式或风格，则其界限范围就将变得不那么清晰了。就其实际扮演的那些功能性角色而言，衙门吏役无疑在征收税赋、维持治安、司法运作及公文书的日常传递等领域中充当着官僚制行政的组成部分之一。然而，一旦我们将书吏和差役们纳入官僚制的界定范围之内，大量的问题便将油然而生。

在韦伯所描绘的那种格局中，理性化的官僚制应当达到这样一种程度，亦即它是依靠正式的规章制度来规范官员们的一举一动，而官员们也能够诉诸这些正式的规章制度作为自己寻求救济的权威性依据。就这些正式规则在法律上的基础而言，它们的制定与执行均由中央政府的权威作为其后盾。然而，在本书所讨论的中华帝国晚期这一历史语境当中，关于行政行为的正式法律规定，仅关乎那些有品秩的官员，而并未扩展至位于帝国行政层级体系最底端的地方衙门中的那些吏役。那么，后一社会阶层的这些官僚制下的办事人手又是如何开展其工作的呢？他们的招募、组织及具体工作的分派是如何落实的？如果对他们存在统一的管束，那么又是怎样施行的呢？他们之间的争执如何解决？以及他们在县衙中的工作又是依据什么标准？

这些问题引发了对中华帝国晚期的行政实践与那些旨在对其

加以规范的立法(行政法)之关系的思考。一方面,从最广泛的意义上来说,中华帝国晚期的所有法律皆具有行政性,因为当时政府的行政职能和司法职能之间并无正式的区分。正如汪德迈(Leon Vandermeersch)曾提及的那样,中国历朝律典中所设定的那种法律制度,被用来充当维持公共秩序以保护国家利益的行政工具。① 另一方面,倘若我们更多地从功能分析的角度入手,将行政法界定为专门规定行政职责、行政组织,以及行政人员所必备的各种条件的成文规章与指导方针的集合,那么事情看起来就会有所不同。在清代的律例与各种处分则例当中,包含有大量针对由朝廷任命的官员的详尽规定,但对于知县以下的那些办事人手,却极少见到有与其相关的能被称作正式意义上的行政法的专门规定。

个中的原因非常简单,那就是,对所有的县衙吏役加以控制,被认为是知县的个人职责所在。如果说确有一些与县衙吏役有关的成文规定存在的话,那么它们也并非在那些处分则例之内,而是被规定在《大清律例》里面。在《大清律例》当中,这些规定体现为各种针对诸如敲诈勒索、收受贿赂、侵吞公家财物、虐待囚犯等刑事罪行所施行的严厉惩罚。当然,由于官方正式规定的地方衙门经制吏役额数少得可怜,以至于根本无法满足地方行政事务处理的各种实际需求,故而知县不得不经常超出官方规定的经制吏役额数而雇用一些非正式的办事人手,却又无法对这些人施加有效

① Leon Vandermeersch, "An Enquiry into the Chinese Conception of Law", in Stuart R. Schram, ed., *The Scope of State Power in China*, London: School of Oriental and African Studies, 1985, pp.14–15。另可参见 Sybille van der Sprenkel, *Legal Institutions in Manchu China: A Sociological Analysis*, New York: Humanities Press, 1962, p.70。

的控制。这些编外的功能性行政人手是在州县官个人的直接监督之外行使其手中的权力,故而我们必须对行政权威与权力之间的关系及那些维系着这一行政制度的各种正当性来源进行深入剖析。

韦伯将权威视作权力的一个特例。在他的论述当中,权力被界定为一种对他人施以惩戒和剥夺的能力,而权威则是一种能够令人对其自愿顺从的、得到正当化或制度化的权力。① 具体到行政权威而言,在韦伯看来,它源自其所拥有的那种能够将官员本人与其所担任的官职所具有的权威和功用相区隔开来的非个人化的、理性主义化的基础。②

在这一点上,中华帝国的官僚制与韦伯所说的那些分类大相径庭。在这里,我们没有必要卷入下述学术争论当中,亦即那些赋予儒家意识形态以正当性的原则,究竟是构成了一种卡里斯玛型权威(charismatic authority)、传统型权威抑或法理型权威。但我们要意识到,知县的权威既不是来自其职位在官僚组织中的功用,亦非源于他用来履行其职责的技能。毋宁说,它来自知县对那种高度个体化的儒家道德理想的认同。而这种儒家道德理想,不仅维系着由知县作为其缩微代表的帝国政府之权威,而且还捍卫着地方社会精英这一更广泛的社会阶层的权威。

---

① Max Weber, *Economy and Society*, Berkeley: University of California Press, 1978, pp. 212-214。另可参见 Dennis H. Wrong, *Power: Its Forms, Bases, and Uses*, New Brunswick: Transaction, 1995, pp.35-41。

② H. H. Gerth & C. Wright Mills, eds., *From Max Weber: Essays in Sociology*, New York: Oxford University Press, 1946, pp. 294 - 295; Max Weber, *Social and Economic Organization*, New York: The Free Press, 1947, pp.130-131.

当然,这并不意味着,此类作为正当化权力或支配的具体例子之一的权威,乃是由于受到其所置身其中的那种社会伦理环境之影响才缺乏强制力。正如皮埃尔·布迪厄(Pierre Bourdieu)所指出的,将意识形态面具予以合法化,能够掩盖并有助于产生一种当权者及其统治对象对强制性权力的共同误识(misrecognition),亦即强制性权力会被置于一种认知架构或世界观当中,而在后者那里,对权威之顺从被描述成是自然的、正确的和合乎正义的。① 但与官员们所享有的权威形成对比的是,衙门吏役通过其功能性位置或技术专长而获得的无论何种权力,均游离于法律所赋予的权威的范围之外。恰如罗文(Winston W. Lo)所指出的那样,正是部分由于朝廷委任的官员们及地方精英们容易被衙门吏役所拥有的那种功能性权力所侵害,导致了吏役们所从事的这份工作的效用性功能被放逐到儒家所认可的正当性的那些界限之外,进而使得投身公门承充吏役无论在意识形态上还是社会上均遭到鄙视。②

从正当性权威的这种表现形式推导出来的必然结果,就是要求通过刑罚和知县个人的监督来对衙门吏役加以控制,以使得这些人不至于通过各种滥用权力的方式,动摇儒家政治秩序中那种家长式统治的理想,进而威胁到帝国境内各地方衙门的正当性。但是,清代行政方面的正式监督范围过窄,根本无法对在帝国境内各地方衙门中的众多书吏和差役们施加有效的控制。那么,衙门

① Pierre Bourdieu, *The Logic of Practice*, Stanford: Stanford University Press, 1990, pp. 123 – 141; Pierre Bourdieu, "Social Space and Symbolic Power", *Sociological Theory*, Vol. 7, No. 1(1989), pp. 14 – 25.

② Winston W. Lo, *An Introduction to the Civil Service of Sung China*, Honolulu: University of Hawaii Press, 1987, p. 24.

吏役又是如何行使其实际拥有的权力？如果存在的话,又是其他哪些替代性的正当性来源被用来在地方层面上维系着这一制度？

正如上述这些问题所表明的,倘若将韦伯的那些概念范畴全盘套用到对中华帝国晚期地方行政的分析之上,则将会不可避免地遭遇诸多概念上的相互冲突和混淆不清。但是,这并不意味着,我们在试图理解中华帝国晚期的地方行政运作时,就必须摒弃韦伯的那套理论。恰恰相反,韦伯为我们提供了很多非常强有力的分析工具,运用它们来研究这一问题将会颇有成效。例如,本书的随后几章中将展示,巴县衙门吏役的内部组织架构、事务分工和办事流程,在很大程度体现出一种官僚制意义上的理性化,因为它们是建立在一套所有巴县衙门吏役皆可据其提起申诉的操作性规则之上。在巴县衙门吏役的征募、训练、管辖分工、内部晋升、惩戒方式,以及关于级别与权威的内部等级制度诸方面,与此相类似的规则也显而易见。更有甚者,巴县衙门的吏役们还自己在其内部创制出了一套关于其工作当中的技能和行为方式的规矩,而这套规矩远比在官方自身的官僚制中所能看到的任何正式规范都要更加理性化和专门化。

但是,上述这些巴县衙门吏役内部的组织方式或操作性规则,都不是建立在法典化的法律或朝廷正式颁布的行政法规之基础上。个中的道理很简单,那就是从来不曾有过关于此方面的正式法律规定。相反,巴县衙门吏役内部的那些规矩,很多都是建立在这些人自己设计出来并奉行的那些惯例性做法的基础之上。对于诸如此类的做法,我们不能简单地将其视为偏离了那种用成文法律加以界定因而更具正当性的关于行政行为的规范,而对它们不予理睬。如果那样做的话，我们将无法认识到这些做法对于清代县衙的日常行政运作而言是如何不可或缺。不管朝廷的官员们可能会怎样看待它们，在地方层面，这些非正式的规则以一种惯例性行政法的独特方式发挥着作用，并且常常在吏役内部发生争端时被他们呈给知县作为后者据以裁决的参考依据。

在这种非正式做法的范围内，巴县衙门的吏役们试图通过突出其作为官僚机构中的办事人员和行政事务专家而在社会上和政治上所具有的那种效用，来证明其位置和营生方式的正当性。虽然有悖于清代正式法律中的规定，但这种非正式制度及其存在理由为历任的巴县知县们所接受。就此而言，巴县衙门的吏役们在那些正式制度之结构性缺陷与地方行政实际需求之间的罅隙当中获得了一种"非法的正当性（illicit legitimacy）"。

然而，除了上述这些规则导向型的理性化因素，巴县衙门吏役们的行为也深受一些明显非理性的人际关系形式之影响，诸如裙带关系、庇护关系、拉帮结派等。在那些关于清代地方行政的早期研究成果当中，此类人际联盟不仅完全遮蔽了吏役们的行为当中其他那些理性化得多的方面，而且也被当作证明吏役们极度自私与胡作非为的表面证据。上述那种学术处理方式，乃是依据韦伯 13 对其所用术语的严格界定，来区分理性化行为与特殊主义行为，并认为此二者是根本对立和相互排斥的。但是，鉴于吏役们的这些活动乃是发生在正式法律规定的界限之外，抛开上述这种二分法就不仅是可能的，而且也是必需的。

如同本书以下几章将展示的那样，当其运行之时，县衙不仅仅是作为一个行政机构而存在，它同时也构成了一个社会空间。在这一社会空间当中,由于朝廷明文加以规定的相关行政法规几乎完全付之阙如,吏役们的活动,被各种得到当时文化认可、体现特殊主义的人际关系与做法所共同构成的模式所引导。更进一步来说,虽然裙带关系和拉帮结派的行为经常被用于破坏衙门中那种由非正式的规则和办事流程所构成的制度,但它们更多时候是被用来形成和落实那些非正式规则。在这些例子当中,吏役活动的那些理性成分和非理性化成分共同发挥作用,进而促生了一个既追求实用又持久存在的综合性地方行政制度。只有意识到这种互动,我们才能更好地理解清代地方政府那些看似自相矛盾的方面,同时我们也才可以站在一个更恰当的位置上,去分析清代县衙与当地社区之间的关系。

二 国家与社会

清代县衙中的书吏和差役们之所以在学术界很少受到专门关注,另外的一个原因,可以追溯至一个经常被用来研究中华帝国晚期的分析框架,亦即国家与社会的分析框架。在这一领域当中,晚近的学术研究成果通常都将其目光聚焦于那些既充满紧张又彼此共生的模式。此类模式,被认为存在于由知县与诸如保甲(在这种制度当中,同一小单元的民户须相互承担连坐责任)、乡官制度等地方组织在县级层面所共同代表的那种用正式法律明确加以规定的国家权威,以及士绅精英们所享有的那种相较而言并未被如此正式地加以界定但无疑相当强有力的社会性权威之间。① 然而，无论是将这种关系理解为冲突、合作抑或二者的结合，其倾向都是使用一些在本质上属于两极化的术语，来将地方权威及其支配的这一领域加以概念化。在此过程中，诸如衙门吏役之类的非精英群体在协调国家与社会之关系方面所扮演的模糊但非常关键的角色，已经被忽略掉了。

有关应当如何在中华帝国晚期的国家与社会之间划分界限的学术争论至今未见停歇，而上述倾向在这种学术争论当中得到了非常清晰的例证说明。粗略来讲，先前的那些学术研究成果在如何划定这一界线方面，大致经历了如下变化：从州县官②下移至士绅③，然后折回州县官，④最后又下移至此二者之间的某一点上

14

---

① Mary Backus Rankin, *Elite Activism and Political Transformation in China, Zhejiang Province, 1865−1911*, Stanford: Stanford University Press, 1986; Philip A. Kuhn, "Local Self−government under the Republic", in Fredrick Wakeman & Carolyn Grant, eds., *Conflict and Control in Late Imperial China*, Berkeley: University of California Press, 1975, pp.257−298; Chü T'ung−tsu, *Local Government in China Under the Ch'ing*, Cambridge: Harvard University Press, 1962; John R. Watt, *The District Magistrate in Late Imperial China*, New York: Columbia University Press, 1972; Joseph W. Esherick & Mary Backus Rankin, *Chinese Local Elites and Patterns of Dominance*, Berkeley and Los Angeles: University of California Press, 1990.

② Hsieh Pao−chao, *The Government of China, 1644−1911*, Baltimore: The Johns Hopkins Press, 1925.

③ Hsiao Kung−chuan, *Rural China, Imperial Control in the Nineteenth Century*, Seattle: University of Washington Press, 1960; Chü T'ung−tsu, *Local Government in China Under the Ch'ing*, Cambridge: Harvard University Press, 1962.

④ John R. Watt, *The District Magistrate in Late Imperial China*, New York: Columbia University Press, 1972.

面。① 衙门吏役是否存在可被纳入这些概念化框架当中的可能性,此问题仍然有待斟酌,尽管通常的处理办法是将这些人简单地放置到上述区分当中的某一端,随后便不再对他们加以理会。

例如,华璋将清朝前期那些人数不断增多的衙门吏役,视作"一个被危险地分离出去的群体,这些人由于社会教育背景方面的各种障碍而无缘成为官员和幕友,又由于是在城市中生活和工作而与乡下百姓相区分开来"。② 然而,尽管华璋意识到了衙门吏役身上这一极其重要的暧昧性,但他仍然将这些人牢牢地放置在那种抗拒国家干预地方事务的地方性权力群体的位置上。华璋对衙门吏役的讨论,乃是基于他的如下论断,亦即认为书吏和差役们虽然属于正式的(国家)行政架构中的一员,但这些人的主要兴趣仍然集中在衙门那些非正式的(社会)功能方面,并在后一范围内为他们那些本地化的个人私利服务。③

尽管这一问题在冉玫烁(Mary Backus Rankin)对晚清时期浙江士绅们所展现的精英能动主义(elite activism)的研究当中只占了一小部分,但她还是提出了一个相反的观点。冉玫烁强调,衙门吏役虽然生活在地方社区当中,但他们主要是代表国家在办事。她坚持认为,这些为衙门所雇用的办事人员,由于已经在国家机器之最底端的外围开辟出了利益来源,故而会从根本上反对地方权力

---

① Mary Backus Rankin, *Elite Activism and Political Transformation in China, Zhejiang Province, 1865–1911*, Stanford: Stanford University Press, 1986.

② John R. Watt, *The District Magistrate in Late Imperial China*, New York: Columbia University Press, 1972, p.154.

③ John R. Watt, "The Yamen and Urban Administration", in William G. Skinner, ed., *The City in Late Imperial China*, Stanford: Stanford University Press, 1977, p.372.

群体的利益,尤其是当那些地方权力群体在 19 世纪后期和20 世纪初试图通过政治改革打破现状时,吏役们更加会如此行事。①

相较于华璋和冉玫珠,包括杜赞奇(Prasenjit Duara)②、黄宗智③和孔飞力(Philip A. Kuhn)④在内的第三派学者,已经开始将衙门吏役视作国家与社会之间的一个独立且重要的支点。例如,孔飞力将晚清时期的衙门吏役描绘成一个含义清晰的独特群体,认为这些人由于所受教育、训练和个人利益等方面的缘故而无法进入正式官僚阶层之中或成为地方精英。他相信,这一趋势到了民国时期也没有发生明显的改变,因为尽管那时书吏和差役们已被正式纳入国家官僚体制当中,但他们仍在继续与地方精英们围绕着对各种资源的控制而展开竞争,而这样做会损害到国家的利益。⑤ 在将民国时期的低级别行政办事人员描述为业已演变为其所谓的"营利型国家经纪(entrepreneurial state brokers)"之时,杜赞奇更是对与上述类似的那种动态过程进行了详细的阐述。⑥ 在杜

15

① Mary Backus Rankin, *Elite Activism and Political Transformation in China, Zhejiang Province, 1865–1911*, Stanford: Stanford University Press, 1986, pp. 19, 132.

② Prasenjit Duara, *Culture, Power, and the State, Rural North China, 1900–1942*, Stanford: Stanford University Press, 1988.

③ Philip C. C. Huang, *The Peasant Economy and Social Change in North China*, Stanford: Stanford University Press, 1985.

④ Philip A. Kuhn, "Local Self-government under the Republic", in Fredrick Wakeman & Carolyn Grant, eds., *Conflict and Control in Late Imperial China*, Berkeley: University of California Press, 1975, pp.257–298.

⑤ Philip A. Kuhn, "Local Self-government under the Republic", in Fredrick Wakeman & Carolyn Grant, eds., *Conflict and Control in Late Imperial China*, Berkeley: University of California Press, 1975, pp. 262, 279.

⑥ Prasenjit Duara, *Culture, Power, and the State, Rural North China, 1900–1942*, Stanford: Stanford University Press, 1988, p.43.

赞奇看来,这些低级别行政办事人员即便在行使正式的国家权力之时,也会在国家的有效控制范围之外行事。此辈在人数上的不断增多及其所做出的各种掠夺性行为,最终导致了一种杜赞奇称之为"国家政权内卷化(state involution)"的发展模式。杜赞奇认为,正是这一过程造成了国民党政府的正当性丧失。①

尽管杜赞奇和孔飞力主要关注的是民国时期的发展情况,但他们所描述的那种低级别行政办事人员潜在地施行自治的可能性,同样可被运用于对清代情形的描述。倘若大多数的清代地方衙门吏役都是在正式法律的控制所能企及的范围之外行事,并且其人数之多已经达到造成州县官的个人监督不再奏效的地步,那么无论是作为个体还是群体,衙门吏役显然都已经在权力上形成了一定程度的独立性,不管是相较于他们名义上为之效力的帝国政府还是他们在其中发挥具体作用的那个地方社区而言皆是如此。本书后面的几章将会提供关于此类"自治"的充分论据。

然而,上述那种方法的问题在于,它沿袭了该研究领域中一种由来已久的倾向,亦即将国家与社会看作永远被锁在相互冲突之中的两个实体,并通常认为这些结构本身就显露出一种独立于那些构成其内容的个体和群体而存在的历史能动性(historical agency)。这一概念框架被发挥到极致之后,业已产生出一批富有洞见并经常引发学术论辩的研究成果,例如近年来那些关于中华帝国晚期和民国时期是否出现了市民社会(civil society)和公共领

---

① Prasenjit Duara, *Culture, Power, and the State, Rural North China, 1900−1942*, Stanford: Stanford University Press, 1988, Chapter 3.

域(public sphere)的学术争论。① 但即便是在这一点上,在那些意识到将某些学术概念进行跨文化普遍运用之危险性的学者们看来,上述方法由于预设了那些文化性的、社会性的和国家性的制度与做法之间乃是彼此清晰分离的,故而它适用于从欧洲经验中总结提炼出来的那些分析框架,但这种情形在中华帝国晚期却并不存在。② 对概念分析框架本身进行重构,比起那些试图再次将衙门吏役置于国家与社会之二分法当中的某一点上加以分析从而复制上述学术研究倾向的做法,看起来要富有成效得多。

在他近期关于清代民事司法的研究中,黄宗智已经朝着上述方向迈出了极具学术价值的一步。③ 在清代司法制度当中,黄宗智

_____

① 关于这场学术争论中各家所持的不同观点,参见 Philip C. C. Huang, "' Public Sphere' / ' Civil Society' in China? The Third Realm between State and Society", *Modern China*, Vo.19, No.2(1993), pp.251−298; William T. Rowe, "The Problem of ' Civil Society' in Late Imperial China", *Modern China*, Vol.19, No.2(1993), pp.139−157; Mary Backus Rankin, "Some Observations on a Chinese Public Sphere", *Modern China*, Vol.19, No.2(1993), pp.158−182; Frederic Evans Wakeman, Jr., "The Civil Society and Public Sphere Debate: Western Reflection on Chinese Political Culture", *Modern China*, Vol.19, No.2(1993), pp.108−138。上述论文,均刊登在 *Modern China* 在 1992 年出版的第 19 卷第 2 辑《中国的"公共领域"/"市民社会"? 中国研究中的范式问题》专号(The Symposium "' Public Sphere' / ' Civil Society' in China? Paradigmatic Issues in Chinese Studies")的第三部分。

② William T. Rowe, "The Problem of ' Civil Society' in Late Imperial China", *Modern China*, Vol.19, No.2(1993), pp.139−157.

③ Philip C. C. Huang, "Between Informal Mediation and Formal Adjudication: The Third Realm of Qing Justice", *Modern China*, Vo.19, No.3(1993), pp.216−240; Philip C. C. Huang, "' Public Sphere' / ' Civil Society' in China? The Third Realm between State and Society", *Modern China*, Vo.19, No.2(1993), pp.251−298; Philip C. C. Huang, *Civil Justice in China: Representation and Practice in the Qing*, Stanford: Stanford University Press, 1996.

辨析出了一个司法实践的中间领域。在那里,县衙公堂的正式机
构与非正式的社区调解的各种因素相互作用,从而形成了他所谓
的地方纠纷解决的"第三领域"。① 在这一方面,黄宗智颇具说服
力地论证道,尽管《大清律例》当中缺乏正式意义上的民事法律规
定,但在实践当中,县衙公堂和《大清律例》仍然经常被地方上的百
姓们在民事纠纷中作为救济手段加以利用。黄宗智所用研究方法
的一个优点在于,它促使我们意识到中华帝国晚期的国家与社会
并非两个相互隔绝的实体,而是经常通过相互交叠和彼此渗透的
方式在运行。为了理解这种互动,我们有必要超越对那些正式结
构和成文法律的考察,进而审视这些正式结构和法典规定是如何
在官方表达和日常实践之间经常自相矛盾的那一领域内发挥其
作用。

本书下面的几章就是建立在上述构想的基础之上,并试图将
其再向前推进一步。在此过程中,我借用了艾森施塔特(S. N.
Eisenstadt)所提出的"自由漂流资源"(free-floating resources)这一
学术概念。在他的那本著作《帝国的政治体系》中,艾森施塔特将
"自由漂流资源"描述为"并非内嵌于或预先就效忠于任何主要的
归属性—特殊主义群体(ascriptive-particularistic groups)的人力资
源、经济资源、政治支持,以及文化认同"。② 这些"自由漂流资源"
的存在,有助于产生艾森施塔特所称的"普遍化权力的贮藏所"
(reservoir of generalized power),而后者可以被不同的社会群体或

---

① Philip C. C. Huang, *Civil Justice in China: Representation and Practice in the Qing*, Stanford:
Stanford University Press, 1996, p.110.

② S. N. Eisenstadt, *The Political Systems of Empires*, New York: The Free Press, 1963, p.27.

职业群体用来追求各种不断发生变化的目标。

　　艾森施塔特将这些资源的可利用性纳入他关于世界历史上存在的不同帝国的分类法之中。就其将"自由漂流资源"的可利用性描述为一个既定的社会政治结构之产物而言,他所做的描述仍然是静态的。这一缺陷,近年来在社会学家迈克尔·曼(Michael Mann)关于社会权力来源的著作中得到了克服。在迈克尔·曼看来,最好不要将社会看作铁板一块的或者有其边界的社会体系或结构,而应当将其视为植根于意识形态关系、经济关系、政治关系和军事关系之中的"多重交叠与相互交错的社会空间的权力网络"。① 除了通过社会性互动来彰显其自身,这些权力网络还通过个体和群体在努力实现各种欲求的过程中那些可资利用的制度化组织方式来发挥其作用。在涵盖了艾森施塔特的"自由漂流资源"概念之包含内容的同时,迈克尔·曼的作品还有另一个优点,那就是较少聚焦于结构,较多关注个体之间的互动,而这种互动的性质将会随着环境的变化而改变。

17

　　我将中华帝国晚期的国家和社会当作各种存在着社会性差异的制度、惯例和资源的汇集地加以看待,而并非将它们视为并列的二元结构,无论是声称它们相互渗透抑或彼此对抗。这些各不相同的制度、惯例和资源,其独占性控制和社会稳定性方面的程度在不断变化,故而围绕它们容易发生各种各样的侵占和竞争。说到资源,我指的是人们在那些为了获得收入、声望和维持生计的日常努力中得来的物质性要素和象征性要素。在中华帝国晚期的县级

---

① Michael Mann, *The Sources of Social Power,* Vol. 1, Cambridge: Cambridge University Press, 1986, pp.1-2.

政府和地方权威那里,这些资源的具体形态多种多样,例如对物质性的行政工具(例如个人履历记录、案件卷宗、印信、监狱等)的控制,从组织纪律方面对衙门吏役所做的管束,告到知县那里并对县衙公堂加以策略性的利用,以及由于与帝国的各种制度或者儒家的正统意识形态发生关联而形成的象征资本。对这些资源的利用,受制于个人在特定的政府网络和社会网络当中所处的位置。其中,既有正式的位置,也有非正式的位置;既包括功能性的物理位置,也包括象征性的位置。例如,某位书吏或差役在功能上的不可或缺性,知县这一由朝廷任命并代表皇权的官职,或者地方士绅作为当地领袖和本地利益之保护者而起到的作用。并且,不同的个体和群体对这些资源所做的利用,所产生的收益也极少是单一化的。例如,如果说县衙公堂是作为皇权的一种象征而为当地官府所利用的话,那么它也被那些在衙门中工作的吏役们当作一种纯粹的经济资源而为他们自己的利益服务;同时,它还为当地的百姓们提供了一种用来解决纠纷的可选手段。

尽管上述方法相当模糊,并且在分析上也不及传统的国家/社会两分法那样来得简练,但是它更为紧密地契合了中华帝国晚期县级层面上那种社会政治关系错综复杂的现实。我们将清代县级政府视为一处其中上演着各种协商、交易和竞争的场所(area),而不是将其看作国家与社会在此发生互动的清晰分界线。在清代县级政府当中,那些正式的与非正式的行政因素,与社会制度、惯例性做法及个人利益、群体利益结合在了一起,从而创造出各种既彼此合作又相互冲突的高度地方化的模式。

这一方法提醒我们注意诸如国家(state)、社会(society)与社区

（community）之类的术语本身就是一些理论性概念，①从而降低了那种传统的能动性/结构（agency/structure）二分法的重要性。而且，尽管此类概念分析框架建构意味着由各种关系和结构所构成的静态内容，但事实上，并不存在此种永久不变性。相反，个人和群体总是想方设法地利用各种新的可用资源与策略。因此，社会关系、政治关系及那些它们借由实现的做法，总是处于一种不断波动和变化的状态之中。清代县衙书吏们从承办讼案过程中攫取经济利益的能力，或者地方精英影响县衙吏役之行事的能力，都是特

18

① 译者注：在英文原书中，作者经常在相对于国家（state）、社会（society）、县衙或个人而言的不同语境中使用"community"一词。译者通常将"community"译为"社区"。

　　"community"作为一个学术概念，有学者认为最早始于英国法律史学者梅因（Henry Sumner Maine）1871 年出版的 *Village-Communities in the East and West* 一书（此书已有中译本，即［英］梅因：《东西方乡村社会》，刘莉译，苗文龙校，北京：知识产权出版社，2016。严格来讲，该书中译本将 Village-Communities 译为"乡村社会"，并不准确，因为如此翻译实际在某种程度上混淆了"社会"与"社区"的微妙区别）。1887 年，德国社会学家滕尼斯（Ferdinand Tönnies）出版 *Gemeinschaft und Gesellschaft: Grundbegriffe der reinen Soziologie*（此书已有中译本，即［德］斐迪南·滕尼斯：《共同体与社会》，张巍卓译，北京：商务印书馆，2019），在其中专门区分了"社会（*Gesellschaft*）"和"社区（*Gemeinschaft*，也被译为共同体）"这两种社会生活的不同基本形式，从而使得"社区"一词成为社会学中的重要概念，并产生了深远的学术影响，例如美国社会学界以罗伯特·E·帕克（Robert Ezra Park）为代表的芝加哥学派便深受此概念的影响。时至今日，"社区"已经在西方尤其是美国社会科学界得到普遍的使用，不过其具体内涵仍然莫衷一是。例如，美国社会学家罗伯特·M.麦基弗（Robert M. MacIver）在他 1917 年出版的 *Community, A Sociological Study* 一书中，将社区视为"任何共同生活的区域，如村庄、城镇、市区、国家，甚至更大的区域"，以区别于那个用来指称人与人之间关系的整体系统的"社会"概念；塞文·布林特（S. Brint）认为社区是"具有共同活动和（或）信念的，主要由情感、忠诚、共同价值和（或）个人感情（如相互性格和生活事件中的兴趣）关系相连接的一群人"。参见高鉴国：《社区的理论概念与研究视角》，《学习与实践》2006 年第 10 期；夏国忠：《社区简论》，上海：上海人民出版社，2004，第 15—17 页。

定群体利用特定资源来达到特殊目的的一些例子。对于个人和群体而言,这些资源的可获得性,会随着各种系统性的变化而相应发生变化。后者包括人口的增长、商贸活动的扩张、由社会冲突演化而成的诉讼案件数量之多寡,以及官府对各种行政手段维持其控制的能力。

此外,这一方法还要求我们少去关注那些抽象的结构,而要更为直接地聚焦于历史上的那些"行动者"(agents)本身,亦即那些在一系列结构化的环境、期待与机会中行事的个体及由这些个体构成的群体,即便他们的活动经常在不断地创制、维系和调整着那些结构。这意味着,与先前的那些研究成果相比,我们需要引入一个更加人类学化的视角来审视清代地方衙门的行政实践。借助于这样的做法,我们不仅可以突出社会学家(尤其是历史社会学家)习惯于关注的那些结构和群体性利益,而且还能够凸显某个特定的政治行政制度在它置身其中的那种文化背景下得以展开的各种方式。对于传统上深受贪腐恶名之影响的那些吏役活动来说,更是如此。

(接前页)在我国社会学界,自从 20 世纪 30 年代吴文藻、费孝通等燕京大学社会学系师生将"community"译为"社区"以来,这一概念也得到了广泛的运用。按照费孝通的说法,"社会是泛指人和人在经营共同生存时所发生的关系,而社区则是指人们在一定地域里经营集体生活的共同体。这个共同体是在一定时间和一定空间内,由一定的人口进行集体生活时有一定社会组织的具体人群,例如村落、乡镇、城市、民族、国家等是不同层次的人们的共同体,也就是所谓社区"。参见费孝通主编:《中华民族多元一体格局》,北京:中央民族大学出版社,2018,第 47 页。

总的来看,尽管"社区"概念的具体涵义至今众说纷纭,但学者们对其的界定,主要是从地域空间和功能(尤其是共同的互动性和归属性)的角度入手。本书作者在全书中对"community"概念的经常使用,也同样如此。我们通常将其译为"社区",但在不同的语境当中,作者使用的这一概念,有时着眼于地域空间,有时主要用来指其内部具有成员归属感的特定人群,有时则二者兼而有之。此点请读者注意。

三 腐败

在人们对清代县级政府的看法中,衙门吏役的贪腐形象乃是最为经久不衰的陈词滥调之一。鉴于此类形象在清代史料中比比皆是,上述这种印象不足为奇。但让人难以理解的是,竟然极少有学术研究成果对清代地方行政的此方面进行过深层次的或富有细节的探讨。导致出现这种学术空白的原因,至少有一部分是由于腐败这一概念本身非常含糊,很难对其进行精确的界定与分析。①

在 20 世纪,欧美地区的社会科学家一般都已不再将政治腐败 19
或行政腐败看作整体性道德衰退的征兆,而是将其视为个别官员的一种异常行为。② 因此,近些年来的一些学术研究成果,试图通过将特定的行为与既有的法律规定(各种明文规定的相关法条),或者公职人员行为的公认典范(关于公职人员之行为的各种规

① 参见 Arnold J. Heidenheimer, Michael Johnston, and Victor T. LeVine, *Political Corruption: A Handbook*, New Brunswick: Transaction Publishers, 1989; Edward van Roy, "On the Theory of Corruption", *Economic Development and Cultural Change*, Vol.19, No.1 (1970), pp.86–110; Anne Deysine, "Political Corruption: A Review of the Literature", *European Journal of Political Research*, Vol.21, No.2(1980), pp.447–462; Robin Theobald, *Corruption, Development and Underdevelopment*, Durham: Duke University Press, 1990。

② 出于某种原因,中国学者的研究成果尚未反映出这一学术转向。他们近年来发表的文章仍然将衙门吏役的普遍贪腐视为中华帝国晚期的体制在道德方面整体败坏的象征,参见刘敏:《清代胥吏与官僚政治》,《厦门大学学报》(哲学社会科学版)1983 年第 3 期,第 75—82 页;王廷元、魏鉴勋:《论清代蠹吏》,《辽宁大学学报》(哲学社会科学版)1989 年第 5 期,第 55—58 页;吴吉远:《试论清代吏、役的作用和地位》,《清史研究》1993 年第 3 期,第 47—55 页;赵世瑜:《两种不同的政治态度与明清胥吏的社会地位》,《政治学研究》1989 年第 1 期,第 50—56 页。

定),或者公众对官员行为的看法(对何谓公共利益的各种解释),进行相互对照,来对何谓腐败加以界定。所有的这些学术努力及其所提出的那些行为模式,从其根子上讲都潜藏着韦伯所提出的"理性化官僚制(rationalized bureaucracy)"这一理想型概念,以及此概念对个人私利与公职人员在制度、社会上的职能所做的那种区分。

但是,上述方法存在着许多问题,特别是它在非西方的历史情境中的可适用性。首先,如同罗宾·西奥博尔德(Robin Theobald)所指出的,此方法从一开始就存在着缺陷,因为一个过于精确化的"官僚制职位(bureaucratic office holding)"概念,未能将那种任何公职人员都能随意动用的权力和其他那些阻碍完全理性化的习惯性要素考虑在内。① 沿着与其相类似的思路,詹姆斯·斯科特(James Scott)已经论证说,几乎在所有的政治制度当中都会不可避免地存在着某种形式的腐败,而那种就何谓被公认为正统的政治行为之标准加以规范性评价的倾向却忽略了这一因素。②

西方的一些社会科学家已经开始不再将腐败看作一种堕落或病态的现象,而是将其视为一种能够起到某些促进作用的行为模式,③詹姆斯·斯科特(James C.Scott)便是持此种看法的学者们当

---

① Robin Theobald, *Corruption, Development and Underdevelopment*, Durham: Duke University Press, 1990, p. 11.

② James C. Scott, *Comparative Political Corruption*, Englewood Cliffs: Prentice Hall, 1972, p. 4.

③ N. H. Leff, "Economic Development Through Bureaucratic Corruption", *American Behavioural Scientist*, Vol.8, No.3(1964), pp.8-14; Samuel Huntington, *Political Order in Changing Societies*, New Haven: Yale University Press, 1968; J. S. Nye, "Corruption and Political Development: A Cost-Benefit Analysis", in Arnold J. Heidenheimer et al, eds., *Political Corruption, A Handbook*, New Brunswick: Transaction Publishers, 1978, pp.564-578.

中的一员。这些学者主要聚焦于 20 世纪的发展中国家进行研究，他们对道德标准和行为标准在那些并不存在此方面规范或者此类规范仅是被部分内化了的国家环境中的可适用性进行质疑。在科林·利斯(Colin Leys)声称腐败行为经常可被服务于一些积极的目的之后，詹姆斯·斯科特(James Scott)也认为，某些通常被人们视作腐败的行为，实际上相当于一种满足不同需求的渠道；若离开这种渠道，则更为正式的政治结构和社会结构亦将无法幸存。① 在此方面，那些规范化了的腐败模式或许可被看作一种替代性的非正式政治制度，它与那些正式设立的制度结构，以及为人们所公认的规范一道发挥着作用。②

许多与前述学术处理方式类似的倾向，在西方的中国研究领域也显而易见。例如，那些在 19 世纪来到中国的西方观察者们，将清朝的地方官员和衙门吏役收取各种陋规的做法视为整体性腐败和道德败坏的体现。③ 差不多一个世纪之后，研究中国帝制时期官僚制度的著名学者白乐日(Etienne Balazs)又对此种观点加以重申，认为腐败是帝制晚期的中国社会的显著特征之一。他承认，令其感到疑惑不解的是，这样的一种体制是如何能够在如此长久的时间里持续发挥作用的。④

---

① James C. Scott, *Comparative Political Corruption*, Englewood Cliffs: Prentice Hall, 1972, p. viii.

② James C. Scott, *Comparative Political Corruption*, Englewood Cliffs: Prentice Hall, 1972, p. 2.

③ B. Brenan, "The Office of District Magistrate in China", *Journal of the North China Branch of the Royal Asiatic Society*, Vol.32(1897), pp.36–65; Ernest Alabaster, "Notes on Chinese Law and Practice Preceding Revision", *Journal of the North China Branch of the Royal Asiatic Society*, Vol. 37(1906), pp.139–141.

④ Etienne Balazs, *Political Theory and Administrative Reality in Traditional China*, London: University of London, 1965, pp. 68, 73.

近年来,一些西方学者已经开始摆脱前述那些流传甚广的看法。此类学术成果结合了一系列令人印象深刻的方法论,其中包括结构主义诠释和文化主义诠释,以及诸如理性选择理论和委托—代理/成本—收益模型之类的经济分析。

不过,虽然这些研究成果已经提出了很多有关腐败与经济发展之联系的富有价值的学术洞见,但当将类似的方法论适用于对帝制中国时期的分析之时,却只能在个别例子中取得极其有限的成功。① 研究行政腐败的所有学者最经常遭遇到的难题,依然是如何界定"腐败"这一术语本身。即便是在那些认为腐败乃是国家发展中一个潜在的积极因素的学者们那里,何者构成腐败的问题,实际上也依然含糊不清,或者只是将其草草地加以打发而已。

在其对那些有关此主题的社会科学研究文献所做的学术回顾当中,安妮·德泽纳(Anne Deysine)评论说,大多数的政治科学家都潜在地认定每个人看起来都知道,至少在主观上知道,什么是腐败,故而如何定义腐败的这一难题如今已经逐渐被他们所忽略。② 在中国研究这一领域,此种看法以詹姆斯·迈尔斯(James Myers)的下述观点为其代表。他认为尽管在细节上存在着各种差异,但是所有关于腐败的定义都分享着一个共同的主题,亦即"担任公职

21

---

① 例如, Robert M. Marsh, " The Venality of Provincial Office in China and in Comparative Perspective", *Comparative Studies in Society*, Vol.4, No.4(1962), pp.454-466; Edgar Kiser & Tong Xiaoxi, "Determinants of the Amount and Type of Corruption in State Fiscal Bureaucracies, An Analysis of Late Imperial China", *Comparative Political Studies*, Vo.25, No.3(1992), pp.300-331。

② Anne Deysine, "Political Corruption: A Review of the Literature", *European Journal of Political Research*, Vol.21, No.2(1980), pp.447-462, 448.

的官员在观念上被认为背离了某种关于公正的标准"。① 不过,如果说这一解决方案使得政治学家们得以从原先那种如何针对"腐败"下一定义的困境当中解脱出来,进而将其主要注意力转移到当代腐败问题中那些较不棘手的方面,那么它也回避了历史学家们最为关心的如下这些问题:与那些担任公职的官员生活在同时代的人们,是根据谁的有关公正的标准来衡量和评价腐败的? 在哪些情况下,以及由谁来适用这样的标准?

为数甚少的曾对清代衙门腐败问题有所关注的历史学家们,总的来说都不愿意直面上述这些问题。例如,瞿同祖将清代地方衙门书吏们的"越轨"行为看作至少部分是由于文化价值观与社会地位不一致而导致的结果。他这样写道:"易言之,当某人缺乏正当化的手段来获得他想要得到的那些价值(例如金钱报酬、工作机会)之时,他往往就会通过不正当的手段来寻求得到这些价值。"② 对于这种解释,瞿同祖补充道,清代地方衙门吏役的腐败也可以被视为规范化行为的一种变体,因为就像在其他的营生方式中那样,倘若他们当中的大多数成员都在从事某些特定类型的活动,则这些人将会对该群体中的其他人员施加压力,以使后者与自己保持一致。瞿同祖认为:"因此,政府和公众所认为的越轨行为或腐败,

---

① James Myers, "China's Modernization and Unhealthy Tendencies", *Comparative Politics*, Vo.21, No.2(1989), p.197.

② Chü T'ung-tsu, *Local Government in China Under the Ch'ing*, Cambridge: Harvard University Press, 1962, p.197。另可参见 James T. C. Liu, "The Sung Views on the Control of Government Clerks", *The Journal of the Economic and Social History of the Orient*, Vol.10, No.2-3(1967), pp.317-344。

也可以被看作是对那些按照营生方式加以界定的行为标准的遵从。"①但是瞿同祖并没有对上述这种容易引发争议的看法之具体含义做出进一步的解释。相反，他始终将其关注点聚焦在那些使清代地方层级的官僚制在功能上失灵的因素上面，并继续重复着他对自己所搜集来的各种史料所秉持的那种看法，亦即认为清代地方衙门吏役当中那种普遍存在的腐败构成了社会大众和帝国政府之间一个无法逾越的障碍。

　　这种不加批判地运用相关史料的做法所存在的显而易见却很少为人们所承认的问题，后来被吕元骢（Adam Lui）加以强调。吕元骢指出，衙门吏役的那种贪腐恶名之所以流传甚广，至少部分原因是留下此类历史记载的人们（帝制中国晚期的官员、学者及精英们）正是那些既有理由也有手段对衙门吏役公开地进行严厉谴责之人。然而，尽管吕元骢提出了这一难能可贵的学术洞见，但他后来还是像清代史料中那些千篇一律的记载一样，将衙门吏役这些地位低下之辈描述成"百姓们无法摈弃、唯有尽可能地予以忍受的一群自私自利的懦夫与社会地位卑微的讨厌鬼"。②

　　如上所述，清代地方衙门中的吏役们之所以声名狼藉，在过去（今天仍然如此）主要是由于他们向任何与衙门发生接触的人们收取各种陋规。收取此类费用的做法为清代法律所明令禁止，但所有的地方衙门吏役皆在不同程度上仰赖这些费用生活。故而，据

---

① Chü T'ung-tsu, *Local Government in China Under the Ch'ing*, Cambridge: Harvard University Press, 1962, p.197.

② Adam Y. C. Lui, *Corruption in China during the Early Ch'ing Period, 1644-1660*, Hong Kong: University of Hong Kong, 1979, pp.24-25.

此得出衙门吏役确实贪腐这一结论，有其一定的道理在。就利用公职谋取个人私利这一关于何谓腐败的理解要点而言，从 20 世纪西方人的感受来看，上述结论可能听起来是正确的。但是，此结论乃是依赖一个被以严格的法律术语或伦理术语加以表述的标准，而这一标准乃是由清代社会中那些被赋予了权力的文字片段提供给我们的。除了将精英们的表述不适当地加以普遍化并形成一些被适用于中国社会当中所有人身上的规范性标准，上述那些认为清代地方衙门吏役皆腐败不堪的宽泛假定，还预设了在公共的资源、结构与私人的资源、结构之间存在着一道明晰的界线。然而，本书的研究将证明，这样的一种界限区分在清代的地方行政活动中并不存在。关于这一点，没有什么会比县衙公堂的那些运作展现得更加清晰。

根据学者们、官员们和清代各位皇帝们的看法，县衙公堂显然不是被打算用作解决地方百姓之间所发生的民事纠纷的场所。公堂，通常来说还有《大清律例》，它们想要达到的目的，乃是通过对各种具体罪行慎重地处以相应的惩罚，来维持存在于秩序和混乱之间的那种宇宙平衡，从而强化皇权。为了达到这一目的，县衙公堂不仅是做出刑事惩罚之决定的场所，而且更重要的，它还是一个仪式中心。就此而言，县衙公堂，以及公堂上所有的装饰和文字，都象征性地代表着皇权与更高层级的原则及正义之间不偏不倚的结合；它们也因此被视为对儒家所憧憬的那种社会政治秩序的维护。

而衙门吏役们收取陋规的这种做法，公然地将司法行政活动与他们的个人私利联系在了一起，从而有着对前述所预设的那种县衙公堂之正当性功能造成损害的危险。更加令官员们和地方士绅感到不安的是,他们通常都相信,吏役们为了攫取钱财,会诱骗当地百姓为一些鸡毛蒜皮的小事到县衙打官司,然后强迫涉讼百姓交出各种极其高昂的费用。诸如此类的做法,特别是将那些原本通过非正式的民间调解便可解决的纠纷正式闹上县衙公堂,其结果只能是破坏了当地百姓们之间的和睦相处。因此,衙门吏役被认为不仅贪得无厌,而且还对士绅阶层和皇权赖以为基的那种社会秩序构成了实实在在的威胁。

英语学术界早先对清代法律的研究,几乎都原封不动地接受了前述那些关于衙门吏役的形象刻画。一旦将那些看法与如下这种广为流传的观点——认为《大清律例》是国家权威所专横使用的一种完全刑罚化的工具——相结合,许多学者便会得出结论说,这一制度无法提供那种他们认为胜任且公正的司法行政活动。① 在此领域中非常流行的一种看法还认为,由于任何即便仅是稍稍涉足正式的诉讼过程的人们都会不断地遭到衙门吏役的敲诈勒索,于是地方上的百姓们将步入县衙公堂打官司视为一场不惜任何代价加以避免的灭顶之灾。

不过,这一领域中更为晚近的学术研究成果,已经开始对学界

---

① Chü T'ung-tsu, *Local Government in China Under the Ch'ing*, Cambridge: Harvard University Press, 1962; Chü T'ung-tsu, *Law and Society in Traditional China*, Paris: Mouton, 1965; Sybille van der Sprenkel, *Legal Institutions in Manchu China: A Sociological Analysis*, New York: Humanities Press, 1962; Derk Bodde & Clarence Morris, *Law in Imperial China: Exemplified by 190 Ch'ing Dynasty Cases*, Philadelphia: University of Pennsylvania Press, 1967; Roberto M. Unger, *Law in Modern Society: Toward a Criticism of Social Theory*, New York: The Free Press, 1976.

早期的那些研究成果当中存在的上述成见和流传甚广的看法发起挑战。① 更为重要的是,这些新一代的研究成果已经证明,为了理解清代法律制度的重要性,无论是将其视为一个规范性社会理念的贮藏所,还是把它看作帝国政府之权威的体现,都有必要超越那些正式结构和《大清律例》中的条文规定,来考察这些条文规定是如何在清代司法实践中被加以运用的。

本书旨在通过揭示县衙公堂不仅在清代司法制度中而且在地方衙门的诸多基本行政职能中均占据了中心的位置,从而对上述正在扩充的知识体系之内容加以拓展。就此而言,在承办讼案过程中所收取的各种费用,是非常关键的财政来源,它们不仅提供了养活一大批全职工作的衙门吏役所需的个人酬劳,而且还为巴县衙门内各房各班的运作提供了所需的经费。案费的收取,不仅远

---

① William Alford, "Of Arsenic and Old Laws: Looking Anew at Criminal Justice in Late Imperial China", *California Law Review,* Vol. 72, No.6(1984), pp.1180−1256; Kathryn Bernhardt & Philip C. C. Huang, eds., *Civil Law in Qing and Republican China*, Stanford: Stanford University Press, 1994; David C. Buxbaum, "Some Aspects of Civil Procedure and Practice at the Trial Level in Tanshui and Hsinchu from 1789 to 1895", *The Journal of Asian Studies*, Vol.30, No.2(1971), pp.255−279; Philip C. C. Huang, "Between Informal Mediation and Formal Adjudication: The Third Realm of Qing Justice", *Modern China*, Vo.19, No.3(1993), pp.216−240; Philip C. C. Huang, *Civil Justice in China, Representation and Practice in the Qing*, Stanford: Stanford University Press, 1996; Shuzo Shiga, "Criminal Procedure in the Ch'ing Dynasty, part 1", *Memoirs of the Research Department of the Toyo Bunko*, No.32(1974), pp.1−45; Shuzo Shiga, "Criminal Procedure in the Ch'ing Dynasty, part 2", *Memoirs of the Research Department of the Toyo Bunko*, No.33(1975), pp.115−138; Shuzo Shiga, "Criminal Procedure in the Ch'ing Dynasty, part 3", *Memoirs of the Toyo Bunko*, No.34(1976), pp.16−26; Matthew H. Sommer, "Sex, Law and Society in Late Imperial China", Ph.D. Dissertation, Department of History, UCLA, 1994;郑秦:《清代司法审判制度研究》,长沙:湖南教育出版社,1988。

未构成一种造成地方衙门功能失调的腐败形式,反而还经常被当作地方衙门行政活动的财政支柱。同样,如同本书将展示的,在对巴县衙门吏役内部那些围绕案费收取而发生的纠纷进行裁决时,知县本人通常也声称一些规费的收取是理所当然的。

如果仅看其表面便接受了精英们和官员们关于衙门吏役皆系贪腐之辈的那些描述,那就将会冒着忽视了这些非正式的法外做法实际上所起到的重要作用的风险。我之所以反复申言此点,其原因并非在于要给清代地方衙门吏役翻案正名或者将他们从历史上的那种恶名中拯救出来。本书后面的各章将详细地阐明,巴县衙门吏役们所经常从事的一些行为,即便是以与其生活在同时代的人们就何谓腐败所持的那些最狭义的界定作为标准来加以评判,也会被视为贪腐。①

我的目的是双重的。首先,我们必须尽可能地对如下做法加以区分:哪些是尽管从严格的法律意义来看属于非法,却有助于维系清代地方行政的各种功能的通常做法;而哪些又是连那些非正式的程序与规范都加以违反,故而纯属敲诈勒索或谋取私利的行为。诚然,这两者之间的界限非常模糊不清,甚至有时是故意如此为之。但倘若仅仅是为了追求逻辑上的清晰性而完全忽略了上述这种区别,则将会使腐败这一术语无法得到任何有意义的学术运用。更为重要的是,那样做还会遮蔽清代地方政府和社会之间的

①《清代巴县档案汇编》这本已整理出版的档案资料选集,为我们提供了了解衙门吏役在行政过程中经常使用各种伎俩对当地民众进行敲诈勒索的诸多例子,然而这方面的例子常常构成了此书当中有关衙门吏役的全部档案实例。这说明选编此书的中国的档案保管人员和学者们完全将衙门吏役视为贪腐之辈。参见四川省档案馆编:《清代巴县档案汇编(乾隆卷)》,北京:档案出版社,1991。

真实关系,并使得那些形式上违法的做法为何能够长期延续下去(更不用说这些做法的理性化)这一问题变得不可思议。

　　沿着相同的思路,我还要指出,帝制中国晚期的精英们和官员们留下的那些资料当中所刻画的吏役贪腐形象,其本身就需要细加辨析。如果不这样做的话,那么精英们坚持的那些标准中所隐含的规范性价值观,以及正式的行政架构,都将不可避免地被奉为至上标准,从而使得我们无法看清各种非正式的法外做法所实际起到的重要作用。不仅如此,若不这样做的话,则还将会使得我们无法洞察到被大肆道德化渲染的贪腐吏役形象本身就是一种被建构的描述。这种描述是以儒家话语作为基础,并通过其加以表达。就儒家话语被用来帮助维系一种特定的社会政治等级制度而言,衙门吏役的诸般腐败形象,也应当被看作各种用来保护特定的利益和权力结构的资源。

　　这并不意味着我在采用一个彻底唯物主义的观点来看待意识形态或受其驱动的话语所扮演的角色。尽管此类话语不时地被某些人有意地用作为达到各种特定目标的手段,但在看待意识形态之时,我们需要比那种纯唯物主义方法所做的更加谨慎。在任何特定的互动当中,意识形态话语作为一种资源的有效性,首先取决于它被当作各种关于何者构成公正社会的宽泛的文化性认知之反映而为人们所接受的程度。此类以意识形态为基础、针对何谓事物的恰当秩序所下的定义,往往倾向支持一种特殊的支配模式,并且经常被此一社会政治秩序当中的那些特权分子详加表述。不过,这并没有降低此类定义在社会经济连续体中的任何一端塑造文化价值观与预期时所拥有的影响力。

25　　简而言之,在对个人如何看待社会性世界、其自身在当中所处的位置及其所认为的"可能王国(the realm of the possible)"的各种认知加以构建的过程中,意识形态价值观起着关键性的作用。与许多针对意识形态所做的唯物主义解释相比,一些历史学家先前在此方面所做的下述预设并无根基。一些历史学家们曾认为,在任何特定的事例中,对这些价值观的表述与运用都必然是虚伪的,或者是被用来掩饰某个更加真实或真正的意图。① 我们不能想当然地认为,那些并不享有特权的社会成员,就不会经常以各种富有创造性的方式对这些属于感性范畴(perceptual categories)的要素加以诠释与运用,从而为他们自己及其所从事的那种营生方式主张某种程度的正当性与声望;我们也不能认为,这些宣称在任何方面都比不上社会政治精英们所做的宣称那么重要。

　　因此,在本书以下各章当中,我认为那些关于清代地方衙门吏役们皆属贪腐之辈的形象刻画并非严格意义上的真实描述,而宁可将它们看作各种利用正统的儒家观念以达到不同目的的话语策略。从这一角度观之,我们将会看到,那些关于衙门吏役的刻板印象,是如何经常地被那些卷入衙门内部纠纷之中的吏役们自身当作诋毁对手之人格的论据。更为重要的是,我们将看到,在对这些刻板印象加以利用的过程中,衙门吏役们如何借助儒家正统说教中的各种要素,来建立他们自己的一整套内部规范与准则。通过这种方式,一个其群体当中的绝大多数成员在地方衙门中的存在本身便在形式上属于违法的行政办事人员阶层,可以将他们那些

---

① Maurice Bloch, "Introduction", in Maurice Bloch, ed., *Political Language and Oratory in Traditional Society*, London: Academic Press, 1975, p. 2.

经常从事的不法之举,说成一种值得尊重的营生方式,以及对当地政府和社会的积极贡献。

第二节 19世纪的巴县

巴县地处嘉陵江与长江的交汇处,坐落在四川盆地东南边上的山区之中。在清代,巴县的管辖范围包括重庆城。重庆城既是巴县衙门的所在地,也是川东道衙门和重庆府衙门的驻地。巴县在明朝时下辖七十二里,但到了清朝统治全国之初,其辖治范围被重新划分为四里:西城里,位于重庆城的西面与西北面;居义里,位于重庆城的南面;怀石里,位于重庆城的东面与东南面;江北里,位于嘉陵江北面。不久之后,上述四里又被细分为十二个下属辖区,而这十二个下属辖区也被称作"里"。① 在清代,巴县行政区划的最后变动,是发生在乾隆二十四年(1759),此时江北里被单独分立出来改归新设的江北厅管辖。于是,剩下的其他三个区域(包括其下辖的十里),便构成了巴县总共三千三百多平方公里的辖区范围。② 巴县知县这一官职在清代被朝廷定为"要缺",因为巴县符合那被用来划定全国州县之官缺等级的四字标准当中的三个:"冲",意指此地乃是商贸往来的通衢要冲;"繁",意指此地政务繁

---

① 译者注:这一变动发生在清康熙四十六年(1707)巴县知县孔毓忠任内,这十二个新划分出来的下属辖区,具体为仁、义、礼、智、忠、孝、廉、洁、慈、祥、正、直等十二里。
② 隗瀛涛主编:《近代重庆城市史》,成都:四川大学出版社,1991,第393页。　26

重;"难",意指此地暴力犯罪之徒所在多有。①

　　就像四川中部及东南部的许多地区那样,19世纪时,巴县在经济和社会等方面均发生了很大的变化。例如,巴县的人口总数在这一百年当中翻了四倍不止,亦即从嘉庆十七年(1812)的218779人暴增到宣统二年(1910)的990474人,人口净增长幅度达到了350%左右。② 巴县当地这种人口总数上的显著增长,主要是由于湖北、湖南、江西和广东等耕地不足的地区在18世纪初期便已开始向该地区不断地移民。到了嘉庆朝时(1796—1820),外省移民已经占到巴县总人口数的约85%。③ 在整个19世纪,许多为了寻找可耕种土地,以及躲避战乱与自然灾害的个人或家庭,源源不断地涌入巴县境内定居。

---

① 在"冲、繁、疲、难"四字当中,巴县知县这一官职不符合的只有"疲"字("疲"指该地有着大数额的欠税未交)。参见周询:《蜀海丛谈》,成都:巴蜀书社,1986,第82页。[译者注:清代在雍正年间正式确立了以"冲、繁、疲、难"四字来评定全国各地方官缺之等级的制度,亦即"冲""繁""疲""难"四项俱全者为"最要缺",兼有三项者为"要缺",兼有二项者为"中缺",具备一项或四项皆无者为"简缺",此后不断加以发展完善,成为清代地方上最重要的选任制度之一,一直被执行到清朝灭亡。参见刘铮云:《"冲、繁、疲、难":清代道、府、厅、州、县等级初探》,《中研院历史语言研究所集刊》第64本第1分(1993),第175—204页;张振国:《清代道、府、厅、州、县等级制度的确定》,朱诚如主编:《明清论丛》(第11辑),北京:故宫出版社,2011,第382—400页。]

② 隗瀛涛主编:《近代重庆城市史》,成都:四川大学出版社,1991,第395页。(译者注:英文原书在引用《近代重庆城市史》一书中的这两个人口数字时,做了约略化处理,分别写为218000和990500,今据《近代重庆城市史》一书中的数字更正。)

③ 隗瀛涛主编:《近代重庆城市史》,成都:四川大学出版社,1991,第383页。(译者注:"85%"这一数字比例,原本是《近代重庆城市史》一书作者针对嘉庆朝前期和中期外来移民在四川省总人口中所占的比例所做的间接估算,然后将其用于粗略估算嘉庆十七年时外来移民在巴县人口总数中所占的比例。因此,本书所援引的"85%"这一数字,并非严格根据人口材料所做的精确计算结果。)

但是,如果说19世纪的那些外来移民是为了寻找可耕种的土地的话,那么当他们来到巴县时,也只能发出这片多山的地区可供耕种的土地资源已然非常紧张的感慨。在雍正年间(1723—1735)的重庆府,耕地面积相对于当地总人口数的比率大致为人均20.8亩。到嘉庆十七年(1812),在大批外来移民来到此地定居下来后,这一比率下降至人均4.9亩。到了光绪朝初期,由于当地人口不断增长,该比率进一步缩减,变成人均仅为1.7亩,[1]大大低于历史学家王笛估算出来的人均4亩耕地才能维持基本生计的最低标准。除了种植水稻及玉米这些主要农作物,巴县当地的许多家庭还依靠纺纱织布,以及种植鸦片、非法制售井盐来谋生。然而,除了用船将鸦片从重庆运往长江沿岸的各大城市售卖这一值得注意的例外情况,在重庆于光绪十七年(1891)被外国列强辟为通商口岸之前,[2]重庆府的城区与其下辖的那些内陆山区之间的商贸往来少得可怜。[3] 重庆府下辖乡村地区的经济生活与社会生活,当时乃是集

27

---

① 隗瀛涛主编:《近代重庆城市史》,成都:四川大学出版社,1991,第396页。

② 译者注:1875年初,英国驻华使馆翻译马嘉理(A. R. Margary)擅自率人闯入云南,在云南腾越地区的蛮允附近与当地少数民族发生冲突,并开枪逞凶,结果被当地人打死,史称"马嘉理事件",又称"云南事件"或"滇案"。次年即1876年中英双方在烟台就此事件举行谈判,英国乘机提出"驻寓重庆查看川省英商事宜"的要求,并通过同年7月正式签署的中英《烟台条约》,取得"派员驻寓"重庆的特权。1890年3月31日,中英又签订《烟台条约续增专条》,英国正式取得了"重庆即准作为通商口岸"的开埠特权。次年3月1日,重庆海关建立,由英人霍伯森担任重庆海关税务司的职务。不久之后,法、美、德、日等也相继派员"进驻"重庆。参见隗瀛涛、周勇:《重庆开埠史》,重庆:重庆出版社,1983。

③ Madeline Zelin, "The Rights of Tenants in Mid-Qing Sichuan: A Study of Land Related Lawsuits in the Ba Xian Archive", *The Journal of Asian Studies*, Vol.45, No.3(1986), pp. 499-526.

中在当地 80 多个定期举行的贸易聚集地（称之为"场"），这些场的周边散布着由一户或几户人家构成的核心定居点，其居民大多是租种土地的佃户。①

如同清帝国的其他地区一样，人口压力与土地稀缺导致巴县在 19 世纪出现了社会动荡逐步升级的局面。从嘉庆元年（1796）开始，白莲教，以及其他一些秘密结社的信众，就纷纷联合那些异姓结拜为兄弟的"啯噜"②揭竿而起，而后者的烧杀抢掠至少从乾隆朝（1736—1795）早期就开始困扰着巴县地区。③ 虽然叛乱活动在嘉庆九年（1804）最终被镇压下去，但啯噜在整个 19 世纪仍然不断地袭扰巴县地区的那些场镇。④ 而且，就像啯噜利用四川与贵州、云南接壤的那些省界来躲避官府对他们的缉捕那样，巴县也成

---

① 王笛：《跨出封闭的世界——长江上游区域社会研究，1644—1911》，北京：中华书局，1993，第 133—139 页。

② 译者注："啯噜"是清朝时四川百姓对外来移民中那些肆行于当地乡镇的无业游民的一种土语称呼，至迟出现在乾隆朝初期。乾隆九年（1744），御史柴潮生曾对川省"啯噜"的来源有过专门解说："四川一省，人稀地广，近年以来四方游民多入川觅食，始则力田就佃，无异土居；后则累百盈千，浸成游手。其中有等，桀黠强悍者，俨然为流民渠帅，土语号为啯噜，其下流民听其指使，凡为啯噜者，又各联声势相互应援。"按照现代学者的看法，"啯噜是清代四川等地的一种没有明确政治目的而专门从事抢劫和偷盗活动的游民结社，也是晚清势力最大、影响最广的秘密结社组织——哥老会的前身"，"啯噜在四川土语中，读若'辜奴'，本意为'赌钱者'，即赌徒，亦即是一些不事正业、孤注一掷的光棍、泥腿，后来被四川土著用来指称外来移民中的一些'不法'之徒"。参见吴善中：《清初移民四川与啯噜的产生和蔓延》，《清史研究》2011 年第 1 期，第 97—103 页。

③ Philip A. Kuhn & Susan Mann-Jones, "Dynastic Decline and the Roots of Rebellion", in John K. Fairbank, ed., *Cambridge History of China, Volume 10, Late Ch'ing 1800-1911, Part I,* Cambridge: Cambridge University Press, 1978, p. 140.

④ 王笛：《跨出封闭的世界——长江上游区域社会研究，1644—1911》，北京：中华书局，1993，第 537—543 页。

了云贵两省的盗匪与叛党时常于此过境的地区。例如在咸丰十年 (1860)春,云南农民李永和、蓝大顺率领的起义军就曾进入巴县地 区,并围困了邻境的几座城市。① 当太平天国的将领石达开在两年 后率军从贵州攻入四川东南部时,上述情况变得更加复杂。② 虽然 在当地团练的帮助之下,这些叛乱团体最终都被清政府镇压了下 去,但巴县地区在大清王朝此后的岁月中一直都是秘密会社和盗 匪活动的据点之一。

巴县人口在 19 世纪的急剧增长,最主要的原因是重庆城作为 地区行政中心、区域性交通枢纽和长江沿线跨省贸易的主要转运 点而变得日益重要。③ 在明朝后期,重庆城只包括八坊两厢。到了 18 世纪中叶,在这座城市的城墙范围内,散布着由 21 个厢环绕形 成的 28 个坊。随着其城市规模的持续扩大,重庆城不断发展的商 贸活动,自然吸引了大量来自清帝国其他地区的商贩、牙人、钱庄 老板、放贷人及店铺老板来此营生。在 19 世纪早期,巴县衙门曾列 出了至少 109 家在当地官府领有牙帖的外省商行和本地行户的名 字,而此类商行的数量在 19 世纪此后的那几十年里还在持续增长。④

作为当时一个正在快速发展的中心城市,重庆城还吸引了大 批来此讨生活的苦力和城镇贫民。他们是码头工、拉船的纤夫、搬 运工和轿夫、小贩、乞丐,以及居住于重庆城的城墙根与江岸边那

28

---

① 向楚主编:《巴县志选注》,重庆:重庆出版社,1989,第 968 页。

② 向楚主编:《巴县志选注》,重庆:重庆出版社,1989,第 970 页;隗瀛涛、李有明、李 润苍、张力、刘传英、曾绍敏:《四川近代史》,成都:四川省社会科学院出版社, 1985,第 87—89 页。

③ 隗瀛涛主编:《近代重庆城市史》,成都:四川大学出版社,1991,第 2 章,第 5 章。

④ 隗瀛涛主编:《近代重庆城市史》,成都:四川大学出版社,1991,第 409 页。

些破败不堪的棚子里的贫民。在这些生活于社会底层的百姓当中,存在着一个由哥老会(其成员被称作袍哥)所掌控的秘密结社和犯罪活动所构成的活跃世界。哥老会这一在19世纪中期以啯噜匪帮在城市当中的分支之面貌出现的秘密会社,发展出了一整套其特有的组织模式和仪式行为,并且很快就控制了在长江边上讨生活的绝大部分搬运工,以及重庆当地的妓院、赌场、鸦片烟馆,并在重庆全城做着收取保护费的地下生意。至清朝末年,哥老会在重庆城内至少拥有五个分堂和总人数超过40000名的活跃分子。①

在19世纪后期之前,巴县境内很少看到外国人的身影。虽然来自法国的天主教传教士早在18世纪之初就在重庆城内建造了一座教堂,不过在随后的那150年里,此类传教活动在当地很少得到扩张。但在咸丰十年(1860)《天津条约》签订之后,天主教与基督教新教的外国传教士们开始在各自所在国的政府之保护下,在华积极开展传教活动。② 然而,外国传教士与重庆当地百姓之间的关系很少有风平浪静的时候。实际上,当时重庆府被广泛地描述为极端排斥外国传教士(尤其是反基督教)之渊薮。当地这种敌视外国传教士的情绪,在同治二年(1863)开始发生的一连串教案中得到了确证。当时,重庆的老百姓放火烧掉了城内的一座天主教教堂,起因是法国天主教的川东主教要求将重庆城内一处被当地保甲团练总局用作办公场所的庙宇改建为天主教堂。在光绪二年

---

① 隗瀛涛主编:《近代重庆城市史》,成都:四川大学出版社,1991,第426—427页。

② 译者注:清代咸丰八年(1858)第二次鸦片战争中,俄国、美国、英国、法国等西方列强先后迫使清政府在天津分别签订了不平等条约,主要包括《中俄天津条约》《中美天津条约》《中英天津条约》和《中法天津条约》,其中的一项重要内容便是规定清政府允许东正教、基督教新教、天主教等外国的传教士进入中国内地自由传教。

（1876），与重庆城隔江相望的江北厅的数千名百姓受到邻近的邻水县发生的反洋教斗争之影响，围攻并烧毁了江北城内的多座教堂及一家教会医馆。此外，还有一起民教冲突是发生于光绪十二年（1886），那次是因为美国传教士在重庆城外西边一座可以俯瞰重庆全城的山上建造教堂。再一次地，该教堂被夷为平地，而重庆城内外其他那些传教布道的教堂也遭到拿着刀子棍棒的当地民众打毁。当这场民教冲突最后被当地的清军弹压下去时，已有 12 名打教民众在与当地一名有势力的教民发生冲突时被后者组织的暴徒打死，另外还有 22 人受重伤。[①]

29

随着重庆在光绪十七年（1891）被外国列强辟为通商口岸，该地区的商贸活动更加活跃，而来到此地的外国人亦大为增多。也正是从此时开始，商贸活动的扩张，首次渗透到当地那些偏远的乡村地区。不过，我们手上并没有证据表明上述这些变化在巴县产生了导致盗匪人数下降、走私活动减少和社会冲突趋于缓和的效果。当地中国百姓与外国教民之间的关系依然特别紧张。当 19 世纪行将落下帷幕之时，关于居住在巴县境内的西方人士遭到当地民众攻击的报道数量，实际上还有所增多。由于面临着西方列强声言将为之进行报复的威胁，清廷要求巴县衙门负责保护当地所有外国居民及其财产的安全，以作为对西方列强之要求的回应。

---

① 周勇编：《重庆：一个内陆城市的崛起》，重庆：重庆出版社，1989，第 148—153 页；李润苍、李有明、隗瀛涛、张力、刘传英、曾绍敏：《四川近代史》，成都：四川省社会科学院出版社，1985，第 110—122 页。（译者注：英文原书此处关于上述三起民教冲突的叙述，与其参考的《重庆：一个内陆城市的崛起》《四川近代史》两书中所讲述的内容有不少出入，故今据两书中披露的史实，按照英文原书的句式表述，予以更正后重新表述。）

巴县地处行政重镇,当地人口快速增长且其人员构成日益多样化,商贸活动正在不断扩张,犯罪活动加剧,以及外国人的到来,上述这些综合性因素共同使得治理巴县成了任职此地的知县们特别为之感到头疼的苦差事。这一官位的施政难度,从历任巴县知县通常都无法做到三年任期届满方才离任这一事实当中便可窥见一斑。例如,在咸丰二年(1852)至光绪二十五年(1899)的这段时间内,曾在巴县知县这一位置上待过的官员不下 33 人,其中有很多人仅做了短短几个月的巴县知县就很快离任。① 但是,如果说上述这些特点使得巴县在某些方面具有其独特性的话,那么它们同样也使得巴县除了有残存保留至今的巴县档案可供研究利用这一点,还由于其他许多原因而成了值得研究的对象。

首先,巴县衙门负责的大量行政事务,需要远远超出官府法令与经制吏役额数所允许范围之外的财政经费、办事人手与办公技能。当然,从某种程度上讲,清帝国境内几乎所有县的情形皆是如此。但在巴县这个例子当中,由于巴县衙门是与对其负有监督之责的重庆府衙门和川东道衙门共处同城(巴县衙门就坐落在此二者的附近),故而巴县衙门应对上述情况的方式有其显著的特点。除巴县衙门的上述这两个上级衙门外,重庆作为一处交通枢纽,还承担着对那些络绎不绝途经此地的上级官员的迎来送往,后者当中的许多人都撰写了记述其对该地区风土人情和行政工作之印象的奏报。

---

① 向楚主编:《巴县志选注》,重庆:重庆出版社,1989,第 369—370 页。担任过巴县知县的实际人数可能比这个统计数字还要多,因为当地的地方志上并没有记载那些在此短期就任的知县的名字。

　　人数如此之多的上级官员就常驻此地或过境巴县,意味着巴县知县多少会时常受到他们的监督。这也意味着巴县当地的居民和地方上的领袖们若对巴县知县有所不满,特别是当他们与巴县衙门的吏役发生冲突时,这些人便可以直接向更高级别的官员求助。然而正如我们将看到的,与重庆府衙门和川东道衙门比邻而处,并不能阻止巴县衙门的那些书吏和差役们在其日常活动中违反朝廷颁布的法令行事。此类行为就发生在巴县知县的上峰们的眼皮底下。这一事实所表明的是,首先,巴县衙门的运作无法被来自外部的控制所渗透;其次,巴县衙门吏役们那些"非法"的做法,已经在相当大的程度上被作为标准化的程序确立了起来。在那些不被大多数官员所认可的领域当中形成的巴县衙门吏役内部奉行的各种非正式做法,甚至发挥了更大的作用。

　　故而,虽然巴县衙门的运作可能在很多方面有其独特性,但这些运作所具有的那种法外的、非正式的特点及其对当地社区的影响,对于清帝国全境内的诸多县级政府而言都是共通的。因此,对巴县衙门书吏和差役们的研究,使我们得以贴近观察中华帝国晚期政府这一长期被忽视但非常重要的组成部分的那些内部活动。以下几章将转入对巴县衙门吏役的组织方式、惯例性做法及其生计的关注上来。

第二章　书吏

　　光绪二十七年(1901)六月,慈禧太后以光绪皇帝的名义颁发了一道上谕。这道上谕中所说的那些旨在纠正行政权力被滥用的举措当时若能获得成功,便可消弭书吏们在各级衙门中那种正不断扩大的实际影响力。慈禧太后要求"大小衙门事必躬亲","书吏专供缮写,不准假以事权,严禁把持积压串通牟利诸弊。其各衙门额设书吏均分别裁汰,差役尤当痛加裁革,以期除弊安民"。①

———————————

① 巴县档案,档案号:6.6.111。[译者注:该上谕发布于光绪二十七年农历四月十六日,全文为:"近因整顿部务,特谕各部堂官,督饬司员清厘案卷,躬亲办事,将从前蠹吏尽行裁汰,以除积弊。惟闻各省院司书吏亦多与部吏勾通,其各府州县衙门书吏又往往勾通省吏,舞文弄法,朋比为奸。若非大加整顿,不能弊绝风清。至差役索扰,尤为地方之害。其上司之承差,则借公需索州县。州县之差役,更百般扰害闾阎,甚至一县白役多至数百名。种种弊端,亟应一律革除。着各督抚通饬所属,将例行文牍一并清厘,妥定章程,仿照部章,删繁就简。嗣后无论大小衙门,事必躬亲,书吏专供缮写,不准假以事权,严禁把持积压串通牟利诸弊。其各衙门额设书吏,均分别裁汰。差役尤当痛加裁革,以期除弊安民,毋得因循徇庇。仍由该督抚将整顿章程咨明政务处大臣,汇核具奏。其认真与敷衍,不难按牍而知也。"]

三个月后,当时其三年任期才刚刚过半的巴县知县张铎,给重庆知府呈送了一份详文,对巴县衙门在前述那道上谕颁布后所遇到的困难如此加以描述:

> 查定例,州县衙门书役不准过八十名……因历年公务日加冗繁,额设正役不敷指使,募雇妥人帮办,难期得力,抑且究非政体。始将雇役改为额外散役,房书则改为经承书手等名目。统计各房经书共贰百廿九名……均非报部应设之人,亦无额定之数。兹奉文饬裁,卑职自应恪遵办理,未敢稍涉欺□,敷衍了事。 ³²
> 但以年县庶务殷繁,加之洋务日甚之际,如遽将此项外设书役裁去,照旧雇人应差,不但事多掣肘,抑且深虑兹辈别滋衅端。今再三查核各务繁简,均计需人多寡拟定,房书九房共酌留经书一百名。惟是此项额外书役名目即裁革,酌留名节,均难报部,至于违例之议。是以卑县正章仍照旧案情□□□造报,以便核转。所有实在情由,特加具附章,并另造酌留书役名册附申,以备查核。是否允当,伏候宪恩衡示祗道,肃此,谨守恭叩。②

在对存在于朝廷正式下令的明文要求与当地政府的各种实际需要间的两难困境之解决方案加以陈述时,巴县知县张铎触碰到

(接前页)参见《清实录·德宗实录》(第58册),北京:中华书局,1987,卷482,第366页。亦可见于上海商务印书馆编译所编纂:《大清新法令(1901—1911)》(第1卷),李秀清等点校,北京:商务印书馆,2010,第4页(该书将其中的"例行文牍"写为"例行档案",有误)。]

② 巴县档案,档案号:6.6.111。引文中的"□"代表现已无法辨识的文字,下同。张铎,陕西人,举人出身,光绪二十五年至光绪二十八年间(1899—1902)任巴县知县。

了清朝政府的一个重要问题,并同时揭示了我们对衙门书吏们实际工作情况的了解为何至今仍是如此之少的主要原因。简单来说,就是由于那些处于大清王朝官僚行政层级最顶端的人对当时基层行政的环境和实际做法知之甚少。

正如前述那道上谕所表明的,清廷对书吏们抱持着且忧且疑的心态。书吏们拥有相当程度的读写能力和法律知识,并了解各种行政事务的具体操办方式,却又危险地游离于那套针对诸如知县之类由朝廷任命的官员加以问责和控制的正式制度之外。书吏们被视作贪得无厌与唯利是图的小人。这种看法几乎成了对书吏之本性的定义。因此,要想对此辈加以控制,便只能通过保持最高程度的警觉性对这些人严加监管。

尽管庙堂之上的官员们将地方衙门中的那些书吏视作一群贪腐成性的无赖之徒,但他们又不得不承认书吏们发挥着不可或缺的实际作用。因此,清廷试图通过就地方衙门可雇用的书吏人数设立定额,并对这些人的服役期限与所授权力之范围严加限定,来尽量使这些"奸猾"之人造成的负面影响最小化。上述办法,以及州县官所肩负的各种须将其加以落实的职责,被正式规定在《大清会典事例》和《钦定六部处分则例》之中。①

正如巴县知县张铎上述所言生动反映出的,这些正式的官方

33　规范几乎对地方衙门的实际做法无能为力。由于学术界关于衙门书吏的既有研究大多都是基于朝廷各部的公文书汇编和正式法令中对这些人的描述,我们对这一社会阶层人员的认识,常常受到那

---

① 《清会典事例》,北京:中华书局,1991;《钦定六部处分则例》,台北:文海出版社,1969。

些处于大清帝国官僚行政层级最顶端的官员们的看法之束缚。故
而在那些对书吏们有所提及的二手文献当中,也很少见到不是在
重复着上述史料中那些官方的成见和贬抑之语。书吏们所从事的
工作被描述成一种为国家服职役的不体面的劳动方式,而书吏们
本身也被刻画为主要是来自那些边缘性社会群体和没有自家恒产
的社会阶层。更有甚者,由于书吏们不是由国家付给薪酬,于是人
们就认为,这群处于此位置之上的人物,为了补偿他们身上所背负
的那种据说与其受雇于衙门有关的污名,遂依靠各种形式的腐败
和非法行为来获得收入。①

上述这些彼此相差无几的预设,对书吏们的出身背景和行为

---

① 诸如此类的书吏形象刻画,在二手文献中比比皆是,参见 Chü T'ung-tsu, *Local Government in China Under the Ch'ing*, Cambridge: Harvard University Press, 1962, Chapter 3; David Faure, "Land Tax Collection in Kiangsu Province in the Late Ch'ing Period", *Ch'ing-shih Wen-t'i*, Vol.3, No.6(1976), pp.49-75; Jonathan K. Ocko, *Bureaucratic Reform in Provincial China, Ting Jih-ch'ang in Restoration Kiangsu, 1867-1870*, Cambridge: Harvard University Press, 1983, pp.8, 68-77, 131-32; Mary Backus Rankin, *Elite Activism and Political Transformation in China, Zhejiang Province, 1865-1911*, Stanford: Stanford University Press, 1986, pp.17-19; Shuzo Shiga, "Criminal Procedure in the Ch'ing Dynasty, part 1", *Memoirs of the Research Department of the Toyo Bunko*, No.32(1974), pp.1-45; Vivian Shue, *The Reach of the State: Sketches of the Chinese Body Politic*, Stanford: Stanford University Press, 1988, p.98;赵世瑜:《两种不同的政治态度与明清胥吏的社会地位》,《政治学研究》1989年第1期,第50—56页;戴炎辉:《清代台湾之乡治》,台北:联经出版事业股份有限公司,1979,第8章第2节。与其他人的观点有所不同的是,瞿同祖和戴炎辉都认为,那些承充书吏者当中偶尔也有来自富裕阶层的人士,其目的是逃避其他形式的劳役,参见 Chü T'ung-tsu, *Local Government in China Under the Ch'ing*, Cambridge: Harvard University Press, 1962, pp.39, 43;戴炎辉:《清代台湾之乡治》,台北:联经出版事业股份有限公司,1979,第637页。然而,瞿同祖仍然认为绝大部分的书吏都是来自那些没有自家恒产的社会阶级,而且他们从事的这份工作属于在当时社会上声誉很低的营生方式之一,参见 Chü T'ung-tsu, *Local Government in China Under the Ch'ing*, Cambridge: Harvard University Press, 1962, pp.39, 43, 197。

动机做了过于简单化的处理。这样做所导致的结果是，我们不仅像清廷那样忽视了各地县衙实际配备了多少办事人手及是如何实际运作的，而且也无法看清书吏们在清代行政制度中所实际扮演的角色。本章力图通过对巴县知县张铎所提出的几个问题集中加以讨论，以消除某些笼罩在书吏们身上的误解。这些问题包括：书吏们的内部组织情况与人数；他们的实际服役期限；书吏们内部的人员类别；以及这些人的社会经济背景。在开展这一研究的过程中，我们还将触及巴县知县张铎隐晦提及的另一个问题，亦即承充书吏乃是一种全职性工作而非临时性的劳役。

第一节　内部组织情况

一　组织架构

巴县衙门由十个不同的"房"组成，它们分别是吏房、仓房、户房、礼房、盐房、兵房、刑房、工房、承发房和柬房。除了各房之间横向的文书传递，上述十房彼此独立运作。每一房在巴县衙署内皆有自己的办公场所，且除了那些临时性的人员调动，绝大多数书吏的衙门生涯都只是在上述某一房当中度过。

34　　　除盐房和柬房外，巴县衙门其他各房的书吏们又被分为三班，分别被冠以"清""慎""勤"作为班号。各班每三个月轮换一次，每次轮换之时，前一班的书吏均须将所有的文书、案卷和印信都移交给后面轮值的那班书吏。① 书吏们在当值期间须居住在巴县衙署里面，若在知县定期点卯时无故缺席或没有亲来报到，则都有可能会遭到体罚或者被从衙门革除。

这一制度的表面逻辑，在巴县知县张铎上述那份呈送给重庆知府的详文中有简明扼要的阐述："下班人役亦得借空各理恒业，不致终年因公为累。"②正如巴县知县张铎上述解释所意味着的那样，承充书吏并非被官方看作一种恒业，而毋宁说被视为一种向国家提供的劳役。此观念在那些关于书吏征募与任用的文书当中体现得非常明显，在朝廷颁发的法令当中亦复如此。在朝廷颁发的那些法令当中，承充书吏是被作为一种无偿的劳役——"公役"——而予以专门提及。③ 书吏们这种为官府所役使的身份，也反映在他们未经知县的事先允许则不得离开衙署这一点上面。另外，书吏们不会因其劳动而从官府那里获得报酬，这一事实也反映出官方抱持着下述假定，亦即认为所有书吏皆另有"恒业"，待其在衙门服役期满后，这些人就会回到此前所从事的那种营生方式的轨道上去。

抛开意欲借此减轻国家劳役给百姓们带来的繁重负担这些已然被讲明的考虑先不说，这一制度实际上更隐含有防止书吏们变成一个终身为官府所雇、在经济上依赖国家养活并因而根深蒂固地久踞于衙门之中的群体的意图。但是在此点上，正如在县衙事

---

① 当然，每三个月轮换一次，意味着各班书吏每三年加起来会工作整整十二个月。

② 巴县档案，档案号：6.6.111。

③ Chü T' ung－tsu, *Local Government in China Under the Ch' ing*, Cambridge: Harvard University Press, 1962, p.45, note 74.

务运作的其他领域中那样,这一制度的实际运行有些与官方的意图背道而驰。虽然国家并不向他们支付薪水,但书吏们实际上的确可以从其工作中获得固定的收入,故而他们中的很多人都将在衙门里面承充书吏作为自己主要的收入来源,并把它当作自己基本的营生方式。

二 功能与职责

清朝在制度上缺乏对地方政府的司法职能与行政职能之正式区分,这一点早已被很多学者详加论述。① 在县级地方政府之特征这一方面,学者们的关注点大多聚焦在知县所扮演的那种在一县之内集司法官和最高行政长官于一身的复合性角色。很少为人们所注意到的是,这种不同的功能汇聚于一身的情形,也同样扩展到县衙当中各房书吏的职责上面。正如那些对典吏进行任用并以标准格式写成的公文书中所写明的,衙门雇用书吏的目的,乃是在于让他们誊抄和草拟文书、承办公务,以及处理各种讼案。虽然各房的职能均既涉及行政也涉及司法,但它们在处理这两大类事务的惯例性做法上还是存在着很多差别。这种处理方式上的不同,并非基于效率方面的考虑(上述两类事务是由同一批人来处理),而是由衙门雇用书吏的经济方面考量所决定的。

---

① 例如,Chü T'ung-tsu, *Local Government in China Under the Ch'ing*, Cambridge: Harvard University Press, 1962, pp.15−18; Sybille van der Sprenkel, *Legal Institutions in Manchu China: A Sociological Analysis*, New York: Humanities Press, 1962, p.43, pp.64−65; John R. Watt, *The District Magistrate in Late Imperial China*, New York: Columbia University Press, 1972, pp.11−22。

　　书吏们在巴县衙门中承担的主要工作，首先是由不同的"差务"所构成，例如例行文书的誊抄、归档和递送，备造簿册登记各项事务，以及众多专属于某个特定的房的任务。[1] 除了承办差务（"应差"），他们的工作还包括"办案"。办案这一工作涉及对任何被认为属于某房管辖范围之内的法律争端或刑案的处理。[2] 其工作的具体内容，包括为那些提起诉讼的人们准备状词并呈交给知县、围绕争端与犯罪行为展开调查、填发传票和捕票、记录当事人在知县面前所做的各项证供、保管被盗的赃物，以及负责知县堂审后判处之罚金的收缴和移交。

　　办案的极度重要性，源于如下这一事实，亦即与其他那些经济回报微乎其微甚至根本无费可收的行政职责不一样的是，办案这一工作涉及在民事纠纷和刑事案件处理过程中从各方当事人那里所收取的各种费用。这些费用不仅构成了书吏们个人的主要收入来源，而且同时也为巴县衙门各房的日常运转提供了所需的基本经费。由于案费的收取常常超过惯常的水平，故而书吏们对案卷的掌控，也为他们提供了许多通过各种最有利可图的方式来滥用手中权力以从中贪腐的机会。基于上述金钱方面的原因，办案于是成了对于巴县衙门书吏们绝大部分的文书工作、人手配置和组织方式而言不可或缺的基础。

　　从理论上讲，一名书吏只有在办完一项或更多项"差务"之后，才能被分派负责处理一起案件，亦即"有差才有案"。而且，为了能让巴县衙门各房当中所有的书吏均有同等机会分派到待承办的案

---

[1] 参见本书附录一"巴县衙门各房的差务分工"。

[2] 关于在巴县衙门当中不同的房之间的案件管辖分工的讨论，详见本书第六章。

36 件并从中获得收入,待承办案件的分派是被建立在众人轮流承办的基础之上。但实际上,待承办案件的分派及处理,始终都是一个极易引起争议的问题。尽管巴县衙门的历任知县反复勒令书吏们必须遵循其内部奉行的那些分派流程,但围绕各种案件的管辖承办而发生的争议,一直都是巴县衙门各房之间及各房内部划分派系与发生争端的最常见原因。

第二节　人员类型

除了对那些只是被临时雇用的"帮书"所做出的规定,《大清会典事例》与《钦定六部处分则例》皆未就书吏们内部的人员类型、等级或职能加以细分。作为在朝廷看来其内部并不存在差别的服公役之辈,所有在衙门中工作的书吏皆被要求须遵守此类法令规章所确立的那些标准。① 但是正如巴县知县张铎向重庆知府所报告的前述情况那样,19 世纪时的各种行政事务负担所需要实际雇用的衙门办事人手,远远超过京城的吏部所规定的那些经制吏役额数。而且,由于文书工作的技术性特点,以及需要对操办此事的人手进行相应的训练,那些关于雇用临时劳动力的法令规定其实完全不切实际。一名知县若想让朝廷对其职责的那些要求得到满足,那么他将不得不折中行事,雇用一些训练有素、长期任事却在

---

① 例如在《大清会典事例》里面,县级衙门层面的书吏被统称为典吏(我将其翻译为"head clerk"),他们没有被与其他那些在县衙里工作的书吏之间做进一步区分。参见《清会典事例》,北京:中华书局,1991,卷 148—150。

国家法令所规定的经制书吏额数之外的办事人手。

然而,在书吏们内部,形成了一种关于其工作内容、内部等级与权威的系统性区分。在这种系统性区分里面,那些对经制书吏的额数、人员造册登记和服役期限长短加以规定的国家法令,仅适用于一小部分被官府正式登记在册并领有执照的书吏(典吏)。与此同时,这一小部分书吏也变得比国家正式制度的预期更加专业化且更有权力。除此之外,还有一大批书吏是在朝廷规定的经制吏员额数之外为衙门所雇用的,而上述那些朝廷法令中的规定无法适用于这些人身上。他们或者只是被巴县衙门非正式地登记在册,或者其名字压根就不出现在县衙的卯册之上。尽管这种做法在法律层面上属于违法,但正是这些人员在巴县衙门中实际承担了大部分的文书工作。

一　典吏

在巴县,朝廷所规定的经制书吏额数为 13 名至 14 名典吏或吏书,①他们每人皆在巴县衙门的某一房内负责管理一个或更

---

① "典吏"和"吏书"这两个词语本身,并不意味着它们就与某个代表着衙门某房头领或主事者的位置之间有着必然的联系。这并不难理解,因为这些人乃是仅有的可在衙门中合法工作的书吏。笔者之所以将其翻译为 "head clerk",而非使用 "documents clerk" 或 "administrative clerk" 之类更为贴近其字面意思的译法,乃是基于这样一种事实,亦即正是这些人所处的那种功能性位置,使得他们与那些受其监督、被非正式地雇用且人数更多的非经制书吏相区分开来。

多的班。① 按照《钦定六部处分则例》中的规定,这些位置只能由那些"身家清白"、至少年满 20 岁②且此前未曾在衙门中服过役的"良民"担任。③ 典吏的服役期限为五年,期满之后他们不得再继续待在衙门里面工作。④ 故而从理论上讲,典吏应该是从当地那些已然完纳钱粮的人家当中选拔,他们在衙门服役经过一段较短的时期后,最后又会回去操持他们先前所从事的那种营生方式。不过,尽管存在着这种旨在通过限制典吏的服役期限来防止这些人在衙门中根深蒂固地久踞该位的明文规定,但实际上,典吏们仍然大多来自那些正在衙门服役的人员。

当某典吏的位置因其身故、被衙门黜革或役满告退而出缺时,巴县知县就会在其衙署门口贴出一张布告,宣称该位置出缺,并征募任何秉性纯良、字迹端楷且自愿投充的经书到衙门应选。在应选之时,那些有意参选者要列出本人的年龄、住址、祖上三代的姓名,以及一份他本人此前在衙门服役期间没有任何失职违法情事("无重役过犯违碍等弊")的声明。这份声明将会被连同另一份由

① 《清会典事例》,北京:中华书局,1991,卷 150,第 913 页。在巴县衙门里面,由于各房的工作负担和人员数量不一,典吏在各房之中的人数分布亦不相同。吏房、仓房、盐房、兵房、工房、承发房和柬房各有一名每年轮换一次的典吏。礼房与刑房各有两名典吏,这两名典吏轮流管理其各自所在的房内下辖的那三个班。只有户房有三名典吏,他们每人各负责该房下辖的一个班。

② 中国人在计算年龄时,是采用虚岁而不是用年。小孩在出生时就是一"岁",每逢农历新年过后,他或她的年龄就将增加一岁。

③ 《钦定六部处分则例》,台北:文海出版社,1969,卷 16,第 1 页。

④ 《钦定六部处分则例》,台北:文海出版社,1969,卷 16,第 2 页。在巴县知县向重庆府知府呈交的关于巴县衙门内非经制吏役人员情况的报告,以及那些任命典吏并授予其执照的公文书当中,可以看到表明典吏们在巴县衙门服役满五年后确实离开了该位置的证据。

数名现任典吏联名出具的关于该应选者之品性和技能的保状，一起呈交给巴县知县，供其做是否录用之决定时参考。在由巴县知县任命并授予其某房典吏之印信后，新晋的典吏须在一个月内到位于省城成都的布政使司处谒见。该名新晋的典吏将在布政使司那里领到正式颁发给他的执照，这份执照随后将会由位于京城的吏部登记在册。如果新晋的典吏没有在指定期限内前往成都到布政使司处谒见，那么他将被认为有借此非法延长其服役期限的企图，进而会被立即黜革，且按要求永远不得再被衙门录用。有证据显示，成都的省级官员们对这些规定执行得十分严格。例如，在光绪十年至光绪二十五年（1884—1899）之间，数任四川布政使平均每年签发了 11 道指示给巴县知县，责令该衙门那些新晋的典吏必须到省城谒见他们，并威胁说，如若这些典吏不立即照办，则巴县知县也将会因此受到责罚。

典吏是在衙门中拥有实质性权力与权威的人员之一。典吏在其分管事务范围内负责对差务与待承办案件的分派，以及掌管其所辖的班收来的所有案费的支出。在这一点上，相对于其下属而言，典吏按照惯例能够分到更多的待承办案件及案费。① 当其所辖的班内出现位置空缺时，典吏还拥有自行招募新的书吏的权力。若其下属当中有人做出不当之举，则典吏有权对该书吏予以训诫并记录在案。若其下属所犯之事相当严重，则典吏可向知县提请将该书吏从衙门黜革。

尽管典吏们被赋予了诸多权力，但他们所须承担的责任也相

① 巴县档案，档案号：6.6.523；6.6.87。

当重。首先,他们须自行负责其所辖房、班之办公场所日常维护和修缮的费用,同时还得自己筹措所辖的房、班在当值时发生的各种开销。以户房为例,户房典吏还须负责征收那些后续要被移交给知县的钱粮赋税,若其实际征缴到的钱粮赋税不够法定的应征解数额,那么不足的部分就要由典吏自己掏钱补上。其次,典吏们被要求须对其所在房内的人员登记情况进行审查,并驱逐任何未经衙门允许却在其负责的班里工作的人员。最后,典吏从根本上说还要为其所有下属的行为负责,如果他被发现对其下属疏于管束或者将某项工作分派给了某位不称职的书吏去办("派不妥人"),那么都将遭到责罚甚至会被从衙门黜革。

不过,如果一名典吏五年役满而没有什么不良记录的话,那么他就有资格参加一年一度在省城专门举行的考职。如果他能成功地通过上述考职,那么这名此时已然役满告退的前典吏就将获得官员的品衔,并有可能被吏部铨选出任低阶官员。[1] 此前曾有一些学者推断说,在清朝,此种在法律上对这些人所能取得的官员品级所做的限制,使得此类考试作为典吏们跻身仕途的那种作用被抵消。[2] 到了 19 世纪中叶,在朝廷针对典吏们所做的前述那些正式限制之外,越来越多的低阶官衔此时可被直接花钱买到,而这使得典吏们取得低阶官职的机会进一步遭到缩减。不过,尽管我们

---

[1] Chü T'ung-tsu, *Local Government in China Under the Ch'ing*, Cambridge: Harvard University Press, 1962, p.44;《清会典事例》,北京:中华书局,1991,卷 75,第 965 页。那些在这种考试中成绩拔尖的典吏,可被按照如下四个品级授予官职:正八品;正九品;从九品;无品("未入流")。

[2] John R. Watt, *The District Magistrate in Late Imperial China*, New York: Columbia University Press, 1972, p.143.

尚无从知晓巴县衙门实际上有多少名典吏后来成功通过上述途径而被铨选为低阶官员,但很少有役满告退的典吏会因为申请考职的钱财花销、麻烦繁琐的资格审查程序,以及前往成都应试的遥遥路途而就此放弃。[1]

此类考试作为提升身份地位之手段所具有的那种价值,也体现在四川省级官员为了限制申请考职者的人数和杜绝此种考试中的冒名顶替情弊所采取的各种措施当中。例如,除了日益严格的身份审核程序,四川省级官员还对该省各地方衙门的典吏在服役期满后的多少时间内方可申请考职做出了限定。[2] 正如四川布政使在光绪二十二年(1896)所抱怨的,此类考试在大多数省份都是像科举考试那样每三年举行一次,但在四川,自清朝统治全国以来便是每年皆举行一次。而且,四川布政使还接着说道,尽管他事先采取了各种防范措施,但去年那 72 名申请考职的前典吏当中,实际上只有 14 人符合应考资格,而在这 14 人里面,又只有两三人通文理,这样的人数,实在让他很难从中选拔出真正有才干之人并予以任用。[3] 除要求采取更加强有力的措施来落实那些旨在杜绝作弊的法令外,四川布政使还指示将典吏考职改为每三年举行一次,以减少申请应试者的人数。然而,这种旨在严格限制典吏们获得低阶官员身份的办法后来显然功亏一篑,因为那些在巴县衙门服役期满告退的典吏们,仍然继续每年都提出参加此类考试的申请,并被获准参加。

---

[1] 关于考试所可能带来的身份地位变化,参见《清朝文献通考》,上海:商务印书馆,1936,卷 21,第 5045 页。

[2] 巴县档案,档案号:6.6.85;6.6.463;6.6.476。

[3] 巴县档案,档案号:6.6.471。

二　经书

在巴县衙门里工作的文职人员之主体部分,并非那些有着国家法令规章明确加以规定这层意义上的正当性的典吏们,而是由被称为"经书"(或称"房书""经承""承书")的办事人手所构成。后者被巴县知县张铎描述为一些长期被县衙雇用的非经制人员。虽然经书有时是从巴县衙门之外的当地百姓中招募而来,但在大多数情况下,他们来自巴县衙门各房里面的那些"青书""小书"(典吏、经书招收的学徒)。承充经书者需要由一名典吏提名并为其出具保状,不过更常见的情况则是由数名典吏和现任经书共同提名和作保。

尽管经书这样的非经制书吏在巴县衙门中的存在本身便违反了朝廷的法令,但这些人却构成了巴县衙门里面文职办事人员的中坚力量。由此导致的结果是,这些人在地方行政系统中的位置显然相当模糊不清。一方面,这些经书是在知县的首肯之下被巴县衙门雇用来工作的,其姓名被登记在各房非正式的名册之上,该名册每年要呈报给重庆知府。另一方面,经书既没有被颁予正式的执照,又不在地方衙门上报给朝廷吏部的吏役名单之列。就官方的正式记录层面而言,这些人并不存在。由于他们是在法定的经制书吏额数之外被地方衙门雇用,经书们也就往往是在《钦定六部处分则例》的约束范围之外行事。此方面最为明显的例子,便是经书的承充期限。

学界先前那些关于清代县级政府的研究,想当然地认为所有

40

的地方衙门书吏都受到"五年役满"规定的限制,并认为那些将五年服役期满的书吏仍予留用的知县将会因此受到处分。例如,瞿同祖与华璋都依据《钦定六部处分则例》中的相应规定,将许多书吏的实际承充时间之延长解释为书吏们腐败和地方官员执法不力。① 然而,就巴县衙门的情况而言,五年服役期限的限制,仅适用于前面所述的那些典吏们。在另一边,经书们事实上可以终生承充。这种长期的任事,进而常常被经书们当作其忠诚勤勉地为公家效劳的证据,以用来反驳那些斥其滥用手中权力的指控。巴县衙门的经书们自己提及的承充时间长短,往往是从 20 年到 30 年不等,甚至 40 年乃至更长的时间也并非鲜见。②

由上可知,在巴县衙门中长期承充经书并因而习得一身专门技能,这并不会被斥为这些人腐败的表现,反而会被大多数的巴县知县所看重。除非被提拔为典吏或因严重的违法乱纪行为而被从巴县衙门黜革,经书们往往是无限期地待在这个位置上。实际上,他们离开巴县衙门最常见的理由并非被知县黜革,而是因自己年迈体弱而请求告退,或者由于身故。然而,由于训练有素的经书人手短缺,即使有人以自己年迈多病为由申请告退,也有可能不被巴县知县允准。例如,在光绪二十八年(1902),当时已然 60 岁的巴县衙门户房经书张鹏程,因为眼力日渐不济与常年患病,请求从其已经干了三十多年的这一位置上告退。但巴县知县拒绝了他的这

① Chü T' ung－tsu, *Local Government in China Under the Ch' ing*, Cambridge: Harvard University Press, 1962, pp.36－37, 53－55; John R. Watt, *The District Magistrate in Late Imperial China*, New York: Columbia University Press, 1972, p.142.

② 巴县档案,档案号:6.6.476;6.6.537;6.6.552;6.6.659。

一请求,其给出的理由是巴县衙门离不开张鹏程所拥有的那些丰富办事经验及其对诸多行政事务的熟稔。①

三 卯册无名的书吏

除了典吏和经书,巴县衙门各房都雇用了总人数无法确定、连在该房非正式的名册上都未列名的其他一些书吏。这些卯册无名的书吏,依其在各房当中的作用和身份而被称为"小书"或"帮书"。不过,所有这些卯册无名的书吏,有时会被归入一个其含义更加模糊不清并且也很难翻译成英文的类目——"白书"(下文将会对此一称呼加以解释)。

"小书"(或称"青书")是由典吏或经书带到其所在的房内并训练其为衙门办事("学习办公")。尽管小书们的姓名没有被列入各房的书吏卯册之内,但他们无疑是得到知县的允准才得以进入巴县衙门工作,就像为其作保之人在出具的保状中所说的那样,是在为其作保的书吏的监督下办事。② 小书们通常是像学徒那般,在巴县衙门某一房中工作一段长短不确定的时间。巴县档案中的相关信息表明,小书们平均在巴县衙门工作 10 年后,由该房典吏与数名现任经书共同具名向知县递交证明其办公技能和身家清白的保荐文书,才有可能被录用为在该房非正式的名册之上登有其名的经书。③

---

① 巴县档案,档案号:6.6.286。
② 巴县档案,档案号:6.6.286。
③ 例见,巴县档案,档案号:6.6.295。

所谓"帮书",则指前述巴县知县张铎所提及的那些在衙门公务繁重之时被临时雇来协助在册书吏办事的人手。例如在光绪十九年(1893),巴县衙门户房典史与该房五位经书向知县请求添雇十名帮书,以助其征收当季的钱粮。① 就像小书那样,帮书的名字虽然也不在各房的书吏卯册上,但同样为巴县知县所承认。

"白书"这一类别的意涵远远没有上述两类那么明晰。实际上,此称呼唯一不具歧义的方面,便是它所暗示的那种负面意涵。因此,这一称呼的具体含义,端视具体是谁在使用该词而定。"白书"一词的字面含义,是指缺少盖在官方委任文书上的那个红色铃印。其中所隐含的那种暗示这些人乃是超出经制吏员额数而雇来在衙门内工作的意涵,与在"白"字的其他用法中可以看到的类似,例如"白契"指的是那些未在官府登记的契约。这种负面的言外之意,又被相关的法令所强化。根据后者的规定,若雇用此类办事人员,最高将会受到杖一百、徒三年的惩罚。②

从朝廷的角度来看,所有的非经制书吏,不论是地方上所说的经书、小书或者帮书,都属于白书,因为这些人都没有在吏部登记在册,故而也就缺乏盖有官方红印的委任文书。在清朝中央政府的印象中,所有的地方衙门吏役皆系为其一己私欲所驱使之辈,故而必须对这些人严加管束与监督。明白了这一点,我们就可以理解官方为何会对这一大批未经正式登记、身份不明因而也就无法统计其具体人数的书吏们在地方衙门中的普遍存在感到忧心忡

42

---

① 巴县档案,档案号:6.6.263。
② 《钦定六部处分则例》,台北:文海出版社,1969,卷 16,第 4—5 页;[清]薛允升:《读例存疑》(第 2 册),黄静嘉重校,台北:成文出版社,1970,第 188 页,律 50。

仲。正如一名巴县署理知县在光绪八年(1882)所抱怨的那样,当
他初到此地之时,就被当地衙门中办理公务的白书人数之多震惊
到了,那些人诡计多端,惯于作奸犯科,官府却既没有办法对他们
进行调查,又缺乏对他们的所作所为加以管束的手段。① 朝廷对此
类事情的担忧,可见于光绪年间吏部三令五申地责令各地方衙门
将所有这些未经官府正式授权的吏役列名革除的举动之中。②

不过在巴县衙门当中,对"白书"一词的使用更为受限。"白
书"在这里通常是被用来指称那些在衙门中办事、但未得到知县首
肯的卯册无名的书吏的一种贬称。因此,这种用法使得白书与那
些得到知县首肯的小书、帮书和经书相区别开来。例如在光绪八
年(1882),巴县知县韩鉴吾签发了多道命令,要求当时所有的小书
和帮书将当初保荐他们来巴县衙门工作的那些高级别书吏和相互
提供连保之人的姓名都上报给他。他在所下命令中写道,如何对
这些办事人员加以使用和控制,乃是雇用他们的那一房的典吏应
承担的责任:

> 今各该房滥用无名白书,在该典吏、经承等不过为舞文作
> 弊借作用身。设有败漏,可归咎于该白书,而吏承得以置身事
> 外地步。此等浅陋见识,不徒自欺,且足无误。夫白书纵未报
> 名在册,倘有弊端,亦如无名肿毒之恶疮,未易医治。③

巴县衙门的书吏们当然知道上述这些来自知县的关注和压

---

① 巴县档案,档案号:6.6.32。
② 例如巴县档案,档案号:6.6.69;6.6.77;6.6.99;6.6.106;6.6.111。
③ 四川大学藏巴县档案抄件,"内政官吏奖惩",2。

力,故而他们把"白书"这一称呼仅用在其意欲进行污名化的某个特定的同事头上。如果一名书吏是在不带贬义地指称某位卯册无名的同事,那么后者将会被唤作"小书"或"帮书"。① 反之,如果想要在那些声言某位卯册无名的书吏违法乱纪或者提请知县将其从巴县衙门革除的报告当中对此人极力加以丑化,那么这名卯册无名的书吏就会被称作"白书"。在后一种情形当中,伴随这一名词而出现的,常常还有一连串对那位卯册无名的书吏过去的各种作奸犯科之举的列举,以用来证明其素来品行低下。

　　光绪三十一年(1905),巴县衙门承发房的典吏向知县报告了 43 下述情况。这名典吏首先声称,他在收到知县责令列出各房所有白书之姓名的指示后,丝毫不敢有所欺瞒,并立即照办。他接着说,该房就有一位名叫石秉忠的白书,此人是从前任典吏那里买到这份工作,"毫不谙公",每次被分派到差务时都推卸责任,并且实际上石秉忠甚至不会写字。这名典吏说道,白书石秉忠还经常到乡下恐吓无辜的百姓,声称要将他们牵扯进刑案当中,以此来勒索钱财,且只要在外面无事可干,石秉忠就会来到承发房,但他这样做只是想捞到某些好处。这名典吏于是向巴县知县建议,像石秉忠这样的人显然不应该被允许继续留在承发房内尸位素餐。②

　　由于当时在巴县衙门承发房内实际工作的不在册书吏不太可能只有石秉忠一人,承发房典吏上述的请求后来之所以能够获得知县允准,很可能是因为他成功地利用了知县对白书们的戒心,来

----

① 在一个稍显极端的此类例子当中,工房典吏在请求巴县知县将一名在该房工作了30年之久的卯册无名的书吏非正式地录用时,在禀文中只是称此人系一名"小书"。参见巴县档案,档案号:6.6.295。
② 巴县档案,档案号:6.6.292。

除掉其所在房中的前任典吏留下的那些令其伤脑筋或不与其合作的书吏。① 在此类情况当中,"白书"一词甚至可能会被用来指摘那些在巴县衙门各房卯册上有名可查或已然承充多年的经书的品格。② 这个确切来讲原本是被用来指称衙门书吏当中的人员类别之一的词语,因此被扩展用来笼统暗指某位特定的书吏道德败坏,进而成为书吏们之间发生争端时相互用来抨击的修辞性武器。

四 代书

最后,除了那些在前述十房内工作的书吏,巴县衙门还雇用了少量的代书。这些代书会由官府向其授予一枚代表其身份的戳记,并允许代售按法令规定的形式事先印制的状纸,其职责是为当地那些到县衙打官司的百姓准备好将被呈给知县的告状和诉状。所有的状纸,不管是来自具有读写能力之辈或者目不识丁之流,都要由一名代书书写并盖上官颁的代书戳记,以防止诉讼捐客们或者说"讼棍"在里面添加一些不实之词。③ 为了达到这一目的,在那些规范化的状式条例中,不仅包含有对代书写状的详细指引,而且还警告说,代书所写的词状若被知县发现有夸大其词之处,或者并未严格依照诉讼当事人自身口述的事实进行如实笔录,那么该代书将会受到严惩。

---

① 典吏们的这种做法,以及此类做法所暗示的巴县衙门各房内部存在着小团伙,将在本书第三章予以考察。

② 巴县档案,档案号:6.6.287;6.6.623;6.6.3403。

③ 对讼棍们所处的社会环境及其活动的描述,参见 Melissa A. Macauley, "The Civil Reprobate: Pettifoggers, Property, and Litigation in Late Imperial China, 1723-1850", Ph.D. dissertation, University of California, Berkeley, 1993。

与书吏们不同的是,代书是由每一任新知县在到任后举行考
试遴选出来。在光绪朝早期,巴县衙门中共有 10 名到 12 名"正取
代书"和同样人数的"副取代书"。倘若在两次代书考试的间隙有
某位正取代书告退或身故,则其出缺的位置就会由副取代书当中
的某一人补上。① 与那些被登记在册的书吏一样,每位代书在巴县
衙门的吏房皆有其档案记录。通过考试选拔代书,说明至少从理
论上讲,在每一任新知县到任后都可以对此类办事人员做全部更
换,以此来降低代书们久踞其位而贪腐行事的可能性。然而,历任
巴县知县中有许多都没有举办过此种考试,所导致的结果就是现
任代书常常超期限地待在这一位置上,最终渐渐将该位置视作他
们自己的主要营生方式。

虽然设立代书的目的是防止地方上的讼棍插手诉讼,以减少
被提交到知县面前的诉讼案件数量,但代书们自身却常常成了被
怀疑和斥责的对象。除了那些指控代书对诉讼当事人进行敲诈勒
索和收取非法的费用的批评之声,光绪年间的巴县知县、重庆知府
及四川省级长官一直在抱怨代书、讼棍和贪腐成性的吏役相互勾
结以牟取暴利。② 除了频频下令禁止代书从事上述这些非法活动,
在 19 世纪即将落下帷幕的最后那些年里,巴县知县们还以逐步减
少由官府授予其戳记的代书的人数作为应对之策。故而到了光绪
三十一年(1905)时,正式获准为巴县衙门工作的代书人数,从之前
的 12 位被缩减到了 6 位。③ 三年后,四川总督赵尔巽下令裁撤全

---

① 巴县档案,档案号:6.6.282;6.6.294。

② 例如,巴县档案,档案号:6.6.294。

③ 例如,巴县档案,档案号:6.6.294。

省各地衙门的代书,允许地方百姓自此以后可以自己书写词状。①

第三节　人数

在 19 世纪时的清朝,没有什么问题会比全国各地州县衙门中非经制书吏在人数上那种漫无节制的增长,更让朝廷官员们为之感到忧心不已。前述巴县知县张铎在光绪二十七年(1901)时所提及的那道慈禧太后以光绪皇帝的名义颁发的上谕,仅仅是此时期朝廷下发的一系列政令和谕旨之一。这些政令和谕旨,均将革除那些不在朝廷所定额数之内的非经制书吏,视为开展行政改革的一个非常重要的先决条件。②

朝廷对于此种局面的看法,在光绪三十年(1904)时一份来自

45

---

① 巴县档案,档案号:6.6.83。这道饬文的内容,后被收入《四川档案史料》1983 年第 1 期,第 25—29 页。[译者注:这道题为《督宪通饬各属整顿吏治文》的饬文,全文刊载于《四川官报》第 18 册(光绪三十四年七月中旬),"公牍",第 1—8 页。其中与裁撤代书有关的部分内容如下:"不用代书。代书虽为例设,然积久弊生,择肥噬瘦,勒索呈费,实与讼师无异。甚至内串门丁,外联书差,弊端百出。盖以其奉有官戳,愚民何知,以为应当如此,是以举代书者绝少。本督部堂深悉此弊,久已裁撤不用,准百姓自呈投递,仍用一正二副,惟词尾须注明作词人,不注者不收。如实系无理取闹,方追究代作之人。盖民间果有冤抑,即浼亲友代作呈词,依事直说。此人情所应有,不得谓之插讼,且遇有晓事者,往往不肯下笔,因而劝和甚多。若代书则不然矣。只要有钱便做,安有劝止之理。此不用代书,所以有益无损也。或谓如此则讼事必多。然本部堂历官至今,从未见因此多讼,断可无虑。"]

② 巴县档案,档案号:6.6.32,6.6.67,6.6.69,6.6.74,6.6.105;[清]葛士浚辑:《皇朝经世文续编》,清光绪十四年(1888)图书集成局铅印本,卷 22;[清]贺长龄辑:《皇朝经世文编》,台北:国风出版社,1963,卷 24。

兵部的奏折当中讲得相当透彻。据这份奏折称,自光绪二十六年
(1900)以来,各地方官府便不断地收到朝廷下发的责令革除非经
制书吏的上谕,但这些上谕要么收效甚微,要么未被落实。故而兵
部担心那些非经制书吏会变得更加根深蒂固地盘踞在各地衙门当
中,而这将造成此辈愈发难以被轻易革除。兵部还担心,那些对其
所管辖区域内的情况实际上并不熟悉的州县官,将会不当地向书
吏们授予权力。由于州县官往往对其治境内的情况缺乏了解,他
们很可能会与其所在衙门当中的那些非经制书吏们达成妥协。而
这种妥协一旦达成,则那些非经制书吏就不会被从所在地方衙门
革除。这些非经制书吏若不被革除,则他们滥用手中权力的现象
就无法得到根治,地方政务亦不可能得到改善。兵部表示,各地方
衙门中的书吏总人数如今已变得非常庞大,故而实有必要依法革
除那些非经制书吏。这道奏折在其最后部分总结道,若要改良行
政和根除腐败之源,就必须从革除各地方衙门中的那些非经制书
吏入手。①

　　鉴于此类关切所具有的那种分量,再加上地方主政官员们若
不依上谕照办便会有被降级或革职的风险,我们也就不难理解像
巴县知县张铎那样的地方官员为何会采用前述那种将两方面情况
均向其上峰汇报的手法。此种手法既迎合了朝廷高官们的忧虑,
同时又满足了地方行政的实际需求。

　　遗憾的是,我们至今未能找到有可能解答巴县衙门里究竟实
际雇用了多少名书吏这一问题的各房人员登记名册。从另一方面

---

① 巴县档案,档案号:6.6.99。

来看,张铎也绝非首位使用前述那种将两方面情况均向其上峰汇报的做法的巴县知县。除了那些每年须上报朝廷吏部的该衙门吏役人员情况正式报告,巴县档案中还保存了光绪年间此方面的13份"非正式"报告的草稿。不过在此必须加以强调的是,这些非正式报告当中并不包含在巴县衙门实际工作的全部书吏们的总人数记载。虽然所有典吏的名字都在这些非正式报告里面被一一列出,但是,某些在其所承办的案件卷宗和各房之间争端的记录当中出现其身影的经书,其名字却没有被写在那些呈报给重庆知府的关于巴县衙门吏役人员情况的非正式报告之中,这样的情况并不少见。而那些卯册无名的书吏,无论他是否被巴县知县承认是小书或帮书,均被完全排除在这些非正式报告之外。①

虽然这些非正式的报告不应该被视为包含了巴县衙门中所有书吏的准确人数,但这些非正式报告里面所列出的那些数字,极有可能是与在巴县衙门各房实际工作的书吏总人数成相应的比例。因此,我们可以利用这些数字,来获知巴县衙门每一房内书吏们的相对人数,以及不同房内的书吏人数在光绪年间的变化情况。此外,由于这些非正式报告中列有其名的那些书吏乃是获得知县首肯而进入巴县衙门工作,故而他们的人数及其增减也能反映出知县对衙门办事人手之实际需求的某种认知。

① 关于巴县衙门中那些卯册无名的书吏之总人数的史料证据极难搜集到。其总人数可能非常庞大。例如在光绪三十三年(1907),巴县知县下令革除该衙门内所有卯册无名的书吏,于是衙门各房总共上报了169位此类书吏的名字,以作为对前述命令的回应,其中既包括那些被作为经书加以录用之人,也包括那些被承认是小书的人员,参见巴县档案,档案号:6.6.348。

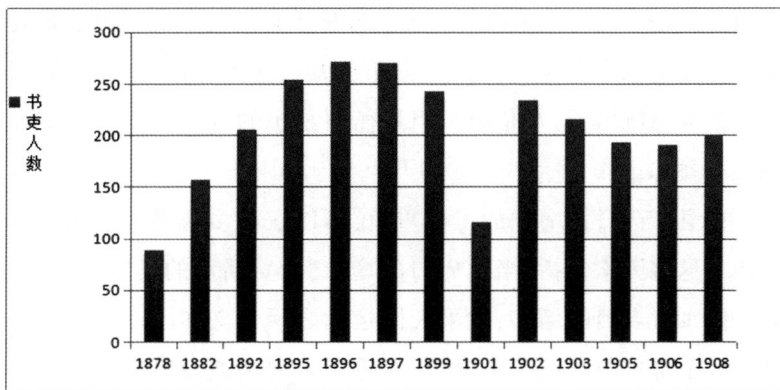

图 1　巴县衙门中的在册书吏总人数（1878—1908）

如图 1 所示，就像朝堂上的那些高官们所怀疑的那样，这些非正式报告所展示的图景是，巴县衙门中的在册书吏人数在 19 世纪最后那几十年间急剧增长。从光绪朝初期相对最少的 89 人（但这已超过了 75 人这一朝廷为巴县衙门所规定的经制书吏额数）开始，巴县衙门中在册书吏的人数于光绪二十二年（1896）攀升至最高值（272 人），此后又有所下降，最后稳定在 200 人左右。光绪二十七年（1901）时巴县衙门中在册书吏人数的反常下降，可被理解为时任巴县知县张铎裁革书吏这一举措的结果。然而，巴县衙门在册书吏人数在次年的迅速回升，表明巴县知县张铎先前的那番努力功亏一篑。

　　许多省级官员和朝堂上的中央官员都将各地方衙门中书吏人数的增长归咎于书吏群体当中愈演愈烈的腐败之风、结党营私和用人唯亲，以及州县官们对此缺乏警惕。上述这些因素，毫无疑问在其中起到了部分的作用，但我们也应注意到 19 世纪后半叶地方

47

政府日益增多的政务负担所造成的各种影响。正如前述巴县知县
张铎在光绪二十七年(1901)时向重庆知府所解释的情形那样,书
吏人数的急剧增长,乃是由于当地衙门承担的各项政务及其责任
也在日益加重。

　　巴县衙门日益增加的工作重负,可以在许多因素当中找到其
根源。这些因素包括,当地人口的增长,商贸活动的发展和分化,
各种附加税名目的增多,太平天国运动之后与义和团运动之后朝
廷推动的那些行政改革举措,还有重庆被辟为通商口岸对外国人
开放及越来越多的外国人随后来到此地。上述因素所造成的影
响,可以从图1中所见的那种书吏人数增多的情况只是出现在巴
县衙门所辖十房中的五房里面这一事实(如表1所示)上看出来。①

表 1:巴县衙门各房在册书吏的人数(1878—1908)

年份	户房	刑房	礼房	工房	承发房	兵房	吏房	柬房	盐房	仓房
1878	24	30	4	8	6	6	3	4	3	1
1882	46	38	16	29	7	9	4	5	3	1
1892	77	65	17	13	16	7	4	4	2	1
1895	83	73	30	21	25	8	5	4	4	2
1896	83	84	29	23	27	9	6	4	4	3
1897	88	83	27	21	29	6	4	3	6	4
1899	76	78	21	24	26	6	3	4	2	3

---

① 请注意,这些数字是巴县衙门每一房内的所有三班书吏的人数总和。这也就意味
　着,各房内实际上仅有表1中所列人数三分之一的书吏常年住在巴县衙署里面办
　公。不过盐房与柬房属于例外,它们没有分班,故而这两房的书吏们常年当值。

续表

年份	户房	刑房	礼房	工房	承发房	兵房	吏房	柬房	盐房	仓房
1901	33	32	11	9	10	7	4	3	3	4
1902	88	55	20	18	26	9	6	4	3	5
1903	82	51	23	10	25	9	6	4	4	2
1905	72	40	25	12	24	7	4	4	4	2
1906	69	39	24	16	19	9	5	4	4	2
1908	66	38	31	20	22	7	5	3	4	5

数据来源:巴县档案,档案号:6.6.111,6.6.312,6.6.319,6.6.330,6.6. 333,6.6.334,6.6.335,6.6.338,6.6.341,6.6.5174;李荣忠:《清代巴县衙门的书吏与差役》,《历史档案》1989 年第 1 期,第 97 页。

如果将表 1 里面的那些数字绘制成曲线图(去掉 1901 年时那个反常的数字),那么将会显示出三组不同的类型,而它们反映出巴县衙门内各房相应的政务负担之轻重差别。

第一组是由来自兵房、吏房、仓房、盐房和柬房的在册书吏们构成。这些房所雇书吏的人数不仅相对较少,而且在此期间基本上保持稳定。第二组是由来自礼房、工房和承发房的在册书吏们构成,在该组当中,虽然刚开始的时候其人数与第一组处于相接近的水平,但很快就攀升至引人注目的更高程度。这种总人数的攀升,特别是工作于礼房与承发房的书吏人数的显著增长,究其原因,一是由于光绪十七年(1891)重庆开埠之后外国来华传教士交涉事务相较以往变得更加吃重,而礼房正是负责此方面事务的处理,二是因为此时期巴县衙门里流转的公文书卷宗数量有所增长。

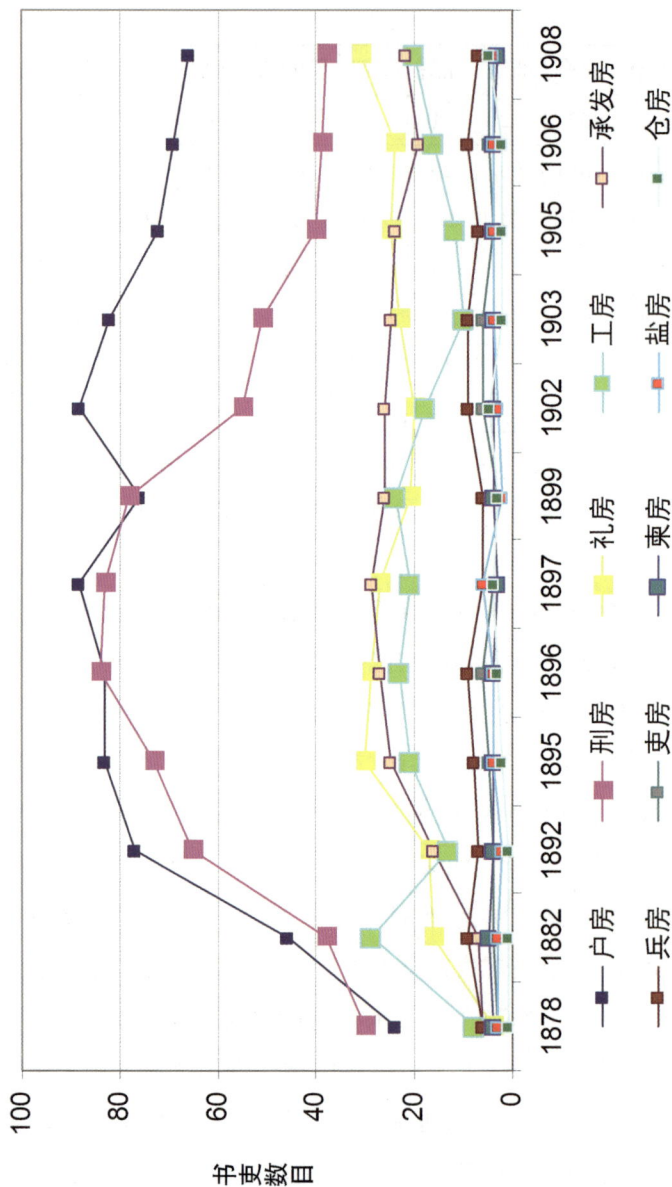

图2 巴县衙门中各房在册书吏的人数(1878—1908)

不过,如图 2 所示,在册书吏人数增长最快的是户房与刑房,但刑房的在册书吏人数在 19 世纪和 20 世纪之交时发生了同等程度的急剧下降。这两个房起初就比巴县衙门其他各房雇用了更多的书吏,故而这一点本身并不特别令人感到惊讶。毕竟,维持治安与征收赋税是任何县衙都非常关心的首要政务。出于同样的原因,巴县衙门里面这两房的在册书吏人数在光绪年间的增长,可被归因于清帝国在其最后那几十年里面更加强调上述两方面政务的重要性。作为此方面的一个例证,我们可以观察巴县在 19 世纪下半叶时处身其中的那些正不断发生变化的客观环境,亦即重庆作为一个内陆重要港口城市在当时的快速发展,对巴县衙门里某个相关房的影响。

伴随着越来越多的来自全国各地的大小商贩来到此地经营各种生意,重庆当地商贸活动的扩张,也带来了外国人向这座城市及其周边地区的流入。外国人的到来,常常会导致其与当地的中国百姓发生冲突。如前所述,巴县曾在同治二年(1863)、光绪三年(1877)爆发过多起教案,后来又在光绪十二年(1886)时再次发生此类事件。在这些民教冲突发生期间,多人丧生,多处教堂被捣毁。虽然没有文字记载表明光绪十二年后当地还曾爆发过同等剧烈程度的民教冲突,但巴县居民与外国人之间的关系一直相当紧张。①

此类冲突给巴县衙门维持当地公共秩序增加了一项非常艰巨的任务,而随着重庆在光绪十七年(1891)时被辟为通商口岸而对外国人开放,其难度更是有增无减。正如巴县知县张铎在光绪二

---

① 隗瀛涛、李有明、李润苍、张力、刘传英、曾绍敏:《四川近代史》,成都:四川省社会科学院出版社,1985,第 107—127 页。

十七年(1901)年时呈送给重庆知府的前述那份详文中所说的,在过去的几年里,当地的洋务几乎与日俱增,对外国人的人身与财产加以保护,还有在重庆境内将他们安全地护送,这些工作都异常艰难,需要有超过朝廷法令所允许的经制吏役额数的更多人手来操办此类事宜。①

由于刑房是与礼房一道分担对所有与洋务有关的地方衙门政务的处理,故而当越来越多的各类外国人(例如传教士、商人、士兵和外国政府使节)来到重庆,便会大大增加当地衙门里面刑房的工作量及其对办事人手的数量需求。除此之外,我们还必须注意到,伴随着重庆人口在 19 世纪中期与清朝末年之间所发生的爆炸性增长,吸食鸦片、卖娼和其他各种各样的犯罪活动同时也在增多。

巴县衙门刑房在册书吏总人数从 19 世纪与 20 世纪之交开始的下降,并非由其工作量减少所造成,而是与清末那些针对公共治安机构所作的新政改革所导致的职责重新配置有关,其中最值得注意的是光绪三十一年(1905)时在当地设立了独立的警察局。②不过,即使经过了那些新政改革,在巴县衙门刑房工作的在册书吏人数,仍然远远超过在除户房外的其他各房工作的在册书吏人数。③

---

① 巴县档案,档案号:6.6.111。

② Kristin Stapleton. "Police Reform in a Late Imperial Chinese Society: Chengdu, 1900 – 1911", Ph.D. Dissertation, Department of History, Harvard University, 1993.

③ 户房与刑房在巴县衙门各房当中的相对重要性,在光绪年间经历了明显的变化。在光绪四年(1878),户房与刑房中各自的在册书吏人数,分别占到巴县衙门在册书吏总人数的 28% 与 35%。就在清末新政改革前夕,这两房在册书吏的各自人数占巴县衙门全部在册书吏人数的比例非常接近,亦即户房在册书吏人数占总数的33%,而刑房在册书吏人数则占总数的 31%。但是就在清末新政期间对刑房书吏人数进行裁减时,却对户房的情况产生了反向的影响。在光绪三十一年(1905),户房在册书吏人数占到了巴县衙门全部在册书吏人数的 37%,而刑房却只占 21%。

　　巴县衙门工作量的增长,迫使知县必须做出抉择:要么遵照朝廷法令所规定的经制书吏额数行事,要么违反那些法令以满足对吏役人手的实际需求。前述巴县知县张铎那种将上述两方面情况均向其上峰汇报的做法,便是对此问题作出的一种回应。那么,巴县衙门中各房实际所雇书吏人数的增长,对于书吏们自身又有何影响呢?除了表面上创造了觅得一份工作与获得收入的各种新机会,最重要的结果看起来是这使得那些受此影响的科房内部在各种有利可图的任务之分配方面变得相较于以往而言竞争更加激烈。

　　巴县衙门各房内部的竞争,源于前述那种"应差"和"办案"的区分。应差只能给承办此类任务的书吏带来相对而言很小的经济回报,而办案则是所有书吏所仰赖的主要收入渠道。我们没有办法估算这两类工作相对而言的数量增长。但是,我们可以设想一下如下这两种可能的情形,而它们都将会加剧同一房内书吏们之间的相互竞争。

　　一种可能的情形是,如果应差的任务在数量上超过了办案,那么其结果将会是在同一房内工作的那些书吏们当中造成一种"剪刀差效应"(scissors effect) 。因为当应差的任务增多时,就必然会需要更多的人手投身其中,而同一房内若有更多的人手被安排去应差,则就意味着该房每位书吏所能分派到的待承办案件数量将会成相应比例地减少。在这种情况下,唯一绝对会从中受益的人就是那些典吏,因为他们的人数几乎保持不变,而且典吏对于其所在房内的所有收入与待承办案件均可分到固定的份额。

　　另一种可能的情形是,如果办案的任务在增长速度上超过了

51

应差,那么看起来所有的书吏均将从中获益。但这种可以从中获得更多收入的机会,将会因书吏人数的总体增多而遭到严重缩减。为了能在各种新的机会中获益,现任的书吏们不得不对进入其所在房内工作的新手人数加以限制,或者对新进来工作的书吏们被分派去办案的机会进行节制。

无论是在上述哪一种情形当中,其结果都是任何房当中书吏们获得各种资源的内部竞争压力将会因此大增。

应对上述这些境况的方式,看起来有如下两种举措。第一种做法是,那种围绕能够分到有利可图的工作机会而激起的内部竞争,不仅在巴县衙门各房当中导致书吏们之间就此发生了各种争端,而且,为了能够成功地保住其位置和收入来源,书吏们将会拉帮结派(关于此类发生于巴县衙门书吏们之间的争端,以及他们借以拉帮结派的基础,将在本书下一章中进行讨论)。第二种应对方式则是通过限制新人进入该房工作,同时实施一套支配衙门日常行政运作的非正式规则,来对各房之内的那些位置与资源进行更为牢固的控制。在能够完全理解上述这两种应对策略之前,我们需要更为贴近地观察巴县衙门中这些书吏的出身背景,以及他们为何要选择此种被时人认为社会地位低下的营生方式。

第四节　出身背景与家庭经济状况

在以往的绝大多数学术研究成果当中,书吏们皆被描绘成一群迫于经济原因而只好投身公门的社会边缘性群体。但除了他们皆属"良民"身份这一点,几乎没有任何证据能够支持那种认为在巴县衙门书吏们当中存在着一种统一的社会阶层或身份地位方面的群体性认同的猜测。在书吏们活动于其中的那个社会环境当中,各种存在于不同身份和不同营生方式之间的界限,正在不断发生变动,且具有高度的相互渗透性。虽然没有发现那些有功名在身之人或出身精英士绅家庭的子弟到巴县衙门投充书吏,但是如果因此假定书吏们几乎普遍都是家境贫寒或缺乏各种资源,那显然又太过绝对化。事实上,并非所有的书吏皆出身贫寒或没有其他的工作机会选择。换言之,书吏通常是自己选择成为书吏。

在那些被告到巴县知县那里的衙门内部争端中,书吏们常常将自己描述为落魄的读书人,亦即"幼读未成,弃儒从公"之人。这种落魄文人选择投身公门以作为谋生之途的人物形象自我刻画,充斥在巴县衙门那些书吏们所提交的状纸当中。此外,在那些自愿投充书吏之人当中,时常可以见到"文生""文童"之类的自称;在其服役期满后,典吏离开原先的位置而改在重庆当地以教书为业,这样的例子也有不少。① 这些都同样会让那种落魄文人的人物形象自我刻画得到强化。依据此类证据,我们很容易被诱导得出结论认为,书吏们主要来自那些拥有支持其为参加科举考试做准备的足够财力资源的家庭,但是这种考取功名以提高其身份地位的努力一旦失败,或者其家庭在经济上后来不再能够继续给予他们支持时,这些人就无法再去追求功名或者维持生计了。在 19 世纪,人口增长的压力和科举考试中相对固定不变的录取名额,催生

---

① 巴县档案,档案号:6.6.268;6.6.280;6.6.552。

出了一个被迫寻找其他谋生手段的读书人群体,而且其人数规模在不断扩大。① 对于这些勉力维持着精英身份在经济能力方面所需具备的最低水准的家庭来说,到衙门中投充书吏,可以为他们提供一种能够以其文笔技能即刻换来经济收入的营生方式。

但必须谨记的是,上述那些证据来自书吏们在与巴县知县交流时所做的自我描述。它们无法准确地反映出巴县衙门所有书吏实际的家庭经济状况,而应当被视为各种正统的政治性话语之构成要素,是书吏们用来在知县面前将自己及他们所操持的这种营生方式加以正当化的说法。就其本身而论,书吏们所做的这些自我描绘,很可能就像官方对其所做的那些描述一样具有误导性。

在巴县,投身公门承充书吏,实际上只是当地读书人的多种工作机会选择当中的一种。最显而易见的其他工作机会选择之一,是在重庆这一内陆港口城市从事各种商贸活动。例如在光绪三十二年(1906),巴县衙门承发房的一名典吏向知县请求将一位名叫周兆祥的人录用为该房小书。周兆祥本人是在两次参加院试皆名落孙山后,在巴县当地试着开办了一家商行,但由于没有充足的资金,虽几经努力,最后仍生意失败。周兆祥只是在谋官经商均相继失利后,才联系了从其家乡打听到的前面提及的那名承发房典吏,以期在巴县衙门里谋得一份书吏工作。②

另一个例子是巴县衙门户房经书张鹏程。前曾言及,他希望

---

① Philip A. Kuhn & Susan Mann-Jones, "Dynastic Decline and the Roots of Rebellion", in John K. Fairbank, ed., *Cambridge History of China, Volume 10, Late Ch'ing 1800-1911, Part I,* Cambridge: Cambridge University Press, 1978, p.111.

② 巴县档案,档案号:6.6.295。

从巴县衙门户房告退,但这一请求为知县所拒绝。光绪十六年(1890)时,48 岁的张鹏程已然在巴县衙门中干了将近二十年的书吏。张鹏程抱怨说,由于被要求当值时必须住在巴县衙署里面,导致他很难有时间去处理自己那些紧迫的家务事和积欠的债务。当时,张鹏程的叔父为他在自家经营的一家商行中安排了一份工作,好像是让他做账房先生。张鹏程因此请求从巴县衙门户房告退,并获得了知县的允准。三年后,随着其叔父的生意越来越差,张鹏程在巴县衙门户房的旧同事们希望他能重回该房工作,因为那儿缺乏训练有素且富有办事经验的人手。巴县知县同意了这一请求。于是张鹏程得以重操旧业,回到户房中又待了九年。在光绪二十八年(1902)时,张鹏程又向知县请求允准他告退。除了声称自身年老体衰,张鹏程还提到其儿子最近在重庆城里开了一家售卖帽子和手套的店铺。但他的儿子当时正在准备参加科举考试,故而很少有时间照看店铺的生意,于是希望其父亲即张鹏程替他经营。正如我们在前面已经看到的,这一次,张鹏程的告退请求被知县拒绝。[1]

　　周兆祥和张鹏程这两位巴县衙门书吏的各自情况,为我们提供了个人是如何在承充书吏与其他各种由利益和机会所决定的工作机会之间改换营生方式的例子。[2] 诸如此类的例子,代表了一种二者选择其一式的模式:可以选择在衙门中承充书吏作为自己的工作,也可以选择到其他地方以其他方式谋生。但这种发生在巴县衙门与县衙大门外的那个广阔世界之间的营生方式变换,并不

---

① 巴县档案,档案号:6.6.257;6.6.263;6.6.286。
② 另可参见巴县档案,档案号:6.6.286;6.6.289;6.6.292。

总是像上述模式所意味着的那样两极化。实际上，这种互动在经济利益方面为衙门与个人及其家庭或家族提供了多种有利的条件。

　　除了其自身具备一定的文字素养和熟悉算账、保管账目记录的各种步骤，那些富有经验的行商和小贩还为巴县衙门提供了处理当地各种商贸事务和经济事宜方面的经验，而上述这两个方面都是当地官府非常关心的事项。对于那些小贩、行商和其他经营商业者自身来说，被巴县衙门雇来承充书吏，不仅是一种可在生意投资、贷款担保或偿还债务等方面加以利用的稳定的收入来源，而且也是那些在商业活动中能够用得到的影响力和信息的来源。①如同下述赵氏兄弟的故事所表明的那样，受雇在巴县衙门里面承充书吏，也能够被商人们利用来作为在其所在社区中提高自身社会地位的一种方式。

　　光绪十九年（1893），重庆城里一位名叫赵海珊的客栈老板，成了巴县衙门刑房中勤字班的典史。五年后，即光绪二十四年（1898），赵海珊的弟弟赵镜如循着其兄长先前走过的老路，成了同一房内清字班的典史。然而就在这一年，赵海珊因病去世，而此时距离他那五年的典史服役期限结束还差七个月。赵镜如于是上书知县，声称其兄长赵海珊因为数次生意上的投资失败而欠下了 900 多两银子的巨债未能偿还。不幸的是，赵海珊生前所经营的那家客栈中的所有家什在变卖之后，也只卖得了 100 两银子，现在那些债主们正在逼着赵海珊的遗孀和他的三个儿子还债。由于赵海珊去世时其五年典史役期未满，赵镜如于是向知县提议说，刑房下个

54

―――――――――――

① 例如巴县档案，档案号：6.6.548。

月轮到其兄长生前负责的勤字班书吏们当值时,希望能由他来代行其兄长的职责,这样的话,他就能将所有从中挣到的钱用来偿还赵海珊生前欠下的那笔巨债。知县同意了赵镜如的这一请求,认为他这么做是为了帮助其亡兄留下的孤儿寡嫂。①

三年后,即光绪二十七年(1901),一位近期被赵镜如请求知县从巴县衙门革除的刑房书吏将赵氏兄弟告到知县面前。这名叫作吴海珊的资深书吏(40岁)声称,赵氏兄弟只是既没有经过足够的历练也欠缺在巴县衙门办理公务所需的各种知识的生意人而已,他们的典吏位置都是通过不正当的手段买来的,且他们先前都没有在巴县衙门里工作过的经历,自从他们进入刑房之后,就把持了对知县交办案件的分派,以及该房内的其他事务。吴海珊还指出,赵镜如曾在数年前将他自己生意上的伙伴王尚斌安排进了刑房工作,并在光绪二十四年(1898)时,非常不妥当地让这个人接替赵海珊生前承充的那个勤字班典吏之位。最后,吴海珊还指控赵镜如与王尚斌都是当地秘密会党的成员,声称他们合谋将刑房里面那些得到知县首肯在此工作的书吏们赶走,以便安排其秘密会党中的弟兄们和生意伙伴们取而代之。②

遗憾的是,吴海珊所声称的那个关于秘密会党已经渗透到巴县衙门里面的断言,无法得到证实。但鉴于秘密会党(尤其是哥老会)当时在重庆城的风行,这样的指控至少貌似可信。另一方面,吴海珊对赵氏兄弟的典吏之位乃是花钱买来的指控,也为如下事实所证实。在赵氏兄弟突然成为刑房典吏之前,他们的名字都未

① 巴县档案,档案号:6.6.710。
② 巴县档案,档案号:6.6.621。

55

见在巴县衙门上报给重庆知府的那些吏役人员情况报告中被列出来过。[1] 正是赵氏兄弟这种花钱买到典吏之位的做法，以及他们后来企图把持刑房内待承办案件的分派，而非他们兄弟俩那种生意人出身的背景，激怒了吴海珊。如同我们将在本章的后面部分看到的，像吴海珊这样的现任书吏，经常将原本在巴县衙门外面营生的人们进入巴县衙门承充书吏视为对自己生计的威胁。不过在这件事情当中，巴县知县并没有被吴海珊的上述指控所打动，而是认为，有关赵氏兄弟花钱买到典吏之位进入衙门工作、把持着待承办案件的分派、捏造理由提请知县将无辜的书吏从衙门革除等情节，都是吴海珊在自己被巴县衙门革除后发泄怒火而编造出来的。巴县知县维持了此前那个将吴海珊从衙门革除的决定，而并没有对赵镜如或王尚斌采取进一步的行动。[2]

赵镜如和王尚斌都在光绪二十九年（1903）时典吏服役期满，于是他们请求参加将于下一年在成都举行的考职，并获得了巴县知县的允准。[3] 我们不晓得这两人后来考得怎样，也不知道他们当中是否有人成功跻身低品阶官员的行列。但这种努力本身、他们为之而选择的发展路线，以及知县的那种默许都表明，无论是对于那些穷困潦倒的读书人还是经商失败的生意人而言，投身公门承充书吏都不只是他们万不得已的避难所。正如赵氏兄弟的上述例子所展示的，受雇在衙门中承充书吏，可以为他们在当地的身份等级体系中提供上升之阶，同时也是一种能够被用来在衙门之外进

---

① 巴县档案，档案号：6.6.333；6.6.335；6.6.338。

② 巴县档案，档案号：6.6.621。

③ 巴县档案，档案号：6.6.482。

行经济投资的收入来源。

那么,书吏们的家庭经济状况又如何呢? 这些家庭经济状况对于一个人决定到衙门里投充书吏会有什么样的影响? 18 世纪与 19 世纪的史料为我们所呈现的那种书吏们的典型形象,乃是这些人皆是贫困潦倒之辈,而这种贫穷经常被援引来当作促使书吏们走向腐败的动因。正如 18 世纪中期在多地做过知县的袁守定在其回忆录中所说的那样:"书办大率贫猾无赖,窜身于官,既无职名,又无廪给,赤手在官,势难枵腹从事,惟以作奸剥民,为饮食衣履仰事俯给之计。"①

这种关于书吏们皆普遍出身贫寒的形象刻画,在书吏们所做的那些自我描述中也有反映。当然,在书吏们所做的那些自我描述当中,不会暗示贫困将会导致腐败。这些人不仅将自己描述为"文吏",而且还自称"寒儒""寒士"。各种直陈自身家境贫寒故而仰赖在衙门中的这份文书工作以维持生计的说辞,充斥在巴县档案之中。以巴县衙门柬房典吏曾长龄为例,此人在光绪二十年 (1894)时因为在办理公务过程中的一次疏失而不得不从衙门告退。翌年,巴县衙门中有八房的典吏联名向新任知县请求允许曾长龄重新回柬房担任典吏。这些典吏们声称,曾长龄先前在柬房工作的那 20 多年里从未出过差错,其母亲年老久病,家中一贫如洗,当初完全仰赖他在巴县衙门中的这份工作以作衣食之资。他们继续说道,曾长龄在被从巴县衙门黜革后,曾尝试做点小生意,

56

---

① 转引自 Chü T'ung-tsu, *Local Government in China Under the Ch'ing*, Cambridge: Harvard University Press, 1962, p.43。〔译者注:此句可见于袁守定:《图民录》,清光绪五年(1879)江苏书局重刊本,卷 2,"民得自言其情则不畏吏"条。〕

但因缺乏资金而没有成功。这些典吏们又说,柬房当时非常缺像曾长龄那样熟谙公务的书吏。因此,他们请求知县能网开一面准许曾长龄回来。①

巴县知县没有答应让曾长龄回到他原来的位置(柬房典吏)上来,因为该位置已经任用了新人。不过,他还是允准了在对曾长龄被从巴县衙门革除后的情况做进一步调查之前,让曾长龄先回来做一名经书。

一种与此相类似但更富戏剧性的对贫寒家境的描述,来自六名先前曾担任巴县衙门代书的人士。光绪三十四年(1908),他们向继张铎之后执掌巴县衙门的知县大老爷上书,请求恢复被前任知县们逐步削减的惯常设置的代书人数。此六人声称,他们都是贫穷的读书人,先前在巴县衙门中担任代书。但是当前任巴县知县张铎在光绪二十五年(1899)组织考选代书时,他们都未能被重新选上,只得改行以教书谋生。不幸的是,当地所有的学校近来都对其课程内容及教学方法进行了调整,不再教授那些旧式的学问,故而他们如今已经没有了谋生的出路。此六人写道,他们若能被巴县衙门重新雇用为代书,那么将能够为其各自的家庭添置薄衣陋食。此六人强调他们自己皆是家境贫寒,父母年迈,且完全缺乏其他赖以谋生的本领。他们声言自己只是想照旧规行事。但是他们也小心翼翼地暗示道,如果他们不被允许重新担任代书,那么他们担心自己在别无其他选择之下,将不得不像讼棍那样,没有得到官方的授权,却以替百姓们写状纸作为谋生的手段,因而将会触犯

---

① 巴县档案,档案号:6.6.271。

法禁。最后,此六人在恭维张知县仁德为怀、护佑黎民之后,请求张知县授予他们代书戳记,以使他们能够合法地履行公务。①

不幸的是,对于这些 19 世纪与 20 世纪之交所发生的教育制度改革的牺牲品来说,即使威胁说可能将会被迫像讼棍那样操持违法营生,也不足以打动巴县知县。尽管知县答应将查实此事,但巴县档案当中并没有留下表明当时他采取了任何行动的文字记录。如前所述,就在同一年的晚些时候,四川总督赵尔巽正式下令全省各地衙门禁用代书。57

但是,即便我们对前述曾长龄和六位失业的前代书们自己所作的那些关于其家境贫寒的声称信以为真,史料中的记录也远比这些表述所可能暗示的更加暧昧不清。首先,在巴县档案中偶尔也可见到表明某位书吏拥有颇为可观的财富的轶事证据,例如根据道光六年(1826)的一件巴县档案中的描述,某位典吏在他位于重庆城内的家中至少养了六名小妾。此外,一些书吏有时会向巴县知县告假从衙门离开一段时间,这种事实表明许多书吏并非没有自己的资财或别的经济收入来源。除了需要照顾自己家中生病的父母这种理由,书吏们在向知县告假时最常提出的理由是需要打理家中的各种事务,例如添丁、婚嫁和丧葬,在本族祠堂操办祭祖仪式,偿还或收取生意上的债务,或者是经营家田、家业。虽然大多数的请求似乎都倾向让知县觉得他们是孝义子弟,但参与各种礼仪活动和打理各种家庭事务所需的那些开销,的确在一定程度上削弱了那种认为书吏们皆是家中穷困潦倒之辈的总体印象。

---

① 巴县档案,档案号:6.6.295。

不过,就书吏们拥有一些经济资源这点而言,最具说服力的证据来自如下这一事实:要想在巴县衙门中承充书吏,必须先支付一笔"参费",其具体数额不等,经书这一位置平均需交 50 两银子,典吏这一位置的参费更是高达 1000 两甚至更多。当然,这并不意味着所有的书吏皆能轻松地交出这笔费用。实际上,那些为了得到书吏这份工作或者想在书吏们内部的等级体系中爬得更高的人,常常被迫举债或变卖家产,以凑齐此笔为数相当可观的支出。① 另外,如果一个人将其受雇在衙门中承充书吏当作自己主要的收入来源,那么一旦他失去这一位置,便无疑将会遭遇严重的经济困难。尽管如此,大多数的书吏之所以当初选择这份工作作为其营生方式,看起来并非仅仅因为他们被贫穷所迫,而是由于承充书吏能够给他们提供一份颇具吸引力的生计。

那种认为书吏们普遍出身贫寒且其所有收入均是靠贪腐得来的观点,就其本质而言,乃是在用清代官方看待书吏们的那种眼光来对这些人进行形象刻画。那样做还忽视了如下这种可能性,亦即与其说书吏们将其受雇在衙门里工作看作是万不得已之举或者一种能够借此快速敛财的渠道,毋宁说他们将这视为一种能养家糊口的营生方式,以及一种基于能够长期任事并从中获得可持续收入的合理预期而做出的生计选择。在关注那种将书吏们描述为社会大众所鄙视之人的形象刻画的同时,我们也有必要考虑他们的另外一种形象——作为政府雇员的书吏,亦即以在衙门承充书吏为生涯之人。

58

---

① 巴县档案,档案号:6.6.548;6.6.592;6.6.604。

第五节　房规

巴县衙门书吏们那种以此业为生涯的倾向，首先体现于他们在朝廷并未就此颁布任何正式行政法令的情况下，为了使其工作达到一定程度的理性化和结构化而付出的各种努力。正式行政法令为何在此方面阙如，其道理很简单。依据清代律例政令中的相关规定，绝大部分在衙门里面工作的书吏（那些人数众多的非经制书吏），从一开始就不应当出现在衙门当中。由于缺乏对其具体工作加以管理的正式规范，巴县衙门的书吏们在其内部形成了自己的一套规矩和惯例性做法，以用来将诸如招募新人、内部晋升和分派各种有利可图的任务等事项加以规范化，同时通过对那些腐败和滥用手中权力的极端个案进行内部惩戒的方式，来避免因此招致长官的连带追究。

此套制度在巴县衙门的日常运作中所占据的核心地位，可见之于如下这一事实：当书吏们之间发生争端而闹到知县面前时，他们经常会援引这些各式各样的规矩作为依据，而知县通常也将会采纳这些规矩，以作为一种具有约束力和说服力的裁断依据。由于绝大多数的巴县知县任职此地的时间都很短，他们并不熟悉这些惯例性做法的实际由来。在这一方面，很少见到有哪位巴县知县对书吏们承办公务时所遵循的那些标准化流程加以质疑。事实上，这些规矩构成了一类由书吏们自己在其内部创制并加以奉行的非正式的行政法。

这套规矩的焦点通常是某一个具体的房。例如,在书吏们相互之间向知县提出的控告当中,那些遭到其同事控告的书吏常常并非被指控违反了正式颁布的法律规定,而是被认为违反了巴县衙门某房内部的规矩("房规"),或者有时说得更具体,违反了某房下属某班内部的规矩("班规")。此类状纸中那些遭到指控的事项,偶尔也包括某些贪腐行为与对当地百姓滥用手中权力的行为,不过通常更多的则是涉及各种被认为破坏了所在房内的例行办事流程的行为。然而,向巴县知县提起控告,乃是上述这些规矩遭到破坏的各种情形当中书吏们最后采取的救济手段。在绝大多数情况下,诸如此类的争端是由巴县衙门某一房内的成员们在其内部加以解决。

一 内部惩戒与争端解决

在巴县衙门的某一房内部,当要执行这些规矩或者解决某起争端时,首先是由在该房下属相关的班工作的所有书吏共同商议此事应如何处理。如果其他的书吏都认为某人违反了那些惯例性程序,那么后者便将受到其同事们的指责,并且此事会被记录在该名书吏的个人档案里面。① 这一层级的内部惩戒方式可能是交纳一笔罚金,抑或更常见的是由那名被大家认为违反了惯例性程序的书吏做东摆上几桌酒席,邀请该房所有的成员都来参加。但无论是采取何种具体的惩戒措施,只要犯错的书吏表明了悔意并承

① 参见巴县档案,档案号:6.6.590。

诺以后将会改正,那么事情通常就会得到淡化处理,他也会被允许继续留在该房工作。

但是,如果该争端无法在上述层级得到解决,抑或那名犯错的书吏在遭到多次警告后仍然拒不悔改,又或者情况反过来,亦即倘若某位书吏认为他在该房受到了不公正的对待,那么这起事件就可能会被提交给一个由各房典吏们共同组成的议事会议进行调停。当有这种需要之时,该议事会议的成员们将会在巴县衙署内的衙神祠集众剖断。议事会议成员们是到衙神祠里处理此类事宜,这一点非常值得我们注意。除了被作为中立地处理巴县衙门里面这些各房内部或者房与房之间发生的争端的场所,衙神祠内所供奉的神祇,还被视为一种意味着由知县代表官方在场的精神性对应物(spiritual counterpart)和象征性替代品(symbolic proxy),就像在中国各地对城隍的供奉那样。① 议事会议的成员们在衙神祠内集议剖断,因此使得此类事情的处理具有了某种程度的神圣性与正当性。倘若改在别的地方处理此类事宜,则未必能够获得这种神圣性与正当性。

巴县衙门中所有在册的书吏都有权诉诸该议事会议剖决其内部发生的争端。不过,这种集议的权威仅限于调停与申斥。它既无权将某位经书从巴县衙门正式革除或将其名字从该房卯册上除去,也不能剥夺某位典吏的位置。倘若该议事会议认为必须采取上述这些措施,或者无法在这一层级解决问题,则卷入纷争的书吏便会向知县呈上一纸告状请其裁决。

---

① Stephan Feuchtwang, "School Temple and City God", in G.W. Skinner, ed., *The City in Late Imperial China*, Stanford: Stanford University Press, 1977, p.602.

　　所有此类惩戒措施与争端解决过程所具有的那种团体性特征,在如下这一事实中得到了反映,亦即在那些呈给巴县知县的文书当中,极少有仅列出一名书吏的姓名的情况。① 例如,那些指控某位典吏的告状,大多数时候是由来自巴县衙门某一房或某一班的一群经书共同联名提起。而在那些希望知县革除某位现任经书的禀文中,提出该请求的典吏会将其多名下属的名字也列在自己的名字后面,以表明他的这一行为在其所在房内还得到了其他书吏的支持。毫不奇怪的是,在这些文书当中,指控对方滥用或伪造他人签名的情况极其常见。

60　　巴县知县对这些指控的反应,倾向采纳提起指控者本人的那些建议。在那些指控某位书吏存在违反房规的情况进而请求将其从衙门革除的案例当中,我没有看到有哪位巴县知县对犯错的书吏做出比提起指控者的那些请求更为严厉的处罚,或者采取了提起指控者未曾建议过的其他惩罚措施。即便是在那些被指控的不当行为明显违反了《大清律例》中的规定,故而应当处以笞杖刑和徒刑的情形当中,巴县知县也没有超出提起指控者的那些请求而严格按照《大清例律》中的相应规定执行法度。②

----

① 诸如此类的例子,经常可以在某人已被其原先所在的房革退但希望向巴县知县申诉的那些情况中看到。但即便是上述这种情况,首选的办法仍然是说服其他书吏共同联名。关于同一名书吏面临这两种选择的例子,参见巴县档案,档案号:6.6.587。

② 巴县档案,档案号:6.6.250。《钦定六部处分则例》中只列出了针对那些朝廷正式任命的官员们的惩罚。在那些某位书吏被发现违反了《大清律例》之相关规定的案件(例如受贿案件)里面,主审官员将会被要求参照清律中的相关条款判处犯事的书吏以相应的刑罚。我在这里想表达的意思,并不是说巴县衙门的书吏们从来不会受到笞杖刑的惩罚,而是说书吏最终被处以笞杖刑的绝大多数案件,都是由当地百姓控告该书吏而并非书吏之间相互指控而引起的。

　　巴县衙门书吏们之间那些引发彼此争议的要求或发生的相互冲突，通常主要是集中在某人没有按惯例交纳参费、高级别的书吏向其下属勒索额外的费用、某位书吏针对其对头向知县提出的那个请求将他从衙门革除的诉请进行反驳，而其中最常见的，则是对分派待承办案件这一权力的把持或滥用。在上述各种情形当中，巴县知县都是在扮演着终局公断者的角色，亦即知县不是在这些争端刚开始时就会出现，而是直到最后方才介入其中。倘若某起争端的相关情况并不很清楚，或者涉及的那些房规并未被令人信服地加以阐明，那么巴县知县可能就会让前述提及的议事会议或某房（通常是吏房）做进一步的调查。一般说来，巴县知县将会在收到调查报告之后举行堂审，让争执各方与证人均到堂陈述并各自提出证据。和前面讲过的一样，巴县知县最终做出的裁决，同样很少超出当事人所提出的那些请求的范围。

　　巴县知县们一直是在那些提起诉请者的建议范围内做出裁决，此点非常值得我们注意。而且，绝大多数巴县知县都要求在就这些争端正式举行堂审之前，必须先由该争端所涉的房进行内部的惩戒和调停。倘若书吏们之间的某起争端没有清楚言明此前曾试过内部解决，便径直提交给知县裁断，那么知县通常会明确让前述那个议事会议先进行深入调查，并责令所涉人等遵从议事会议的处断，不得再行滋事。

　　鉴于其自身的日常工作量，巴县知县们显然乐意将那些属于可以通过内部惩戒加以解决的问题首先交由书吏们自行内部处置。就此而言，巴县知县对待书吏们之间发生的那些争端的态度，大体上类似其对待民间诉讼的那种态度，亦即明显更加偏爱非正式的调解而不是正式的裁决。借由默认书吏们在内部惩戒和争端处置等方面拥有实质性自主权，巴县知县们同时赋予了书吏们一种其作为拥有自我约束能力的工作群体的正当性。

61　　以下的几节将通过检视巴县衙门书吏之承充保举、任用和内部晋升这些最容易发生争执的领域，来粗略描述上述领域当中的标准化做法。（本书的第六章将会谈到，在分派待承办案件这一领域，也采用了与此相类似的标准化流程。）然而，我们在一开始就应注意到，这里看到的都是一些非正式制度失灵的例子，故而在这些例子当中，发生争执的书吏们只能求助于知县的权威。而我们没有看到的是实际上远远更为常见的众多例子，而在那些例子当中，房规得以执行，相应的惩戒方式被施加于那些违反房规的书吏身上，并且在知县未介入其中或者并不知情的情况下就解决了那些内部冲突。

二　保举与任用

巴县衙门的那些书吏，通常是从担任小书或经书开始其公门生涯。不管《钦定六部处分则例》中是如何规定的，来自巴县衙门外部的某人在先前没有做过书吏的情况下便直接出任某房典吏，这种情况在巴县衙门一直非常罕见。要想在巴县衙门中谋得一份小书、帮书或经书的工作，首先需要取得现任的典吏或经书们的联名举荐，尤其是该班典吏的保举。除了需要有上述来自各房内部的提名，书吏们往往还要为自己提供担保。按照朝廷法令的要求，所有的书吏均须提供身份证明，以及由其原籍所在地的邻佑亲族出具担保其身份属实的甘结。但此种规定显然被巴县衙门的书吏们弃置一旁,在这里,没有哪位书吏曾因未照此规定办理而受到过责罚。我在巴县档案当中发现,除了那些现任的经书,小书和帮书皆未向县衙提供过上述这些担保。① 要想被录用为那种在该房卯册上登有其名的经书甚或小书,必须得到巴县知县的首肯,但知县很少过问各房对新人的保举。至于那种知县对此类保举进行否决的例子,则更是罕见。不过,如果说录用新书吏时知县这一关相对容易通过的话,那这也并不意味着对书吏的保举和任用在各房里面就无人会提出异议。

如前所述,招募新成员的权力,主要是在巴县衙门各班的典吏手中,也正是这些典吏向其房内的新成员收取参费。虽然这些钱在名义上是被用来贴补该房的办公费用,但实际上,它们经常是被该房典吏收入私人囊中以作为对其愿意保举该新人的一种酬谢。② 而现任的经书们常常将其所在房内的招募新成员之举,视为对自己被分派到那些有利可图的任务的机会造成了侵蚀。在这种情况下,典吏与该房那些现任经书之间就会发生经济利益上的冲突。其结果是在两者之间形成了一种内在的紧张,并经常酿成公开的冲突。 62

例如,在光绪二十一年(1895),巴县衙门仓房书吏申克昌和他那位担任该房典吏的兄长申番昌,被在同一房任事的经书刘策告到巴县知县那里。仓房经书刘策声称,申氏兄弟捏造事实指控该

---

① 相关的法令规定,详见《钦定六部处分则例》,台北:文海出版社,1969,卷 16,第 1 页 a。

② 另可参见 Shuzo Shiga, "Criminal Procedure in the Ch'ing Dynasty, part 1", *Memoirs of the Research Department of the Toyo Bunko*, No.32(1974), p.8;戴炎辉:《清代台湾之乡治》,台北:联经出版事业股份有限公司,1979,第 638—639 页。

房的一些书吏以便将他们赶出巴县衙门,然后安排他们自己保举的人填补这些腾出来的位置,并向后者每人收取 50 两银子作为回报。巴县知县显然没有在意刘策的上述指控,并未对申氏兄弟采取任何措施。数月后,申番昌从仓房典吏之位上退了下来,由其弟申克昌接充。于是刘策再次向知县提起同样的指控。这一次,知县充分相信了他的这些指控,下令由议事会议展开调查。不久之后,申克昌因滥用手中权力与不当把持公务而被从巴县衙门革除。①

由于在上述这起案例中刘策费尽心机想坐上仓房典吏的位置,当我们在看他所提出的那些指控时,可能会将它们视作刘策野心勃勃地为了追求自己能在仓房内得到晋升而采用的阴谋诡计。但类似的指控在别的房当中发生的频率,显示了典吏们的此类行径在巴县衙门当中并不罕见。正如巴县衙门某房的一名典吏曾被形容的那样,"另招有人,典搁经书,实为易易"。②

但是,典吏们未必非得撵走现任的书吏才能安排新的人员进来。更多的时候,他们只是将那些新手作为卯册无名的小书或帮书招入自己所在的房中办事。如同我们可能会料想到的那样,此种做法也会遭到现任经书们的抵制。现任经书们常常通过各种方式,努力削弱典吏所拥有的那种可以随心所欲地增募新人的权力。

---

① 巴县档案,档案号:6.6.270。申氏兄弟至少是其家族中第二代受雇在巴县衙门承充书吏之人。他们的父亲申丙昌曾任巴县衙门的盐房典吏。申丙昌在光绪十一年(1885)从盐房典吏之位上告退后,便去成都参加典吏役满后的考职,其成绩位列第二等中的第二名。参见巴县档案,档案号:6.6.421。对于申氏一家作为巴县衙门中的亲族群体的讨论,参见本书第三章。

② 巴县档案,档案号:6.6.550。另可参见巴县档案,档案号:6.6.287;6.6.623;6.6.630。

具有反讽意味的是,在其所做的那些试图限制更多的人手进入巴县衙门承充书吏的努力当中,现任经书们援引了那道禁止超过朝廷所定经制书吏额数而雇用超编人手的正式法令,而他们自身受雇在巴县衙门中承充非经制书吏这件事就是对上述法令的直接违反。不过尽管如此,典吏们最常遭到其下属指控的名目便是"滥招"。①

通过对化用自《大清例律》中相似表述的"滥招"这个术语予以使用,那些现任的非经制书吏们显然是想营造出一种他们是在遵照恰当的流程和规矩行事的感觉,尽管他们自己在巴县衙门中的存在本身便显然直接违反了正式的法令规定。在这里,他们首先依赖知县对如下事实的认识,亦即巴县衙门在办事人手配置方面的实际做法,与朝廷规定的那种经制书吏额数有着重要的区别。但是,如果说巴县衙门内书吏工作实际所需的人手超过了朝廷明文规定的经制书吏额数的话,那么这也并不意味着书吏们自身便全然不会提及某种类型的人数限额。为了给招募入衙办理公务的新人设定一种非正式的人数限制,每逢新知县莅任之时,巴县衙门的书吏们通常都会向其报告各房按惯例所能容纳的人手总数。不仅在那些关于超编招募书吏新人的指控当中会提及这些数字,而且巴县知县们在一年一度上报给重庆知府的该衙门吏役人员情况报告中也会对这些数字予以援引。在上述这些例子中,巴县衙门

① "滥招"一词与"滥设"同义,后者可见于《大清律例》中禁止超过朝廷所定的经制书吏额数而多雇用办事人手的条款,参见［清］薛允升:《读例存疑》(第2册),黄静嘉重校,台北:成文出版社,1970,第188页,律50。更多的情形,参见本书第三章中对此类指控和惯例的进一步讨论。

各房因招募新人所引发的争议,再次牵扯到参费的支付问题。

由于收取参费的做法被官方确信是一种严重的腐败方式,清廷在雍正朝早期便下令禁止买卖书吏之位。① 从表面上看,巴县衙门的书吏们似乎非常谨慎地遵照着上述规定行事。在巴县档案中,我没法发现关于哪位现任书吏将其位置卖给衙门外边的某人的例子,甚至连提及曾有书吏因为此类事情而遭到指控的记载也付之阙如。尽管那些新进书吏们所支付的参费实际上是被该房典吏据为己有(如前所述),但从名义上讲,这些费用要被用作各房日常运转的花销,故而至少不会被公然地承认是书吏之位的售价。

在这里,现任书吏们在可接受的参费数额和该位置赤裸裸的售价之间所做出的那种细微区分,首先是根据这些费用本身是如何被表述的来加以确定。如果一名新进书吏在其即将任事的该房当中没有招致其他人对他的加入提出异议,那么他交出的这笔费用就不会引起任何质疑,而是会被当作衙门办事程序和行政运作经费的重要组成部分之一,就像光绪年间任职巴县的那些知县们皆如此认为的那样。但从另一方面来说,倘若新人的到来牵扯到一些现任书吏被毫无正当理由地从巴县衙门革除(就像前述申氏兄弟案件中的情况那样),抑或从巴县衙门之外招来太多未经训练的新手以至于对现任书吏们造成某种威胁,那么收取此类费用之举,在那些指控中就会被典型地描述成"卖公",而不是被认为是在收取"参费"。此类描述无疑是在暗示这种做法属于贪渎腐败,违

---

① 此方面的专门法令,在雍正五年(1727)时被以新增例文的形式,附在《大清律例》中关于受赃的律文之后。参见[清]薛允升:《读例存疑》(第5册),黄静嘉重校,台北:成文出版社,1970,第1035页,律344,例8。

反了朝廷法令的明文规定。

通过这种援引官方法令规定的方式,书吏们能够将一项常见的衙门惯例说成是一种贪腐的形式。此类指控所具有的那种可能导致受到指控的那位典吏的服役时间被缩短的潜在威胁,实际上会对典吏招募新人的权力构成制约。这也意味着,在绝大多数的案例当中,巴县衙门各房对书吏新人的招募需要一定的策略,主持此事的典吏至少需要与该房中的一部分现任经书事先沟通好。虽然这样做无法确保总能成事,但这种所在房内多数人的共识,还是有助于防范引入一些可能会在其内部引起争议的新人,并确保那些新进来的书吏能够遵守该房的各种惯例性程序。

三　排名与晋升

当一名书吏在巴县衙门某房内开始任事时,他的名字就会被记录在该房的名册之上。各房的名册都会有一份誊抄的副本被保存在吏房,以备知县点卯之用。被记载在各房书吏名册上的所有名字,都是按照他们在该房内部的级别高低进行排序。高级别的书吏相比那些低级别的书吏通常会享有更多的特权,例如当典吏告假暂时离开巴县衙门时,则由该房内排名次之的书吏在此期间代为保管卷宗与印信。此类告假有时相当普遍且频繁。例如在光绪二十六年至二十九年之间(1900—1903),巴县衙门当时的吏房典吏就至少告假达 12 次之多,其每次告假的时间为一个月到三个月不等,而在其告假期间,他所掌管的卷宗,皆被暂时移交给该房之内那位排名次之的经书,由那位经书代为保管。① 在这些例子当中,该房内那名排名靠前的书吏实质上代行了典吏的职责。除了在典吏告假的时候代行其职责,在其所在房内排名第一或第二的经书,还会在该房典吏之位出缺时暂时负责该房的所有事务。最后,正如我们将会在本书第三章中看到的那样,在其所在房内排名靠前和超过法定服役期限在巴县衙门长期任事,为该书吏提供了某种程度上的地位和权威,而这种地位和权威,在解决那些发生于排名靠后的书吏们之间的争端时极为关键。

由于房内排名所具有的这种重要性,在该房名册上将某位书吏的排名进行降级,便成了典吏们常用的内部惩戒手段。这种做法并不会令人感到诧异,正如典吏们在遭到其下属指控时,后者的常用说辞便是声称前者将他们在该房名册上的排名不当地进行降级。例如在光绪二十年(1894),巴县衙门的两名工房经书对该房典吏伍秉忠提出指控,声称伍秉忠贿赂了吏房典吏,将他们两人的名字在工房书吏名册上的排名做了改动,亦即其中一人被从原先的排名第二位降到第十位,而另一人的排名则被从原来的第五位改成了第七位。伍秉忠在回应上述指控时向知县解释说,这两名经书被工房的前任典吏发现曾多次违反该房房规,而前任典吏当时对他们进行宽大处理,只是将这两人在工房书吏名册上的排名进行降级以示惩戒,而并未向知县报告此事。知县接受了伍秉忠的这一辩解,此事至此完结。②

然而,在房内排名晋升过程中最易引起争议的,则是当典吏之

---

① 巴县档案,档案号:6.6.289。另可参见巴县档案,档案号:6.6.301;6.6.302;6.6.304。
② 巴县档案,档案号:6.6.269。

位出缺后该由谁来接充这件事本身。由于掌管着待承办案件的分 65
派、所在房内各种费用的开销、对下属的内部惩戒，以及招募新的
书吏，典吏这一位置便成了一种实质性权力。即便某位排名靠前
的书吏并不是很希望自己能成为典吏（按照法令的规定，在接充典
吏之后，该人受雇在衙门中从事书吏工作的生涯，将会在典吏的五
年服役期满时终结），但如果那名继任的典吏对他怀有敌意或者与
他并不熟识，那么这就可能会给他接下来的收入与公门生涯带来
不利的影响，甚至是一些灾难性的影响。下面这一由新任典吏所
交的参费所引发的争端，正好说明了在前述所说的那种情况当中
现任经书们所面临的风险。

　　和经书们一样，典吏们在获得其位置时也需要交纳一笔参费。
典吏们所交的参费，在数额上要远高于经书们获得其位置时所交
的费用，通常是从 100 两到 1000 两银子不等。与经书们所交的参
费是留在其所在的班内不同，典吏们的参费是交给吏房，由吏房用
作整个巴县衙门的日常运作经费。① 除了参费，典吏们还需要为其
所负责的房或班的日常运作和办公场所修缮垫付一笔固定的费
用。不过，与参费不同的是，在典吏从该位置上告退时，这笔费用
会被通过从新晋典吏那里收取"流摊银"（或称"摊费"）的形式得
到偿还。不管从其位置上离开的典吏是因为被知县黜革还是仅仅
由于其五年服役期满，新晋的典吏都需要向其前任交付一笔"流摊
银"。在那些某位现任典吏在该位置上去世的例子中，这笔银两是

---

① 例如在光绪三十三年（1907），巴县衙门户房新晋典吏所交的 3000 两银子参费，被
　用作巴县的一所新式学校的日常运行费用。参见巴县档案，档案号：6.6.348。

被交给他的直系家庭成员。① 虽然典吏还得垫付该房或班在随后的运作过程中发生的超过上述那笔费用的其他任何费用,但在这些情况下,他有权通过向其所在班内的所有书吏们收取额外的费用,或者扣留一部分办案所得的收入,以收回他先前垫付的超出部分。

在惯例上,支付参费、摊费等费用的义务和支付各房各班日常运行各种开销的义务是被严格加以区分的。经书们不会被要求须向其所在班的新晋典吏补偿后者接充该位置时所交的各种费用。不过,那些新晋的典吏们偶尔也会利用其手中新获得的权力,以收取该房或班内日常运行经费的名义,逼迫所在房或班内的经书们将他自己当初为了坐上典吏之位而交纳的那些数额通常相当可观的参费、摊费加以分摊。

光绪十六年(1890),巴县衙门的工房经书何应富向知县提起控告,声称他在该房的一名前任典吏手下开始工作时,曾交了90两银子作为参费。当那名典吏在光绪十四年(1888)告退时,空出的典吏之位被另一位名叫曾唯承的书吏顶上。曾唯承在刚接充工房典吏后,便坚称自己所交的1000两银子参费应被视为该房的日常运作开销(亦即房费),故而他有权要求从该房其他书吏那里获得补偿。于是曾唯承要求其所负责的班内的20位经书每人各分摊50两银子,并威胁说将开除那些不按其要求照办者。但不管曾唯承如何称呼这笔钱,何应富声称曾唯承实际上根本没有将这笔钱用在该房的日常运作开销上面:

---

① 例如巴县档案,档案号:6.6.272;6.6.587;6.6.604;6.6.710。

　　诓伊前后掣银入手,屡遭势压,稍不如意,辄以注语摇骇。思朋参有违例禁,始向唯承讨银分伙。伊数次仅还银四十余,收讨尾数,触怒挟私。去二月初八日,恩主县牌点名,临点时始知将名册摘出,不容办公,停拦年余。今托李步瀛、陈三益、彭傲之等再三近情,伊称另招有人。典搁经书,实为易易,欲加之罪,何患无词? 如欲进房,必待再帮房费四十两,始允可质。窃课读未成,入房借资衣食。如系实有不法,岂容今不禀明? 似此勒派参费于前,搁出于后,奸霸显然,心万难甘。①

　　值得注意的是,知县责令曾唯承本人上报何应富所控的那些内容是否属实,曾唯承于是按知县的要求,详列了何应富所做的一些所谓不当之举,以证明何应富被他从工房书吏名册上除名实系其咎由自取。知县对曾唯承的答复表示满意,并正式将何应富从巴县衙门中革除。

　　但就在同月的晚些时候,另一名被黜革的工房书吏吴辅臣也对曾唯承提起了同样的指控。在曾唯承接充工房典吏后不久,吴辅臣便据称因为待承办案件的分派问题而与曾唯承发生了争执,结果被曾唯承从工房书吏名册上除名。吴辅臣那时就向时任巴县知县递状请求审理此事,但遭到后者的拒绝。现在,当新任巴县知县莅任时,他再次针对曾唯承提出控告:

---

① 巴县档案,档案号:6.6.550。

因曾唯承与彭傲之朋参□勒同许赞元帮银五十两。许赞元、曾心安、伍歧山、何金山家务饶裕,各将帮项给出。惟家寒无措,兼思朋充干禁不允……挽和,亦托赞元向唯承再三诉情,许来年开印回房。推今两载,口应心违,如回房,要银五十两方许,否则不行。扬称恩主得伊等参费千余金,准向各派取,若有不服,进署而秉,即革。窃思恩主县牌招募项补各房吏缺,参费概免,而唯承不体。宪天至德,胆敢借参勒派,有玷官声。且查唯承自接充以来,搁黜异姓者不下十人,新招子侄戚党者约有七八,便伊专利,转相仿效,绝外人之衣食,为侄戚之基业。①

在本书第三章中,我们将对这些利用其亲族网络把持巴县衙门公事的行为详加探讨。在这里,我们只需先注意到如下这一细节,那就是虽然知县责令吏房就曾唯承被吴辅臣指控的那些敲诈情事进行独立的调查,但吴辅臣最终还是未能如愿重新回到工房工作,而曾唯承看起来反而成功地躲过了上述调查,直到三年后其服役期届满时,他才从工房典吏的位置上退了下来。

由于面临着典吏们诸如此类强横手段的威胁,故而不难理解的是,巴县衙门的经书们总是试图将获得典吏这一掌握实权的位置的机会限制在那些与自己同一房乃至最好是同一班的同事们身上,因为后者更有可能会照顾到他们的利益。在这一点上,巴县衙门的书吏们明显不同于清代中国其他地区的衙门书吏。在其他地区的县衙里面,这些位置有时是被从同一家族内的一名成员传给另一名成员。例如在清代的台湾,书吏之位在某些家族内的传承

---

① 巴县档案,6.6.550。

是如此根深蒂固，以至于它们经常出现在该家庭的分家单上面，被与其他那些可分割的家产列在一起。[①]　而在巴县，与此类似的继承方式相当少见。虽然的确也偶尔会有同一家庭的成员接充典吏的情形，但在大多数情况下，接充典吏者先前便已作为一名经书在巴县衙门当中工作了一段时间。

巴县衙门的书吏们对衙门外之人的排斥情绪，在那些经常针对典吏们提起的关于后者是以欺骗或其他不正当手段获得这一位置（"朦参"）的指控中体现得非常明显。这些指控通常是由经书们提出，但有时也会由其他房的典吏们发动。此类指控的内容，通常包括贿赂其他书吏以求获得支持或资助、合谋、拉帮结派或者彻头彻尾地伪造其任用文书等。这种对于外来者的憎恶，在巴县衙门书吏们以惯例性程序的名义针对典吏之位接充所描述的那种标准里面，得到了非常清晰的展示。

如上所述，当某个典吏位置出缺时，巴县知县便会贴出告示，宣布衙门里面任何一房内有资格的经书均可提出申请。但是，正

---

① 戴炎辉：《清代台湾之乡治》，台北：联经出版事业股份有限公司，1979，第 641 页。另可参见 John R. Watt, *The District Magistrate in Late Imperial China*, New York: Columbia University Press, 1972, p.142; Huang Liu-Hung, *A Complete Book Concerning Happiness and Benevolence: A Manual for Local Magistrates in Seventeenth-Century China*, translated and edited by Djang Chu, Tucson Ariz: University of Arizona Press, 1984, p.108; Susan Naquin, *Millenarian Rebellion in China, The Eight Trigrams Uprising of 1813*, New Haven: Yale University Press, 1976, pp.72-73。这些著作中对书吏位置之继承事例的引证，都不如戴炎辉所举的清代台湾例子那样明确。例如，韩书瑞（Susan Naquin）描述称，天理教首领林清的母亲想卖掉其亡夫在当地衙门内某房的书吏之位，而当对方未能兑现先前所允诺的钱款时，她便状告那名认定的买者。然而，这是否一定就是继承和出售书吏之位的例子，此点并不十分清楚。就像我在前面所描述的，它仅涉及钱款未支付的问题。

如在前面业已讨论到的，《钦定六部处分则例》里面规定得非常明确，书吏须由那些先前未在衙门服役过的人来承充。因此，在巴县衙门当中，也并非没有那种某位毫无衙门办公经验的外来之人获得典吏位置的例子。实际上，这是从法律规定层面而言获得典吏这一位置的唯一的合法途径。但是，尽管这种途径符合正式法律的规定，但由外来者接充某房典吏，经常会遭到巴县衙门内那些现任书吏们的质疑。法律规定和惯常做法之间的这种潜在冲突，可以在光绪三十二年(1906)巴县衙门户房勤字班的九名经书所联名提交的禀状上看出来。

68　　据这九名户房经书在禀状中声称，该房清、慎、勤三班的典吏们向来都一起参与对房内公事的处理。这些经书们认为，若由那些几乎完全欠缺在巴县衙门中承办公务所需的技能或知识的外来之人接充该房典吏的话，则这些新晋典吏接着便会将其追随者或亲属招进该房，而后者关心的只是其个人的私利。这些经书们说道，当户房勤字班原先的那名周姓典吏从该位置上告退后，该位置由另一位同样姓周但并非前者亲属的书吏接充。但不幸的是，后者死在其典吏任上。这九名户房经书最近听说有一位姓陈的人将会被任命为典吏来接管该班。他们已经与此人交谈过，该人称自己来自长胜村，在那里经营一家药铺。这九名经书质疑道，该人在处理巴县衙门公务方面毫无经验，且户房当中的现任书吏们皆不认识他，这样的人怎么能够管好户房那些相当复杂的日常运作呢？他们于是向巴县知县请求说，户房勤字班中有两三名经书都已经在此工作了许多年，完全能够胜任该班典吏的位置，故而应当从他们当中选拔一人接充典吏，以便发挥这些人在技能和知识方面的特长,并避免正在处理的公务被打乱。①

在这一事例中,巴县衙门户房勤字班的经书们不仅反对外来的毫无办理衙门公务经验之人来该班工作,并且坚持要从自己班内那些已在此工作多年的经书中选择接充典吏者。在这类情形中,问题的关键既在于那名被质疑的外来人选的个人技能,也在于此人与该班内其他书吏的熟悉程度和人际关系。比如,在上述那九名户房勤字班经书向知县递交禀状的七年之前,所有在巴县衙门户房勤字班做事的 20 名经书,也都曾表示希望能由他们自己所在班内的人来接充典吏之位。他们声称,按照惯例,典吏应从该班中选出,而典吏作为该班的主事者,必须与该班经书们保持良好的关系,以确保能够办理好公务。倘若其他班的经书被任命为勤字班的典吏,则该班的公务必将受扰。②

如同许多类似的指控那样,巴县衙门户房勤字班的书吏们为了证明其主张是正当的,暗示说若由不熟悉业务并可能对该班现任书吏们怀有敌意的外来之人来主持其班内的事务,则可能会导致扰乱该班公务的后果。然而,在这种情况下,巴县知县并不愿意给予书吏们如此大程度的自主权。巴县知县强调,只有他才掌握委任典吏的权力,经书们不得利用此类借口来控制所在房或班内的各项事务。③

最终,知县从户房清字班中挑选了一名经书到该房勤字班接充典吏。不过,尽管知县力图(至少在一定程度上)将此类事务掌 69

---

① 巴县档案,6.6.292。

② 巴县档案,6.6.279。

③ 巴县档案,6.6.279。

控在自己手中,那名新被任命的典吏实际上是前述签名请愿的那
九名经书当中的某人的兄弟。这一例子表明了巴县衙门的书吏们
有着实际控制其所在房内事务的能力。①

　　但并不是所有的巴县知县都会像上面那位那样固执。事实
上,为了维持房内事务运行的顺畅,以及避免在对典吏的任命上发
生旷日持久的争吵,大多数巴县知县甚至都会不大情愿地放弃了
对典吏之任命的控制权。例如,在光绪二十年(1894),来自巴县衙
门刑房的十名经书联名请求知县进一步落实从房内排名靠前的那
些书吏当中选拔接充典吏者的房规。这些经书首先说道,该房现
任的张姓典吏即将役满告退,而他们担心有人将试图乘机窃取该
位置("飞参"),因为在国彰等几位前任知县主政巴县时,当时便有
好几名典吏都是以违反房规的方式获得了刑房典吏这一位置的。
结果,由于那些人并不熟悉刑房的职责,于是造成了许多失误和混
乱。这十名经书强调,刑房的职责异常复杂,且十分重要。按照惯
例,该房的两名典吏均是从其房内的三个班当中选拔,以避免造成
办事出错和引起同事们的敌意。而目前在刑房当中,除了他们十
人,其他的书吏都是没有经验的新手。这十名书吏接着声称,倘若
他们自己不向知县上报此事,则担心那些新手书吏当中有人会与
其他居心不良之辈合谋希图窃取典吏之位。因此,他们恳请知县
下令禁止新手书吏觊觎典吏的位置,并规定以后若遇到典吏行将
告退的情形,则由该现任典吏会同其所在房内的高级别书吏们,从
在该房排名最靠前的那三名经书当中挑选一人来接充典吏之位。②

---

① 巴县档案,6.6.335。
② 巴县档案,6.6.590。

在上述例子,以及与此相类似的其他案例当中,巴县知县应允了书吏们所提出的请求,并通过发布相应指示的方式,将书吏们所主张的这种惯例性做法实际确定了下来。尽管书吏们主张的这套甄拔典吏的流程不仅有违清朝中央政府颁布的法令,而且实际上也妨碍了那些按照正式法令规定所作的典吏任命,但上述惯例性做法借由被写进了盖有知县印信的卷宗记录当中的形式,获得了知县的首肯而具有了某种效力,并在将来可能发生的此类争端中被援引作为处理的依据。虽然书吏们在其内部创制的那套非正式规矩并非在所有方面都能够获得上述那种程度的正当化,但是有关典吏任命的上述现象,无疑提供了一个绝佳的例证,它向我们展示了巴县衙门的书吏们是如何在其公门生涯当中为自己争取到了一定程度的自主权。

第六节　非法行为的正当化

这种认为书吏们是将其在衙门中的此份工作视为一种全职营生手段的看法,当然并非一种崭新的认识。早在宋朝之时,帝国的官员们就留意到,书吏们看来可以无限期地盘踞在其位置上,而这种情况又被当时的很多人进一步当作断定衙门书吏通常皆是贪腐违法之辈的证据。上述观念到了清代仍然未有多大的改变。书吏们在行政活动当中所扮演的角色并没有受到尊重,也很少有人关注书吏们的总人数、其收入来源及他们在衙门内的生涯发展,绝大部分的书吏们都被朝廷的官员们视作行政活动的"私生子"。在后

70

者看来，这些人不仅滥用官府权力，而且还疏于被监管。

然而，尽管朝廷高官们对书吏们持上述看法，当时的许多书吏还是投入了经年累月的时间与精力，以求在这份高技能要求的工作中获得内部晋升，以及相应的权威。由于其在衙门公务处理中那种不可或缺的作用，书吏们可以借此为生。他们不仅依靠在其内部奉行那些体现理性化之特征的办事程序，而且还通过为其自身及这份工作主张某种意义上的正当性和声誉，来捍卫此种谋生之途。

此类诉求至少有其一定的历史根源。在宋朝将官职与科举功名联系起来的改革之前，县衙里的书吏之位通常被低级士绅们视为步入仕途的起点。而且，即使当书吏的社会地位在宋明两朝急剧下降时，低级功名的拥有者和地方上那些权势人家的子弟们将书吏之位作为逃避其他异常繁杂的劳役之手段的情况，也并非鲜见。事实上，直到晚明时期的一条鞭法改革和清初将劳役货币化且与田赋合并一块征收的改革之后，书吏们的工作才正式沦为一种"差役"。①

不过即便那样，书吏们仍然从其工作及训练的那种特点中获得了一定程度的象征资本。与那些衙役不同，书吏这份工作需要具备文字素养。因此，书吏们通常能将他们自己与当时主流文化所认同的那些正直观念，以及与文字素养和文字工作有关的自我修养联系在一起。此种关联，由于书吏们时常自言其曾是儒门弟

---

① John R. Watt, *The District Magistrate in Late Imperial China*, New York: Columbia University Press, 1972, p.141, p.284, note 14；［清］张廷玉等撰：《清朝文献通考》，上海：商务印书馆，1936，卷 21，第 5045 页。

子而得到强化。这也可以从巴县衙门各房内诸班的名称被冠以
"清""慎""勤"三字这一点上得到印证。自宋朝以来,此三字便被
作为衙门各房下属诸班的常用班号,以从道德层面对所有吏役加
以诫勉。①

诸如此类将书吏工作视为一种值得尊重的营生方式的论调,
在巴县知县们的言辞里面偶尔也能见到。刘衡(1776—1841)在
1825 年至 1827 年间曾任巴县知县,因其努力整治该衙门当中先前
存在的各种腐败而深孚众望。他有一次曾使用下述这些措辞来表
达其对书吏们的看法:

> 各衙门设立书吏,佐助本官,分办公事⋯⋯本县以为,公
> 门中好修行。为书吏者,不但守法,兼可积德,若果能随事随
> 时留心行善,必有好报。是以本县于书吏中遇有无心过失,多
> 从宽宥原。原以书吏虽系在官人役,究有体面,与各班差役不
> 同。养尔等之廉耻,即以激发尔等之天良也。②

考虑到上述文字乃是出自一名在清代官场上被公认为有着相
当高的道德标准且通常对衙门吏役持批评态度的官员之口,刘衡
的这段评论显得更为观点鲜明。书吏们将其自己描述为乃是一群

---

① Liu Wang Hui-chen, *The Traditional Chinese Clan Rules, Monographs of the Association for Asian Studies,* New York: J. J. Augustin, 1959, p. 339.

② [清]刘衡:《庸吏庸言》,清同治七年(1868)楚北崇文书局刊本,第 9 页。关于刘衡的生平,参见 John R. Watt, *The District Magistrate in Late Imperial China*, New York: Columbia University Press, 1972, pp.256-257;朱之洪等修、向楚等纂:《民国巴县志》,台北:学生书局,1967,卷 9 下,第 10—12 页。

71

注重道德品格之人的类似形象刻画,在巴县档案中亦时常可以见到。在这种语境当中,前述我们看到的书吏们那些极力声称自己家境贫寒的文字,也可被理解为是他们在主张自身品行清廉。因为如果腐败就其定义本身而言意味着贪腐之辈不至于贫困潦倒的话,那么其言下之意则是,贫穷的人不可能会是腐败的。按照同样的方式,书吏们向知县暗示自己曾学过儒家经典和已在衙门中任事多年,也是旨在证明他们与知县本人共享着同一套价值观。例如,我们可以将刘衡的上述评论,与光绪十三年(1887)巴县衙门户房经书蔡洪儒在下述禀状中所使用的措辞进行比较。当时,户房经书蔡洪儒就那些未被衙门登记在册的"白书"的滥权问题,向巴县知县递状控诉:

> 幼读儒书,有志未逮,心存方便,寄身公衙。每见啄朴凌愚,握拳透爪;偶窥施奸舞弊,怒发冲冠。三尺俱在,公令何等森严?一钱即诛,吏胥毫弗戒惧?不知书吏为进身之阶,即应奉公而守法。公门亦造福之地,自家方便为栽培。所以朝廷各房量设帮书一名,原为慎公少弊起见,乃伊等计不出此,反视朋参为聚利之阶。饕餮居心,豺狼成性。神人共怒,天理不容。以故近年来疾疫灾殃半由此辈所积,刀兵水火多因汝等酿成。兴言及此,不禁切齿心酸,而深为之悼叹者矣。窃维房钱粮重地,而典吏每以谙练老成,尽派苦差,即廿载家徒两壁。朋参新伙,概经优务,不数年,户拥千厢。[1]

---

[1] 巴县档案,6.6.537。

　　除了表示担心由于天道失衡与上苍愤怒而给当地降临灾祸以 72
作为警示，作为一名久操此业的书吏，蔡洪儒更可能是被那些不受
其控制的外来者进入巴县衙门承充书吏而对其位置、收入产生的
威胁所直接触动。然而，通过将儒家那种为人们所普遍接受的修
辞套用到各种关于腐败的大众印象之上，像蔡洪儒这样的书吏们
试图在其内部等级当中划出某些分界线。按照蔡洪儒的说法，如
果说衙门有时会不幸沦为某些欲壑难填的无赖之徒的聚集地的
话，那么它也可以是那些一心只想为民众服务的良善诚实之辈寄
身工作的场所。

　　由于衙门书吏们对其个人声誉的自称之词常常被用来掩盖衙
门内部大量的你争我夺，以及其他方面的腐败行径，故而人们很容
易忽视他们发出的这些声音。否认儒家的那套修辞经常被用于上
述这些目的，这么说顶多被认为过于天真。但如果出于同样的原
因，在任何情况下都将书吏们所声称的那些伦理标准斥为是对某
些不可告人的真实动机的纯粹掩饰，那么这种看法实际上是在否
认主流意识形态(例如儒家思想)对人们在理解人世间的恰当秩
序、每个人在该秩序中所处的位置，以及应奉行什么样的伦理行为
标准方面的影响力。不仅如此，那样做也会完全忽视了某些由意
识形态所驱动的话语的重要性，而这种话语维系着书吏们自己身
体力行的那套法外运行、非正式的行政制度。

　　在许多方面，书吏们所使用的大量高度模式化甚至仪式化的
修辞模式，与官员们之间的往来公文，以及老百姓们呈递到知县面
前的那些状纸上所体现的都非常相似。在这些例子当中，那种言

外之力(illocutionary force)并非源于某位言说者个人所具有的权威,而是来自该言说者将其所用话语与儒家推崇的那些价值观捆绑在一起而产生的权威。从这个角度来看,这些陈述所表达的真正意图及其言说者的私人动机,相对而言已不那么重要了。真正重要的是这种作为表演性行为的陈述本身所体现的意义,亦即它反映了言说者与帝国的社会政治秩序所赖以建立的基础——儒家推崇的那些理想与价值观——是一致的。

在这里,上述那些巴县衙门书吏们自己所做的描述,与那些朝廷任命的官员与地方精英们(他们由于所拥有的功名及社会地位,会更加认同那些正统的价值观念)对书吏们的指责,二者当中哪个更为真实,我们对此缺乏据以认定的基准。除了我们对上述问题是否拥有判断能力,书吏们作为个体是否真的持有这些价值观,也不是我们此处打算讨论的重点。在这里,更重要的是,巴县衙门当中那些非正式甚至时常属于非法的实际运作,乃是以儒家关于为政之道的正统观念来作为其言说框架的。就此方面而言,同等重要的还有,巴县知县们在决定是否将某位书吏黜革、留用或者重新接纳其回到衙门任事时,经常会将该人是否良善诚实的声明作为参考的内容之一。就像那个由各种在衙门内部形成并奉行的规矩和程序所构成的制度一样,书吏们宣称自己品行正直且富有从业尊荣感,也就成了他们在巴县衙门里面能够成功谋得这份工作所需具备的部分要求。

然而,在将儒家话语当中的上述基本要素挪为己用的过程当中,这些在巴县衙门里面任事的书吏们对它们的利用,有意无意地在强调一种与那些被朝廷加以正当化的理想明显不同的公务观念。正如各级官员，以及皇帝们所明确宣称的那样，德政应当是依据如下内容来加以实现的，亦即谦逊地献身于道德劝诫所体现的那些超验价值观、个人的正直品性，以及表现为仁慈的家长主义的无私权威。另一方面，书吏们在认同这些价值观的同时又更进一步，在非正统的意义上将它们与自身的那种功能性效用勾连在一起，利用其来把他们为衙门工作时所获得的收入并以此为生计的做法加以正当化。从这种意义上讲，当那种关于家境贫寒的陈述被用来暗示道德品性时，它就承载着如下这种言下之意，亦即倘若能够一直保持着这种操守，则必然将会获得金钱方面的回报。按照这种说法，在政治道德与作为一种营生手段的书吏工作之间，在德行与某人因其安守本分地劳动而获利之间，便不存在内在的冲突了。如果说这一基本原理代表了对正统信条的颠覆，那么在清代地方政府层面的实践当中，它无疑是被书吏们用来将官方法律所规定的那种向国家提供的临时性劳役，改造为一种高度结构化的、具有可持续性的并且在一定程度上甚至可以说职业化的营生方式。

当将"职业（profession）"一词用于 19 世纪的清代中国时，实际上是在冒着被卷入一个在当代社会科学领域引发广泛争议的话题讨论之中的风险。在那些同样遭遇此问题的社会学家与其他领域研究者当中，很难就"职业"这一名词应当如何定义达成一致的意见，甚至更困难的是，连在试图对此名词加以界定时应当坚持什么

样的标准也众说纷纭。① 不过,尽管要想达成关于所谓"职业"究

74 竟包含哪些内容的精确认识至今仍困难重重,但这一概念无疑有
助于以内部组织为衡量标准,将某些营生方式(occupations)及其相
关的制度与实践,与其他的营生方式区分开来。在这一方面,霍华
德・沃尔默(Howard M. Vollmer)和唐纳德・米尔斯(Donald L.
Mills)曾经提出,职业本身应当被视作一种理想类型(ideal type),
也就是说,它是在现实中并不存在的事物,而职业化
(professionalization)一词则可被用于描述某一营生方式向着上述抽
象的理想类型发展并形成各种组织性特征的过程。按照沃尔默和
米尔斯的上述说法,任何营生方式因此皆可在由其理想类型与那
些完全无序的谋生手段这两端所构成的连续体上找到自己的
位置。②

　　这种研究进路有助于我们理解书吏工作的多个显著特征。这
些特征使之区别于晚清时期其他那些缺乏组织性特征的营生方
式,同时也有助于分辨书吏工作与那些我们可能更乐意将其识别
为"职业"的工作之间的差距。

　　一方面,即便是按照最宽泛的定义标准来衡量,巴县衙门的书
吏们显然也缺乏与职业化工作相关联的许多要素。这些要素包

---

① 关于此问题的研究综述,参见 C. Turner and M. N. Hodge, "Occupations and Professions", in John Jackson, ed., *Professions and Professionalization*, Cambridge: Cambridge University Press, 1970, pp.22−33; Eliot Freidson, *Professional Powers: A Study of the Institutionalization of Formal Knowledge*, Chicago: University of Chicago Press, 1986, pp.20−38。

② Howard M. Vollmer and Donald L. Mills, *Professionalization*, Englewood Cliffs: Prentice Hall, 1966, vii−viii, p.2.

括：从先前的正式学习中习得了一套抽象的理论，以帮助从业者在
各种具体的环境中应付自如；该职业及其从业者们的权威在社会
上受到广泛的尊重；建立起了一个拥有法律权利的专业化组织，这
个专业化组织既对其成员们的行为加以约束，又维护该职业的整
体利益。倘若用职业化的程度来衡量巴县衙门的书吏们，则他们
显然不如清朝的其他从业群体那样先进，例如本杰明·艾尔曼所
描述的那些生活在长江下游江南地区的知识分子与考据学派学
者们。①

　　另一方面，巴县衙门的书吏们也展示出了绝大多数当代研究
者都会同意将其视为构成"职业化"这一概念之根基的某些特点。
这些特点包括：书吏们对其公门生涯有着自己的定位（career
orientation）；他们掌握了专门的知识并接受过长期的训练；对其所
从事的这份工作之特性拥有自我意识；其内部有一套关于办事能
力的明确标准；对新加入的成员进行约束，将那些关于如何行事的
从业规范适用于全体成员身上，创造出了诸多用来保护群体利益
而非个人利益的内部惩戒程序；以及制定了一套从业道德规范来

---

① Benjamin A. Elman, *From Philosophy to Philology, Intellectual and Social Aspects of Change in Late Imperial China*, Cambridge: Harvard University Press, 1984, pp.88－137。那种将衙门书吏视作专业人士的看法也遭到了广泛的质疑，因为书吏们是在一个服从于其上一级权力机构的官僚组织当中工作。虽然书吏们在某些方面拥有许多看似自治的权力，但这种自治受此官僚组织结构那些更广泛的参数的限制，而书吏们所从事的这份工作只是后者的诸多参数当中的一种而已。对官僚组织结构与职业地位之关系的探讨，参见 Eliot Freidson, *Professional Powers: A Study of the Institutionalization of Formal Knowledge*, Chicago: University of Chicago Press, 1986, pp. 160－166; Howard M. Vollmer and Donald L. Mills, *Professionalization*, Englewood Cliffs: Prentice Hall, 1966, pp.49－50。

阐明该工作的社会效用。

此处的问题并不在于我们是否应当将巴县衙门的书吏们看作一种职业化群体。毋宁说,关键在于书吏们那种意在将其在县衙里面所从事的这份工作打造为一种正当且具有可持续性的营生方式的努力。就此而言,本章所描述的那些内部组织架构、惯例性做法、内部惩戒流程,以及那些公开宣称的从业伦理,可被视作长期任事于衙门当中的书吏们为了保护其生计和个人荣誉感所做的一种努力。通过这种努力,书吏们将自己与社会大众对于他们在衙门中所从事的这份工作的那些刻板印象区分开来。在社会大众的眼中,书吏们在衙门当中的这份工作,要么被视为一种有失尊严的劳役,要么被看作腐败盛行的渊薮。

但是,如果说许多书吏都将他们的这份工作视为一种值得自豪的营生方式,那么毫无疑问的是,它仅仅是一种存在于合法律性之边缘并因此当然超出官员们的认知范围的营生方式。在很大程度上,书吏们能够主动地弥补那种由于管理其日常工作的正式法律规定付之阙如而造成的缺陷。但是,不管他们的此种努力是否使得衙门这一其工作场所的运转具有了一定程度的理性化,书吏们的这些创造性活动仍然根深蒂固地停留在非正式实践的领域之内。由于其是在清代地方行政之实际需求与清朝中央政府所无力有效落实的制度性控制之间的罅隙当中发挥作用,此制度的那种非正式且法外运行的本质特征,也就意味着关于书吏们内部上述那些规矩和标准的适用仍会引起争议,围绕其内容将出现不同的解释,以及面临着受到某些书吏狭隘地追求一己私利之行为侵蚀的威胁。在这种语境当中,不论是希望长期维持此种生计,还是想迅速地从中获得金钱回报,都需要利用那些不太理性化的、体现特殊主义的人际关系来加以支持。因此,接下来我将转到对这一更加鲜为人知与模糊不清的衙门实践领域的讨论上来。

第三章　家人、朋党和派系

　　光绪二十五年(1900)十一月,巴县知县收到一名在该衙署内户房任事长达 26 年之久的资深书吏所提交的一纸禀文。这位名叫牟泽周的户房典吏恳请知县准许他赴成都参加每年为役满告退的典吏们专门组织的考职。按照户房典吏牟泽周自己的描述,他所遇到的麻烦,源于数年前他曾因遭到几名同在户房工作的经书的诬陷而被勒令从典吏位置上退下来。尽管他最终洗脱了这一诬控并得以重返原位工作,但他还是担心此事会影响到自己参加专门为役满典吏组织的考职的资格。为此,他在禀文当中向知县解释了当时他蒙冤被革去典吏之位的情形,以澄清事情原委:

　　　　去岁王(炽昌)莅任,遭署丁添新之广开贿路,上下沟通,虎视十房,纷纷受害。窥书房尤称利薮,劝书重贿,方保无事。书扪心自问,办公无惭,两袖清风,无力承充。遂于五月十三日暗串本房滥书张监臣等,憩讼捏诬架弊朦霸吞等情控书在

案。王主不查虚实,希图忝费丰裕,批讯乎空示革。书遭此不
白之冤,室如悬罄,妻啼子号,坐以待毙。①

　　我之所以在此原文引用户房典吏牟泽周向巴县知县提出的请
求,并非为了展示其文采,而是因为它揭示了巴县衙门关于书吏任
用的几个重要方面。在本书第二章当中,我已经探讨了巴县衙门 77
书吏们的内部组织情况,以及其运作所依据的那些非正式的规矩
和各种被加以标准化的惯例。牟泽周本人在巴县衙门的书吏生
涯,多少可以反映出这一制度的某些特点。牟泽周在同治十二年
(1873)时作为一名小书进入巴县衙门户房工作,之后其在户房内
的排名逐步平稳上升,最终于光绪二十年(1894)接充该房典吏。
然而就在四年之后,他被巴县当地的一名百姓指控伙同其他几名
书吏盗用巴县衙门的完粮税票。按照此类纠纷的惯常处理方式,
这件事被交由巴县衙门各房典吏们共同组成的议事会议进行调
查。议事会议的成员们在商议后,向知县提交了将牟泽周正式革
除的建议。知县同意了议事会议的意见,于是将牟泽周逐出巴县
衙署。数月后新任巴县知县莅职,牟泽周于是向其提出重新审议
此事的请求,结果获得了新任知县的允准,并最终沉冤得雪,得以
重新坐回到原先的户房典吏之位上来。
　　如果说牟泽周的书吏生涯体现了巴县衙门内部奉行的各种程
序的某种理性化特征的话,那么他的上述请求,同时也展示了一些
值得注意的偏离了此一体现出某种理性化特征的组织模式的面

---

① 巴县档案,档案号:6.6.476。

向。其中最重要的一个面向是,这整套制度并非仰仗国家例行拨付的经费与薪俸,而是依赖于向当地民众收取各种规费(其中最常见的是在办案过程中收取各种案费)。① 作为巴县衙门内书吏人数规模最大的房之一,户房负责承办相当大比例的案件。除此之外,户房还负责田亩造册和征收钱粮。这一职责也给户房的书吏们提供了收取规费的更多渠道。正是上述这两类可以从中收取规费的渠道,使得户房被视作"尤称利薮"。但是我们绝不能将书吏们的这些收入都认作是贪腐和滥用手中权力的结果。正如我在本书第二章中所详细讨论过的那样,按照惯例,在这些非法收取的规费当中,有许多是被作为各种地方行政事务运作,以及巴县衙门吏役们之个人生计的经济来源。然而,鉴于缺乏正式的法律规定来管理这些规费的收取数额及其收取方式,不少书吏常常试图垄断获取这些规费的来源以谋取私利,也就不足为奇了。就此点而言,本书第二章当中所描述的那些书吏们在其内部自己创制出来的房规班

---

① 这些规费虽然在表面上与韦伯所描述的受薪(prebendal)职员的俸禄(benefices)相似,但两者之间的区别也十分明显。如同韦伯所描述的那样,受薪的职位乃是由特定的封建关系所构成的宽泛综合体的特点之一。那些占据受薪职位的人员,通常都是一些拥有土地的社会精英,这些人接受俸禄,以表示他们对统治者的个人服从。就此而言,受薪职位本身被视为此职位拥有者的私人财产,因为他可以自由地处置他所拥有的这一职位(没有客观规定的义务和责任)。相反,清代县衙当中书吏之流的承役者,既不是那些拥有半自治权力的社会精英当中的一员,其所承充的这一位置,也并非被视作那种不可侵犯的宏大社会政治秩序中的组成部分之一。在多数情况下,清代县衙当中的书吏和差役们依靠收取各种规费作为其生计来源。并且,他们在县衙当中的这种工作及其对各种规费的收取,比韦伯针对受薪职位所做的任何描述都更为具体。鉴于上述这些差异,在与清代的书吏工作有关的场景当中使用"俸禄"或"受薪"之类的词几乎毫无意义,尤其是考虑到这些名词本身带有某种并不契合于中国历史语境的附属性观念和意涵时更是如此。

规,以及各种被标准化的流程,正是为了保障那些在巴县衙门当中长期任事的书吏们的长远生计,以避免有人对这种极为重要的资源进行滥用。

然而,我们必须记住,这种在私底下运作的非正式行政实践,乃是由书吏们自己而非由高层的政治权威所控制的。以前述牟泽周那长达 26 年之久的在巴县衙门内承充书吏的经历为例,这显然违反了清朝中央政府关于书吏服役期限的明文规定。巴县衙门的书吏们实施着某种自治的又一证据,可以从户房典吏牟泽周在提及他在该房里面的那些主要对头时将他们称作"滥书"这一点看出来。所谓"滥书",是指这些人乃是超出书吏人数限额而不当地招募进来工作的。但牟泽周在这里所提到的这一书吏人数限额,并不是朝廷所规定的那种经制书吏额数,因为当时在巴县衙门户房工作的那 80 多名书吏当中,除三位外,其余的书吏皆是超出朝廷规定的经制书吏额数而违反官方法律规定招募进来的。牟泽周所提及的那个书吏人数限额,实际上是指那些现任书吏们所认为的其所在的房按惯例所能容纳的书吏总人数限额。书吏们之所以在此类事情上能够享有某种自主权,部分原因在于那些新上任的巴县知县并不熟悉当地衙门内部的办事流程与惯例。尽管牟泽周起初被巴县衙门革除、后来提起申诉、最终得以复充及其后请求知县允准其参加役满考职,这一切都是发生在不到两年的时间内,但巴县衙门在此期间却已换了三任知县先后接续主事。巴县知县的换任速度是如此之快,以至于巴县衙门的书吏们在很大程度上可以说是被放之任之,而极少仰赖其上级官员们的资源投入,这也就不足为奇了。

78

尽管这套游离于正式法律规定之外的制度对于巴县衙门的实际运转而言极为重要，但它毕竟是非正式的，并且缺乏来自外部的控制。而这也意味着书吏们在解释与运用此套制度的那些规矩和程序时，可以不断地对其加以操控并做出各种很可能会引起争议的不同解释。正如户房典吏牟泽周的前述描述所暗示的，书吏们所在的衙署科房当中经常充斥着各种权谋、诡计和诬告，以至于许多书吏不得不加入行贿的行列，同流合污，以求能够继续待在那里工作。如此一来，仅仅依靠那些成规和惯例，是不足以确保每位书吏的位置、内部晋升或收入的。因此，书吏们有必要与其他同事建立个人关系，拉帮结派，以此作为对那些标准化惯例的补充。姑且不论一名书吏是否故意参与那些勾当，巴县衙门各房内部的权力斗争，至少在某种程度上迫使他拉拢其他同事，以谋求相互支持与帮助。

由于受到韦伯的理论架构及其所提出的那些理想类型的深刻影响，学术界以往有关此主题的研究，倾向将这种体现特殊主义的人际联盟之存在，视为一种在一个理性化的官僚组织结构中不正常地背离了其原先制度规定的形式。① 如此学术处理后的结果是，当我们用"裙带关系"这一名称来形容官僚机构中的那些亲族性联系时，总是带有贬义的意味。对于"裙带关系"之类的人际联盟，清79 代的绝大多数官员亦抱持着加以谴责的态度。然而，清代的官员们之所以采取上述态度，并非由于他们认为此类体现特殊主义的做法有悖于长期以来所形成的那种关于衙门公务的组织原则，而

---

① 例如 Thomas A. Metzger, *The Internal Organization of Ch'ing Bureaucracy: Legal, Normative, and Communicative Aspects*, Cambridge: Harvard University Press, 1973, Conclusion。

是在于他们坚信此类体现特殊主义的做法有悖于按照儒家思想建立起来的帝国政府的道德根基，因为那样做被认为将会造成个人私利侵入公共领域当中。不过，虽然上述这两种情况下的各自理由有别，但最终的看法却大同小异，亦即它们都认为，私人利益以及那些由其滋生出来的私人关系，只会成为腐败及造成功能失调的滥用权威之行为的根源。

然而，在面对应该采用何种评判标准来研究清代地方政府中的这一问题时，当代的历史学家必须非常谨慎。例如，一方面，倘若我们将存在于那些理性化的结构和体现特殊主义的行为之间的矛盾看作是无可调和的，则实际上是在认同一种从西方工业国家的历史进程中概括总结出来的发展轨迹。在这种理论架构当中，我们将会在逻辑力量的驱使下，去追问清政府为什么在事实上没能沿着那种发展轨迹走下去。另一方面，如果我们采用儒家思想或官方正式法律架构中所隐含的那些标准，那么就会认为，这些标准无论在何处皆有着同等的规范性力量，而违背这些标准的行为会被公认为是腐败和滥用权威。

除了从其与普遍性范畴和理想化模式之关系的角度将个人行为视作其中关键的要素，前面谈到的这两种研究进路都无法帮助我们理解巴县衙门当中的上述情况为何能够长期持续下去。它们也不能解释那些理性化的要素与体现特殊主义的要素明明相互矛盾却为何又在协力运行。

与其将清代县衙的运转看作是体现了那些理性化要素与非理性化要素之间的矛盾，或者将其视为对那些理想意义上的规范的偏离,更有效的做法毋宁是把清代社会当中那些广泛存在的文化性规范视为一种整体,并以此为视角来对清代县衙加以研究。从这个角度来看,那种将县衙比喻成一个村庄的做法颇为贴切。就像一个村庄那样,县衙既是那些被认为是品行正直与值得信赖的人们的家园,也是那些被普遍认为不安本分和工于心计的人们的栖身之地。县衙和村庄各自都有其内部的各种规矩和行为规范。虽然它们受到那些普遍的价值观之约束,但这些内部的规矩和行为规范的具体内容,基本上是在县衙或村庄内部自行制定并奉行的,通常无须外部机构为其提供借以将这些内容予以落实的各种资源。如同在村庄里面那样,县衙当中的那个社会性世界并非主要建立在个体的基础之上,而更多是建立在各种人际关系的基础之上,后者包括亲族关系、庇护关系和共同利益关系,或者有时纯粹只是一些人强迫另一些人。

80 　　就像在村庄当中那样,县衙内部也会发生纠纷。这些纠纷或大或小,有时会拆散一家人或者昔日朋党、盟友之间的关系。当冲突扩大到公开场合时,由于担心自己的面子和名声受损,争论者经常会使用极具辱骂性的言辞,将对方斥为卑鄙无耻之人。并且,虽然村庄当中和县衙里面的那些纠纷通常都会通过调解或者私了得以解决,但有时也会闹到正式告官的地步。不管是在哪一种情况下,纠纷各方还得继续低头不见抬头见地在同一座衙署当中工作,而那种觉得自己被对方所伤害和羞辱的积怨性记忆,常常会导致他们之间长期彼此仇视。

　　正是着眼于县衙不仅是一个行政机构而且还是一个社会性世

界的这层意义,我对巴县衙门当中各种体现特殊主义的人际关系进行了研究。通过将这些人际关系放置在个案研究的语境之下加以审视,我展示了亲族关系、庇护关系(patron-client)和派系联盟(factional alliances)各自是怎样形成的,它们之间又如何相互作用,以至于形成了一张张既相互冲突又相辅相成的错综复杂的人际关系网络。由于有关这些人际关系网络的信息主要来自那些对被状告到知县那里的内部纠纷之记载(走到这一步,意味着书吏们内部平时奉行的那些惯例性做法已被打破,并且后续调解失败),我们还应当了解这些人际关系网络是如何被充满矛盾地描述成正直之人的携手结盟或者邪恶之徒的密谋勾结。无论是上述哪一种情况,纠纷解决的场所和模式都凸显了那套由非正式的规矩、规范和价值观所构成的制度,而那些由忠心和责任所构成的人际关系纽带正是运行在这一制度当中。

第一节 亲族关系

关于巴县衙门书吏们当中的亲族关系之证据,主要来自那些申请接充典吏之位者提交给衙门的材料。申请接充典吏之位者被要求在这些材料中列明其祖先三代的姓名。通过相互比较那些申请接充典吏之位者自己提交的材料,以及有关巴县衙门各房吏役人员情况的报告,我们可以从中拼凑出巴县衙门内各房典吏间之亲族关系的基本轮廓。不过,由于这些申请文书只记载了典吏们的情况,它们无法提供关于某一房当中典吏与其下属们之间或者该房典吏的下属们之间是否相互存在亲族关系的任何信息。为此,有必要在具体个案的档案卷宗中,查找关于他们之间是否存在亲族关系的明确记录。结合上述这两类资料,我们就至少能够勾勒出巴县衙门中所存在的一些比较明显的亲族群体。

81　　　19 世纪下半叶,在那些任事于巴县衙门的书吏们当中,包含着多个家族派系。而且,其中好几个家族派系不止在巴县衙门某一房当中有其子弟占据着书吏的位置。于是,我们看到牟氏一族在巴县衙门吏房和户房当中都有人担任书吏,[①]申氏一族在仓房和盐房当中均有其子弟任事,[②]而金氏族人则在盐房、仓房、刑房和吏房当中皆有自己的势力。[③] 但是就多数情形而言,这些亲族群体倾向集中在巴县衙门的某一房当中工作,例如,陈氏族人便只在承发房承充书吏;[④]许氏、曾氏和陈氏的族人们只任事于工房;[⑤]何氏族人只在吏房工作;[⑥]另一个同样姓何但与前者没有亲缘关系的家族,其族人只在刑房任事;[⑦]彭氏族人只在户房当值;[⑧]李氏族人只在兵房承充书吏;[⑨]而曾氏族人则只受雇于柬房。[⑩]

---

① 巴县档案,档案号:6.6.252;6.6.270;6.6.280;6.6.338;6.6.341;6.6.476。
② 巴县档案,档案号:6.6.257;6.6.263;6.6.270;6.6.312;6.6.331。
③ 巴县档案,档案号:6.6.271;6.6.272;6.6.312;6.6.319;6.6.331;6.6.421。
④ 巴县档案,档案号:6.6.263;6.6.287;6.6.292;6.6.230。
⑤ 巴县档案,档案号:6.6.250;6.6.269;6.6.319;6.6.331;6.6.550;6.6.587。
⑥ 巴县档案,档案号:6.6.312;6.6.548。
⑦ 巴县档案,档案号:6.6.312;6.6.319。
⑧ 巴县档案,档案号:6.6.319;6.6.331;6.6.333。
⑨ 巴县档案,档案号:6.6.312;6.6.319;6.6.3047;6.6.3404。
⑩ 巴县档案,档案号:6.6.271;6.6.319;6.6.331。

巴县衙门书吏们当中存在的上述这种亲族网络,可被用来服务于多个目的。从最显而易见的层面来看,这种亲族关系有利于确保他们自己能够跻身巴县衙门书吏的行列。一旦被招募进巴县衙门某一房办事后,当该书吏被卷入某起纠纷或发现自己成为被他人指控的对象时,他的那些同在巴县衙门承充书吏的亲人们便是其最可靠的后盾。此外,这种亲族关系还可以为与其他那些同自己并无亲缘关系的现任书吏们建立各种联系提供便利。站在一名高级别书吏的角度来看,他的某位值得信赖的同事的儿子、兄弟、叔父或姻亲,通常会被视为同样值得信赖且不会对自己构成威胁。最后,如果某一房是由单一个家族派系,以及与其合作的盟友所主宰,那么这一家族掌控该房的各种资源便会更加容易。

然而,亲族网络也会面临一些对其不利的因素。其中最重要的是,与清代中国的其他一些地区不同,在巴县衙门当中,没有约定俗成的惯例允许书吏之位可以被在亲族内部直接继承。尽管书吏的新人招募或内部晋升有时确有可能是由亲族关系所促成,但它们终归还是要受制于本书第二章当中所描述的那些巴县衙门书吏们内部奉行的规矩和程序。推动创制并奉行这些规矩程序的力量,当然是源于那些与垄断该房各种资源的亲族群体并无血亲或姻亲关系的书吏们对前者之做法的反对。易言之,书吏们可以并且确实经常将其一些族亲提携进入巴县衙门任事,但他们在这样做时,也必须遵照该房所有成员都认可的那种惯例;有人被指控意欲绕开惯例行事,正是巴县衙门各房内部所发生的纷争当中最为常见的类型之一,而此种纷争将会被呈请由各房典吏们共同组

成的议事会议调停解决,乃至由知县亲自进行裁断。巴县衙门各
82　房内部这些亲族群体的上述有利因素和不利因素之间的张力,导
致它们在如何被加以表述时呈现出了明显的模棱两可之处。

　　一方面,作为营生方式的书吏工作既需要具备文字素养,又须
了解当地的情况,并且还要熟悉衙门的各种运作程序,故而其合适
人选并不容易寻找到。在这种情况下,现任书吏们的亲族圈便被
作为能够提供合乎上述要求之现成人才的储备库。例如,在举荐
某人到巴县衙门承充小书或经书时,举荐人通常会提及被举荐人
有亲人过去曾在或者现在就在巴县衙门里面承充书吏,以此作为
该被举荐人具备承充书吏所需的必要技能之明证。① 并且,这样做
除了证明被举荐人在技能方面可以胜任,还能够给人以被举荐人在
品格方面同样也合乎要求的感觉。因此,在光绪二十五年(1899),一
名小书因他那位同在巴县衙门里面承充书吏的兄长名声颇佳且多年
来尽忠职守,而得以被提拔为经书。这种将能力和品格视为能够在
家族内部传承的观念,也可以在巴县衙门典吏张武城的身上看到。
在他那些呈给知县的报告和禀状当中的开头部分,张武城皆习惯性
地声称其父亲和祖父都曾长期在巴县衙门承充书吏且无污点。②

　　然而,如果说亲族关系通常被书吏们作为自己所具能力和品格
的正面证明,那么它同样也可以被用来证明存在着由裙带关系所导
致的贪腐,而非尽忠职守。例如,先前曾任柬房典吏的曾长龄声称自
己是由于受到冤枉才被不公正地从巴县衙门当中革除,故而向知县

---

① 巴县档案,档案号:6.6.281;6.6.552。
② 巴县档案,档案号:6.6.552;6.6.590。

提交禀状,希望能够允准他重新回到原先的位置上工作。曾长龄在向知县提出上述请求时写道,自打其祖父开始,他所有在巴县衙门当中承充书吏的亲人们都是尽忠职守地协助知县处理公务。而曾长龄的对头则从完全相反的角度对曾家人加以描绘,声称从曾长龄的祖父开始,曾家人便利用其在巴县衙门内的关系及势力,使其族中三代恶棍先后混入衙署,把持并阻挠公务长达 20 多年之久。①

　　上述那些感到不满的书吏们利用巴县衙门各房内部的房规对其对手的亲族关系进行反面诠释,这一点意味着,尽管亲族网络遍布巴县衙门内部,但单一个亲族群体能够垄断对某一房的控制的例子少之又少。在多数情况下,此种情形只会发生在巴县衙门那些人数规模较小的房当中,在后者那里,监督和反对的力量都相对较弱。但即便如此,由单一个亲族群体控制某一房的局面也很难持久。因为当出身于某个亲族群体的典吏役满告退,而与该亲族群体无血亲或姻亲关系的其他人员作为小书和经书新加入该房时,该亲族群体在该房当中的势力便会无可避免地开始走向衰落。83为了展示这些亲族群体是如何形成与维系的,并了解哪些因素会对这些亲族群体在巴县衙门当中的生存起到削弱效果,下面我将借助对金氏一族及其于光绪年间在巴县衙门当中承充书吏的相应记载展开讨论。

---

① 巴县档案,档案号:6.6.271。曾长龄的对头李广庭继而宣称,曾长龄在其哥哥与女婿的配合下从事贪污行为,并且,曾长龄最近之所以抨击李广庭,是因为李广庭曾拒绝与他们同流合污,结果曾家人恼羞成怒。参见巴县档案,档案号:6.6.319;6.6.313。这起争议的结果,参见后文当中有关金敬修的讨论。

一 在巴县衙门中承充书吏的金氏族人

我对那些在巴县衙门中承充书吏的金氏族人的了解,[1]最早是始于他们共同的一位祖先,亦即生活在 18 世纪中叶的金永治。[2]但可惜的是,我没能找到关于金永治的居住地、其营生方式或经济状况的任何资料记载。我也无从得知金永治的两个儿子金廷升和金元照的上述信息。不过,这两兄弟很可能在分完其父亲死后留下的家产后就分道扬镳了。因为到了 19 世纪初前后,金廷升至少有一个儿子是居住在离重庆城约 100 里的一个乡下村子里面,这一支的金家人据说当时已经在那里生活了好几代人了。[3] 而金元照所有的儿子在那个时候都居住于重庆城内,他们及各自的儿子们在那里合开了一间典铺,并且在重庆城当时正快速发展的商贸运输活动中充当牙人。[4] 很明显,生活在重庆城内的这一支金氏族人通过经营上述生意取得了相当程度的成功。当金元照的孙子金学淋成年后,他已经积累了相当可观的财富,以至于能够拥有至少

---

① 出于文字风格尽量简约方面的考虑,在以下的讨论中,我将更多使用"家族（clan）"一词,而不使用更为精确但也更为繁冗的"共同血缘群体（common descent group）"一词。"家庭（family）"一词则被用来指那些各自聚集成为不同核心的出生单元,以及这些出生单元在更大群体的各个分支与组成部分当中所缔结的姻亲们。在所有的这些论述中,除了表明存在着以其成员共同拥有财产或者祭祀共同的祖先为表征的有着自我意识的组织,我避免使用"直系血亲（lineage）"这一词语。

② 巴县档案,档案号:6.6.271;参见附录二中的巴县衙门内金氏族人关系树状图。

③ 巴县档案,档案号:6.6.421。

④ 巴县档案,档案号:6.6.421。

一妻一妾,并搬到重庆城内一处地段上佳的大院居住。①

除了经营上述生意,金氏一族生活在重庆城内的那一支当中,有不少人还在重庆府衙门、川东道衙门和巴县衙门里面承充书吏。如前所述,衙门书吏与当地经商之人有着千丝万缕的关系,这种情况在巴县并不罕见。对于那些有着种种商业利益的家族而言,其族人里面有人在衙门当中承充书吏,可被用来作为扩大其家族影响力、掌握更多所需的信息及获得更多回报的现成渠道。此方面值得注意的是,根据我所掌握的资料,金家人最早是在巴县衙门的盐房当中承充书吏。鉴于盐房负责的那些事务皆与盐、茶和其他货物的制售,以及从重庆港口运往外地有关,对于像金家这样从事牙人与放贷生意的家族而言,到巴县衙门盐房当中承充书吏,自然就成了该家族成员们的首选营生方式之一。

尽管金氏一族在重庆城外乡下的那一支看起来起码也拥有自己的一些恒产,但现存的巴县档案记载显示他们与其生活在重庆城内的同宗亲戚相比则要大为逊色。因此,如果说居住在重庆城内的那支金家人让其子弟到衙门承充书吏乃是出于希望借此为他们的家族生意提供更多便利的考虑,那么对于生活在重庆城外乡下且人丁少得多的另一支金氏族人而言,其子弟在衙门当中承充书吏则更多是为了维持自己的基本生计。金氏一族这两支宗亲间的关系,并非总是那么亲密。正如我们将会在下文中看到的那样,在这个大家族里面,一些个人之间和家庭之间还充斥着许多摩擦和敌意。

84

---

① 巴县档案,档案号:6.6.266。

　　除了他们在家庭经济状况方面的上述差异,这两支金家子弟们各自在巴县衙门当中承充书吏的具体发展模式亦有所不同。这两支金家子弟在巴县衙门的书吏生涯,最初均起步于盐房。实际上,金氏一族居住在重庆城外乡下的那一支,起初乃是靠着重庆城内的那一支宗亲当中一位此前便已在巴县衙门里面承充书吏的堂兄的提携,才得以进入盐房工作。在那些在巴县衙门承充书吏的金家子弟们当中,当居住于重庆城内的这一支金家人的势力很快地从盐房扩散到巴县衙门的其他很多房,并形成了彼此相互扶持的人际网络时,来自重庆城外乡下的那一支金家人则由于其所拥有的资源相比而言要少得多,故而只是在盐房里面发展。鉴于盐房在金氏一族这两支子弟于巴县衙门承充书吏的记录当中皆居于重要的位置,下文对这些金氏族人的描述,将从盐房这一在巴县衙门当中人数规模最小的房开始谈起。① 金氏族人在盐房的发展始末,相对直接地反映了亲族关系在巴县衙门当中的影响。曾有一段时间,金氏族人几乎完全控制了巴县衙门盐房所有的书吏位置。但是,即便他们曾做到如此程度的掌控,经济压力、其族人当中缺少合乎书吏承充资格的充足后备人选,以及在盐房承充书吏的金氏族人与该房里面其他那些非其亲族的同事们之间的矛盾,上述诸多因素都在制约着这种势力垄断的可持续性。

---

① 在光绪朝时,巴县衙门盐房登记在册的书吏人数从三名到六名不等。当然,此人数不包括该房里面的那些小书、帮书或其他一些未登记在册的人员。

(一)盐房当中的亲兄弟、堂兄弟与姻亲

金氏族人在巴县衙门盐房当中承充书吏的历史,始于 19 世纪中期。金氏一族居住在重庆城内的那一支子弟当中,其族人金元照的孙子金倬云在那时进入巴县衙门盐房承充书吏。金倬云是其家里两兄弟中的长兄,当时刚 20 岁出头,他于同治朝(1862—1874)早期与另外两名新人一道进入盐房承充经书。① 虽然招募新人须得到现任典吏的同意,但身为经书的金倬云可以保荐人选。于是,至光绪朝初年,他就已经成功地让其居住在重庆城外乡下的堂弟金宪章被招募进盐房承充经书,接着他的亲弟弟金倬齐也很快地加入了进来。② 当金倬齐也加入盐房后,金氏族人就占据了该房全部的三个经书位置。

光绪五年(1879),金倬云本人最终成功地接充盐房典吏。为了填补他升任典吏后空出来的那个经书位置,他将又一名居住在重庆城内的金氏族人即其堂弟金殿选招募进盐房任事。③ 加上这次新招募进来的金殿选,金氏族人当时便占据了巴县衙门盐房所有的在册书吏之位置。然而,这种格局看来并没有为同出自金氏

---

① 巴县档案,档案号:6.6.272。亲族成员之间的相互扶持,可以从如下事实中反映出来:金倬云的一名下属申秉章的儿子,在光绪十六年(1890)接充金倬云的侄子金燮阳在仓房的典吏位置。参见巴县档案,档案号:6.6.272。关于金燮阳其人,详见后文的讨论。关于申秉章及其两个儿子申克昌、申番昌的行为,参见本书第二章。

② 巴县档案,档案号:6.6.312。金宪章和金倬齐之所以有机会填上巴县衙门盐房的这几个经书位置空缺,是由于金倬云的两名下属李申之和申秉章此时已顺利晋升为该房典吏。

③ 巴县档案,档案号:6.6.319。

85　一族的这些堂兄弟与亲兄弟之间带来融洽的人际关系。例如,在
金倬云接充盐房典吏后不久,他便将自己的亲弟弟金倬齐从盐房
赶走,声称后者盗改文书卷宗。① 在金倬云从典吏之位上退下来的
前几年,他的堂弟金殿选也非常蹊跷地离开了盐房。金殿选离开
后空出的那个经书位置,很快就被生活在重庆城外乡下的那一支
金氏族人当中的另一成员金振元所接充,而后者是当时正在巴县
衙门盐房担任经书的金宪章之弟。②

　　到了光绪十年(1884)时,时年43岁的金倬云已在盐房工作了
25年,并且其五年的典吏服役时间已满。于是他前往成都参加在
那里一年一度专门为役满告退的典吏们举办的考职。③ 他在此次
考职中名列第二等中的第三名,故而获得了担任"未入流"的低阶
官职的资格。虽然他看起来后来未能实任为官,但那段在巴县衙
门当中承充书吏的经历,无论如何都为金倬云提供了一条通往更
高地位的渠道,而无须通过参加科举考试来寻求通向仕途的晋升
之阶,或者直接拿钱买官。

　　不过,金倬云也是在重庆城里生活的那一支金氏族人当中最
后一位在盐房承充书吏的子弟。在他役满告退后,空出来的盐房
典吏之位便落到了他的堂弟金宪章头上。在此后的十年里面,金
氏族人生活在重庆城外乡下的那一支子弟便一直把持着上述位

① 巴县档案,档案号:6.6.523。
② 巴县档案,档案号:6.6.272;6.6.331。就像金宪章与金殿选那样,金振元在被录用
　 为经书之前,可能是作为一名不被登记在册的小书在巴县衙门里面工作的。顾名
　 思义,非经制书吏的名字不会出现在巴县衙门吏役人员情况的那些正式报告上
　 面,故而我无法在这一层级的巴县衙门书吏当中找到有多少名金氏族人的信息。
③ 巴县档案,档案号:6.6.463。

置。光绪十五年(1889),当金宪章从盐房典吏之位上役满告退后,
他的弟弟金振元接替了他的位置。金宪章役满离开巴县衙门,导
致金振元成为金氏族人当中唯一留在盐房工作且被登记在册的书
吏。金振元在接充盐房典吏时年纪相对较轻(24 岁),故而他的儿
子们都还没有达到可以在巴县衙门里承充书吏的年纪。因此,他
在接充盐房典吏后不久,招募了他的侄子金在熔,以及金在熔的姐
夫陈翰屏进入该房承充经书。

　　陈翰屏出身于巴县的一个望族,其家族至光绪年间已然在当
地拥有相当优越的精英地位。尽管陈翰屏本人并不出色,并且看
来是出身于其家族当中较为贫困的某一支,但陈家人当中至少出
过一名举人及数名贡生、廪生。[1] 如果说陈翰屏在某种程度上是沾
了他那些在科举考试中出人头地的堂兄弟们的光的话,那么他娶
金振元的侄女为妻,也就使得居住于重庆城外乡下的那一支金氏
族人在当地的社会地位有所提升。不过我们也要记住,陈翰屏不
过是他那些显赫的同宗堂兄弟们的一名穷亲戚而已。所以,一方
面,出身巴县当地望族的陈翰屏与金家人联姻,可以使金氏族人在
当地的社会地位借此得到了些提升;另一方面,这种姻亲关系也给
陈翰屏带来了在巴县衙门盐房承充经书的机会,以及从中获得收
入这种更为直接的经济回报。

　　至少对陈翰屏来说,这种交换最初看起来是奏效的。他不仅
在婚后很快就得到了巴县衙门盐房经书这份工作,而且当光绪二
十年(1894)金振元役满告退后,正是由他接充盐房典吏的位置。[2]

---

[1] 巴县档案,档案号:6.6.279。

[2] 巴县档案,档案号:6.6.268。

而且,陈翰屏优先于盐房里面其他数位比他在该房内的排名更为靠前的经书而被提拔为该房典史,这似乎并没有在盐房当中引发任何争执。可是,陈翰屏在接充盐房典史后不到一年就因病身故,享年 30 岁。在他死后,一场围绕此时空出来的盐房典史之位该由谁接充的争夺战随即发生。这场争夺战显示了金家人内部的团结并不那么牢固,并且也导致金氏族人在巴县衙门盐房长达 30 多年的控制走向终结。

(二)特准、房规与纷争

就在陈翰屏死后不久,以举人陈秉文为首的数名陈氏家族成员就发起了旨在对新的典史之任命施加影响的第一波行动。他们在上呈给巴县知县的恳状中声称,其族亲陈翰屏才刚刚接充典吏后不久便英年早逝,留下了悲痛欲绝的妻子、稚子与孀居的姐姐,而这些人很穷,无力养活自身。因此,他们恳请知县能破例特准陈翰屏之弟陈翰儒接充盐房典吏之位,以帮助那个刚失去了其至亲之人的可怜家庭。尽管知县对陈翰屏家人的遭遇表示同情,但还是拒绝了陈秉文等人的上述请求。①

巴县知县们确实偶尔会对那些在衙门服役期间过世的典吏们的家庭予以特殊的照顾。例如本书第二章中已经介绍过,当其在巴县衙门刑房勤字班中担任典吏的兄长赵镜如尚未役满便身故

---

① 巴县档案,档案号:6.6.270。陈秉文等人在这里恳请知县破的"例",具体指的是什么,并不清楚,但最有可能是指那种要求被举荐接充典吏者应当是来自巴县衙门内部的惯例(详见本书前一章当中的描述)。

后,同在该房另一个班担任典吏的赵海珊获得知县的特准,将其兄长未完成的那些职责承接了下来。① 但是,如果那名去世的典吏家中没有其他人当时正在巴县衙门里面承充书吏,那么对他家中某位此前未在巴县衙署内受过办公训练的成员的雇用,通常只限于给予其小书这样的身份,最多也就是让其作为经书进来工作。②

上述这种限制,不仅是因为典吏必须对巴县衙门的各种运作 87
程序非常熟悉,而且也是由于典吏这一位置按规定是不能被在家庭内部直接继承的,尽管像金氏一族那样的家族实际上经常可以让自家人来接充这一位置。如上所述,由同一家族中的其他人来接充在巴县衙门中的某个书吏位置的做法,与现任书吏们为了维护其生计前景而订立的那些关于书吏内部位次晋升的规矩并行不悖。就此而言,典吏的位置空缺能否由前任典吏的家人或族人来接充,取决于是否遵守以下这些惯例,例如该后备人选须有曾担任过书吏的经历,以及最重要的,要得到在巴县衙门其他房工作的那些典吏们的保举。而陈翰屏的弟弟并不符合以上任何一项资格要求。

就在陈家人递上恳状的两天后,巴县衙门的 12 名典吏联名举荐一个名叫王炳森的人,请求知县准许由其接充盐房典吏之位。③
我们除了知道王炳森此前并不在盐房任事,对他在巴县衙门中的其他信息一无所知。有意思的是,支持由王炳森来接充盐房典吏的那伙人是由金敬修牵头的,而金敬修当时是巴县衙门吏房的一

---

① 巴县档案,档案号:6.6.710。
② 巴县档案,档案号:6.6.250。
③ 巴县档案,档案号:6.6.270。

名典吏,也是当时已经役满离开巴县衙门的盐房前典吏金振元在重庆城内的堂兄弟之一。金振元自己后来声称,金敬修是因为收受了贿赂才保荐王炳森接充盐房典吏。不过实际情况有可能与金振元的这一指控相反,亦即金敬修在这件事上或许并没有任何不当之举。毕竟在当时的巴县衙门里面,由吏房典吏牵头向知县举荐接充出缺典吏之位的人选的做法,已经成为一种惯例。

然而,正如我们将会看到的那样,金敬修在巴县衙门当中的确多少有收受贿赂而操纵书吏们的任用、篡改书吏们在名册中的排名的坏名声。不过,金敬修此次选择支持王炳森接充盐房典吏,也可能是出于对他那些来自重庆城外乡下、正在巴县衙门盐房当中承充书吏的同宗堂兄弟们的憎恶,因为自从他自己的几位同支堂兄弟多年前被盐房革除之后,生活在重庆城内的这一支金家人当中就再无人在盐房承充书吏。但不管他这样做的原因是什么,金敬修既没有支持陈翰儒接充盐房典吏,也没有举荐当时正在盐房承充经书的金振元的侄子金在熔升任该房典吏。这体现了同一大家族的成员们也并非总是步调一致地维护其家族整体利益。

在这关键时刻,陈翰屏的遗孀自己开始行动了起来。[1] 就在王炳森升任盐房典吏后不久,这位新寡的陈金氏作为金家人当中的一员,也向知县呈上一份恩状。在这份恩状当中,她描述了其亡夫生前在巴县衙门当中短暂但尽忠职守的书吏生涯,并悲叹其子年幼,尚无法撑起这个贫困的家庭。她因此向知县哀求道,知县既然

88

---

[1] 除了这名寡妇陈金氏与其亡夫陈翰屏、叔叔金振元、弟弟金在熔的关系,该时期巴县档案的案件卷宗当中没有为我们提供有关这位妇人的其他信息。此点典型地反映出妇女在清代社会当中的通常地位。

拒绝提拔她的小叔接充盐房典吏,那么为何就不能出于对这个可怜家庭的同情,而考虑任命她自己的弟弟金在熔为盐房典吏呢?她声言,毕竟金在熔早已在盐房承充经书多年,而王炳森对盐房的任何现任书吏来说都是一名外来的陌生人。知县再次对陈翰屏家人的境遇表示同情,并给了这名寡妇一笔足够为其亡夫购置墓碑的钱,但又一次地拒绝了她关于新的盐房典吏人选的上述恳求。①

寡妇陈金氏向巴县知县递交恳状这件事情本身就非常值得我们注意。这显示了她是一名有着非同寻常的决心和意志的妇人。在巴县衙门留存至今的光绪朝档案当中,她是我看到的唯一一位试图介入该衙门此类事务的女性。但是我们不应推断认为,知县拒绝接受她的上述恳求,乃是出于他对一名妇人居然胆敢直接就此提出请求的性别歧视。因为在寡妇陈金氏提起她的请求之前,知县就已经批准由王炳森接充盐房典吏,并已经向位于成都的四川布政司衙门上报了由王炳森申领典吏执照的公文。② 但令人好奇的是,为何年轻的金在熔之前没有得到他那位刚从盐房典吏位置上退下来的叔叔金振元的举荐? 个中的原因,在于金振元当时与她的堂妹即陈翰屏的遗孀陈金氏发生了经济纠纷,而这起经济纠纷源于大约 30 年前在盐房发生的一些事情。

(三)家庭、费用和债务

为了全面了解陈翰屏死后各方对盐房典吏这一位置的争夺,

---

① 巴县档案,档案号:6.6.270;6.6.272。
② 巴县档案,档案号:6.6.270;6.6.272。

我们有必要回溯考察同治朝初年金氏族人当中第一位进入巴县衙门盐房承充书吏之人——金倬云——的所作所为。在金倬云与李申之、申秉章一道进入巴县衙门盐房承充经书后不久，当时的盐房典吏靳纯忠自己垫付了 160 两银子用来支付修葺盐房办公场所的费用。这种用私人的钱贴补公用开销的做法，在巴县衙门当中并不少见。尽管绝大多数情况下此类开销是通过后来在该房经书们当中分摊加以收回，但先行垫付类似的公用支出也是任何一名典吏的职责之一。而在这件事情上，金倬云和他的那两名经书同事共同商定（"朋参"），拒绝向靳纯忠分摊任何费用。虽然靳纯忠不时地向他们追讨，但在李申之、申秉章和金倬云先后接充盐房典吏的整个期间，他都未能追讨回其所说的那笔垫款。

当金倬云自己役满告退而由他那位出身重庆城外乡下的同宗堂弟金宪章接充盐房典吏后，那位早已离开巴县衙门多年的前盐房典吏靳纯忠再次敦促金倬云偿还其多年前垫付的那笔费用。结果，金倬云和金宪章这两位堂兄弟在关于这笔垫款他们各自承担多少比例的问题上发生了争执。按照巴县衙门各房解决此类事情的惯例，他们之间的这一争执被提交给由各房典吏共同组成的议事会议商议处理。议事会议经过商议后，给出了如下解决方案，亦即自靳纯忠起，每一位接充盐房典吏之人都将负责偿还 20 两银子，这笔垫款剩余的部分，则将由下一任盐房典吏在其接充时一次性交清。此项被称作"流摊银"的惯例，乃是巴县衙门内部分期摊付特殊的公用开销的一种方法。如此一来，如表格 3.1 所列，李申之应付给靳纯忠 140 两银子，申秉章应付给李申之 120 两银子，金倬云应付给申秉章 100 两银子。如此类推，直至当初的这笔垫款被全部分摊偿还完毕。根据巴县档案卷宗中的记载显示，上述解决方案当时为所有人所认可，而此事也就暂时告一段落。

表3.1 历任盐房典吏流摊银支付流程表

单位：银/两

典吏	需支付的费用	已付的费用	役满告退时应获偿还的费用
靳纯忠, 1864—1869	160*		140
李申之, 1869—1874	140	140	120
申秉章, 1874—1879	120	120	100
金倬云, 1879—1884	100	100	100
金宪章, 1884—1889	80	100	80
金振元, 1889—1894	60	80	提出争议
陈翰屏(卒), 1894—1895	40	未付	
王炳森, 1895—？	20	提出争议	

资料来源：巴县档案，档案号：6.6.272* 原债
说明：人名后的年份，为该人接充盐房典吏的起止时间。

根据上述安排，金宪章本应在其堂兄金倬云从盐房典吏位置 90
上告退时向后者支付80两银子。但不知何故，他并非按照上述方案所规定的那个数额支付，而是向金倬云支付了100两银子，这便搅乱了之后的支付流程。如此一来，当金宪章从盐房典吏位置上

告退时，其弟金振元便需要付给他 80 两银子。而这也同样意味着，当金振元从盐房典吏之位上告退时，他将可以向该位置的接充者陈翰屏索要 60 两银子。

　　然而，就在王炳森接充过世的前任典吏陈翰屏留下的那个位置后两个月，更早些时候便已从典吏位置退下来的金振元向巴县知县递上一纸告状，控告王炳森没有向他支付流摊银。而这起案件一拖便是七个月之久。正如金振元在其呈交给知县的第一份告状中所称的那样，他提起控告的主要理由是，先前当他从盐房典吏之位上告退时，该位置的接充者陈翰屏本应向其交付 60 两银子的流摊银。按照金振元的说法，问题出在陈翰屏声称自己当时没有足够多的银两可以向他一次性付清全部数额。于是金振元便与陈翰屏订立了一份合约，约定由陈翰屏在接下来的几个月内分期付清该欠款。但是陈翰屏连约定好的第一笔欠款都尚未交付便病故了，故而金振元认为，现在就应该由接充陈翰屏之位的新任典吏王炳森来向他付清全部的 60 两欠款。金振元还提及，为了解决此事，他自己在提起控告前的一个月便从城外乡下来到重庆城里，但是王炳森固执地拒绝支付任何欠款，于是他没有办法，只好到县衙告官。知县同意调查此事，并再次责令由巴县衙门各房现任典吏共同组成的议事会议对此进行调查后向其报告。

　　或许是由于金振元担心王炳森有操控议事会议中那些典吏们之态度的能力（正是这些典吏们不久前同意举荐王炳森接充盐房典吏），又或许是因为他并不信任以其堂兄弟金敬修为首的任何议事会议成员，不管是基于上述哪种原因，在向知县提起上述控告的五天之后，金振元又呈上另一份新的告状，恳请知县尽快解决这一纠纷。他在这份状纸中提醒知县说,由于王炳森目前正在巴县衙门当中承充典吏,那些与其共事的典吏们恐怕很难提出公正的解决方案并上报给知县,因此他才含泪哀求知县大老爷尽快查明此事。① 但知县没有理会金振元的这一请求,而是宣称在没有拿到议事会议交来的调查报告之前,他不会采取任何行动,待来年衙门开印恢复办公之后,②他才会就此事做出定夺。

次年春节过后,巴县衙门开印恢复办公。议事会议也在此时向知县提交了调查报告。这份调查报告先是介绍盐房当中先前达成的那份关于流摊银支付方式的合约的内容,接着大致描述了王炳森和金振元两人之间目前的争端,并提出了议事会议自己建议的解决方案:

> 至金倬云役满,照前摊,除减银二十两外,只应领金宪章银八十两,均各缴领立案。殊倬云长收宪章银二十两,遂成百两。由是构讼,供明在案。□□□□□执百两之数,除摊二十,振元实缴宪章银八十两不虚。兹振元役满,意在仍执八十两之数,除摊二十,要炳森缴银六十两。炳森言振元只应缴宪

① 巴县档案,档案号:6.6.272。
② 译者注:岁末封印之制,早在汉代便已出现。至明代,据田汝成《熙朝乐事》记载,当时除夕"官府封印,不复签押,至新正三日始开"。清代基本沿袭明代的做法。据《大清会典》:"凡封印开印,前期札钦天监择吉具疏,通行中外遵行。"又据光绪朝时富察敦崇《燕京岁时记》记载,"每至十二月,于十九、二十、二十一、二十二四日之内,由钦天监选择吉期,照例封印,颁示天下,一体遵行",而次年正月"开印之期,大约于十九、二十、二十一三日之内,由钦天监选择吉日吉时,先行知照,朝服行礼,开印之后,则照常办事矣"。岁末封印停办公务、来年岁初再开印恢复办公之制,清代中央六部与各地方衙门皆然。

> 章银六十两,振元□□□□□□□□□翰屏虽未缴领,亦应摊
> 银二十。伊只认缴二十。书等劝振元于金倬云长收不计,劝
> 炳森于陈翰屏未满役不计,合当给银四十两与振元缴领。[1]

知县同意了议事会议建议的这一调停方案,并责令各方照其办理,不得继续再就此事提出任何请求或控告。

但是,尽管知县做出上述定夺,王炳森和金振元两人仍然继续提出控告与反诉,各自都声称议事会议的处理意见不公,认为是在偏袒对方。王炳森抱怨金振元与金敬修之间的亲族关系不当地影响了议事会议的意见。实际上,王炳森根本就否认他对金振元有任何欠付的款项。王炳森质问金振元怎么会胆敢要求他交 60 两银子的流摊银。他声称,自己很愿意按照房规和之前达成的那份合约交 20 两银子,但这些钱应该交给陈翰屏的遗孀陈金氏,以避免他自己与陈氏族人之间发生冲突。[2]

由于金振元再三抱怨王炳森是在故意拖延以至于他因为不得不继续住在城中客栈等待消息而花了不少冤枉钱,知县最终拗不过他,于是传召相关人等到堂进行审理,以求一劳永逸地解决此事。在听取了各方的证词(包括王炳森声称自己已将 20 两银子交给了陈翰屏的遗孀陈金氏的新证词)之后,知县裁决王炳森还应另外付给金振元 30 两银子,同时宣布金振元与陈翰屏之间先前订立的约定从此全部作废。

倘若知县以为他这样做就终于可以摆脱这件麻烦案子的纠

---

① 巴县档案,档案号:6.6.272。
② 巴县档案,档案号:6.6.272。

缠,那么他就过于乐观了。就在此次堂审后两个月左右,陈翰屏的
遗孀陈金氏在其夫家陈氏家族中的几位成员支持下,控告她的叔
叔金振元,声称金振元没有将一笔与流摊银无关的旧账偿还给她
的丈夫。这名寡妇坚持说,她的叔叔金振元利用陈翰屏的去世和
知县近来关于盐房流摊银一事做出的定夺,以逃避上述这笔与流
摊银无关的债务,金振元这样做欺骗了她,使她的家庭无法获偿应
得的债款。因此,她恳请知县责令金振元偿还这笔债务。不过这
一次,知县不再像之前那样对寡妇陈金氏表示同情,而是拒绝了她
的上述请求。知县声称,王炳森先前已付给这名寡妇 20 两银子,
而且他自己之前已宣布陈翰屏和金振元之间原先所有的约定作
废。不仅如此,知县还严厉地警告这名寡妇此后不得再为此等微
不足道的小事来打扰他。

这个故事在现存巴县档案中的结局,以三天之后金振元又提
交了另一份新的状词而告终。他控告王炳森与这名寡妇合谋侵夺
其合法拥有的财产。金振元声称,在这起阴谋中,王炳森和这名寡
妇得到了他那位劣侄金瑞廷的帮助,而金瑞廷近来和王炳森一道
参与了多起敲诈劣行。这三个人接着又拉上了寡妇陈金氏夫家的
亲戚陈绍昌,以及当地一位名叫熊子岑的恶棍入伙。① 王炳森借口
要将欠款还给金振元,邀金振元到盐房收钱。金振元在这份告状
上就此写道:

---

① 陈绍昌是陈翰屏的一名族亲,他曾经在请求知县任命陈翰屏的弟弟为盐房典吏的
禀状上签名。在这份禀状上,陈绍昌称自己是一名"文生"。金瑞廷的出身情况,
我们尚不得而知。金瑞廷和金宪章都声称金瑞廷是其侄子。但金瑞廷是否为金
在熔和寡妇陈金氏的弟弟,以及是否为金振元、金宪章这一辈中排行第四的那位
兄弟(其具体姓名在案卷中未见写明)的儿子,我们目前都还不清楚。

于昨日至伊房给银,□至未防,况炳森不惟局串骗害,胆支金□预统子岑、瑞廷等隐匿伊房。见书始进,瑞廷、金氏将书发辫抓捏,□□□应领,不由分论,又被子岑等各执烟枪拳足,打书牙腮、两膀、腰肋、背胁等处。伤沉卧床,众皆咸知。而炳森并勒书收银三十,而□□仅收银一定,经礼吏刘运昭和质过交。怜书垫款数年,拖今讼累。兹遭伊等局勒凶殴,禁地无法,银悬命危,只得□□□□□□严究,以肃衙规,而儆效尤。深沾,伏乞。①

知县被针对上述发生在巴县衙门里面的故意伤害行为所提起的控诉所警醒,于是同意彻查此案。他命人查验金振元的伤势,并拘审了金瑞廷、陈绍昌和熊子岑。可惜的是,现存巴县档案中有关此案的卷宗记录仅到此为止。

鉴于王炳森在受到上述几轮控告之后仍然能够留在盐房典吏的位置之上,我们只能推断认为后来他成功地为自己做了辩护。不过在光绪二十四年(1898)的头几个月,也就是在被控殴打金振元后一年半左右,金瑞廷和王炳森再度被人告到知县那里。这一次,他们被指控合谋从当地一家领有官府所颁发的营业执照的运输行那里骗走了200两银子。在先前的另一起同样是控告金瑞廷的官司当中,金瑞廷曾被判须交200两银子给这家运输行。金瑞廷自己后来承认,由于王炳森在这场骗局中给予他支持,作为回

① 巴县档案,档案号:6.6.272。

报,金瑞廷曾同意对一名无辜的书吏进行诬控,以达到将后者从巴县衙门赶走的目的。①

王炳森由于被知县查出在上述这起运输行事件中动手脚,而被从巴县衙门正式黜革。② 可是就在他离开巴县衙门之前,王炳森设法铲除了当初是由其宿敌金振元招募进盐房工作的所有小书和经书。而金振元的侄子金在熔,也成了王炳森这场旨在剪除对手羽翼的行动之受害者。随着金在熔的离去,金氏族人在巴县衙门盐房长达三十多年的发迹史,也就黯然落幕。③

上述有关金氏族人的记载,不仅为我们提供了关于一个有着共同血缘关系的大宗族是如何在巴县衙门某房当中获得影响力的具体例子,而且也展示了这种影响力可能是以何种方式消亡的。如前所述,巴县衙门内部并不存在允许书吏的位置可以在其亲属当中进行继承的惯例性规定。然而,一旦有人被招募进巴县衙门而成为被登记在册的书吏,他就可以利用其身份招募多位族人或家人也进来工作,而这些人从进入巴县衙门工作之日起,会沿着书吏们内部的等级体系往上攀爬。所有在巴县衙门盐房工作的金氏族人都是以此种模式发展的,直至有一天他们占据了盐房里面被

① 巴县档案,档案号:6.6.279。

② 巴县档案,档案号:6.6.597。

③ 虽然巴县档案中没有直接的记载证明是王炳森赶走了金在熔,但是金在熔的名字在光绪二十一年至光绪二十三年(1895—1897)从盐房的书吏名单上消失了。也就是说,金在熔被从盐房除名,是发生在上述金振元被打的事件不了了之和王炳森自己被从典史之位上革除之间的那一段时间内。加上继王炳森之后接充该位置的那位新典史对王炳森赶走所有那些当初是由金振元招募进来的书吏这一做法的评论,看起来金在熔正是王炳森发起的这场旨在剪除对手羽翼的行动的一个牺牲品。另见巴县档案,档案号:6.6.281;6.6.334;6.6.335。

登记在册的全部书吏位置。

然而,即便是在盐房这样一个书吏人数很少的房当中,单一个家族的垄断也是难以持久的。其中最直接的困难在于,此家族必须能够一直保持拥有足够多的适龄后备成员以接续进入巴县衙门承充书吏。尤其是对于生活在重庆城外乡村地区的那一支金氏族人而言,困难就更大了,因为其中的一些家族成员不得不留在当地乡下从事自家的农作。因此,尽管金氏族人能够想方设法成功把持盐房典吏的位置长达 15 年之久(连续三个典吏役期),但是盐房内所有的或者多数的在册书吏位置皆被金氏族人所占据的时间则要短得多。不幸的是,发生在那些出身重庆城外乡下、符合典吏承充条件的金家人之间的内耗,导致他们最终失去了盐房典吏这一位置。在这样的背景下,举荐其姻亲陈翰屏来接充盐房典吏之位,可被视为金氏族人为了在盐房当中至少还能保有一些势力而采取的一种妥协做法。

上述那些在巴县衙门盐房承充书吏的金家人的故事,还展示了同一亲族的成员们并不总是团结一致地行事,尽管亲族群体在社会大众当中的形象常常是以其中盛行裙带性控制和相互偏袒而著称。就像绝大多数的血缘群体那样,金氏族人也因为个人之间的相互憎恶和宿怨而发生分裂,而这大大削弱了他们在盐房当中维持其大家族影响的能力,甚至造成他们在盐房立足的机会也最终丧失。这种相互仇视,在金振元被其侄子、侄女及他侄女夫家即陈家的姻亲们所殴打那件事情当中得到了鲜明的展示。另外,生活在重庆城外乡下的那一支金氏族人并未得到他们生活在重庆城里的那些同宗不同支的堂兄弟们的帮助,也显示了这个大家族的两支之间很可能长期存在着某些宿怨。事实上,自从金倬云于光绪十年(1884)离开巴县衙门盐房后,居住在重庆城内的这一支金氏族人就再无一人在盐房当中任事,而来自重庆城外乡下的那一支金氏族人当中,也无人在巴县衙门其他那些有他们出身重庆城里的堂兄弟们在其中工作的房里面承充书吏。其结果是,自从出身重庆城外乡下的这一支金氏族人从盐房当中消失不见后,整个金氏一族在该房的影响力也就黯然退场。

同样也非常有可能的是,生活在重庆城内的那一支金氏族人当时正忙于其他方面的事情,而无暇顾及巴县衙门中这个书吏人数规模相对较少的盐房。出身农村的那一支金氏族人在巴县衙门各房当中的势力长消只是发生在盐房,而有关出身重庆城里的那一支金氏族人在巴县衙门各房当中的情况记录,则例证了还存在着另一种发展模式。在这里,我们发现出身重庆城内的那一支金氏族人在巴县衙门那些人数最多且最具影响力的房里面都有他们的子弟在其中承充书吏。此外,出身重庆城内的那一支金氏族人并非将其个人全部的书吏生涯仅仅局限在巴县衙门某一个房当中,而是经常从一个房换到另一个房工作。于是,与出身重庆城外乡下的那一支金氏族人在盐房的发展情况相比,出身重庆城内的那些金氏族人在巴县衙门内的亲族势力发展模式,要远远复杂得多。

最后,尽管现存巴县档案的记录没有显示出身重庆城外乡下的那一支金氏族人当中曾有人被控涉嫌滥用手中权力,但在出身重庆城内、在巴县衙门很多房中皆有其子弟承充书吏的那一支金氏族人当中,却经常有人被控把持所在房内的各种资源与滥用手上的权力。在下一节当中,我们将会看到,上述的这些指控,很可能都是由在巴县衙门内那些人数规模较大的房中工作、并非出自金氏一族的其他书吏们所提起的,他们将金氏族人在巴县衙门内的势力看作对自己的威胁。又或者说,这些指控乃是某些担任典吏的金氏族人在巴县衙门中有着很大的影响力所导致的结果。但是,不论这些指控来自何方及是否属实,本章接下来的这一节将表明,为了能够在面临这些指控时保护自己并强化自身的利益,同一宗族的个别成员可能会利用一些替代性的人际关系网络,有时甚至是以损害本宗族在巴县衙门内的整体影响力为代价。尽管出身重庆城内的那一支金氏族人在巴县衙门的好几个房内都有其子弟承充书吏,但关于他们的故事,主要是发生在虽然人数较少却非常关键的吏房当中。

二 吏房:兄弟与贿赂

当金倬云和他那些同样来自重庆城外乡下的堂兄弟们在盐房站稳脚跟时,来自重庆城内的那一支金氏族人则正在开创他们在巴县衙门负责粮食("谷")、财务("钱")和刑事案件("刑名")的多个不同房当中承充书吏的传统。[1] 例如,在金倬云于光绪十年(1884)从盐房典吏的位置上役满告退前不久,他的堂弟金燮阳便已经开始在巴县衙门的仓房承充经书;[2]当仓房典吏于光绪十一年(1885)亡故后,时年 22 岁的金燮阳升为该房典吏,直至五年后役

---

① 巴县档案,档案号:6.6.421。
② 巴县档案,档案号:6.6.246。

满告退。

不幸的是,在出身重庆城内的那一支金氏族人当中,我们没有找到金倬云这辈人里面除他之外的其他金氏族人也被招进巴县衙门承充书吏的直接档案记载。但是,截至光绪四年(1878),金倬云的两位亲戚即金殿选和金殿元兄弟两人,当时都在巴县衙门当中人数规模最大的房——刑房——的不同班工作。[1] 金殿元一直留在刑房担任经书,直至后来为了照顾他生病的母亲,才于光绪十八年(1892)离开该房。相形之下,他的兄弟金殿选在巴县衙门当中的经历则要丰富精彩得多。

我们无从知晓金殿选是因为什么原因离开刑房。不过到了光绪八年(1882)时,他已离开刑房,换到其叔金倬云担任典吏的盐房承充经书。[2] 姑且不论金殿选是否像他后来被控的那样是由于被刑房除名才不得不从那里离开,还是如他自己所声称的那样是因为在盐房这个人数规模较小的房当中得到晋升的机会看起来更大,他很可能是得到了其担任盐房典吏的叔叔金倬云的帮助才完成了自己工作的科房变动。但金殿选在盐房工作的时间显然很短。他换至盐房工作后还没到三年,便在光绪十一年(1885)时,又转去吏房接充该房典吏。[3]

正如无法详知金殿选是如何从刑房换到盐房工作的那样,我们对其如何从盐房经书升调为吏房典吏也知之甚少。但是,像他这样从一房的经书升调为另一房的典吏的情况,在巴县衙门当中

① 巴县档案,档案号:6.6.312。
② 巴县档案,档案号:6.6.319。
③ 巴县档案,档案号:6.6.246。

96 也并非罕见。因为有关某房典吏位置出缺的告示,理所当然地会被张贴在巴县衙署的大门口,以吸引在巴县衙门当中工作的那些身家清白的经书们提出申请。如果一名经书能有符合要求的举荐人愿意将其提名和作保支持,并且自己能够支付"参费",那么上述那样的升调在操作层面便不会有太大的困难。就此而论,金殿选很可能就是抓住了前任吏房典吏亡故的机会而成功实现上述升调的。

然而,正如我们在本书第二章中所看到的,某一房的典吏位置若是由外人接充,则必然会招致该房那些现任经书们的抵制,因为在后者看来,这种升调是对他们内部晋升机会的侵蚀。当金殿选换到吏房并接充该房典吏后,看起来他便遭遇了这样的抵制。就在他接充吏房典吏后不久,该房经书卢昭群便对他提起控告,其中的一项指控内容是说金殿选在吏房的人员安排上滥用其手中权力(亦即"朦参")。尽管这一指控明显是由于卢昭群对金殿选心怀芥蒂所致,但卢昭群对金殿选的指控,多少体现出该房其他人对金殿选从其他房的经书之位上升调为吏房典吏,以及他后来为金氏族人所做的那些事情的反应。

在其指控金殿选的那份告状当中,卢昭群声称,金殿选先前是因为吸食鸦片成瘾、工作懈怠,以及频繁出入重庆城内的烟花柳巷,才被他自己的叔叔金倬云从盐房除名。卢昭群接着又说道,在前任吏房典吏亡故后,金殿选要么用欺骗手段伪造了所需的举荐文书,要么贿赂了吏房的其他典吏以换取后者的举荐和支持。除此之外,卢昭群还指控金殿选在接充吏房典吏后吞占该房的案费,并且还于深夜在吏房当中召妓放浪。他称金殿选全然不顾吏房按惯例所能容纳的书吏人数限额,将自己的叔叔、兄弟和堂兄弟都招募进吏房"以霸公事"。卢昭群还抱怨道,由于他曾出言反对金殿选的上述做法,故而金殿选怀恨在心,对他故意刁难,使他有口难言。①

　　就在卢昭群向知县控告金殿选的同一天,知县也收到了金殿选呈交的一纸告状。金殿选控告卢昭群无视并对抗他作为该房典吏行使职责的权威。尽管知县警告他不得在衙门吏房内纵酒狎妓,但金殿选最终还是洗脱了他所遭到的所有指控。而卢昭群却因被知县认为玩忽职守而遭从巴县衙门革除。②

　　尽管知县在此案中做出上述裁决,但卷宗记录显示卢昭群对金殿选的那些指控并非全都是无中生有。例如,金殿选确曾利用其手中权力促成了重庆城内的那一支金氏族人当中有多人被招募进巴县衙门承充书吏。光绪十一年(1885),金殿选利用自己身为吏房典吏的职权,举荐其堂兄弟金爕阳接充仓房典吏。③ 而在此之前,金殿选已经招募了三位金氏族人(其弟金殿阳、其侄金赞尧和其堂弟金敬修)进入他所在的吏房任事。④ 并且,通过将上述这些金氏族人招募进巴县衙门里承充书吏,金殿选为金氏族人持续掌控吏房长达 15 年之久打下了基础。

　　尽管金殿选为其亲属们出力不少,可是他自己的前途,以及他意欲追随其堂兄金倬云的步伐而通过考职取得低阶官员资格的梦

97

① 巴县档案,档案号:6.6.532。该份档案,后被收入《四川档案史料》1983 年第 1 期,第 34 页。
② 巴县档案,档案号:6.6.532。
③ 巴县档案,档案号:6.6.246。
④ 巴县档案,档案号:6.6.263;6.6.331。金殿阳和金敬修是在吏房承充经书,而金赞尧则是作为该房小书。

想，却很快破灭了。光绪十四年（1888），金殿选又一次被其下属们指控行为不检点，他最终因为总是嗜酒烂醉、频频光顾鸦片烟馆、嫖妓和玩忽职守而致公事受损，而被从巴县衙门中革除。① 在巴县知县向成都的四川布政司衙门就其事正式进行报告后，金殿选的典吏执照被吊销，因此也就丧失了参加专门为那些五年役满的典吏们举办的考职之应试资格。

可是金殿选满是问题的过往记录及其很不体面地被赶出巴县衙门这件事，似乎并没有对他那些在巴县衙门吏房工作的亲族成员们造成负面影响，而且这些人当初是超出朝廷规定的经制书吏额数而被招募进巴县衙门工作的这一事实，也没有给他们后来在巴县衙门中的发展带来阴影。金殿选被从巴县衙门革除后，他那位时年 25 岁的弟弟金殿阳接充了吏房典吏之位。② 金殿阳承充吏房典吏的那段生涯，似乎显得波澜不惊。现存的巴县档案记录显示，他既没有被卷入与其他书吏的纷争当中，也未遭到其他书吏的指控。而且，他为了进一步扩大金氏族人在巴县衙门各房之中的势力所做的努力，也仅限于在自己从吏房典吏的位置上告退前不久，将其侄子金赞尧从小书提拔为经书。金殿阳从巴县衙门告退之后，参加了同年为五年役满的典吏们在成都举办的考职，不过我们并不知道他最终的考试成绩如何。③

当金殿阳退下来之后，吏房典吏的位置由他的同事金敬修接充。金敬修当时 24 岁，当初是由金殿选招募进吏房承充书吏，他

---

① 巴县档案，档案号：6.6.245。
② 巴县档案，档案号：6.6.244；6.6.254。
③ 巴县档案，档案号：6.6.471。

162

也是金殿选的堂弟。①　在金敬修身上，我们开始感受到吏房在巴县衙门各房当中的核心地位，以及吏房典吏所拥有的权势。例如，吏房负责巴县衙门里面所有书吏的人事记录。在巴县衙门各房当中工作的书吏们的所有名册（无论是正式的名册还是非正式的名册），都是由吏房保管。不仅如此，吏房还负责保管和核实那些五年役满告退的典吏们申请参加考职的文书。除此之外，如同我们在前述金振元与王炳森的那起纠纷中所见到的，那些针对巴县衙门某房内因书吏承充与内部晋升而发生的争端所展开的调查，通常都是在吏房典吏的监督之下进行的。如果此类纠纷被闹上公堂，那么吏房将要负责安排堂审，以及记录堂上众人所有的证供。另外，吏房典吏通常还牵头举荐各房新任典吏的人选，并为他们作保。

吏房上述的这些职能，使得该房典吏在巴县衙门的公务处理当中起着非常独特的作用，以至于人人都说金敬修非常善于利用其手中的权力来为自己的各种私人目的服务。不像他的堂兄亦即前任吏房典吏金殿阳，金敬修在担任吏房典吏期间，经常被该房及巴县衙门其他房的书吏们指控滥用手中权力。

光绪二十年（1894），也就是金敬修接充吏房典吏后才一年多，来自户房的 10 名经书联名向巴县知县递上一纸告状，控告金敬修收受贿赂后将好几个房的书吏名册上原先的人员排名加以篡改。他们声称，这样一来，那些原先排名靠前的经书就失去了被提拔为典吏的机会。这种利用手中职权破坏巴县衙门内部各种房规的做法激怒了知县。巴县知县重申，所有典吏的任命，都必须按照其在

----

① 巴县档案，档案号：6.6.267。

所在房内的书吏名册上的排名先后加以考虑。知县还斥责,像金敬修这种在各房名册上篡改书吏排名的做法,乃是严重违反正确的办公程序之举("枉公"),那样做将会为贪腐打开大门。不过,尽管知县也认为此事性质恶劣,但他对金敬修的处分之轻却着实令人惊讶。知县说道,虽然金敬修应被严惩,但如果金敬修能立即纠正其先前在各房书吏名册上篡改的那些排名顺序,那么他可以考虑对金敬修从轻发落。①

就在同一个月,来自工房的两名经书也向知县提起了与此类似的控告。这起案件的详情,我们将在下一节当中详加讨论,此处仅先做大致的介绍。这两名经书指控工房典吏伍秉忠贿赂金敬修,让后者篡改他们在工房书吏名册上的排名顺序。伍秉忠则在所提交的诉状中辩称,工房的前任典吏发现这两名经书屡次违反房规,为了对他们施以惩戒,前任工房典吏才与金敬修商量,在工房的书吏名册上将这两人的排名降级,但当时没有把他们的那些违反房规之举报告给知县。知县接受了伍秉忠的这番解释,于是伍秉忠和金敬修都没有因此受到任何处分。②

我们发现,就在此事发生两个月后,金敬修行使其作为吏房典吏所拥有的调查权,对柬房发生的一起纠纷展开调查,并随后向知县呈交了调查报告。该起纠纷源于柬房经书曾长龄针对李光廷接充柬房典吏一事提出的质疑。金敬修在其呈交给知县的调查报告中,支持了曾长龄提出的指控,认为李光廷采取了违反巴县衙门内部各种房规的做法,通过伪造文书以获得柬房典吏之位。另外,金

① 巴县档案,档案号:6.6.590。
② 巴县档案,档案号:6.6.269。

敬修还说李光廷过于年轻,无法胜任柬房典吏的工作,而且声称李光廷实际上还几乎目不识丁。①

　　在这起案件中,知县对金敬修所呈交的调查报告有所怀疑。倘若李光廷真的像金敬修所说的那样欠缺办公经验与目不识丁,那么自打李光廷接充柬房典吏之后,又是谁在管理着柬房的那些公务呢? 还有更加蹊跷的是,为何金敬修在李光廷接充柬房典吏将近一年后才将此事向知县禀告? 与此同时,李光廷也在不断地为自己申辩,声称曾长龄及其在柬房的那些亲戚们通过贿赂金敬修,让后者在向知县呈交的调查报告当中信口雌黄,对他进行毁誉中伤。李光廷强调这起案件乃是曾家人为了继续把持柬房而试图对他这样妨碍其道路的尽忠职守之人所做的一次打击。②

　　尽管知县对金敬修呈交的这份调查报告中所写的内容有所怀疑,但他并没有接受李光廷针对此事所做的上述申辩。由于该知县即将离任,他并未就此事做出任何裁决,而是将其留给了后来接任的新知县来定夺。虽然我们并未发现关于此事后来是如何处理的档案记录,但也没有任何证据显示,金敬修后来曾被知县认定在上述调查报告中弄虚作假与诽谤他人。

　　次年,又有人状告金敬修。这一次的起因,是由于巴县衙门仓房经书刘策指控周述道窃取了该房典吏之位。③ 按照刘策的说法,

----

① 巴县档案,档案号:6.6.271。

② 巴县档案,档案号:6.6.271。

③ 仓房典吏这一在该起纠纷中引发争议的位置,其先前出缺是由申克昌被革退而引起。申克昌是该房前任典吏申番昌的弟弟,而申番昌的前任则是金敬修的侄子金燮阳。申氏兄弟是申秉章的儿子,而申秉章是金敬修那位在盐房工作的侄子金倬云的同事。关于申氏兄弟和刘策之间的纠纷,参见本书第二章。

根据在仓房书吏名册上的排名,本应由他来接充该房典吏之位,于是他便向吏房交了 100 两银子作为参费,但吏房典吏金敬修收受了户房经书周述道的贿赂,帮助周述道窃取了原本应该属于刘策的仓房典吏之位(亦即"隔房强参")。刘策声称,金敬修不仅对他进行欺骗,让他失去了仓房典吏之位,而且还拒不归还自己先前所交的那 100 两银子的参费。他曾找过金敬修和周述道理论,要求他们交回这笔钱,但遭到这两人的拒绝。非但如此,周述道还对他提起不实的指控。周述道甚至还给了金敬修另一笔贿赂,让金敬修将刘策的名字从吏房书吏的名册上彻底抹掉。①

然而,金敬修依然像前几次那样没有受到任何惩罚。反倒是刘策因为周述道针对其提起的那些指控,而被赶出了巴县衙门。

由上可知,金敬修在一年当中便曾至少四度在不同的争端中被控滥用手中权力。不过,尽管金敬修屡遭此类指控,但他仍然能够在吏房典吏之位上一直待到光绪二十四年(1898)方才役满告退。② 而且,由于没有任何被坐实的贪腐证据,金敬修从吏房典吏之位上告退前的那种清白履历,让其获得了参加该年在成都举办的役满典吏考职的应试资格。③

---

① 巴县档案,档案号:6.6.586。

② 即便在金敬修从吏房典吏之位上告退之后,他仍然继续被一些书吏视为怀疑的对象,针对他的指控亦未曾停止过。在他役满告退三个月后,其吏房典吏之位的接充者向知县呈交了数份告状,指控金敬修出于明显违法的目的而扣留了好几起待承办案件的卷宗。当时在任的那名知县在堂审后,就像其前任所做的那样,对金敬修宽大处理。尽管时任知县也知道金敬修原本应被严惩,但还是下令称,只要金敬修向吏房归还那些被扣留的案卷,那么他便不再对金敬修加以追究。参见巴县档案,档案号:6.6.2282。

③ 巴县档案,档案号:6.6.475。

　　巴县衙门当中的那些书吏们针对金敬修提起的上述指控，很
可能都是无中生有。既然他从未被知县发现曾收受过贿赂，我们
或许可以认为，金敬修之所以被那些等级比他低的书吏们控告，乃
是因为这些书吏追逐内部晋升失败后而对其愤恨不满。而他屡次
被告到知县那里，也只不过是其占据了吏房典吏这一权势位置所
付出的代价。不过，鉴于金敬修的前任或继任者都不曾像他那样
屡屡受到其他书吏的此类指控，我们也可以得出另一个与上述猜
测全然相反的结论。那就是，与其将金敬修视为一名无端遭受诽
谤的无辜者，或许还不如把他看作一位特别擅长以人情来换取其
他典吏们对他加以支持的老手。

　　巴县衙门当中的许多典吏都因为金敬修曾助其坐上典吏之位
而向他欠下人情债。当金敬修从吏房典吏之位上役满告退时，他
在此之前至少已举荐过五名典吏并为这些人作保，其中包括他那
位在盐房承充书吏的堂兄弟金振元的对头王炳森。[①]　其他人向金
敬修背负的人情债，还因如下事实而得到加重：金敬修所占据的吏 ₁₀₁
房典吏这一重要位置，使得他能够通过操纵巴县衙门各房的书吏
名册与影响由议事会议负责的那些调查，来为他人提供进一步的
帮助。就像金敬修的堂兄金振元在其与王炳森有关的那起纠纷中
所哀叹的，正是在这种由忠诚、人情债和回报等因素共同构成的人
际关系网络当中，作为一个共同体，典吏们很可能会意识到，要想

---

① 巴县档案，档案号：6.6.267；6.6.270；6.6.272。虽然现存的巴县档案材料中只记载
　了被金敬修提名的 5 名典吏人选，但是他在接充吏房典吏的那五年间，金敬修可
　能提名了比这个数字多得多的典吏人选。

公正地做出判断并向知县汇报,将是相当不容易的事情。①

除老谋深算外,金敬修在巴县衙门当中的书吏生涯的另一显著特点是,在他所有利用手中权力所做的那些操控当中,没有一件是在致力于帮助金氏家族在巴县衙门当中继续发展其势力。例如,我们在本书的前面部分已经看到,他是如何举荐王炳森而不是他那位当时正在盐房工作、出自金氏一族在重庆城外乡下的那一支的亲戚来接充盐房典吏。在那件事情上,对自己亲族的忠诚,似乎抵不过其他方面的考虑(主要是经济利益方面的考虑)。金敬修本人是通过其堂兄才得以进入吏房工作的,但他却不曾从金氏家族的任何一支当中招募新成员进入巴县衙门各房承充书吏。尽管金敬修与继其后接充吏房典吏之位的牟树勋之间并非没有摩擦,但继牟树勋之后接充吏房典吏者后来声称,牟树勋之所以能坐上吏房典吏的位置,是因为他答应不会为难那些当初是由金敬修招募进巴县衙门工作的书吏。② 可是,在这些当初是由金敬修招募进来的书吏里面,无一人出自金氏家族。结果,当金敬修在光绪二十四年(1898)从吏房典吏之位上役满告退后,重庆城内的那支金氏族人中有其子弟在吏房任事的历史,也就画上了句号。

金氏族人的上述情况,绝非巴县衙门中的一个特例而已。在现今可以看到的巴县档案当中,时常可发现说明巴县衙门当中存在着与此类似的其他亲族关系网络的证据,尽管在细节方面要比关于金氏族人的少得多。此外,我们不能够因为这些亲族关系网

---

① 巴县档案,档案号:6.6.272。
② 巴县档案,档案号:6.6.637。

络是在被告到知县面前的冲突场景中才得以显现出来,就认为他们总是邪恶的腐败分子。毕竟在巴县衙门各房的日常工作中,此类冲突是相对少见的。与其根据这些纠纷推断说亲族关系网络始终是对巴县衙门内部那些房规的一种腐败践踏,我们还不如将它们视为巴县衙门内部那个社会性世界之基本构造的组成部分之一。在巴县衙门内部的那个社会性世界当中,这些亲族关系网络只有当其基本构造因为书吏们之间发生的冲突而被撕裂开来时,才会被我们这些现代研究者所注意。然而,尽管亲族关系网络普遍存在于此,但在巴县衙门里面,它远非唯一的人际关系网络,甚至也不是人际联盟的最主要方式。例如,我们无从知晓,为何金敬修没有利用其担任吏房典吏之便,去扩张金氏家族在吏房,以及巴县衙门其他房当中的势力。不过显而易见的是,在金敬修于巴县衙门承充书吏的生涯中,他显然从金氏族人以外的其他人那里揽得了对其予以支持的各种资源。与亲族关系一道,这个还包含了 102 庇护关系和派系联盟的系统,构成了巴县衙门内部实践的诸多关键面向之一。

第二节 庇护人、派系与朋党

我们在金敬修身上看到的那些支持他的人际关系网络,很大程度上局限在他与巴县衙门其他房的典吏们之间。此类人际关系网络对于任何一名典吏而言都很重要,但对于巴县衙门的内部运转而言,更为基本的还是那些存在于各个具体的房当中的人际关系网络。我们已经在前一节中看到，亲族关系常被利用来达到这种目的。不过我们同样也已经看到，在那些发生在巴县衙门某房内的纠纷当中，亲族关系并不总是最可靠的支持资源。一名书吏为了保住其位置，并确保自己可以从有利可图的工作当中获得稳定的收入来源，就有必要与那些并非其亲族的同事们拉拢关系。在巴县衙门里面，这样的群体主要有如下两类：庇护人（patrons）与被庇护人（clients）之间形成的纵向人际关系网络，以及那些有着共同利益的书吏们之间形成的横向联盟。

一　庇护关系

一名新人若想要进入巴县衙门承充书吏，则首先须得到现任典史或经书们的保举。尽管通常是由数名在册的现任书吏共同向知县举荐人选，但在多数情况下，一名被招募进来工作的新人，刚开始时都是作为学徒跟随该房某位现任书吏学习如何办理公事。通过答应为新人作保并为其以后在该房内的行事负责，那名高级别的书吏就与新人之间建立起一种庇护关系。在这种关系当中，所隐含的乃是一些有关服从与保护的互惠式义务。这种能帮新人在巴县衙门当中找到一位为自己作保者的"关系"之建立，除了可以求诸自家的血亲和姻亲，还可以借由与该新人并无亲族关系的其他书吏的举荐。后者既可以是与该新人来自同村或同乡的现任在册书吏，也可以是该新人通过其他任何的个人交往形式而认识的现任在册书吏。此外，这种关系也可以是纯粹建立在经济利益之基础上。

虽然经书也偶尔会为新人作保,但上述庇护关系在典吏们的身上更为常见。一名新人如果能够得到典吏的直接保举而进入该房工作,那么他就不仅获得了这份工作,而且还拥有了一位有权势的庇护人。该典吏将能够庇护这名新人日后可以分派到待承办的案件,并且当这名新人日后卷入该房内发生的某些纠纷时,他会施以援手。一名庇护人为托庇于他的书吏所提供的帮助,甚至还可以延续到该庇护人从权势位置上退下来之后,就像我们先前所看到的那样,金敬修要求其吏房典吏之位的接充者不得为难那些当初是由他招募进来的书吏们当中的任何人。

对于典吏而言,这种庇护关系的好处也同样很实在。鉴于典吏需要为其所在房内所有下属之所作所为负责,他当然愿意将一些欠自己人情的新人招募进其所在的房里工作。而且,这样做也可以为该典吏引入支持自己的骨干成员,无论是当他自己在该房内的权威受到威胁时,还是当他自己被人指控滥用手中的权力时,该典吏都可以要求这些新人与他站在同一战线并提供帮助。

就像他们对共同血缘群体所做的描述那样,书吏们自己也以多种方式来描绘这种庇护关系。那些被指控有不当之举的书吏们,通常都会提及自己当初是在哪位高级别书吏的保举之下进入巴县衙门工作的。通过强调当初保举他的那名书吏履历清白并以此暗示该人品行正直,遭到指控的书吏希望能够在某种程度上借此表明自己也是正直诚实之人,从而有助于洗脱嫌疑。在这种意义上,被指控的书吏所做的关于何人是其保举者的声明,与宣称自己的亲戚在巴县衙门当中长期尽忠职守一样,都是为了起到以此作为自己人品之佐证的作用。

103

反过来,庇护关系也可以不是被用来证明自己清白,而是被用来暗示对方品行有失以至于可能存在滥用职权的行径。将庇护关系污名化的一种办法,乃是声称某位低级别书吏当初是超过该房惯例所允许的书吏人数限额而被招募进来的("滥招")。这样说无疑是想要暗示,那名被指控的书吏是一个并不具备承充书吏之资格的恶棍,而他之所以能够被招募进巴县衙门工作,只是因为其保举人试图垄断在巴县衙门某房内的资源。倘若某位书吏的庇护人后来被巴县衙门革除或屡屡遭到指控,那么当该书吏受到指控时,他往往会因为与其庇护人之间的这种关系而受到牵连。例如巴县衙门典吏张武城便是利用上述这套说辞,请求知县革除其所在房内的两名经书。他声称,该房的两位前任典吏不仅其自己被巴县衙门革除,而且全衙门内无人不知此二人惯于破坏房规。因此,张武城向知县建议,所有当初是被这两人中任何一人招募进巴县衙门的书吏,都不适合继续留下来工作。在这件事中,一名有嫌疑的经书最终被革除。①

在巴县衙门的卷宗当中,我们可以看到大量与此类似的指控。此点表明,抨击前任典吏当初为新人作保时居心不良,被接充其位的新典吏用来作为铲除其所在房内那些惯于滋事或不与其合作之人的一种手段。② 对于一名普通的书吏而言,他如果遭到一名典吏对其提出与上述类似的指控,那么在这种情况下,他要想为自己辩护,将是极其困难的。这在光绪二十七年(1901)一起书吏们内部发生的争端中得到了直接的展示。当时,巴县衙门刑房典吏王尚

① 巴县档案,档案号:6.6.552。
② 巴县档案,档案号:6.6.253;6.6.281;6.6.519;6.6.552;6.6.623;6.6.630。

斌控告该房经书吴海珊当初是花钱从前任典吏那里买到其现在的位置，并且声称吴海珊在此之后还有种种劣行。

　　当吴海珊发现自己是因为遭到上述指控才被从巴县衙门革除后，他申辩说，自己这份已经做了 40 年的书吏工作不仅当初是通过正当途径得到的，而且从未留下什么污点。他接着声称，在王尚斌以极为可疑的手段接充刑房典吏之位后，王尚斌至少已经招募了 30 名新人到该房工作，而这些人都是超出刑房按惯例所能容纳的书吏人数限额招募进来的，且未被登记在册。吴海珊还说，王尚斌不久前刚以 200 两银子的价钱，将管理刑房讼案卷宗的差事，卖给了一名对他阿谀奉承的书吏。不过，知县并没有被吴海珊的上述申辩所打动，而是维持了先前所做出的那个将吴海珊革除的裁决。①

　　在这件事上，吴海珊所犯的错误在于，他没能制止刑房典吏王尚斌对他的孤立。一方面是王尚斌指控他滥用手中权力，另一方面则是没有任何一位同事站出来为他辩护，于是吴海珊被从巴县衙门革除，也就成了可预料到的结果。如果一名书吏要想在其庇护人被革除或役满告退后避免成为新任典吏采取敌意行动的牺牲品，那么他就需要在与前任典吏间的那种庇护关系之外，再与其他同事建立横向联盟。

---

① 巴县档案，档案号：6.6.621。关于王尚斌的更多信息，诸如他被任命为刑房典吏，以及他与刑房典吏赵镜如之间的关系，参见本书第二章。

二 拉帮结派

虽然对共同血缘群体或庇护关系的性质界定尚有争议,但诸如"伙""党""朋参"之类横向形成的圈子总是被描述为狼狈为奸与假公济私。不过,尽管其有着上述负面的形象,但派系联盟与庇护关系、亲族关系一样,都是巴县衙门内部各种运作的常见特征之一。

巴县衙门当中某一房内的派系,可以建立在多种不同的基础之上。例如,出身同一宗族的成员可能会形成一个核心,而其他一些与他们并无亲族关系的同事也可以加入进来。又或者,一名高级别的书吏可以将一群受其庇护的其他书吏聚拢在自己身边,即便当这位庇护者离开后,此派系还继续存在。另外还有一种方式是,那些差不多是在同一时期被招募进巴县衙门工作的书吏们抱团取暖而相互支持。特别是对于那些已经在巴县衙门当中工作了相当长时间的书吏们而言,一起携手对付试图侵占其所在房内各种资源的新任典吏或者那些被大量招募进来的与自己并不熟悉的新人,这样做符合他们的共同利益。这种建立在利益基础之上的派系,其存在时间通常较为短暂,且其成员的流动性很大。他们这次因某件事情而走到一起,下次又会因为另一件事而分道扬镳。

尽管亲族关系、庇护关系和派系联盟各有其内在的运作机理,但在实践当中,它们之间常常相互交叠。因此,虽然某个书吏人数较少的房可能会在某一段时间内被某个亲族、庇护人或者派系所把持,但在更多的时候,巴县衙门各房的运转像是一座由既相互连锁、又彼此存在潜在冲突的忠心与利益交搭而成的迷宫。鉴于这些群体所具有的既复杂又隐蔽的特点，无怪乎就连那些有着对其加以整顿之强烈意向的知县们，也对巴县衙门当中大多数房内部的具体运转都不甚了解。

可惜的是，我们多少也和当年的那些巴县知县们一样对此知之甚少。即便是在像巴县档案这般内容丰富的现存档案当中，也难以找到一幅关于上述那些人际联盟是如何存在于该衙门某个房里面的连续构图，此方面的详细记载极为少见。我们所能找到的，只是一些被收录在巴县档案不同卷宗当中的未有定论的零星证据。不过幸运的是，由于有几个关于工房在光绪十九年至光绪二十三年（1893—1897）间发生的一系列纠纷的卷宗保存至今，而且这几个卷宗的完整性程度非常罕见，我们至少可以看清楚该房在上述这段时间内所发生的那些事情。

这一系列纠纷，在工房典吏伍秉忠与该房资深经书卢礼卿之间一场旷日持久的争执中达到了高潮。它们揭示了巴县衙门工房内部错杂复杂的人际关系网络和权术斗争情况。同时，它们也展示了如下事实，亦即这些人际关系网络和联盟并非静止不变，而是动态的，会根据情势的需要而加以变动和重组。最后，我们今天还能够看到关于上述纠纷的记录，这一事实本身也表明，派系网络或亲族关系受到巴县衙门各房房规的制约，典吏们可以在有需要的时候将这些房规搬出来，以作为纠正某些事态的一种手段。

第三节　工房

光绪二十年(1894),拥有 20 位在册书吏及数目不详的小书、帮书的工房,若论人数规模,则在巴县衙门的 10 个房当中排第 5 位。在工房的那些在册书吏当中,有好几位已在该房工作了相当长的时间。例如,从同治初年便开始来到工房工作、目前在该房书吏名册上排名靠前的经书许赞元,到这时已经在该房干了 30 余年;比许赞元资历仅仅稍浅一些的工房书吏,还有卢春山和卢礼卿(此二人之间无亲戚关系),他们在光绪朝之前便已被招募进工房任事。

工房内还招募了其他来自巴县本地三个不同家族的人员。尽管许赞元本人未曾担任过工房典吏,但他的弟弟许从典在光绪九年至十四年(1883—1888)间坐上了该位置。在此期间,许从典将其子许瑞图招募进工房担任经书。在许从典从工房典吏之位上退下来后不久,许赞元的儿子许临宪也被招募进工房。① 但是许家人之间的关系并不总是很好,尤其是许瑞图,看起来他经常顶撞其叔许赞元。

许从典得以接充工房典吏之位,并非依靠其他那些同在巴县衙门承充书吏的许家人对他的帮衬,而是得益于一位名叫曾唯承的该房前任典吏。这一事实也体现了许家人内部并不团结和睦。

---

① 巴县档案,档案号:6.6.250;6.6.269;6.6.319;6.6.331。

曾唯承似乎一直在费尽心机将自己的亲戚招募进工房工作。正如本书第二章当中所讲述的，曾唯承在光绪十六年（1890）被指控不当地将工房的几名经书从该房的书吏名册上除名。此事起因于工房的几名经书拒绝向曾唯承交付一笔被后者勒索上交的数目过高的费用。曾唯承将这些经书从工房的书吏名册上除名后，便招募了他自己的亲戚来填上这些人空出的位置。① 到了光绪二十年（1894）时，那七八位据称当初是由曾唯承招募进来的曾氏族人中，至少还有四位留在工房，亦即其子曾子云，其两位侄子曾庆中和曾庆余，以及这几个人的堂兄弟曾勉齐。在盘踞于巴县衙门工房的三个家族派系当中，曾家人是唯一一个在伍秉忠与卢礼卿之间的冲突过程中其内部始终团结一致、共同进退的家族派系。

当时在巴县衙门工房任事的，还有一些留下来的陈氏族人。从同治朝后期开始，陈家人当中曾连续出过三任工房典吏，亦即陈九江、陈宗虞及其弟陈文斌（陈文斌是许从典的前任）。在这些人的带领下，陈家人控制了工房。在那期间，他们至少将另外的六名陈氏族人招募进工房承充经书。而且，陈家人看起来还与那位在该房书吏名册上排名靠前的经书卢礼卿有姻亲关系，例如陈九江自己便娶了卢礼卿的姑妈为妻。② 然而到光绪二十年（1894）时，陈氏族人当中只剩下两人还继续留在工房，亦即陈炳林及其弟陈炳镜。在下文将要讲述的那场冲突当中，这两兄弟始终追随在工房资深经书许赞元的身侧。

除了基于资历和共同血缘联系而形成的人际关系网络，巴县 107

---

① 巴县档案，档案号：6.6.550。

② 巴县档案，档案号：6.6.587。

衙门工房内还存在着一些建立在庇护关系和派系联盟之基础上、相较而言不那么明显的效忠情形。曾唯承在接充工房典吏期间，除了招募他自己的族人，还招募了不少并非曾氏族人的新人进入工房任事。例如伍秉忠、瞿铭章、蒋听齐及蒋听齐的兄弟蒋汉江，都是在曾唯承及其侄子曾庆中的保举下，才得以进入工房承充书吏。这些人结成一党，甚至在曾唯承从典吏之位上退下来后依旧抱团取暖。

与上述派系多少有些交叠的，是由许赞元的侄子许瑞图领头的另一伙势力。其成员包括工房经书瞿铭章、蒋听齐、侯集生与曾子云。他们当初是由不同的书吏保举，但几乎在同一时期进入巴县衙门任事。这些人当中的好几位，还与工房内的其他派系之间有着某种联系。例如，许瑞图至少当初是由他在巴县衙门内承充书吏的许氏族亲保举的，而瞿铭章、蒋听齐和曾子云则都与曾唯承的那个派系有瓜葛。尽管这个小圈子的书吏们不像工房内的其他派系势力那样容易描述，并且偶尔还会在一些冲突当中相互对立，但这些人全都是在该房内居于中层的书吏，他们都在工房当中已经工作了不短的年头。作为一个由少壮派构成的派系，其成员的共同利益，在于使该房内的那些位置和资源不至于被比他们级别高的书吏们或者新来到该房的人们所把持。

埋藏在上述这些派系势力之间的潜在矛盾，在光绪十九年(1893)曾唯承从工房典吏的位置上告退不到一个月后暴露了出来。就在曾唯承从工房典吏之位上告退与新的典吏尚未被任命的那段时间间隔中，在工房书吏名册上排名靠前的经书许赞元、卢春山和卢礼卿，在陈炳镜及工房书吏名册当中排名第四的许瑞图的支持下,状告曾唯承没有归还该房典吏的印信,以及好几个正在承办的案件卷宗。他们还进一步指控曾唯承卷走了不止160两银子的案费,而这些银子原本应当在工房内分发给大家。这些人解释说,既然接充曾唯承之位的新典吏尚未被任命,那么在新任典吏就位之前,应当由他们来暂时掌管上述案卷和钱款。然而,曾唯承却将这些东西带回自己的家中。此举让这些在工房书吏名册上排名靠前的经书们担心曾唯承有可能会将这些东西用于非法的目的。虽然曾唯承争辩说,被他带回家的上述银两,乃是他自己为工房前任典吏许从典所遗留下来的一笔亏空而垫付的钱款,但知县还是 108 很快地派出两名差役来到曾唯承家中,将曾唯承带回家的工房典吏印信、那些丢失的案卷和银两搜出并带回巴县衙门。① 尽管这看起来不过是一桩小事,但它将会在日后引起反弹,因为曾唯承的侄子——工房经书曾庆中——一直对此事耿耿于怀。

表3.2　光绪二十年(1894)工房内部的人际联盟

	许家人	曾家人	陈家人
家族	许赞元 许瑞图 许临宪	曾唯承 曾子云 曾庆中 曾庆余 曾勉齐	陈炳林 陈炳镜

---

① 巴县档案,档案号:6.6.275。

派系	曾唯承 伍秉忠 蒋听齐 瞿铭章 蒋汉江 曾庆中		许瑞图 蒋听齐 侯集生 瞿铭章 曾子云
在工房名册上排名靠前并结成一伙的书吏们	许赞元 卢礼卿 卢春山		

资料来源:巴县档案,档案号:6.6.250;6.6.269;6.6.319;6.6.331;6.6.550;6.6.587。

此事发生后大约一个月,当初是由曾唯承招募进来的伍秉忠(时年40岁)接充工房典史之位。在此后的至少三年时间里,围绕伍秉忠接充工房典史这件事,在工房内部上演了一系列的指控、反控、钩心斗角与利益交换。当然,我们根本无法辩明那些由冲突各方所提出的众多控诉之词背后的"真相"究竟是什么。由于控争各方及他们各自的支持者们在向知县陈述争端时个个都是巧言善辩,这些指控和反驳很快地变成了一场闹剧。如果说我们意识到要想看清这场表演中的那些密谋将是非常困难的话,那么同时我们还应当记住,对于那些负责处理这些冲突的几任巴县知县而言,其难度也毫不逊色。不过,由于这些冲突都被告到知县那里,而几任巴县知县也都愿意将这些冲突正式开堂审理,并且留下了关于这些堂审的书面记录,我们得以一瞥当时巴县衙门的那种政治经

109

济(political economy)。

一 前奏:地盘争夺战

关于巴县衙门工房内部酝酿着各种纠纷的证据,源于前面我在讨论金氏族人时提及的一场冲突。在那场纠纷当中,工房的资深经书卢春山与许瑞图联手,一起状告该房典吏伍秉忠与吏房典吏金敬修,指控后两人合谋篡改他们在工房书吏名册上的排名。卢春山与许瑞图在他们所提出的指控中详细述称,伍秉忠在接充工房典吏之前,曾迫使其自家儿媳投江自尽,而这个悲剧肇因于伍秉忠之妻对其儿媳的嫉妒。伍秉忠本人也因为此事而被巴县衙门革除。他们还声称,当伍秉忠发现自己被巴县衙门革除时,正值工房典吏曾唯承即将役满告退,于是伍秉忠便要求曾庆中、蒋听齐和曾庆余施以援手,以使他能够通过不当的手段重新回到工房并当上典吏("矇参")。而在这场阴谋得逞后,伍秉忠这伙人就将工房内所有案件的承办机会全部揽到自己手中。

数日之后,伍秉忠为了应对上述指控,反过来控告许瑞图不断煽动诉讼、越权处理待承办的案件,并且全然不理会伍秉忠本人对他的规劝而与卢春山合谋诬告伍秉忠篡改工房书吏名册上的排名,痛斥许瑞图奸诈无比且背信弃义,因此请求知县将许瑞图从巴县衙门革除。知县同意对此事展开调查。[1]

然而,就在伍秉忠向知县递上诉状之前,许瑞图、卢春山,以及

---

[1] 巴县档案,档案号:6.6.269。

比这两人年轻的陈炳镜已经参加了一场由资深书吏许赞元与卢礼卿做东的宴会,该宴会的目的是订立一份关于相互扶持的合约,并共同呼吁匡正巴县衙门各房内部的那些房规(参见本书附录三)。在遍布着多个派系或者以其他方式在其内部划分出不同势力的巴县衙门各房里面,此类合约乃是基于共同的目的而用来约束吏役们个人行事的常见手段。通常,房内的每名书吏皆人手一份此合约的誊抄本。一旦该房的书吏们都在上面签上自己的名字,这份合约就可以在日后发生的任何讼争中被作为证据呈交给知县。

在此处讨论的这个例子当中,该合约在开篇之处便宣称,其目的是制止伍秉忠的派系垄断该房诉讼案件的承办机会,以保护其他那些尽忠职守的书吏们的生计。他们在这份合约中写道:"身等各有身家,实于人众衣食有碍,是从邀同房人等□食房规,同心协力……"①这些人还在此份合约当中承诺说,任何在该合约上面签名的书吏,如果被伍秉忠那一派系中的人指控,那么其他签名的人都要为这名遭到指控的书吏辩护,并分摊所有的诉讼费用。

面对上述五位在工房名册上排名靠前的书吏的公开联手,并担心巴县知县会对其派系过往的所作所为展开彻查,伍秉忠与其派系成员蒋听齐、曾庆中不得不同意在该合约的第二部分上面签名。该部分所规定的是关于工房内的待承办案件应如何加以分派及该房内部纠纷的解决程序。结果,由于伍秉忠的妥协,他和许瑞图之间的所有诉讼,以及相关的调查,也就被撤了回来。

---

① 巴县档案,档案号:6.6.587。

二　卢礼卿与伍秉忠之间的冲突

为了化解上述互助合约对其位置和权威所造成的威胁，伍秉忠采取的第一步措施是劝诱该合约上的几名签字者加入自己的派系。在光绪二十年的年末最后几天（1895 年初），也就是上述互助合约签订五个月后，一份请求将该合约的主要缔造者亦即时年 48岁的资深书吏卢礼卿从巴县衙门当中革除的告状，被递到了知县的面前。尽管这份告状是以伍秉忠的名义递上去的，但上面有至少 15 名工房经书的亲笔签名，其中包括曾庆中、瞿铭章、蒋听齐和蒋汉江。最令人惊讶的是，除了伍秉忠派系的那些忠实拥护者，有两位先前曾在卢礼卿牵头下共同订立的那份互助合约上签名的成员，亦即卢春山与许瑞图，也在这份告状上写下了自己的名字。①

伍秉忠等人指控说，卢礼卿之前曾在重庆知府衙门承充书吏，但后来因为被控敲诈勒索而遭革除。之后卢礼卿利用其与当时担任巴县衙门工房典吏的陈九江的姻亲关系，从而偷偷摸摸地在巴县衙门的工房里面谋得现在的这份工作。从那之后，他敲诈勒索，逃避职责，虽然屡次承诺将会改过自新，却仍然继续赌博、嫖妓，还加入了秘密会社，引诱良家女子操持皮肉生意。卢礼卿还被指控不断为待承办案件的分派而争吵，结果阻挠了该房公务的正常办理。因此，伍秉忠等人认为，像卢礼卿这样的人，显然不应被允许

---

① 巴县档案，档案号：6.6.587。除非另加注解说明，所有关于卢礼卿的案子的材料，皆引自巴县档案中具体档案号为 6.6.587 的卷宗。该卷宗包括告状、禀状及与堂审有关的其他文书，其数量合计超过 35 件。

继续留在巴县衙门当中。为了就上述指控提供证据支持,伍秉忠等人令人叹为观止地在其提交的告状里面附列了卢礼卿这位所谓不知悔改的黑心无赖过往所犯下的十大劣行。其中包括声称卢礼卿曾下毒杀害了他在重庆知府衙门承充书吏时的师父,拐带邻县的一名有夫之妇并将她卖入妓院,屡次卷入与其自家人的诉讼当中,非法霸占其兄弟的家产,以及不久前还诱拐了巴县当地一户人家的妾室。

在伍秉忠等人指控卢礼卿的这起争端中,许瑞图还另外向知县呈交了一份禀状。在这份禀状里面,许瑞图解释了他自己虽然之前曾与卢礼卿一道订立了前述那份互助合约但现在却站在伍秉忠这一边的原因。许瑞图声称,之前的那份互助合约只不过是卢礼卿为了掩盖自己的劣行而设下的骗局,以用来诱骗像他这样忠厚的书吏们一起反对伍秉忠。许瑞图坚称,卢礼卿违反了巴县衙门内的房规,即便此人口口声声说是在对这些房规加以维护,而所有这一切,都使得伍秉忠等人除了向知县告发卢礼卿并请求将其从巴县衙门革除,已经别无其他选择。

在针对上述指控进行辩驳时,卢礼卿反复提到伍秉忠逼使自家儿媳妇投江身亡、采用不当的手段得到工房典吏之位,以及此后用人唯亲、将那些非其派系成员的书吏从工房名册上除名以把持该房的办案机会等事实。卢礼卿坚称,伍秉忠之所以指控他,是因为他带头订立了那份互助合约。他声称,伍秉忠在那份互助合约上签名后,却对卢礼卿的两位前盟友卢春山与许瑞图进行贿赂(亦即"买话"),以唆使他们反对卢礼卿:

書在房办公多年,毫无不法,可查可结。如果不法,书同伊等未立合约之前,伊等何不出禀？前首名等岂能袖视？实属挟怨报复。

知县意识到必须对工房书吏们之间的上述这些互扦进行调查,尽管调查起来相当麻烦。于是他责令吏房对此事进行调查后向其报告。①

四个月后,吏房就此事向知县呈交了一份调查报告。知县随后在堂上审问了工房登记在册的全部 20 位书吏,其中卢礼卿是被告（"被禀"）。在这场堂审中,伍秉忠,以及 10 名工房经书（其中包括卢礼卿的两位前盟友卢春山和许瑞图）再次在各自的证词中重申了前述那些针对卢礼卿的指控。而卢礼卿在为自己辩解时,承认自己数年前曾因办理公务出错而被从重庆府衙门革除（巴县档案中的原文写为"公事错误致革"）,但对其他指控一概予以否认。②　112

由于工房当中的大部分在册经书都站在了伍秉忠这一边,而资深书吏许赞元及他的那些追随者又对此事缄口不语,卢礼卿在堂审时所做的那些声称自己品格清廉、尽忠职守的激烈争辩终归徒劳无功。最后知县做出裁决称,卢礼卿"非好人,仍应如前禀革黜,不能姑容"。

---

① 在巴县知县下达这一指令期间,吏房仍然是由金敬修领导。如前所述,此时他早已被其他书吏指控与伍秉忠一道合谋篡改工房书吏名册上的排名。
② 卢礼卿就伍秉忠等人对他提起的各项指控逐一加以反驳。例如,他解释道,自己从未将谁的妻子卖给妓院,他只是在一场婚事中充当了媒人;其兄长的妻子之所以控告他,其实是因为"嫂人不守嫂道";他与弟弟之间的争吵,乃是由于他不愿意分家析产。

在成功地孤立并铲除卢礼卿之后,伍秉忠将其矛头转向另一位可能的对头卢春山。卢春山是那份此时已被宣布作废的互助合约的签名人之一,也是当时在工房名册上面排名仅次于许赞元的资深经书。就在前述那场以卢礼卿被从巴县衙门革除为结局的堂审举行后没过几天,伍秉忠不顾卢春山曾在该案的审理过程当中站在了自己这一边的情谊,请求知县将卢春山从巴县衙门革除,其理由是卢春山擅自将好几件文书带出工房的办公场所,而其中最要紧的是当时工房正在承办的一起土地纠纷中的一份地契。伍秉忠声称,卢春山此举显系违法,并且该人惯行不法之事,不断在地方上和工房内滋事,故而自己别无其他选择,只得请求知县将卢春山从巴县衙门革除。① 尽管知县明知伍秉忠自己身为工房典吏负有妥善保管该房所有文书卷宗之责,若在三天之内无法找回那份丢失的地契,则伍秉忠将要因此受罚,但他还是同意了伍秉忠的上述请求,正式将卢春山逐出巴县衙门。自此之后,巴县衙门的档案记录中便没有了卢春山的身影。而这也从另一方面表明,对于伍秉忠来说,相形之下,卢礼卿是一位要比卢春山难缠得多的对手。

三 复充书吏

光绪二十一年(1895)六月初,亦即卢礼卿被从巴县衙门革除的两个月后,他开始不断地向巴县知县申诉,请求重审他的案件。仅在次年的那一年时间里面,卢礼卿就至少先后七次向巴县知县

---

① 巴县档案,档案号:6.6.590。

递交禀状。卢礼卿为了能够回到巴县衙门复充书吏所做的那些努力,体现了书吏募用的几个特征。首先,且同时也是最为明显的,是他提出申诉这一过程本身。在卢礼卿所递交的禀状中,他总是援引那些已在巴县衙门工房内部成为惯例的规矩和程序,并且屡屡声称自己长年尽忠职守,清白廉洁,倚赖书吏这份工作作为养家糊口的唯一手段。在最初几次请求时任巴县知县撤销对其作出的前述黜革决定的努力失败后,卢礼卿又向相继接任的三任巴县知县递交了每次都几乎一字不差的禀状,请求知县重审其案,并终于得偿所愿。卢礼卿在进行旷日持久的申诉后最终获得成功,所依靠的并不仅仅是巴县衙门内的各种房规与知县所做出的裁决,而是还包括巴县衙门工房内的那些派系支持者们及其效忠方向的重新调整。

　　为了争取复充工房书吏,卢礼卿在恳求知县重审其案时所呈交的第一份状纸当中,详细描述了伍秉忠的派系势力是如何在工房里面非法聚敛钱财,并声明自己迫不得已才与伍秉忠一系的势力发生银钱纠葛。卢礼卿声称,在伍秉忠接充工房典吏后,伍秉忠及其主要的副手曾庆中便以每人须向他们交 200 两银子的明码标价方式,将一些先前已被从巴县衙门革除的书吏更名后重新招回工房。伍秉忠与曾庆中这两位工房当中主要派系势力的首领,接着还要求该房所有的现任书吏每人也都向他们交 200 两银子,否则就不给其分派待承办的案件。卢礼卿的上述声辩表明,他与伍秉忠之间的纠纷,其实是由上述这件事情所引起,而并非由于他过去的那些所作所为。由于卢礼卿在这份状纸中所讲述的内容可谓是关于接下来发生的所有事情的绝佳铺陈,故而值得在此原文引用:

当卢树廷等过给银百两,嗣庆中复串迭革之瞿玉堂,更名铭章来房朋参。属见庆中权霸弊深,恐遭贻累。尤有银百两未给,致向伊等追银,奸推月缓。庆中、秉忠奸诡,滥招伊等弟徒十余人入房,索取规费,局霸把持,擅改旧章,凡案均派伊弟伙徒等承办。致前五名经书许赞元、许瑞图等同书议立合约拟秉……庆中由此挟怨,奸诡异常,借伊叔唯承役满,公事不交。书同许赞元等禀明,耿主差唤伊交清始去。伊称不共戴天之仇,买话同书前立合约之许瑞图,与伊弟徒伙等联成一党,平捏协恳示革朦禀,诬书连年均控有案……复向伊等追银,奸央桂、海廷等耽招前五月内如数还银,拖至今认还不还,局翻估骗。情迫不已,禀恳讯追。况书在房多年,官经十余任,吏过六七人。如书果有不法,岂能缄默不禀究革?何待至今伊等始禀?实属局串妄诬,朦捏洩怨……均系伊等狠毒妄指……书前与伊等禀讯已知,例无朋参,诚恐澈究,故未言银。今遭朦革昧骗,心愈难甘,不得已恳查提讯,体恤原情,澈究跟随。俾书沉冤得伸,殁世沾感,节略事实……

114　考虑到自己才刚刚将卢礼卿从巴县衙门革除不久,知县并未被卢礼卿的上述这番话所打动,而是维持了原先所做出的那个将他革除的决定。

随着两个月后新知县上任,卢礼卿抓住这个机会,再次到巴县衙门提交告状,请求重审其案。尽管新任知县严词声称卢礼卿的那些指控若被发现有任何不实之处便会对其严惩不贷,但他还是同意对此案展开调查。然而,新任知县才刚开始决定对这起案子重新处理,以许瑞图、蒋听齐及其他几位少壮派成员为首的 9 名工房经书,便递上了一份禀状,在上面胪列了卢礼卿所犯下的那些致其被从巴县衙门革除的累累恶行:"礼卿昨架,昧朦难甘□□入银朋参,朦准提讯。知骇。似此诂恶不悛、劣绩昭著,若仍回房滋弊,不但玩法者无所儆戒,且于仁恩、公事大有关碍。"

就在许瑞图这一派系的书吏们呈递上述禀状的同一天,伍秉忠也向新任知县呈交了一份类似的禀状。不过,从这份禀状的措辞来看,尽管他在这份禀状中附和了许瑞图等工房经书们对卢礼卿之品行的评价,但伍秉忠意欲从这场纷争的旋涡中心抽身出来。这一次,伍秉忠并不是将自己当作这起事件的主角,而是装作以一位几乎与此事无关的第三者的口吻,声称对卢礼卿若被允准重返工房则将破坏该房之内良好的人际关系表示担忧。伍秉忠声言,当他自己向工房经书们询问对于卢礼卿重回工房办公的意见时,这些经书们都以倘若卢礼卿重回工房办公则他们将集体离开工房相要挟。伍秉忠写道:"如礼卿回房,均甘辞退。书在房参吏转瞬即满,何能与彼结怨? 无如房众不允。"尽管卢礼卿的三位堂兄弟最后也上堂为其求情辩护,声称卢礼卿穷困潦倒,无力奉养其守寡的母亲与祖母,但是知县还是同意了伍秉忠的上述请求,以不准卢礼卿重回工房办公而结束了此次堂审。

然而,卢礼卿并没有因为上述挫败而气馁,他利用次月巴县衙门又新换了一位知县的机会,第三次将其案件告到县衙。如果说伍秉忠在上述那份禀状中所用的措辞透露出他对卢礼卿的敌视那时已然有所淡化的话,那么卢礼卿在此次控诉中转而将其矛头针对曾庆中而非伍秉忠这一事实,则进一步显露了卢礼卿和伍秉忠之间这时很可能已有打算握手言和的苗头。卢礼卿声称,尽管伍秉忠的工房典吏之位的确是利用不当手段得来的,但真正的操纵者是曾庆中。并且不仅如此,曾庆中还是将那些先前被巴县衙门革除的书吏更名后重新招募回工房工作、招募自己的亲属到工房任事、在工房中一手把持承办案件的分派、诬告卢礼卿并致使其被革除这一系列事件的幕后主使。卢礼卿还暗示说,伍秉忠在其中所扮演的角色只是为曾庆中的上述阴谋作掩护,声称伍秉忠为了达到这一目的,不久前还说过倘若卢礼卿不再揪着他曾向工房书吏们勒索银两那件事不放,那么他便允许卢礼卿重返工房工作。新任知县同意此案存在疑点,并下令重加调查。

115

如果说卢礼卿此时有可能已经与伍秉忠就其重返工房工作一事进行过谈判的话,那么他似乎还取得了其前同事许赞元和陈炳镜的支持,而后两人在这之前都不愿介入此事。当两个月后此案开始重审时,工房资深书吏许赞元及陈炳镜、许临宪(许赞元之子)联名向知县上书,请求允许卢礼卿重返工房任事。与卢礼卿先前被形容为恶棍相反,许赞元等人此次称卢礼卿是一名为县衙尽忠职守的公人,强调工房内的诸人对其处理公事的娴熟技能无比怀念。许赞元等人写道,他们曾劝说伍秉忠同意让卢礼卿重回工房任事,以使卢礼卿的那身办公技能可以帮助工房,双方也已经同意今后都不得出于怨恨或愤怒而重启争端。许赞元等人还说,他们愿意为卢礼卿作保,请求知县允许卢礼卿重新回到工房承充书吏。知县注意到了他们的这一请求,并声言会在之后做出裁决时予以考虑。

尽管卢礼卿可能为了自己能够重新回到工房任事而四处活动，并私下与伍秉忠达成了协议，但是那些在工房书吏名册上面排名靠中间的经书们由于担心这位有权势的资深书吏回来后很可能会对他们进行打击报复，而仍旧坚持反对卢礼卿重回工房办公。就在许赞元等人联名向知县上书请求允许卢礼卿重新回到工房任事后的第三天，工房的上述这些经书们在许瑞图与蒋听齐的带领之下，又向知县递交了一纸指控卢礼卿的告状。除了重申先前那些针对卢礼卿的指控，他们这次还痛斥卢礼卿贿赂了许瑞图那位"老糊涂"的叔叔许赞元，以换取后者支持卢礼卿重回工房任事。他们在这份控状中如此写道：

> 伊狼性天□，无恶不作。伊视书等为鱼肉，书等畏伊如豺虎。如任伊仍迭革复充，势将寻衅报复逐人，蔓害较昔更烈。匪特书等旦暮难安，抑□□□保无遭伊暗害，奇弊业生。倘伊佑欲据房，书等均甘退避，免罗后祸莫测。此系书等据□禀公，实为锄害杜患起见，并□□攻，只得催恩提讯查究，以靖房科，而除刁顽。均沾至德无暨。伏乞。

由于工房内这些对卢礼卿提起指控的书吏们群情涌动地以自 116 己将退出工房相要挟，知县安抚这群人说，如果卢礼卿果真如他们所言是一名恶棍，那么他自然不会允许该人重回衙门任事。显然，此案还需进一步调查。

面对自己要想返回工房任事的道路上这最后一道必须克服的障碍，卢礼卿在短短一个多月的时间里便先后四次向知县呈状恳求,坚称自己是无辜的受害者。他首先解释说,自己业已与伍秉忠冰释前嫌,伍秉忠如今愿意让他重新回到工房。接着,在声言自己从未有意违反工房房规后,卢礼卿意欲回击其他书吏先前那些针对他的品行的所谓诽谤之词,开始宣称自己虽然家境贫寒但为人刚正不阿,并且他的家人拥有朝廷所认可的美德:

> 且祖母年九十余,母年六十余,两辈孀居,苦守多年。光绪十一年均蒙恩主,详请旌表。现家徒壁立,赖书一人供奉。但书在房趋公廿余年,并无一人呈控有案。岁非幼壮,不能另寻生活,全家绝食,是以不揣冒昧,恳泣慈宪垂怜,恩施格外,赏准开复回房办公。

尽管知县或许并不完全相信卢礼卿那套声称自己乃是尽忠职守之人的说辞,但他看起来被卢礼卿强调其家人曾因守贞而受到朝廷旌表的那番话所打动,结果同意就此案再次开堂重审。于是,在被从巴县衙门工房黜革 16 个月后,卢礼卿作为原告,而伍秉忠和曾庆中作为共同被告,再次来到知县面前对簿公堂。在听取双方所做的证供后,知县做出裁决称,既然工房的书吏们基本都同意卢礼卿回房办公,那么他也同意卢礼卿回到工房复充书吏,条件是卢礼卿此后要遵守该房房规,并且不得再与曾庆中发生任何恶意争执。

四　尾声

然而,卢礼卿重新回来工作,并没有给工房带来太平与和睦相处。相反,其所导致的最瞩目的结果是,工房内部原先的那些派系发生了变动,而许瑞图那一派系自此走向瓦解。卢礼卿重返工房复充书吏后,虽然许瑞图那一派系的书吏们当中并无一人像他们先前扬言威胁的那样立即离开工房,但是他们与卢礼卿的敌意依旧存在。在卢礼卿复充工房书吏后不到两个月时,许瑞图和瞿铭章再次控告卢礼卿贪腐。不过他们真正的指控对象并非卢礼卿,而是伍秉忠。许瑞图和瞿铭章两人在状词中将伍秉忠形容成一名缺乏胜任工房典吏之能力的文盲与见利忘义的糊涂蛋,声称伍秉忠收受了来自卢礼卿的钱财贿赂与阿谀奉承,背叛了他们这些人之前对他的支持。他们不仅拒不承认自己曾同意卢礼卿回工房办公,而且还声称是伍秉忠之前趁他们在外参加一场婚宴时,利用他俩均不在场的机会促成卢礼卿复充工房书吏。许瑞图和瞿铭章两人强调,显而易见,伍秉忠是在背信弃义地以欺骗手段帮助卢礼卿重返工房。除此之外,他们还提及,伍秉忠还进一步要求由他们来承担他自己与卢礼卿打官司所花费的那 100 两银子诉讼费。许瑞图和瞿铭章最后总结说,知县应当立即关注此事。

很快地,伍秉忠及其支持者们(其中包括从许瑞图那一派系倒戈而来的蒋听齐及其弟蒋汉江),对上述抨击进行了反驳。除了坚称卢礼卿复充工房书吏乃是经过了大家都认可的程序,伍秉忠断然否认自己曾强迫任何人为其承担诉讼费。他接着还指控许瑞图及其同伙严重违反了工房房规。例如,许瑞图最近将一起原本应当分派给蒋听齐承办的案件据为己有。伍秉忠声称,当他出言指责许瑞图等人的所作所为后,许瑞图和瞿铭章便合谋到知县那里对他进行诬告中伤。伍秉忠还补充道,许瑞图曾威胁他说,如果卢

117

礼卿被允许重回工房办公,那么许瑞图就要偷走案卷并嫁祸给伍秉忠。最后,伍秉忠请求知县对许瑞图、瞿铭章一党进行调查。

就在许瑞图及他那些此时正在人数逐渐减少的支持者们再次向知县递交了一份告状后,知县下令对此案展开调查。这起争端在巴县衙门工房现存案卷中的记录,到此便戛然而止。在他们再次递交的那份告状当中,许瑞图等人控告伍秉忠此时的追随者蒋听齐(蒋听齐先前曾是许瑞图等人的盟友)在伍秉忠的庇护下混进工房敲诈钱财,并且声称伍秉忠本人曾强迫工房现任的书吏们出钱购买被分派承办案件的机会。从另外的一些案卷当中,我们得知伍秉忠与这些普通书吏们之间的互控持续了三个月之久。最终,瞿铭章被从工房黜革,并因"把持公事"的罪名,戴枷示众[1]—个月。瞿铭章后来在为自己的被黜革诉冤时声称,在光绪二十年(1894),他自己为了应付伍秉忠的索贿,曾被迫典卖家产,如今他蒙冤被革,已无力供养其家庭和还清债务。可是,尽管瞿铭章自己向知县喊冤叫屈,并且后来他的前同事们也为他的遭遇向知县递交了禀状,但他希望重新回到工房办公的请求还是遭到了知县的拒绝。[2]

在与瞿铭章等人的纷争当中,伍秉忠始终否认自己曾参与过任何方式的敲诈勒索或结党营私,并声称自己不过是一名当初依靠亲友们的接济才勉强得以交上参费的寒士。在再度洗脱了所有

---

[1] 枷是一种套在犯人颈上和手腕上的沉重且庞大的木制刑具,是加诸一些所犯罪行相对较轻的罪犯身上的常见刑罚方式。在戴上了枷并在枷的表面写上所犯罪名后,这些犯人再被进行示众。因此,枷这种刑罚结合了极端的身体性痛苦和精神上的羞辱。

[2] 巴县档案,档案号:6.6.592。

针对他的指控后,伍秉忠很快就从工房典吏之位上退了下来,而此时离惯常的典吏五年役期届满还有不到一年的时间。按照伍秉忠自己的说法,他之所以提早从典吏之位上告退,是为了能够更好地照顾家中那位老迈病重的母亲。① 伍秉忠离开巴县衙门而空出来的典吏之位,后来由他当初招募进工房、并在他与卢礼卿之间及其后发生的一系列诉讼中始终站在他这一边的李鹏程所接充。②

就在伍秉忠从工房典吏之位上告退后不久,他的盟友曾庆中付给户房典吏 200 两银子作为好处费,改用"曾新安"作为新名字换到户房工作。③ 尽管许瑞图之前曾扬言威胁说要离开工房,但在卢礼卿重返工房工作的那段时间内,看起来他至少暂时没有再和卢礼卿发生冲突。他的名字一直被保留在工房的书吏名录上面,直至光绪二十八年(1902)后才消失不见,不过我们并不知道他最终为何离开工房。而伍秉忠的被庇护人蒋听齐则继续留在工房。蒋听齐在光绪三十一年(1905)时因为巴县衙门各房待承办案件的管辖分工问题而卷入了一场与户房书吏们的纠纷当中,在从中成功脱身后,他一直留在工房工作,至少到光绪朝末年(1908)时,人

---

① 巴县档案,档案号:6.6.277。

② 巴县档案,档案号:6.6.335;6.6.338。

③ 关于曾庆中从巴县衙门工房换到户房工作的原因,主要的证据来自光绪二十九年(1903)时工房典吏陆国恩及该房包括蒋听齐在内的一些普通书吏所提交的状词。这份状词中写道,在伍秉忠从工房典吏之位上告退后,曾庆中过去在工房内的所作所为被加以调查。陆国恩等人声称,改用"曾新安"作为新名字并从工房换到户房工作,只是曾庆中为了逃避被控告而采用的手段。虽然曾庆中已经不在工房工作了,但是他的名字此时还被保留在工房的书吏名册上面。为了避免曾庆中今后可能还会从事腐败行为,陆国恩等人请求知县将曾庆中正式从工房除名。

们还能在工房当中看到他的身影。①

在结束对发生在巴县衙门工房当中的上述故事的讲述之前,我还想再简要地提一下那位虽然几番遭受挫败但一直不屈不挠的卢礼卿。当卢礼卿重新返回工房任事后,他便招募了自己的好几位亲戚加入工房。光绪二十八年(1902),卢礼卿的堂弟卢国恩接充该房典史。五年后,卢家人当中的另一位成员卢朋林又接替了卢国恩的典史之位。② 尽管卢礼卿本人未曾担任过典史,但当在工房内资历最深的许赞元于光绪二十三年(1897)离开后,他还继续留在该房内以资深经书的身份办公。光绪朝末年(1908),他又一次卷入纷争。当时已年近六旬且在巴县衙门当中做了40多年书吏的他,请求知县黜革一名当初由他自己招募进工房的书吏,其理由是该人挪用公款、敲诈勒索和吸食鸦片成瘾。但就在知县同意将该人从巴县衙门黜革后,那名起初受卢礼卿庇护的前工房书吏便状告卢礼卿,要求卢礼卿向其归还先前所交的参费,此外还指控卢礼卿从工房窃取了好几份空白执照,声称卢礼卿诬告他是为了掩盖自身的这一不法行径。知县同意对此事进行调查。③

第四节　结论

巴县衙门内书吏们那些体现出特殊主义之特征的结盟形式所

---

① 巴县档案,档案号:6.6.335;6.6.338;6.6.341;6.6.343。
② 巴县档案,档案号:6.6.341;6.6.343;6.6.659。
③ 巴县档案,档案号:6.6.659。

起到的作用,如同它们被表述的方式一样晦暗不明。正如在本章中所引述的所有纠纷中看到的,那些基于亲族关系、庇护关系或者共同利益而相互结盟的书吏们对巴县衙门内某房的实际控制,通常被用来垄断该房里面的各种资源,从而剥夺了其他书吏的内部晋升机会及承办那些有利可图的案件的机会。即便对那些在巴县衙门中的科房生涯里面自始至终从未遭到过上述指控的书吏们来说,良好的人脉关系和人际交往通常也是首先保住其位置并在以后谋求内部晋升所必需的条件。从这个意义上说,这些体现出特殊主义之特征的结盟形式在巴县衙门内所起到的作用,与它们在整个清代社会里面所起的作用是一样的,亦即都是将个人纳入更广阔的社会关系和各种支持性资源之中。

尽管上述这些都是人际关系的极常见形式,但清朝中央政府的官员们认为这些侵入地方行政机构内部的人际关系网络有悖于儒家所奉行的道德原则,因此乃是腐败的根源。同样的,当代的许多研究者也认为,此类体现特殊主义的做法背离了理性化的官僚机构所应当具有的那些组织规范,是一种造成功能失调的特殊的腐败行为形式。但是在巴县衙门内的那个社会性世界中,基于忠心与义务而缔结的人际关系网络,并不总是意味着对规范的背弃。在很多情况下,它们反而在那些不被官方正式法律规定所涵盖的地方行政实践中构成了一类特别的规范。

例如,庇护关系和亲族关系在巴县衙门当中被普遍加以利用,以确保招募进来的新人有能力胜任书吏工作,并且能够与现任的书吏们和睦相处(也就是说,以此确保新招募进来的人员不仅是在能力上胜任的,而且日后不会做出破坏房规之举或者因为各种令人震惊的腐败招致知县对该房展开调查,结果导致该房现状被打破)。同样的,巴县衙门各房内部与各房之间进行商议的那种集体性特点,也意味着那些横向形成的人际联盟或派系经常必须首先围绕在其房内制定各种房规并于日后加以奉行这些方面形成共识。

120　　毫不令人感到奇怪的是,上述这些人际关系的双重功能(它既是一种用来确保巴县衙门各房能够顺利运转并从中持续获取各种资源的方法,又可被用作为垄断上述资源的一种手段),导致了人们在对它们加以表述时也具有类似的双重性。例如,我们已经看到,亲族关系和庇护关系经常被用来作为书吏个人所拥有的能力和品行之佐证。在巴县衙门运作实践的非正式领域当中(在该非正式领域里面,朝廷规定的经制书吏额数和相关的刑事法令并没有起到多大的约束作用),此类正面的评价与那些更广泛的文化规范和社会期待(将衙门视作社会的一个组成部分)息息相关,并从后者那里获得有效性。

另一方面,如果某人想质疑某一特定的书吏群体的行为动机,那么上述各种结盟形式也同样可以被描述为是在企图滥用手中权力和品格卑劣的例证。在这种情况下,该群体领袖的个人品行通常会成为众矢之的,因为他的个人品行将会被引申开来认为可以反映出他所领导的那个群体的整体品行。在那些由于各房内部发生的争端无法自行解决而被递交到巴县知县面前的告状和禀状当中,我们可以从前引的那些互诘之语当中找到利用此种修辞手法达到上述目的的例证。如果仅仅是从表象上看,那么我们很容易(甚至会不可避免地)得出这样一个结论,亦即认为巴县衙门里面尽是一些诡计多端的无赖和恶棍。然而,绝大多数此类控诉的目的,并非真的要单单以此指控某位被质疑的书吏(例如声称伍秉忠逼使自家儿媳妇投江,或者声称卢礼卿毒害了他的师父)。更确切地说,提出此类指控的人们,意图在讲述某个严重性程度方面相较于前者较轻但更具实质意义的控诉(例如声称该名书吏将待分派承办的案件把持在手中不放而不分派给其他人承办,或者将其他书吏在房内书吏名册上的位次予以篡改)之前,先对其对手的品行进行抨击。这种话语策略背后潜藏的论述思路非常清晰;在绝大多数书吏们互控的案件当中,某个实质性指控所说的那些遭到违反的惯例性程序,其本身的存在便违反了朝廷明文颁布的法律规定。

然而,上述这类描述最令人感到惊讶的一个特点是,做出这些描述的并非来自巴县衙门外部的人们,而是在巴县衙门内部工作的书吏们自己。在这里,我们再次发现一种看似散漫无章的策略在发挥着微妙的作用。社会大众心中那种认为衙门乃腐败之渊薮的常见观念,为书吏们在知县面前中伤自己的对头提供了一种有效的现成手段。但是,如果说一名书吏是在纠纷中利用了社会大众对衙门的上述印象来支持己方说辞的话,那么他这样做绝非要故意谴责自己所操持的这份书吏工作。相反,当他在知县面前告发自己某位同事的卑劣品行时,相比之下,他所做的那些谴责性描述强调了书吏们通常乃是值得尊重的这一点。易言之,以腐败来描绘自己意欲加以中伤的对手,并非因为其对手违反了官方颁布的那些成文规章(实际上,大多数书吏本身都是超出朝廷规定的经制书吏额数进入巴县衙门工作的),而是由于其对手违反了巴县衙

121

199

门运转实践中所依赖的那些非正式规范,而这些非正式规范是与本分、正直、忠心和孝顺等社会大众普遍认可的价值观相一致的。

当一名书吏引述其所在房内的那些房规并得到其他书吏们的集体支持时,诸如此类的表述,不管是正面的还是反面的,都可以很有效地影响到知县将做出的决定。例如,卢礼卿先是被时任巴县知县视作一名彻头彻尾的恶棍而被从工房黜革,后来则在另一位巴县知县的眼中变成了一名孝子和难得的办理公事人才,从而得以重返巴县衙门工作。那些非正式的房规和被标准化的惯例性做法,与各种人际关系网络一道,通过上述方式约束着书吏们的行为,从而限制了他们对所在房内各种资源的垄断,维系着将书吏工作作为一种长期营生手段的可行性。

然而,如果我们将书吏们在巴县衙门当中的工作描述成一份受人尊重、对社会有价值的专业性工作的话,那么我们又将会面对如下这一事实,亦即这份专业性工作的那些价值规范,既违背了由朝廷任命的官员们被要求遵守的那些正式的行政行为准则,又违背了这些正式的行政行为准则建基其上的那些正统的儒家理念。毕竟,像书吏们在衙门当中所操持的这样一份专业性工作,其所依靠的经济基础既非来自国家的常规薪俸,也不能称之为是建立在书吏们自身拥有的各种资源之上。毋宁说,它公开地建立在从地方民众那里所直接收取的那些规费上面。从这种意义上讲,这些衙门内部的功能性职位,被在朝廷所规定的正式制度的领域之外用于交换以获取各种经济回报。

只要这一机制在地方层面获得了某种非正式的或者非法的正当性(illicit legitimacy),那么它就会有效地消除任何将县级衙门所扮演的行政角色与它运行于其中的那个社区隔绝开来的界限。因此,在衙门实践的领域内,县级衙门作为独特的外部性政治权威之体现的色彩逐渐变淡,而它作为衙门吏役与当地民众之间展开讨价还价与经济交换的场域之特点则凸显了出来。不过,在我们能够进一步探究巴县衙门在此方面的运作及其与地方社会的关系之前,我们必须先来关注那些在县衙与当地社区之互动关系中起着更直接作用的衙门办事人员——差役。

122

第四章　差役

　　天下无不爱民之官,然爱民之政往往不能下逮者,良由蠹役内外勾连,从中扦格,而爱民者或至于厉民。夫律设衙役以供差遣,原不能尽除不用。惟若辈概系匪徒,不顾急公,只图作弊,不可以理喻,不可以情动,不可以德化,不可以恩结,所畏者法而已矣。全赖本管官束缚而驰骤之,俾知畏法,不敢放开手胆。但经有犯,立予严惩,免至酿成案件,则可以保百姓之身家。

——[清]刘衡(1825—1827 年任巴县知县)①

　　在清朝的行政系统中,差役的地位相较于书吏更具争议性。尽管他们负责执行大量与县衙行政活动有关的非文职工作,并且作为国家权威在基层的主要执行机制之一而发挥作用,但差役们

---

① [清]刘衡:《庸吏庸言》,清同治七年(1868)楚北崇文书局刊本,第 16 页。

却被各级政府官员众口一词地视为衙门雇员中最为贪婪腐败的群体。正如我们在前文当中已经看到的,书吏们的工作也遭遇着类似的悖论。但在差役们身上,这种悖论由于其较之于书吏群体的如下几点重要区别而变得更为明显。

首先,差役在总人数上远远超过书吏。因此,要想对人数规模更为庞大的差役群体进行约束,相对而言更为困难。更何况与书吏们不同的是,差役们通常是在衙署之外办差,而这就导致对其的约束变得更为复杂。差役们的这种工作特点,使得他们直接与当地民众发生接触,尽管这也造成他们游离于知县或其幕僚的监管之外。此外,由于其所从事的工作要求具备读写能力,书吏们至少可以声称自己拥有个人荣誉感和道德感,但差役们则不同,他们被认为只不过是卑贱的苦力而已。差役们没有可以自诩的学识,缺乏文字素养方面的训练,不具备拥有前述那些内容当中所蕴含的自我修养的任何可能性,故而差役们被认为天生就不值得信任且无法抗拒贪污腐败的诱惑。因此,如果说官员们对书吏们抱持着相当程度的怀疑态度的话,那么他们对差役们的态度则可谓经常表现出公然的敌意。

虽然官员们如此看待差役,而差役们在地方行政运作中的实际作用又非常重要,但清政府却几乎没有做过任何对相应的正式制度加以变革的努力。在清政府所采取的那些改革举措里面,没有一项措施是被用来改善县级行政运作当中所存在的结构性问题。这些结构性问题包括,朝廷规定的经制吏役额数在实践中完全不敷使用,以及财政支持方面的严重不足。相反,那些改革举措致力于加重知县在管束其手下差役方面的个人责任,以及加大那

123

些针对存在不法行为的差役的惩罚方式之范围与严厉程度。正如清代官员刘衡在前引评论文字中所提到的,管束差役的重担落在了知县的肩上。然而,很少有官员能够具有刘衡那样的热情和才干。由此导致的结果是,地方行政运作继续在成文法律规定的界限及其控制之外非正式地发展。

清朝中央政府的官员们倾向将所有的差役全都归类为一心只想中饱私囊的恶棍,认为这些人受雇在衙门中工作的唯一动机便是意欲从腐败行为中谋取私利。与此相类似的看法,也影响到当代研究清朝差役的绝大多数学术论著的分析框架。而如今有了巴县档案可供研究利用,我们得以有机会超越先前那些认知中的刻板印象与缺漏之处。本章及下一章将展示,巴县衙门中的差役们,并非如同居于庙堂之上的官员们所想象的那样乃是蛇鼠一窝的恶棍。事实上,他们是作为一个总人数非常庞大且其内部高度层级化的群体在运作。差役们之间不仅各自所拥有的权力大小不同,而且还根据收入的多少、工作稳定性程度乃至于内部地位的高低而彼此进行区分。在这个结构当中,并不存在任何由清朝中央政府颁布的操作性规定,而是由巴县衙门的差役们自发形成了一套私底下奉行的办事规矩与标准化做法,以用来维持他们的生计与达到减少衙门内部各种竞争的效果。在此过程中,这些其中包括了大量非法存在的非经制差役的衙役们在其内部创造出一套关于行政办事人手雇用的制度,而这套制度很少受到他们名义上所服务的帝国朝廷所颁布的那些正式法令之影响。

本章将通过勾勒巴县衙门差役们的内部组织情况及他们的主要职责,来对这套非正式制度加以探讨。在对巴县衙门所雇用的差役人数进行初步估算后,我将讨论他们的社会经济背景,以及他们是如何试图将其中大部分人(那些非经制差役)在巴县衙门内那种严格来讲属于非法的存在进行正当化的。在本书第五章当中,我将继续探讨巴县衙门差役们的内部运作,例如差役的招募、服役期限、惩戒手段及人际关系网络。最后,也是最为重要的,我将检视差役们身上所体现的这些相互矛盾的特征,是如何影响他们在巴县衙门当中所扮演的角色,以及他们与当地百姓之间的关系。

第一节　内部组织与人员管理

"Yamen runner"是对中文"差役"一词便捷却并不严谨的英文翻译,对"差役"一词更有文采的英文翻译是"drafted service"。"差役"一词本身源于北宋时期的"差役法"。根据北宋时期的"差役法",地方上的一些头面人物被官府招募来作为驻扎乡村的行政办事人员并为官府承办临时性事务。作为宋朝地方政府的基石,这些乡村行政头目负责一些基础性的行政事务,例如保管乡村的各种簿册、维护公用设施、设立地方慈善机构、为衙门征解钱粮,以及维持地方上的治安。由于上述这些工作转由地方社区自己来负责,故而当时的县衙只是临时性地雇用了一批由门役、禁卒、仵作、更夫、轿伞夫、皂役等组成的衙役。这些衙役主要都是在衙署的范围之内工作。

随着中央集权在明代和清初逐步加强,上述绝大多数的地方行政职能都被划归地方衙门负责,而这就要求地方衙门必须配备

更多的办事人手来行使上述职能。在此过程中,"差役"一词演变
为特指那些在衙署之外执行上述任务的衙役。在巴县,根据其工
作的专业化程度不同,这些人手被分为四大类,亦即粮役(或称快
役)、盐役(或称盐差)、捕役和民壮。

尽管"差役"一词常常被不加区分地用来泛指衙门当中所有非
从事文书工作的衙役,但在以下的章节中,我用这个词来特指前述
那四类人。由于他们是在乡村地区执行任务,故而会与当地百姓
直接发生接触。在这四类人当中,粮役和捕役构成这些衙门雇员
中的最大部分。这两类差役作为行政办事人手的重要性,以及官
方对他们在衙署之外的所作所为的关切,都反映在如下这一事实
上面,亦即19世纪的巴县档案中关于差役的记录大部分都是关于
这两类人员。在下面关于巴县衙门里的这些重要成员是如何被组
织起来工作的描述中,我们必须谨记一点,那就是在相当大的程度
上,此类组织结构并非建立在依靠成文法律之指引的基础上面,而
是建立在当地衙门内部奉行的惯例性做法及一些非正式程序的基
础之上。尽管这种组织结构偶尔也被一些巴县知县改革过(例如
就像刘衡所做的那样),但有关其人员的招募、内部排名、晋升、管
辖事务分工,以及围绕上述事项所发生的纠纷之解决等问题,在很
大程度上都是由差役们自己决定和处理的。

一 分工与排名

如本书第一章所述,粮役这类在清代巴县衙门当中人数最多
的行政办事人手,被分派到怀石里、居义里和西城里这巴县当地三

个不同的"里"工作。在嘉庆年间(1796—1821),这三个里的差役
被进一步各分为左右两班。① 在那之后不久,这两个班又被再分为
单双月轮班,一轮在单月当值而另一轮则在双月当值。类似书吏
们是在巴县衙署里面某个特定的房乃至班办公,差役们是在其当
值的某个特定的里、班和轮执行任务。在上述这三个里工作的差
役们被统称为"三里"或"三里六班",其内部组织结构参见表 4.1
的概括。

表 4.1　巴县衙门粮役的内部组织结构

里(西城里、居义里和怀石里)			
左班		右班	
单轮	双轮	单轮	双轮

在清朝早期,巴县衙门的粮役们只在当地乡村地区执行任务。
当时,重庆城内的行政事务主要是由皂役与民壮来执行。但是到
了 18 世纪末,重庆城的快速发展,使得当地衙门的政务负担也加
重了许多。为了帮助应付这些行政事务方面的重负,粮役们开始
在重庆城里执行一些任务,并最终在此方面完全取代了皂役与民
壮。但是由于重庆城本身并非一个独立的行政区划,故而没有在
重庆城内单独配备粮役,而是由前述三个里的巴县衙门粮役们按
照每个里十天轮班一次的方式来共同承担此项差使。不过,这种
临时性的职责分工也造成了巴县衙门粮役们内部的关系紧张,并

126

————————

① 李荣忠:《清代巴县衙门的书吏与差役》,《历史档案》1989 年第 1 期,第 96 页。

且一直是 19 世纪后期该衙门粮役们之间发生冲突和相互控告的根源。

　　与粮役们不同，巴县衙门的捕役们则是在上述三个里范围之内的十个更小的"里"①之基础上被划分为若干组。例如，一名粮役可能会称自己是西城里的粮役，但一名在同一区域工作的捕役却可能会更详细地说出自己是负责哪一个更小的里的捕役。对捕役们的管辖区域范围加以限制，乃是为了与他们作为维持当地公共治安的行政办事人手的功能限定相匹配。就像粮役们一样，在上述十个里工作的捕役们也被细分为左右两班及单双两轮。不过和粮役们有所不同的是，重庆城内另设有自己的一队捕役，这些捕役被长期派驻在重庆城内的 29 个坊。

　　巴县衙门粮役和捕役们的内部组织结构，都是在一个强调连带责任的等级体系之基础上建立起来的。在乾隆年间，当地衙门各班的捕役和粮役都是在一名头役的领导下开展工作。头役负责监督其所率领的若干名下属执行任务。但是到了 18 世纪末与 19 世纪初，随着差役人数的增多，巴县知县们试图通过加重连带责任的方式，来至少从表面上维持对差役们的控制。因此，刘衡在 19 世纪 20 年代任巴县知县期间，曾将巴县衙门的各班差役又分编为若干个五人小组，每组由一名"总头"负责。②

　　但是，差役人数在 19 世纪后半叶的日渐增长，使得进一步强

① 译者注：巴县的行政区划在清初被编为四里（西城里、居义里、怀石里、江北里），后来江北里被拨归江北厅管辖，故而时人习惯将巴县的行政区划称作"三里"。康熙四十六年（1707），巴县的行政区划被改编为十二里，后有两里改归江北厅管辖，巴县余十里。三里和十里的区划标准，清代在巴县被长期混用。

② ［清］徐栋辑：《牧令书》，清同治七年（1868）江苏书局刻本，卷 17，第 37 页。

化这些人的责任及对他们的管束成为当务之急。到光绪朝时,巴县衙门各班捕役和粮役的总头,由六到十名不等的领役负责监管,而这些领役们则在一名管事的领导下开展工作。领役是巴县衙门里面按照朝廷所定的经制吏役额数而设置的差役。

和书吏当中的典吏们一样,差役当中的领役们拥有颇大的实权,同时也要承担相应的责任。领役们的任命文书上面盖有知县的印信,他们要对所有被分配到其所在的班上乃至轮上的任务承担责任,此外还负责给其下属分派工作及招募新人。领役们同时还要负责其所在的班执行任务时发生的所有开销。[①] 事实上,是否有经济能力支付上述开销,乃是能否从事差役这行最主要的条件之一,尤其是对于领役而言。

领役们还要对其下属们的所有行为负责,并且,他们一旦被发现对其下属疏于管束,便会受到责罚乃至被从衙门革除。例如,在光绪十九年(1883),巴县衙门的两名捕役被控在奉命押送一名带枷犯人时光顾鸦片烟馆,而且这两人在吸食鸦片时一时疏忽,致使该犯人逃跑。除了这两名捕役要被杖责,巴县知县还下令,倘若不能将该逃犯在半个月内缉拿归案,则这两名捕役所在的那个班内的所有领役都将要被处以一种叫作"站笼"的严厉惩罚。[②]

到光绪朝时,在领役之下,巴县衙门还保留有先前刘衡担任巴县知县时所设置的总役。自从刘衡担任巴县知县之后,巴县衙门里面总役的人数明显增多。并且,总役直接负责对绝大部分工作的分派,正是他们使得差役们得以各司其职。

---

① 例见巴县档案,档案号:6.6.507;6.6.602。
② 巴县档案,档案号:6.6.566。另参见巴县档案,档案号:6.6.494;6.6.650。

最后,在总役之下还有散役。与领役和总役在当班时就住在
衙署里面不同,散役们通常居住在乡村地区。这种雇用方式使得
散役在巴县衙门当中的地位明显模糊不清。通常的流程是,当一
项任务被指派给某个班时,该班领役再将该任务分派给某一位总
役,该总役在号簿上被登记为"承役"或"承差"后,接着便前往相应
的场镇或乡村,与在那里的一名散役共同执行该项任务。

就像领役们须对其下属的行事负最终责任一样,总役们也要
对其所监管的那些散役们的行为负责。因此,光绪十一年(1885)
时,巴县衙门粮班散役张处奉命前往邻县递送文书,因迟到了一
天,他被巴县知县责罚。而那名分派张处承办此事的粮班总役,也
因为"派差不妥"而被巴县知县下令打了一顿板子。①

所有领役、总役和散役的姓名皆被登记在一本关于各班人手
的非正式名册之上,由巴县衙门刑房书吏负责保管。除了这些被
非正式地登记在册的差役,每班另外还有一些起辅助作用的办事
人手,他们的姓名通常并不被登记在册。后者被称为"帮役",或者
被更为轻蔑地唤作"白役"。② 由于"白役"这个称呼明显带有贬义
且含义模糊,故而有必要在这里稍做说明。

严格来说,"帮役"和"白役"都是指那些没有被衙门长期雇用,

---

① 巴县档案,档案号:6.6.524。

② "白役"一词在字面上意味着"未经登记在册"的劳力。如同本书第二章当中就
"白书"一词所做的解释那样,"白"字在这里是指将这些人进行非正式地登记的名
册上缺少官方加盖的红印。尽管"白役"一词因此可被译为"未被正式登记在册的
差役",但它带有一种负面的意涵,而这种负面意涵在另一些同样未被正式登记在
册的差役(例如帮役)身上却并无关联。故而,为了保持上述含义上的区别,我在
后文中还将继续使用"白役"一词。

而只是短期雇来承担一些特定的辅助性工作的当地民众。对"白役"的鄙视,源于如下事实,亦即尽管《钦定六部处分则例》规定各地衙门在任务繁重时可以有限地雇用一些临时帮役(在书吏的人手紧缺时亦可如此),但使用未经登记在册的人员(在朝廷法令中特别提到的"白役")的做法则是被绝对禁止的。①

不过即便如此,由于朝廷所定的经制吏役额数无法满足地方衙门对行政办事人手的实际需求,故而知县们被迫长期雇用一些超出经制吏役额数的差役。这群由总役与散役组成的人员被巴县衙门以上述非正式的方式雇来为其办事,其姓名被登记在非正式的名册之上。但从朝廷的角度来看,以及按照官方法令的规定,此 ¹²⁹ 类超出朝廷所定的经制吏役额数而被长期雇用的人员,与那些被衙门短期雇用的未登记在册的人员并无什么区别,他们都是白役。

因此,一名不在经制吏役额数之内的差役如何被加以称呼,取决于言说者希望如何对他进行描述。例如,在巴县知县们呈交给其上峰的报告当中,他们经常将那些在其默许之下为衙门办事的所有非额设人手都称作帮役,以此掩盖其在经制吏役额数之外非法雇用了其他办事人手的事实。反过来,当高级别的差役们在请求巴县知县革除其某位下属时,为了用最糟糕的词来形容后者,就可能会将那名下属称作"白役",即便该人已经作为一名散役或总役为巴县衙门工作了许多年。与此类似,一名仅是按照前述非正式的方式在巴县衙门做了登记的差役,通常会被那些指挥其办理临时性事务的差役称为"帮役"。而当这名"帮役"遭到他人质疑或

① 《钦定六部处分则例》,台北:文海出版社,1969,卷16,第5页。

抨击时,指控他的那些人则会称其为"白役"。为了减少上述做法所导致的概念含混不清,我将"白役"一词限定在用来特指那些未被衙门正式登记在册、仅仅是临时被雇来为衙门提供辅助性工作的办事人手。对于那些长期为衙门工作的差役,不论他是否被非正式地登记在册还是压根就没做登记,我都将他们统称为非经制差役。

如同我们将在后一节当中看到的,在巴县衙门当中从事相关工作的帮役与白役的总人数极为庞大。不过,与其采取朝廷所持的那种看法将这些人看作是一群一心只想掠夺民脂民膏的不折不扣的寄生虫,还不如将他们看成是衙门所雇的临时性劳力的一个庞大来源。当一名在巴县衙门中卯册有名的差役去执行任务时,他可能会带上自己的数位朋友、亲戚和家人来加以协助。虽然后者无疑是为了从中捞到金钱上的好处,但对这些人的利用,也是迫于差役们执行任务时所处的那种环境条件之需要。

巴县是一个多山的地区,有很多土匪帮派遍布在其治境之内。这些土匪帮派利用该地区临近川省边界的特点,来躲避官府对他们的缉捕。巴县同时也因当地存在着井盐和鸦片的发达走私网络而远近闻名。当地衙门的差役们被派去乡村地区传唤当事人与证人、缉捕人犯、调查案情或者催征钱粮时,经常会面临相当程度的人身危险。这些人身危险既可能来自那些拥有武器的罪犯,也可能是来自那些对任何代表着官府力量的外来干预都深怀敌意的当地民众。① 在这种情况下,奉命下乡办事的差役们雇用一些未被衙门登记在册的人手来帮忙,这不仅为后者提供了一个赚钱的机会,而且还与差役们自己的人身安全息息相关。 130

二　职责

巴县衙门差役们之间的事务分工,在很大程度上乃是基于其各自功能的专门化。例如,皂役负责在公堂之上执行笞杖刑,以及在知县离开衙门外出执行公务时,作为随从,在前面为知县开道。民壮通常是和民团一同训练,被指派去守卫本县的粮仓。出于相似的目的,巴县衙门在雍正年间设立了捕役,专门用来缉捕罪犯和镇压土匪。② 粮役负责的事务不大容易从其名称上就可以一眼看出来。他们负责在巴县衙门与位于重庆城内或者成都的那些上级衙门之间递送公文,在重庆城里与城外乡村地区张贴官府的布告、告示及其他宣示政令的公文,护送过境的官员和途经此地的外国人,而其中最重要的一项任务则是征收与解运钱粮,以及向那些拖欠赋税的粮户催征。

在实践中,巴县衙门差役们之间的分工,并不像上面所说的那

---

① 朝廷意识到县衙差役在办差时可能会遭遇一些人身危险,故而要求这一工作应由一些身体强健的青壮年男子来担任。参见《清会典事例》,北京:中华书局,1991,重印本,卷98,第261页。另见[清]徐栋辑:《牧令书》,清同治七年(1868)江苏书局刻本,卷20,第46页。

② [清]薛允升:《读例存疑》(第5册),黄静嘉重校,台北:成文出版社,1970,第1119页,律387;[清]徐栋辑:《牧令书》,清同治七年(1868)江苏书局刻本,卷21,第30页;巴县档案,档案号:6.6.113。

样清晰或理性化。例如,在清朝早期,皂役们负责执行重庆城内所有的行政事务;而到了19世纪中期,如上所述,这些职责则改由粮役们来承担。① 但即使迟至光绪年间,由皂役、民壮或者有时由轿夫在重庆城内的各衙门间递送公文的情形,也并非罕见。② 在巴县衙门的每一个班里面,也都有一些技有专攻的差役,他们与其他班当中擅长处理同类事务的差役一起分担某些特定的职责。例如在处理"洋务"方面,巴县衙门的粮班和捕班当中都有专门人员具体负责。我注意到,在光绪二十六年(1900),曾有来自上述这两个班的专门负责处理"洋务"的差役受到知县的责罚,因为他们在某一次护送外国人士过境巴县时未能盯紧,致使后者得以躲开护送而单独前往长江下游地区。③ 与此相类似的,巴县衙门的粮役和捕役当中一些技有专长的差役,也共同负责为那些走南闯北的流动戏班提供许可并加以监管。④

131　　除了征收钱粮(我将在本书下一章中对此问题专门进行探讨),承办差务只能给巴县衙门的差役们带来极少的收入。在大多数情况下,差役们需要自己筹措其外出办差时的所需费用。差役们出城公干时可以领到一些饭食和路费方面的贴补,但这些贴补中的绝大部分都要由其上级差役提供。此类费用的沉重经济负担,以及维持各班当值时各项日常开销的重任,都落到了巴县衙门中的领役们尤其是管事的肩上。

---

① 四川省档案馆编:《清代巴县档案汇编(乾隆卷)》,北京:档案出版社,1991,第226—227页。
② 巴县档案,档案号:6.6.113;6.6.531。
③ 巴县档案,档案号:6.6.612。
④ 巴县档案,档案号:6.6.652。

　　当巴县衙门西城里粮班管事彭太在光绪八年(1882)被其下属指控挪用了总计超过 1000 两银子的案费时,他是如此解释这些钱款之用途的。彭太首先声称自己担任巴县衙门粮班领役迄今已有 30 余年,自从同治十一年(1872)起升任西城里粮班管事后,为了交上其他上级衙门向巴县衙门摊派下来的各种费用,以及承担其所带领的粮班内诸差役办差时的日常伙食,还有各种其他开销,他已经欠下了超过 1000 两银子的个人债务。他继续说道,近年来,分派下来承办的差务变得愈发繁重,但能够分到承办的案件数量却很少,以至于他没有足够多的收入可以用来维持其所在粮班差役们执行公务时的伙食等开销(这些开销一点都没有减少)。彭太声称,他在支付完上述那些开销后,剩下来的钱甚至不足以偿还自己之前所欠债务的利息,于是被迫"挪东用西",但即便如此,也仍然未能还清所欠下的债务。彭太强调,自己从未多收规费或者挪用过任何公款。[①]

　　管事须负责筹措其所在班内的日常运作经费,这项经济负担有时相当沉重。例如在光绪二十四年(1898),巴县衙门西城里粮班管事范荣(本书下一章中将会再次提到此人)声称,在仅仅一个月里,自己就已经为所在的粮班垫付了超过 25 两银子的日常运作经费。事实上,范荣拥有垫付这些开销的经济能力,这一点也正是他相较于同班的其他领役优先被提拔为管事的重要原因之一。管事在此类事务方面所须承担的责任,并不只是一种惯常性的期待,而是要被白纸黑字地写入正式的合约当中。例如,当范荣升为西城

---

① 巴县档案,档案号:6.6.507。

里粮班管事之后,关于此位置须承担之责任的内容说明,被明确写在了那份由该班全体领役与总役共同起草并签名的合约上面:

> 奈身岑彪(系西城里粮班前任管事——译者注)年迈家贫,挪借维艰。本衙应差公役,毫无出备。加之近年……案又太少。本班人多,伙食难支,无钱垫办,外借乏人。是以协众酌议,屈身范荣协同伙管。凡有办差、伙食各费,身范荣承认挪借应用。所出案钱,协管协收,先除借垫本利,其余均分。①

范荣与彭太的上述例子,清楚地展示了这些被巴县衙门雇用的差役们是如何筹措其执行任务时所需的各项费用开销。这些例子还表明,为了筹集到执行任务时所需的经费,以免被视作玩忽职守而受惩罚,差役们实有必要依靠从巴县衙门所派任务的第二种类型即办案当中获得收入。

就像书吏们那样,巴县衙门的差役们在办案过程中所收取的那些规费至关重要。它们不仅是用来筹措差役们执行任务时所需各项开销的一种手段,而且同时也是差役们获得其个人收入的一个主要来源。倘若站在朝廷的立场上来看,则巴县衙门吏役在办案过程中所收取的任何费用都是一种贪腐,因为在朝廷看来,这种收取各种规费的行为构成了滥用公共行政权力以满足各种赤裸裸的私人目的。但是,如果某位朝廷高官愿意屈尊移步到省级和州县的衙门亲自去看一下,那么他就会发现,在越低层级衙门的官员

---

① 巴县档案,档案号:6.6.602。

当中,越是存在如下共识,亦即认为这些法外的收入来源是由于地方衙门财政拮据所造成的。① 正是有鉴于此,巴县知县们通常都默许书吏和差役向民事讼案的当事人与刑事案件的疑犯及其家人收取一定的费用。

差役们在办案过程中所收取的那些规费,构成了巴县衙门诸多事务得以维持运作的经费基础。此点在光绪三十年(1904)巴县衙门的 12 名粮班总役联名呈交给知县的一份禀状当中被明确提及:

> 凡遇各大宪官员过境迎送、差徭本城、道府各衙日行杂差、专差递解各项差使、节录抄电所需一切,均由役等当班当值出钱支应,无一本仰给于官柜。而官柜之末源,悉出于每案投到之内,酌提数成支差。余则供应班众伙食,历久弗替。据今岁值款封,讼庭花落,以致官柜空泛无力。支差役等□勉从公,即今已万分竭蹶,应接不暇。深恐贻误要公,获咎匪轻。[133]况役等素本赤贫,债务累累,间遇要差需款,各班靡不束手。幸仁天胞与为旁,视役为与民一体,无不思各得所,是以据实沥陈,恳赏推解之恩,以便办公有差,不特各班各轮沾咸无曁,各举家顶祝靡涯。伏乞。②

---

① John R. Watt, *The District Magistrate in Late Imperial China*, New York: Columbia University Press, 1972, Chapter 14; Chü T'ung-tsu, *Local Government in China Under the Ch'ing*, Cambridge: Harvard University Press, 1962, p. 64; Madeline Zelin, *The Magistrate's Tael: Rationalizing Fiscal Reform in Eighteenth－Century Ch'ing China*, Berkeley: University of California Press, 1984, Chapters 2 & 5.

② 巴县档案,档案号:6.6.5157。

不管巴县衙门的这些粮班总役们是如何宣称的，其所承办的案件数量当时大为减少这一说法，非常令人怀疑。① 更为符合当时实际情况的一种可能性是，这些粮班总役们试图借助这套说辞，让巴县知县同意他们在办案过程中提高那些例行允准收取的规费之数额，以便他们能够在面临通货膨胀的现实压力下维持自己的实际收入水平。而且，他们还以几乎不加掩饰的口吻对这种意图加以强调，暗示说如果他们无法在此方面获得足够多的收入的话，那么将会累及巴县衙门各项事务的正常运作，进而影响到知县本人的仕途。他们这样做是因为，除了在此处所表达的对衙门日常运行经费的关切，在办案过程中所收取的那些规费还有着另一种更为基本的用途，亦即这些案费是在巴县衙门工作的差役们赖以维生的经济基础。同样地，案费也是巴县衙门所有涉及差役招募、其内部排名与服役期限等事项当中极易引起争执的焦点。

第二节　服役期限、内部晋升与纠纷解决

清朝的开国者们从未想过让承充衙役成为一种全职性的营生手段。相反，他们认为这是一种从当地百姓之中临时征募一些人来为衙门工作的方式。就此点而言，明清两代的立法者们的看法可谓大同小异。事实上，清朝中央政府那些用来控制衙役的法令

---

① 对于此问题的进一步讨论，参见本书第六章。

规定,绝大多数都是照搬自《大明律》中的内容。① 除了对各衙门可以招募的经制吏役额数加以限制,清朝中央政府颁布的法令还通过对衙役的招募、其责任及服役期限创制程序性规定,来力图减少衙役们贪腐的机会。

首先,按照清朝法令的规定,衙役必须是从那些在钱粮册上有名、无犯罪前科记录并且此前未曾在衙门当过差役的当地百姓之中征募承充。② 由于差役所做的是体力活,故而从事这份工作的人被限于 20 岁至 70 岁之间的健康男子。③ 不在上述适龄段的年幼、年老或者体弱之人,都被禁止承充差役。其次,被征募的差役本人及其邻居都要向衙门提交表明该人符合征募条件的证明,并且,他的邻居还要提交一份为前者在承充差役后的行为作保的甘结。最后,清朝的法令规定差役的服役期限不得超过三年。④

知县们须亲自负责落实上述这些规定。为此,知县们被要求每年向京城的吏部呈送一份其所在衙门的吏役人员情况报告,上面需要列出该衙门中所雇全体差役的姓名、年龄、住址、完粮情况及被雇用的时间长短。知县们还必须独立核实所有差役的身份,

134

① Leif Littrup, *Subbureaucratic Government in Ming Times, A Study of Shandong Province in the Sixteenth Century*, Oslo: Universitsforlaget, 1981.

② [清]薛允升:《读例存疑》(第 2 册),黄静嘉重校,台北:成文出版社,1970,第 194 页,律 53;[清]徐栋辑:《牧令书》,清同治七年(1868)江苏书局刻本,卷 4,第 35 页。

③ 《清会典事例》,北京:中华书局,1991,卷 98,第 258 页,第 261—262 页。

④ Chü T'ung-tsu, *Local Government in China Under the Ch'ing*, Cambridge: Harvard University Press, 1962, p.63。《大清律例》当中规定,任何超出此三年服役期限的差役,都要被处以杖一百,并革役。然而到了 19 世纪末,这一例文被认为"现在俱成具文矣"。参见[清]薛允升:《读例存疑》(第 2 册),黄静嘉重校,台北:成文出版社,1970,第 196 页,律 53,例 04。

以确保其所在衙门对差役的雇用既没有超过朝廷所定的经制吏役额数,亦无其他有违法令规定之处。但是,由于县衙行政事务负担加重导致实际所雇差役的人数日渐增多,到了 19 世纪,知县个人对这些衙役进行监管与控制的能力已经下降到如下程度,亦即绝大多数关于差役之雇用的法令,此时普遍被当作不切实际而遭到忽视。如同在巴县衙门行政运作的其他领域当中那样,有关差役雇用的标准化流程乃是以非正式形式发展起来的。

一 服役期限

朝廷颁布的有关差役之法令成为具文,在差役们的服役期限这一问题上体现得尤为明显。朝廷所颁关于吏役服役期限的法令规定,至少在典吏们身上得到了落实。而与书吏们不同的是,在巴县衙门当中,差役们对此类法规完全置之不理。① 无论是领役、总役抑或散役,倘若他能够设法做到不被巴县衙门革除,则就可以无限期地在该位置上干下去。上述存在于差役们内部的等级体系本身,正是建立在这种认为可以无限期任事的预期之上。对朝廷所颁布的此方面法令规定的无视,在下述事实当中得到了进一步的反映,亦即甚至在巴县知县正式呈交给京城吏部的该衙门吏役人员情况报告当中,亦存在许多表明该衙门有差役超期服役的例子。

① 在巴县衙门当中,不同于对书吏姓名进行登记时所采用的做法(典吏的名字是被与经书分开来进行登记的),在将差役们的名字登记在册时,并不因其个人职位的不同而加以区分。差役们的名字只是被简单地列在粮役、捕役、皂役等名目之下。散役们的名字则被单独登记在另一本名册之上。

例如光绪二年(1876)巴县知县上呈吏部的一份该衙门吏役人员情况报告显示,当时巴县衙门总共 40 名登记在册的捕役、皂役、粮役和民壮的平均服役时间达到了 24 年,无一人的服役时间少于 15 年,而且有个别差役的服役时间甚至已长达五六十年。[①]

　　上述情况暗示,巴县衙门这种在实践中雇用了许多年纪很大的差役的做法,同样背离了正式法令当中的相关明文规定。在巴县衙门当中,光绪二年(1876)时的 12 名经制皂役的平均年龄为 62 岁,而光绪八年(1882)时的全部经制粮役的平均年龄不小于 76 岁。[②] 很明显,这意味着,这些班当中的大量工作,实际上是由那些被巴县衙门雇来但未正式登记在册的年轻人来承担的。这种情况,在现任领役身故或告退之后所引发的关于应当由谁来接充该位置的纠纷当中体现得尤为明显。在这些纠纷当中,那些争夺领役之位的总役,经常以他们多年来实际代行现任领役的职责为由,恳求知县允准其名正言顺地坐上此位置。[③]

二　新人征募与内部晋升

　　尽管朝廷颁布的法令规定知县须独立核实那些申请入衙当差的差役们的资格,但是即便对于一名公务并不十分忙碌的知县来说,由于衙门吏役人数众多,上述这种监管也是不可能完全实现的。因此,虽然巴县知县们在例行呈交给京城吏部的该衙门吏役

[①] 巴县档案,档案号:6.6.114。
[②] 巴县档案,档案号:6.6.114;6.6.4978。
[③] 巴县档案,档案号:6.6.500;6.6.507;6.6.602。

人员情况报告中声称自己是严格遵照朝廷法令所规定的登记程序与审查程序来办事的，但在实践中，他们往往都将批准现任差役所提名的人选之做法视为理所当然。① 故而，新人为了确保自己能够被巴县衙门雇为差役，必须同那些现任差役们搞好关系。这种对人际关系的依赖，在巴县知县每年例行呈交的该衙门吏役人员情况报告当中有清晰的展现。例如咸丰十一年（1861），在巴县衙门所有的经制差役当中，有52%以上都是来自位于重庆城西北方向各里的当地百姓。②

（一）散役与总役

散役在巴县衙门差役们内部的那个等级体系中所处的位置，近于其最底层。散役的征募，依赖于总役的提名与作保，而总役也要为他所征募的新差役日后的所作所为负责。对一名新差役的雇用，通常在其得到提名之后便差不多已成定局。而总役须为其所提名的下属之行为切实负责这一点，可见诸总役指控其先前保荐的某位散役或宣布与该人断绝关系的大量例子。③

在巴县衙门差役们内部的这一等级体系当中，位于散役之上是总役。对总役的任命，需要一名或多名领役共同提名和为其作保。该提名一经知县批准，则新任总役就得做东宴请所在班内的

---

① 四川省档案馆编：《清代巴县档案汇编（乾隆卷）》，北京：档案出版社，1991，第221—225页。关于清代台湾的相似惯例，参见戴炎辉：《清代台湾之乡治》，台北：联经出版事业股份有限公司，1979，第253—254页。

② 巴县档案，档案号：6.5.18。

③ 巴县档案，档案号：6.6.495。

其他差役;在这场带有一定仪式性的宴席上,这名新任总役被其所在的班接纳,其名字将会被排在该班所有现任总役的最后面。例如在光绪三十三年(1907),当胡泉已经在巴县衙门干了20年的散役之后,怀石里粮班领役裴盛表示愿意提名他担任怀石里粮班右班的总役。胡泉接受了裴盛的提名,随后在当地的一间鸦片烟馆(裴盛是这家鸦片烟馆的老板)请客,并由此上位。这场宴席花了胡泉20两银子。[1]

新任总役还需要向那些提名其接充该位置的领役们支付一定的费用。按照惯例,这笔钱从20两到50两银子不等,其具体数额取决于工作量的轻重、职责大小,以及所在里内或班内的油水多寡。从名义上讲,这些费用将会被领役用于他所在的班或轮的日常运作。但无论这些钱最终将被用于何处,就其功能而言,其就是总役向领役们买到该位置的价格。也因此,领役们倾向尽可能多地"卖"出总役这一位置。从巴县衙门的现任领役们经常被其手下的一些总役指控"滥招",便可以清楚地看出这一点。那些总役们之所以指控领役"滥招",是因为他们认为过多的新人涌入巴县衙门当差将会对他们的生计构成威胁。[2]

由于新任总役通常在其所在的班或轮内缺乏其他人的支持,领役们还可以向他勒索超出惯常的"参费"之外的其他更多费用。例如,上文提及的那位胡泉在巴县衙门担任怀石里粮班右班总役数年后,被当初提名他接充该位置的裴盛指控在承办一桩案件时敲诈勒索。胡泉对这一指控予以否认,声称裴盛这样做是想借此

---

[1]　四川大学藏巴县档案抄件,民刑欺诈,12(宣统元年)。
[2]　巴县档案,档案号:6.6.495。

教训他，因为裴盛先前曾向他索要额外的钱，但遭到他的拒绝。胡泉宣称，在自己担任怀石里粮班右班总役后，他给裴盛交过的各项费用加起来已超过 60 两银子，而按照惯例，在怀石里担任粮班总役所需交纳的参费是 20 两银子。胡泉坚持说，他已经交过的费用，大大超出了裴盛成为粮班领役之后所提拔的其他 10 名总役所交的钱数，甚至实际上比巴县境内公务最为繁忙、因此也油水最多的西城里粮班差役们通常需要交付的参费标准即 50 两银子还要更高。因此，当裴盛向他索要更多的钱时，胡泉加以拒绝。胡泉此举激恼了裴盛，于是裴盛夺走了胡泉所承办的几个案子的案费，并指使该班中的其他差役出来指控胡泉。胡泉声称那些指控不实，是对他的恶意中伤。但是由于胡泉所在的班内无人愿意出面支持他，胡泉所做的上述陈述和申辩，最终并未产生任何效果。在多次开堂审理之后，知县认定裴盛所指控的内容属实，于是将胡泉从巴县衙门革除。[1]

137　　上述发生在裴盛与胡泉之间的纠纷展示，巴县衙门差役的征募和提名通常是严格建立在经济条件之上。但是不管该争端中各项指控内容的真相如何，在巴县衙门下辖的三里担任粮班总役时需交付的参费数额存在着不同的标准，以及胡泉最初自愿向裴盛交付了超过在怀石里担任粮班总役通常应交的参费之标准的钱款，上述这两个事实都表明参费被看作建立在所在区域的潜在油水多寡之上的一种投资。

---

[1] 四川大学藏巴县档案抄件，民刑欺诈，12（宣统元年）。

（二）领役

当捕役和粮役所在班内的领役位置出缺时，乃是由该班现任的领役和其他那些在该班内排名靠前的总役所共同提名的某位总役来接充。不像典吏的服役期限只有五年，领役可以无限期地在这个位置上待下去。当某个领役的位置由于其现任者被黜革、告退或身故而出现空缺时，围绕该位置而展开的争夺，以及在该班内的各种操控活动，就会相应地变得非常激烈。

相较于 19 世纪清代中国其他地区（例如台湾）的情况，并无直接的证据表明领役这一位置在巴县衙门中被允许进行买卖或者可被亲人直接继承。[①] 虽然高级别差役的位置由其亲属来接充的例子在巴县衙门当中并非完全没有，但是在几乎所有这样的例子当中，新任领役先前便已经在巴县衙门工作了一段时间。因此，尽管亲族关系无疑在最初助其进入巴县衙门谋得此份工作时起到了极为重要的作用，但若想将它作为一条通往高级别差役位置的渠道，则要受到那些由差役们自身在其内部长期建立起来并集体奉行的惯例和规矩之限制。

但这并不意味着，对这些规矩本身所做的界定及解释，就不会在巴县衙门的差役们内部引发争执。实际上，在选拔新的领役时，至少存在着两种彼此相互冲突的标准。这两种标准都经常被作为差役们内部长期形成的惯例报告给巴县知县。

---

① 关于清代台湾的此方面做法，参见戴炎辉：《清代台湾之乡治》，台北：联经出版事业股份有限公司，1979，第 253—254 页。

按照其中的一种标准,应当根据班内差役的排名先后选拔新的领役,当领役的位置出缺时,排名第一的总役应被提拔接充该位置。而第二种关于领役接充的标准则是,允许那名即将告退的领役从该班内那些排名靠前的总役当中自行选择接充该位置者,但前提是该班内无其他差役对此人选持反对意见。倘若某位领役在该位置上身故,则就由该班的领役与总役们集体商议决定提名谁来接充其位。但是,从未发生过由来自巴县衙门之外的某人或者前任领役的某位此前并未在该班工作过的亲属来接充领役之位的例子。

如果说围绕领役位置之接充而展开的竞争非常激烈的话,那么对管事这一位置的争夺则更是有过之而无不及。那些因争夺管事这一重要位置而引发的纷争,都有一个鲜明的特点,亦即争夺该位置的差役们援引了那些彼此相互冲突的关于管事之位接充的规矩,就像总役们在前述争夺领役之位过程中所做的那样。此类纷争,以及与之相伴随的私人协议和派系斗争的典型例子之一,就是下述唐家兄弟的故事。

光绪九年(1883),巴县衙门居义里粮班右班的 13 名领役与总役联名呈状指控该班领役唐清,声称唐清在四年前为了确保自己能坐稳领役之位,曾违反班规,伪造了一批提名他人担任总役的文书。他们声称,从那以后,唐清便一直把持着班内各种事务,违规雇用了 20 多位新总役,并且盗用了至少 400 两银子的案费,而这些银两本应分给该班内的其他粮役。而且,据他们说,唐清不久前因卷入一桩敲诈勒索丑闻而刚刚被前任知县黜革。但是,唐清目前正在利用新知县上任的机会,向新任巴县知县请求允准他重返该班工作。他们声称,如果居义里粮班内的公务要想正常运转的话,那么像唐清这样的无赖之徒显然就不应该被允许重新回来工作。①

虽然新任巴县知县表示将会认真考虑这些指控，但令人遗憾的是，该案的卷宗记录到这里就没有下文了。根据后来发生的另一起纠纷中那些针对唐清提起的指控，上述案子当中居义里粮班右班差役们对他的那些指控很可能确有其事。不过，这些指控也有可能只是唐清的同事们试图在允许他回来之前逼迫其出钱摆平的一种策略。唐清在犯下上述所说的那些劣行四年之后才被告发，这一事实很可能会让知县得出上述结论。但无论如何，唐清后来显然成功地做到了重返粮班工作，因为我们发现在 20 年后，亦即光绪二十九年（1903）时，他正准备从粮班管事的位置上告退。

而唐树此时对其兄长唐清的控告，引起了巴县知县对一些事情的注意。唐树本身是与唐清同在居义里粮班右班当差的一名领役。唐树声称，在其兄长唐清接充居义里粮班右班管事之位后，自己便成了在该班内排名第一的领役。唐树进一步解释道，由于唐清年纪偏大、总体上并不称职，并且还在巴县衙门外经营各种生意，他自己实际上一直在代行着居义里粮班右班管事的职责。

唐树坚称，既然唐清如今要从居义里粮班右班管事之位上告退，那么该位置理应由他来接充。除了上述这一点，他还继续说道，其兄长唐清已经偷偷地同意让该班内排名第三的领役梁淙来接充粮班管事之位。梁淙和唐清已经私下商定，在梁淙接充粮班管事后，唐清将可以继续从该班的案费当中分一杯羹，并且当唐清先前担任粮班管事时负责承办过的任何案件今后被知县准予重审

139

---

① 巴县档案，档案号：6.6.510。

时,唐清自己对该案的再次承办处理拥有完全的控制权。唐树显然是在辩称,其兄长唐清的上述安排严重违反了粮班管事之位接充的正确顺序,故而应当被禁止。知县表示将会考虑此事。①

在这之后的一个月里,纠纷双方都在争取该班内其他差役对自己的支持,而后者也分别向巴县知县呈报了对唐清、唐树与梁淙之品性的评价(这些评价彼此相互矛盾),并且还附上了对粮班管事之位接充规矩的不同解释。

那些支持唐树的领役与总役们声称,唐树作为在居义里粮班右班内排名第一的领役,早已在实际代行他那位无能且贪心的兄长唐清本应承担的所有职责,因此唐树应被提拔为粮班管事,但是梁淙为了坐上粮班管事之位,借助不正当的手段,去唐清那里就唐氏兄弟之前便已长期存在的一些不和进行了挑拨,并且向唐清行贿以换取后者提名自己而非唐树来接充居义里粮班管事之位。这些支持唐树的差役们还提及,生性粗鄙的梁淙甚至还曾威胁唐树说,如果唐树不撤回希望由其接充居义里粮班管事之位的申请,那么梁淙就会杀了他。②

那些支持梁淙应被提名接充居义里粮班管事之位的差役们则坚称,粮班管事之位的接充历来就不是以班内排名作为唯一的标准,而是从该班内排名前五的那些领役当中选拔,以便能够使该班当中的人才得到更充分的利用。他们说,提名梁淙接充管事之位,乃是经过居义里粮班右班的差役们集体商议后的结果,因此每一步都符合此方面的惯例性程序。即将从管事之位上告退的唐清当

---

① 巴县档案,档案号:6.6.636。
② 巴县档案,档案号:6.6.636。

时亲自参加了关于该位置接充人选的讨论,并且宣称,虽然他的弟弟唐树的确是在该班内排名第一的领役,但唐树生性无能、贪婪且暴戾,故而无法胜任该位置。最后,在这场充满戏剧性的支持提名梁淙接充粮班管事的讨论当中,有 12 名领役和总役要挟称,如果卑劣不堪的唐树被获准接充居义里粮班管事之位的话,那么他们将集体告退,离开巴县衙门。① 140

面对这些彼此针锋相对的指控与反控,巴县知县最终决定开堂审理此事。在听取了当事人各方所做的证供后,知县最终做出裁决说,由于唐树目前在居义里粮班右班所有领役当中排名第一,故而应当由唐树接充粮班管事之位。这件事到此便结束了。先前嚷嚷着倘若唐树接充居义里粮班管事之位则自己将告退的那些粮役们,无人因为知县做出上述裁决而真的离开巴县衙门,知县也没有对唐清或梁淙被指控的那些滥用手中权力、行贿乃至对其他粮役发出死亡威胁之举加以彻查追究。②

在做出上述裁决的过程中,巴县知县并未援引任何官方颁布的法令或者正式的指引,这是因为上述这些东西压根就不存在。为了解决这场争端,巴县知县其实是在由纠纷各方及其各自的支持者们针对非正式规则和惯例性程序所做出的前述两种相互冲突的解释当中进行选择。就此而言,巴县知县作为官方政令的执行者对此争端之解决方向的把控,尚比不上巴县衙门粮班当中那些

① 巴县档案,档案号:6.6.636。
② 我之所以得出粮班差役当中无人因为此事而从巴县衙门告退或被追究的结论,不仅是由于我并没有在现存巴县档案中找到任何材料表明此事接下来又发生了新的诉讼或者有人因此遭到知县训诫,而且还因为这场纠纷所有当事人的名字在接下来的数年里仍被列在巴县衙门例行上报的该衙门吏役清册当中。

在该班内排名靠前的差役们。这些差役们对其内部事务的掌控，还进一步体现在如下事实上面，亦即除非知县有可能会从其他渠道得知某起违纪事件，不然只有在不得已的情况下，差役们才会将请求知县做出惩戒或解决争端作为最后的手段。在绝大多数情况下，巴县衙门的差役们都是在其所在班内自行商议处理彼此之间的此类纠纷。

三　惩戒手段与纠纷解决

在有关不当行为的指控或者班内发生的纠纷被告到巴县知县那里之前，它们通常是由那些在该班名册当中排名靠前的差役们，或者由各班领役共同组成的议事会议，集体商议处理。就像巴县衙门的书吏们所做的那样，为了使集议的程序显得更具正当性，议事会议通常是在巴县衙门的衙神祠内举行。在处理这些争端的过程中，那些在其班内排名靠前的差役们与议事会议成员们依据相应的行事准则，做出包括训斥、以观后效、罚钱，以及非正式地将其暂时停职等在内的各种惩戒。实际上，通常只有在上述这些惩戒手段都无法解决问题之后，那些严重违反班规的行为才会被呈报给知县知悉。

141　　　例如，在光绪二十四年（1898），巴县衙门居义里粮班的两名领役与两名总役联名控告该班总役向海，并简要描述了他们先前曾诉诸班规并采取过各种内部惩戒手段，但皆无济于事。这四人首先声称，向海在居义里粮班内工作过两年，惯于无视粮班班规。虽然向海不断地因此而受到所在粮班领役的警告，却总是屡教不改，于是粮班领役们在几年前将他从该班的名册上除名。他们接着说道,近来向海又回到粮班中来,并发誓说自己已然改过自新,粮班众人这才同意让向海继续负责他原先被分派的那些事务。然而,自打那以后,向海又恶习重萌,利用手上的权力到乡下勒索钱财。这些粮班领役和总役们陈述,他们已经尽力管束向海,但向海拒不做任何改正,他们生怕向海会对乡下百姓造成更大的扰害。有鉴于此,他们只好请求知县将向海从巴县衙门正式革除,以免向海变本加厉地做出其他滥权之举,并以此维护粮班班规。[①]

　　知县允准了这些粮班领役和总役们的上述请求,正式将向海从巴县衙门当中革除。但是在处理此事的过程中,知县并没有过问向海先前被粮班除名与后来又重返该班工作的那些事情。[②]

　　此类由那些在其班内排名靠前的差役们共同做出的集体行动,经常是明目张胆地违反了朝廷颁布的相关法令。此点在光绪元年(1875)的一起案子中可以看出。当时,巴县衙门怀石里粮班左班的两名领役向知县控告该班散役陶福。除了指控陶福酗酒、赌博和行为放浪,这两名粮班领役还特地提到陶福曾闯入粮班内殴打他人。他们说,陶福向来无视法纪,有一次醉酒后来到粮班找该班总役李周,结果与后者发生争吵。按照那两名粮班领役所做的描述,在随后发生的打斗中,陶福手持一管烟枪,以此猛打李周。结果造成李周的头部受伤颇重,流出来的鲜血染红了李周当时身穿的衣服。这两名粮班领役为此斥责过陶福,但陶福不仅拒不认错,而且还与他们争吵。这两名粮班领役认为像陶福这样不遵法

---

① 巴县档案,档案号:6.6.546。
② 另见巴县档案,档案号:6.6.283;6.6.495。

纪的差役对所有人都构成了危害,故而他们恳请知县将陶福从巴县衙门革除。① 在对上述斗殴事件进行调查之后,知县同意了那两名粮班领役的请求,将陶福逐出巴县衙门。

然而,大约过了一年之后,又是这两名粮班领役再次向知县指控陶福,声称陶福在被黜革后又回到粮班中来,并信誓旦旦地说自己会痛改前非。于是粮班的领役们同意陶福回来当一名散役。但是陶福并未信守他先前所发的誓言,而是很快地又恢复了老样子。

142 这两名粮班领役还说,就在最近这段时间里,陶福还企图偷盗知县发给另一名粮役的差票,并且威胁说谁如果敢阻拦他,那他就会杀了谁。知县并没有对他自己先前将陶福从巴县衙门黜革之事做任何评论,而是再次同意采用那两名粮班领役提出的惩戒方式。陶福因此被处以一个月的监禁,并且被勒令在回到粮班工作后不得再在该班滋事。②

《大清律例》当中对于此类事情的处置规定得非常清楚。按照其规定,任何被黜革的差役倘若图谋重新回到衙门内工作,则将被处以杖一百、徒三年的刑罚,而任何知县如果允许这样的人重返其衙门工作,那么该知县就要被革除现职,并连降二级。③ 巴县衙门

---

① 巴县档案,档案号:6.6.489。

② 巴县档案,档案号:6.6.489。

③ [清]薛允升:《读例存疑》(第2册),黄静嘉重校,台北:成文出版社,1970,第195页,律53,例2;《钦定六部处分则例》,台北:文海出版社,1969,卷16,第4页。在认识到对此类事情进行控制的难度后,清廷在乾隆三十七年(1772)年出台了一道法令,规定任何差役因为严重罪行而被从衙门黜革,都要在其手臂或脸上刺青,以防其日后改名换姓再做衙役,参见[清]薛允升:《读例存疑》(第4册),黄静嘉重校,台北:成文出版社,1970,第769页,律281,例11。但是,我没有在巴县档案中找到表明上述措施曾在该衙门被实际执行过的相关记载。

的差役们对那些不仅有违《大清律例》中的相关规定,而且很可能将会严重危及知县仕途的处置流程公开进行描绘,这一事实表明这些衙役们在使用各种内部惩戒手段方面有着事实上的自治权,同时也展示了朝廷颁布的相应法令规定被搁置不用到了何种程度。巴县知县默许衙役们按照其内部班规处置此类事情,既表明了他对上述那种自治的默认,也体现出他本人缺乏落实此方面的正式法令规定或者对其手下那些差役们的内部事务加以有效干涉的能力。巴县知县在此方面的力不从心,最为明显地体现在衙门内实际所雇差役之人数这件事情上面。

第三节 "瞒上"

全国各地县衙的经制差役额数早在清初之时就已被固定下来,同时被固定下来的还有各地所承担的田赋与徭役的定额。这些都被公布在各省的《赋役全书》里面。朝廷的官员们对那些经制差役尚且抱持着不信任的态度,故而他们将超过法定额数雇用的差役们看作是造成地方贪腐和治理无方的渊薮,也就不足为奇了。① 将这些所谓的流氓、恶棍和蠹虫从衙门当中清除出去,于是就成了反复出现在 18 世纪和 19 世纪清朝中央政府的那些谕旨、奏

---

① 《钦定六部处分则例》,台北:文海出版社,1969,卷 16,第 5 页。

折和通行①之中的常见主题。②

143 　　17 世纪的官员和政治思想家们通常相信,吏役工作的吸引力主要在于其中满是各种可以借机贪腐的机会。17 世纪著名的经世思想家顾炎武(1613—1682)所写的下述这段文字,可被视为此种看法的典型代表(他同时也提出了关于如何解决许多地方衙门都超出法定吏役额数而雇用了大量非经制差役这一现实问题的办法):

　　　　一邑之中食利于官者,亡虑数千人。恃讼繁刑苛,得以吓射人钱。故一役而恒六七人共之。若不生事端,何以自活?宜每役止留一正、副供驱使,余并罢,遣令自便营业。而大要又在省事,事省则无所售。其吓射即勒之应役,将有不愿而逃去者,尤安民之急务也。③

　　正如上述这些观察所表明的,顾炎武清醒地意识到,即便是在清朝早期,衙役们的工作也并非像朝廷起初所预想的那样只是一种临时性劳役,而是被这些人自己当作一种营生方式。但是,几乎

---

① 译者注:清代所谓的"通行","是清代法律体系中作为律、例补充的一种重要法律形式,是指尚未被编入条例或则例、由各部院通令在全国范围内遵行的皇帝谕旨或议准臣工条奏的统称。作为清代法律渊源之一,通行在司法和行政事务中得以援引而成为司法、行政的根据。"参见胡震:《清代"通行"考论》,《比较法研究》2010 年第 5 期,第 3 页。

② 例如,《清会典事例》,北京:中华书局,1991,卷 98,康熙十四年(1775)、乾隆元年(1736)、嘉庆十一年(1806)与道光二年(1822)条。

③ [清]徐栋辑:《牧令书》,清同治七年(1868)江苏书局刻本,卷 4,第 35 页。

没有哪位在任的官员会像顾炎武那样乐观地认为光靠减少衙门事务就能改变此种局面。相反,在清代官场当中普遍存在着如下共识,亦即认为鉴于各地县衙的行政负担实际超过了朝廷规定的经制吏役额数所能承受的范围,因此,知县们可被允许雇用一些超过经制吏役额数的办事人手以作为权宜之计,但这种做法要被严格限定为临时性的应对措施。当知县们临时雇用这些非经制差役时,会被朝廷严厉地告诫须对此类人员加以管束(具体的手段包括将这些人的情况详细登记在册、让这些人相互之间负连带责任、经常对这些人进行定期的视察,以及对其中的违规者施以体罚等)。①尤其是,知县们会被告诫绝不可以听信这些人的阴谋诡计、纵忍他们的龌龊勾当或被他们的狡诈所摆布。②

而且,尽管知县们被允许短期雇用一些超过经制吏役额数的办事人手,但是在整个清朝,长期使用这些非经制人员的做法是被明确禁止的。《大清律例》当中特别规定,任何官员若雇用超出经制吏役额数的编外人手,则将被处以杖一百的惩罚,并且所添设的非正身吏役每增加三人,对该官员的惩罚便随之加重一等。③《大清律例》当中同时还规定,任何正身衙役在执行任务时,若违禁私带白役同去,则要被处以杖一百,并从该衙门黜革。④

或许是慑于朝廷的上述警告,知县们都宣称自己业已处理好

---

① [清]徐栋辑:《牧令书》,清同治七年(1868)江苏书局刻本,卷4,第35页。

② 《清会典事例》,北京:中华书局,1991,卷98,第257页。

③ [清]薛允升:《读例存疑》(第2册),黄静嘉重校,台北:成文出版社,1970,第188页,律50。

④ [清]薛允升:《读例存疑》(第5册),黄静嘉重校,台北:成文出版社,1970,第1034—1035页,律344,例6。

了超过经制吏役额数雇用办事人手的问题。这是清朝官场上最为
144 常见的谎言之一。① 但无论知县们在其例行呈报给京城吏部的该
衙门吏役人员情况报告当中如何声称,实际的情况仍然是绝大多
数的知县根本没有能力对其衙门内的那些办事人手施以有效的控
制。在担任巴县知县期间,刘衡就曾简明扼要地提及同侪们所遭
遇的这一问题:

> 律设衙役以供差遣,原不能尽除不用。然止应留额设十
> 数名,其余冗役概行革除。惟革役大非易事,官虽革役,而役
> 不自革,是以有瞒上不瞒下之说。②

在 19 世纪,四川因其全省各级衙门当中超过经制吏役额数实
际雇用的非正身差役人数极多而丑名在外。例如,陕西道监察御
史程伯銮在嘉庆二十三年(1818)从四川老家探亲回来后,向皇帝
上奏道,四川全省各地县衙里面的粮役、捕役人数皆已普遍超过千
人。③ 在四川省内,巴县的此方面情况尤为突出。刘衡曾声称,他
将把这些"衙蠹"从巴县衙门当中清除出去,作为自己身为当地知
县的首要政务之一,并说他甫至巴县,就发现当地衙门中有不少于
7000 名从事各种工作的差役。通过精明地给衙役们分派工作以使
这些人无法从中捞到油水,以及在许多行政事务的处理过程中亲

---

① 巴县档案,档案号:6.6.335;6.6.2020。
② [清]徐栋辑:《牧令书》,清同治七年(1868)江苏书局刻本,卷 17,第 36 页。
③ 《四川档案史料》1983 年第 1 期,第 20 页;[清]钟庆熙辑:《四川通饬章程》,收入
  沈云龙主编:《近代中国史料丛刊续编》(第 48 辑),台北:文海出版社,1977,卷 3,
  第 3 页。

自出席,刘衡宣称他在巴县衙门中裁革了近 6800 名差役。[1] 不过刘衡自己也承认,鉴于重庆地区命案多发及当地存在由于商业纠纷而引起的大量诉讼,巴县衙门有必要雇用 100 余名差役,而这个数字仍然大大超出巴县衙门被允许雇用的经制差役额数。[2]

就算刘衡所说的巴县衙门当中超过经制吏役额数的非正身差役人数之多,以及他后来裁革的那些差役人数在一定程度上有夸大其词和自我吹嘘之嫌,但这些数字还是反映出,即便是对于一位非常勤于公务的知县来说,如何对其手下的这些差役们加以有效管束仍然是个大问题。而且,即使像刘衡这样有魄力的知县确曾做了一些制度改革,但还是无法阻止在他从巴县衙门离任之后不久,先前的那一切便迅速卷土重来。例如,刘衡从巴县知县任上离开仅仅八年后,光是在巴县衙门捕班内部记录该班工作分派情况的簿册上,就列有 319 位在该班工作的捕役的名字。[3] 到了 19 世纪末,这些数字还在不断上升。光绪二十九年(1903),四川总督岑春煊抱怨说,根据他私下所做的调查,在巴县,粮班、捕班及壮班各自雇用的差役人数均在 5000 人到 6000 人之间。[4]

145

---

[1] 朱之洪等修、向楚等纂:《民国巴县志》,台北:学生书局,1967,卷 9 下,第 10 页。
　另参见 Chü T'ung-tsu, *Local Government in China Under the Ch'ing*, Cambridge: Harvard University Press, 1962, p.59。

[2] [清]徐栋辑:《牧令书》,清同治七年(1868)江苏书局刻本,卷 18,第 24 页。

[3] 巴县档案,档案号:6.3.25。巴县衙门捕班的登记簿册上列出了刘衡称之为"总头"的 41 位差役的名字,这些人在巴县全境范围内牵头执行该班负责的那些日常事务。在每位总头的监管下,那些普通的捕役被编成若干个小队,其中 128 人在重庆城内,以及与重庆城直接毗邻的一些郊区工作,还有 150 人在巴县境内的乡村地区执行任务。

[4] 《四川档案史料》1983 年第 1 期,第 22 页。

尽管实际为巴县衙门工作的差役人数显然远远超过朝廷规定的该衙门经制吏役额数,但我们仍然应该对程伯銮、刘衡和岑春煊等清朝官员上述所宣称的他们发现巴县衙门当中的差役多达数千人的说法保持高度的怀疑。由于这些数字是下级官员们为了迎合其上峰而写的,故而他们会在一定程度上予以夸大,以便从修辞角度为其发布的布告、上呈的奏折及就其政绩所做的说明增添力量。真相是,在清代的任何一个县衙当中,究竟具体有多少名差役在里面工作,对此无人能够确切知晓。不过,借助巴县档案中留存至今的一些资料,我们可以估算出位于巴县衙门的经制差役额数与官员们所宣称的上述庞大数字之间的大致实际人数。

在清朝早期,巴县衙门的差役们按照朝廷颁布的法令分为四类群体,亦即皂役、门役、扛伞和粮役。在顺治年间(1644—1662),上述四类群体的朝廷额设总人数为 139 人。到了乾隆二年(1737),这个朝廷所定的巴县衙门经制差役额数,被逐步压缩到 69人以减少衙门开支,并且一直沿用到清朝结束。[①] 除了对上述四类群体有经制差役额数之限制,仵作、禁卒、更夫,以及在雍正朝新设立的捕役与民壮,[②]也都有单独规定的经制人员额数限制。从乾隆朝早期到清朝灭亡,如表 4.2 所示,巴县衙门上述九类群体的经制差役总额数为 69 人。毫不令人意外,这个数字正是咸丰、同治和光绪三朝历任巴县知县例行正式上报给京师吏部的巴县衙门差役

---

① [清]霍为棻等修:《巴县志》,清同治六年(1867)刻本,卷 2,第 9 页;朱之洪等修、向楚等纂:《民国巴县志》,台北:学生书局,1967,卷 6,第 33 页。(译者注:英文原书此处误将乾隆二年时朝廷所定的巴县衙门经制差役额数写为 29 人,现予更正。)

② 译者注:英文原书此处漏写了"仵作",现予补上。

总人数。①

表 4.2　巴县衙门的经制差役额数

皂役	12	民壮	14
粮役	8	禁卒	10
门役	2	更夫	8
扛伞	7	捕役	6
仵作	2	全部总计	69

资料来源:朱之洪等修、向楚等纂:《民国巴县志》,台北:学生书局,1967,卷 6,第 33 页。

可惜的是,以上援引的那本记录巴县衙门捕班内部登记工作分派情况的簿册,是我目前所查到的唯一透露巴县衙门实际雇用差役人数相关情况的档案资料。由于缺乏记录实际在巴县衙门工作的衙役之确切人数的档案资料,我们必须从其他间接史料中搜集更多的零散信息。第一种间接史料是当巴县衙门的吏役们内部发生争讼时,在那些被呈交到知县面前的文书当中所列出的差役名单。与书吏们一样,差役们向知县呈交控状和提出请求时,很少是以单个人的名义,而是由数人联名为之,以表明他们是集体向知县提出恳求或指控。在此类文书的起首部分,提出控告的该名差役或者多位联名提出控告的差役,通常宣称其业已在巴县衙门受雇工作了颇长时间,以此来证明自己有着长期在巴县衙门尽忠职

146

---

① 巴县档案,档案号:6.4.9;6.5.18;6.5.20;6.6.114-126;6.6.335;6.6.4978。

守地工作且未出过任何差错的服役记录。然而,只有在极少数的案例当中,这些长期受雇为巴县衙门工作的差役的名字,才会出现在知县向其上峰例行呈送的该衙门正式的吏役清册当中。因此,后者所列出的只是所有在巴县衙门工作的差役当中的一小部分人的姓名。那些差役直接将自己的名字写在词状上,哪怕在巴县衙门正式的吏役清册上并无其名,这一事实说明了巴县知县本身也知道其例行呈送给朝廷吏部的那些正式报告中的此方面内容并不完全属实。

虽然我们无法获知巴县衙门前述九类差役的确切人数,但那些报告与状纸可被我们用来估算实际在巴县衙门当中工作的粮役人数。例如,从那些出现在议事会议呈交给巴县知县的调查报告当中的差役名字来看,当地每个里的粮班领役人数似乎在 6 人到 10 人之间。假设每个里平均有 8 名粮班领役的话,那么巴县衙门下辖的这三个里的粮班领役总人数就大概是 24 人。

在粮班差役们呈交给巴县知县的那些禀状和控状上列名的总役,总人数在 10 人至 20 人之间。这些被列出的人名不大可能涵盖某个粮班当中全部的总役,因为它们所代表的只是该班当中的某一派系势力。不过,我们至少知道其中的一份档案资料引述声称光绪朝后期怀石里粮班左班共有 40 名总役。① 而且,怀石里并非巴县下辖的三里当中行政事务最为繁忙的区域。此方面更常被提到的是西城里,该地方由于辖区内人口众多与行政事务繁重,故而拥有比怀石里更多的粮役。②

---

① 四川大学藏巴县档案抄件,民刑欺诈,12(宣统元年)。
② 巴县档案,档案号:6.6.602。

　　为了大致估算出巴县衙门所实际雇用的粮役总人数,我们不妨把怀石里作为典型代表。将上述怀石里粮班左班的差役人数乘以二,便可以得出该里粮班左右两班差役的人数,然后再乘以三,就是巴县下辖的三里的粮役总人数。按照这种计算方法,我们计算得到的巴县衙门粮役总人数为 240 名。在此基础上再加上先前估算所得的粮班领役人数,我们便得到了一个相对保守的数字,亦即光是巴县衙门所雇用的粮役便有 264 人之多。但这个总人数尚不包括粮班的那些散役和帮役,故而在知县的默许之下为巴县衙门效劳的全部粮班差役的确切人数应该比这还要更多。

　　第二个关于巴县衙门中实际差役人数的信息来源,乃是巴县知县有时向重庆知府呈送的一些非正式报告。为了应付朝廷所规定的经制差役额数远远不敷使用的问题,巴县知县采用了一种将两方面情况均向其上峰进行汇报的做法,就像他们在面对经制书吏的额数不敷使用时所做的那样。本书第二章中业已介绍过,一些巴县知县分别向朝廷吏部和重庆知府衙门呈送了不同的差役清册。遗憾的是,在现存的巴县档案中,关于巴县衙门差役情况的非正式报告,在数量上远远少于那些关于该衙门书吏情况的非正式报告。但是,表 4.3 中的数字,向我们暗示了巴县衙门超出法定额数实际雇用的差役至少达到了怎样的规模。下面引用的数字,包括了巴县衙门在朝廷规定的经制差役额数之外实际雇用的民壮、捕役与粮役的人数,以及知县们在呈交给上峰的报告中宣称已经从巴县衙门当中黜革的那些白役的人数。此种分类再次表明,对这两大类差役的称呼在语义上有着显著的区别,亦即那些在知县看来实有必要而超出法定额数雇用的人手是非经制差役,而“白役"一词则被用来形容那些或许已经在巴县衙门工作了一段时间，但并不被知县认为不可或缺，故而可以随时革退的办事人手。

表 4.3　巴县衙门超过朝廷规定的经制差役额数实际雇用的差役人数情况

年份	非经制差役（保留）			白役（已革退）	总数
	民壮	粮役	捕役		
1848	—	—	—	—	213
1855	4	38	42	56	140
1876	13	311	64	—	388
1901	20	260	120	249	649

资料来源：巴县档案，档案号：6.5.12；6.6.111；6.6.114

　　虽然这只是一些零星的数字，但是它们还是非常清楚地显示，清朝中央政府规定的巴县衙门经制差役额数与实际在巴县衙门承充差役的人数之间相差甚大。这些数字也意味着，19 世纪的清朝中央官员和省级官员们所持的那种观点是正确的，即认为各种超过朝廷规定的经制差役额数而实际雇用的差役人数在逐年增长，尽管实际的情况可能并不像巴县知县刘衡、四川总督岑春煊所说的那样达到几千人的庞大规模。倘若我们回忆一下在本书前面关于巴县衙门书吏情况的讨论当中，巴县知县张铎在光绪二十七年（1901）所报告的该年巴县衙门内的书吏人数，大大低于前一年和后一年所报告的该衙门书吏人数，则这种印象便会被进一步加深。因此，巴县知县张铎在 1901 年所报告的巴县衙门差役人数，同样也可能颇为保守。而且，我们还必须在这些数字的基础之上，再加上那些居住在巴县境内乡村地区的散役们的人数。这些散役虽然通常是得到时任知县的首肯后在乡村地区为巴县衙门工作,但无论是在例行呈交给朝廷吏部还是重庆知府衙门的任何报告当中,他们的名字都不会被提及。

　　导致巴县衙门实际雇用的差役人数不断增长的原因之一,便是我在本书前几章中经常提及的 19 世纪时清帝国境内各地县衙所面临的工作负担都在逐渐加重。正如我们在前面讨论书吏的章节中所看到的那样,上述这种地方衙门工作量的增长,体现为那些实际负责公共治安、征收税赋及处理讼案的差役(民壮、粮役和捕役)人数日益增多。例如,在道光十三年(1833),巴县知县区拔熙同意了捕班头役提出的请求,在巴县境内沿江的各里增设了 77 名捕班散役,以应付这些地区繁忙的交通往来和商贸活动。① 在半个多世纪之后,巴县知县张铎向重庆知府解释说,虽然朝廷规定的巴县衙门民壮、粮役和捕役之经制额数加起来只有 28 名,但是巴县衙门要想完成各项行政事务与维持公共治安,则实际需要至少 400 名差役。② 149

　　就县级衙门内部的经制吏役人员结构与地方行政之实际需要间存在的悬殊差距而言,恐怕没有什么方面会比差役人数体现得更为尖锐。但是,考虑到知县们缺乏监督(更不用说去控制)其手下那些差役们的足够能力,巴县衙门实际雇用的差役人数之日益增长,也不能单纯归咎为衙门工作负担加重造成的结果。毋宁说,正如顾炎武在清初时所认为的,那些超出朝廷规定的经制吏役额

---

① 巴县档案,档案号:6.3.18。
② 巴县档案,档案号:6.6.111。

数而进入衙门工作的人们,是将受雇为衙门工作当作一种营生手段。易言之,尽管官方对衙役们心怀成见,并且社会大众一贯将承充衙役视为贱业,但是在清代,越来越多的成年男子发现衙役这份工作的收入颇为可观且有安全感,于是将其当作一种富有吸引力的长期工作方式。

第四节 "岂尽无良?"

衙役们在清代史料中给人留下的压倒性刻板印象是,这些人乃是一群"无赖",是一心只为谋取私利的恶棍、二流子和无数麻烦的制造者。① 在这些"衙蠹"当中,捕役的名声尤其糟糕。正如曾担任刑部郎中、监察御史等职的清朝官员田文镜在 18 世纪早期所说的那样,"捕役原与盗贼一气,若不与盗贼相通,不能为捕役矣"。② 大约一个世纪后,浙江巡抚也表达了与此相类似的观点:

> 查州县衙役向分快、壮、皂、捕四班。别班差使常有调剂,
> 惟捕役专司缉盗,其事独难,而其名目较之三班尤为下贱。闻
> 此间充捕之家,无人肯与为婚。是以州县中不但不能添募,甚

---

① [清]薛允升:《读例存疑》(第 5 册),黄静嘉重校,台北:成文出版社,1970,第 1035—1036 页,律 344,例 7,例 9;[清]徐栋辑:《牧令书》,清同治七年(1868)江苏书局刻本,卷 4,第 25—27、36 页。

② [清]徐栋辑:《牧令书》,清同治七年(1868)江苏书局刻本,卷 20,第 46 页;另参见巴县档案,档案号:6.6.1366。

至徒悬额缺，虚无一人。其愿充者，又皆豢贼分赃，无恶不作。①

　　这位浙江巡抚虽然大体上赞同田文镜的看法，但他显然更加意识到，衙役们的贪腐至少部分根源于他们那种低贱的社会地位。除了民壮和禁卒，其他差役们事实上都被归入法律上所称的贱民之列，②他们在法律上的身份，等同于娼优、奴仆、戏子及某些在特定区域里面从事某种营生的特殊群体。③ 至于衙役为何被在法律上归为贱民，其原因则不甚清楚。在其对中华帝国晚期的底层社会群体所做的研究中，韩安德（Anders Hansson）猜测说，某些差役的低贱社会地位，部分源于他们所从事的那种工作的性质（例如，他们与罪犯之间的联系，以及与尸体的频繁接触，或者经常由于拷问折磨犯人而将自己所穿的衣服弄脏）。④ 另一种可能的原因解释则是（韩安德和柯慎思［James Cole］都提出了这种观点），只有当衙役这份工作为那些来自被社会大众视为异类的特殊群体当中的人

150

---

① ［清］不著撰者：《治浙成规》，清道光十七年（1837）刊本，卷 8，第 66 页。

② 译者注：英文原书此处关于差役之法律地位的描述，并不完全准确。据《钦定大清会典》："凡衙门应役之人，除库丁、斗级、民壮仍列于齐民，其皂隶、马快、步快、小马、禁卒、门子、弓兵、仵作、粮差及巡捕营诸番役，皆为贱役。"［清］昆冈等续修：《清会典》（第 2 册），卷 17，户部，上海：商务印书馆，1936，第 180 页。

③ 《清会典事例》，北京：中华书局，1991，卷 17，第 4 页；Chü T'ung-tsu, *Local Government in China Under the Ch'ing*, Cambridge: Harvard University Press, 1962, p.106; Ch'ü T'ung-tsu, *Law and Society in Traditional China*, Paris: Mouton, 1965, p.129。

④ Anders Hansson, *Chinese Outcasts, Discrimination and Emancipation in Late Imperial China*, Leiden: E. J. Brill, 1996, pp.49-50.

们所独占之后，投充差役才在法律上被归为一种贱业。①

但是，无论差役们低贱的社会地位和法律身份是源于何种原因，作为在按照儒家思想建构起来的社会等级秩序中处于最底层的成员，就差役们被认为品行低劣这一点而言，他们与官员、平民（亦即清律中所说的"良民"）构成了鲜明的对比。如同所有的贱民阶层成员那样，差役因其低贱身份而在法律上受到许多限制。例如，所有的差役都被禁止参加科举考试。与书吏们不同，差役们的身份地位处于社会阶层等级体系的最底端，完全没有沿着行政官僚体系向上攀爬的机会。差役们还在法律上被禁止与良民通婚。并且，有些大家族还在其内部制订的族规当中专门规定说，本姓子孙若有投充差役者，则将受到体罚或被从族谱中除名。②

差役们这种卑贱的地位，也反映在他们于衙门里面所从事的那些日常工作当中。明清两朝颁布的关于服饰违制的法令都规定，差役们只能穿黑色或淡青色的，用茧粗丝制成，或由蚕丝、棉花或粗麻混纺而成的外衣，以作为其低贱身份的外在标识。③ 而且，当一个人到衙门里承充差役时，他往往会弃用自己原来的名字（"良名"），而改换成两个字的新称呼。于是，张自德就变成了张

---

① Anders Hansson, *Chinese Outcasts, Discrimination and Emancipation in Late Imperial China*, Leiden: E. J. Brill, 1996, p.89; James H. Cole, *Shaohsing: Competition and Cooperation in Nineteenth-Century China*, Tucson: University of Arizona Press, 1986, p.69.

② Ch'ü T'ung-tsu, *Law and Society in Traditional China*, Paris: Mouton, 1965, pp.129-132, 134; [清] 薛允升：《读例存疑》（第 2 册），黄静嘉重校，台北：成文出版社，1970，第 311 页，律 115; James T. C. Liu, *Reform in Sung China: Wang An-shih (1021-1086) and His New Policies*, Cambridge: Harvard University Press, 1959, pp.164, 256。

③ Ch'ü T'ung-tsu, *Law and Society in Traditional China*, Paris: Mouton, 1965, p. 138.

盛,而程世彦则变成了程贵,等等。① 尽管或许有人会认为此种改名做法乃是基于方便衙门管理的权宜之计,但是书吏们却并不需要像差役们那样更名的事实,说明了差役与书吏的地位存在着本质性的差异。二者之间的差异,也体现在差役们所使用的语言上面。在其呈交给巴县知县的报告或禀状当中,差役们通常会卑微地自称为"蚁",此外他们还要使用一些敬语,例如"跪禀大老爷台前,为禀",而书吏们在向知县呈交类似文书时则不使用这些用语。

　　巴县衙门当中那些被用在差役们身上的惩戒措施,更是进一步强化了差役的从属性与低贱身份。即使差役们在许多方面实际上独立于巴县知县的权威之外而行事,但是巴县知县经常对差役们所犯的一些看起来并不怎么严重的过错加以惩罚,以此至少在象征意义上维持其对差役们的控制权。因此,相比于巴县衙门中的那些书吏们很少被知县处以体罚,差役们就没有那么幸运了。在巴县档案里面,我们经常可以看到许多差役因犯小错而遭知县严惩的例子。这些犯错的差役,或被巴县知县下令处以杖责、戴枷示众乃至站笼之刑,或被投入县衙的牢房之中监禁。例如,在咸丰二年(1852),当地的一名百姓躲过了巴县衙署门口的四名门子的把守,出其不意地跑到公堂上向知县鸣冤,结果那四名门子因此被知县处以当众掌嘴的惩罚,并且戴枷示众足足一个月。② 又如,在光绪十三年(1887),巴县衙门有两名差役在奉命前往成都递送公文时,因为走错路而比原定时间耽误了两天,结果被巴县知县处以

151

---

① 巴县档案,档案号:6.6.114。
② 巴县档案,档案号:6.6.4948。

杖责,并戴枷示众两日。①

面对上述这一切,我们不禁会产生如下疑惑,那就是为何还有人愿意从事衙役这样一种明显遭人鄙视且有不测之险的营生?清代的官员们也经常会问同样的问题。在其所给出的那些答案中,清代的官员们塑造出了衙役们乃是一群不求上进的无赖之徒的经久形象,并认为这些人投身公门的唯一目的就是借机从中贪腐。②

例如,在咸丰五年(1855),四川总督黄宗汉在一道责令该省各地衙门将所有超过朝廷规定的经制差役额数而实际雇用的差役予以黜革的指示中就说道:

> 充当差役之人,尽系无业游民。一经注名册簿,即借衙门为护身符。或包揽词讼,或窝庇匪徒,或教供扳害,借事开花,或设计生方,吓诈财物。论其行为举动,实与光棍无殊。③

不过也并非所有的清代官员都是如此断定衙役们来自社会当中的哪一类人。至少有一些清代官员认为存在着这样一种可能性,亦即并非所有投身公门的差役起先便有着作恶之心,衙役们后来之所以会朝着违法乱纪的方向堕落,乃是因为他们无法抗拒这

152

---

① 巴县档案,档案号:6.6.531。另参见巴县档案,档案号:6.6.459;6.6.566;6.6.582;6.6.628;6.6.653。

② 这种观点也一再出现于当代学者所写的著述当中。例如,柯慎思认为,衙役们的粗鲁态度,源于他们试图通过滥用手中权力来报复社会大众对他们的鄙视,参见 James H. Cole, *Shaohsing: Competition and Cooperation in Nineteenth-Century China*, Tucson: University of Arizona Press, 1986, p.70。

③ 巴县档案,档案号:6.4.12。

份工作本身所具有的各种诱惑。19世纪时出任监察御史的周枥园在评论导致衙役们贪腐的各种原因时，便极为雄辩地提出了这种看法：

> 岂尽无良？有苦读无成，不得已而流为胥役者；有家原温饱，借之以撑持门户者；有资身无策，赖此以克衣食者。初心不过如此，岂望作恶害人？无奈一入衙门，习与性殊，日复一日，心胆遂雄。官偶一顾问，遂曰："上人喜我也，事宜行止，惟我之言是听。"偶一经管，遂曰："事权在握也，为福为祸，惟我之力能操。"从前畏法之心，不胜其嗜利之心。此后奉公之事，皆化为害人之事矣。①

但是，如果说周枥园的上述观点意味着向下的社会流动乃是那些想在衙门当中找到一份工作的差役们的行为动因之一，那么他的这番话也响应了清朝的许多官员所秉持的一种信念，亦即认为当那些由于先前未受过文字素养方面的训练与儒家伦理的熏陶，以至于品德有失和毫无操守的人们靠近权力时，这些人将会无可避免地走上贪腐和滥用权力的歧途。衙役们出身于贫苦人家、在社会当中被边缘化并且似乎天生就有做坏事的习性，这种描述不仅代表着清代的人们对这些人的典型印象，而且也影响着今天的人们提及清代衙役时对这一群体的看法。

但是，如果暂时不考虑衙役们那种低贱的社会地位与其滥用行政权力之间的联系的话，那么上述那种关于衙役们之社会经济

---

① ［清］李渔辑：《新增资治新书全集》，清康熙六年（1667）据尚德堂藏版刊印，卷12，第27页。

背景的看法看起来大体上是正确的。有丰富的证据显示,许多衙役始终在各种边缘性社会阶层之间流动,而在官府的眼中,那些边缘性社会阶层的成员即便并不全是不法之徒,也总是高度可疑的。例如,韩书瑞(Susan Naquin)就曾经描述说,不少衙役是由于被其他那些更受百姓们尊重的宗教组织排斥在外,而结果被白莲教这样的异端民间宗教吸收成为其信徒。① 就此点而言,尤其值得一提的是,那位来自山东的武林高手王伦(此人同时也是韩书瑞所描述的那场 1774 年农民起义的领袖),先前便曾做过一段时间的衙役。② 在巴县档案当中,也有一些与此相类似的零星记载表明,一些衙役与当地的秘密会社、盗匪帮派之间有着某种联系。③ 除此之外,我们还可以在一些可疑的地点发现差役们的身影。就此方面而言,赌场、妓院、客栈、旅店及其他某些以操持非法营生而闻名的场所,诸如此类差役们经常出没的地方,都被清楚地记录在巴县档案里面。在巴县,鸦片烟馆经常被当地差役们作为聚会与请客的场所,而这些鸦片烟馆通常都是由某些差役们自己所拥有并经营的。④

153

---

① Susan Naquin, *Shantung Rebellion, The Wang Lun Uprising of 1774*, New Haven: Yale University Press, 1981, p.48.

② 关于民间宗教团体与衙役之间的可能关系,另可参见 James H. Cole, *Shaohsing: Competition and Cooperation in Nineteenth-Century China*, Tucson: University of Arizona Press, 1986, p.63; Philip A. Kuhn & Susan Mann-Jones, "Dynastic Decline and the Roots of Rebellion", in John K. Fairbank, ed., *Cambridge History of Ch'ina, Volume 10, Ch'ing Late 1800-1911, Part I,* Cambridge: Cambridge University Press, 1978, p. 140。

③ 巴县档案,档案号:6.6.549;6.6.1394;6.6.3187。

④ 关于巴县衙门差役们与当地妓院、客栈和赌场等场所之间的联系,参见巴县档案,档案号:6.6.602,6.6.1394;四川大学藏巴县档案抄本,民刑欺诈类,12,宣统元年(1909)。

　　然而,单凭某些差役被怀疑在巴县衙门之外经营着各种生意这一点,并不能说明所有的衙役皆有着一种统一的社会地位与社会阶层出身背景。我目前所搜集到的少量关于巴县衙门差役们之家庭经济状况的史料证据,首先来自巴县衙门登记的经制差役信息中关于这些人拥有多少亩耕地的数字记载。除了其姓名、年龄、住址及已经在巴县衙门做了多少年差役等信息,巴县衙门所做的登记还记录了这些差役们各家每年交纳的钱粮赋税。我们可以利用这些所交纳的钱粮赋税数额计算出某位差役家中所拥有的耕地数量。表4.4列出了咸丰十一年(1861)时巴县衙门按照经制差役额数雇用的总共40名皂役、粮役、捕役和民壮各自家中所拥有的及平均拥有的耕地数量。

表4.4　**咸丰十一年(**1861**)巴县衙门经制差役们拥有的耕地数**

(单位:亩)

类别	人数	拥有的最多耕地数	拥有的最少耕地数	平均拥有的耕地数
皂役	12	6.5	1.6	3.4
粮役	8	16.3	1.6	8.8
捕役	6	6.5	1.6	3.0
民壮	14	13.1	3.3	6.4
平均				5.4

资料来源:巴县档案,档案号:6.5.18;6.6.316。

　　我在本书第一章当中曾引述过历史学家王笛所做的估算,在光绪朝的差不多同一时期,巴县当地民众人均拥有耕地数为1.7

亩,每户平均拥有 8.5 亩耕地。① 虽然从表 4.4 来看,有一些巴县衙门经制差役家中所拥有的耕地数量达到甚至超过了王笛估算的上述数字,但王笛所做的那个估算其实具有误导性,因为他估算所得的那些数字,乃是将巴县全境内的耕地总数除以该县的总人口数而得出来的。而在当时,巴县的人口总数包括了重庆城内的那部分人口,因此王笛估算出来的该县民众人均拥有耕地数一定是偏低的。在 20 世纪早期,巴县位于重庆城内的辖区与其下辖的那些城外农村地区在行政上已经被分开来进行管理,从那时的地籍勘查资料来看,我们可以发现巴县每户拥有的耕地数量达到了 18.67 亩。如表 4.4 所示,巴县衙门的那些经制差役家中拥有的耕地数量远在上述平均数之下。不过,相较于巴县衙门所有经制差役人均拥有的耕地数,他们各自家中所拥有的耕地数差异或许更能说明问题。根据表 4.4,巴县衙门的粮役与民壮家中所拥有的耕地数量,要比捕役或皂役家中拥有的都多一些,前者当中的一些人所拥有的耕地数,已经接近巴县全境内的每户平均耕地拥有数。尽管这样说并不是要完全推翻先前那种认为巴县衙门的绝大多数差役们皆出身于那些经济条件欠佳的底层家庭的旧观点,但上述讨论确实表明了这些差役们彼此之间在家庭经济状况方面存在着相当大的差异。

按照清代法令的规定,衙役必须来自那些自家拥有一定数量的田地且在本地的钱粮簿册上列有其名的人家。但是,即使我们

① 隗瀛涛主编:《近代重庆城市史》,成都:四川大学出版社,1991,第 387、396 页。清朝的人口数据是按照户而不是人头来统计的。王笛得出的上述巴县民众人均拥有耕地数,乃是他基于每户 5 人的预设估算出来的。

获悉了巴县衙门的经制差役们各自所拥有的耕地数,这些数字也只能反映出在巴县衙门工作的一部分差役家中拥有耕地的情况。因此,倘若据此便以为巴县衙门所有的差役均拥有类似前述数字的耕地或者皆有自家的耕地,那将毫无意义。易言之,那些被记录在册的经制差役们所拥有的耕地数量,并不能向我们充分展示巴县衙门差役们的经济来源范围或其每个人的家庭经济状况。例如,巴县档案里偶尔有证据显示,至少有一些差役拥有相当可观的自家财产。如前所述,某位差役是否有获取经济资源的多种渠道(这一点经常会具体体现为要求拥有相当可观的自家财产),对于该人是否能够在所在班内晋升为领役而言非常关键。能够进一步说明巴县衙门差役们拥有一定数量的经济资源的证据,源于如下事实,亦即巴县衙门的差役若想在其班内爬到更高的位置,则必须交出一笔相应的费用(详见本书第五章的讨论)。最后,我们不应该忽视的一点是,衙役这份工作本身可以带来相当可观的潜在收入,而这些收入既可以用来买田购地,也可以用来做生意,以及投资到重庆城当时那些新兴的商贸活动中去。例如,当总人数超过60人的一群皂役在咸丰九年(1859)被从巴县衙门黜革后,几乎所有的这些被革差役都报告说,他们将在重庆城内靠经营各类小生意维生。①

　　上述史料记载表明,以往那种认为差役们皆系一些穷困潦倒之辈的旧见如今需要得到修正,因为并非所有的差役都是因为贫穷才选择从事这份工作。而且,即使是对于那些穷困潦倒的人们

① 巴县档案,档案号:6.4.23。

来说,重庆城当时正在快速发展的经济活动,也为他们提供了除到衙门投充差役外的其他各种谋生机会,而后者并不都会像投充衙役那样被社会大众习惯性地视为身份低贱。但这些人不仅自己选择了投充衙役,并且还在巴县衙门中度过了他们最年富力壮的人生阶段。这一事实表明,在正不断发生各种变化的 19 世纪中国社会当中,衙役在法律上的那种低贱身份所具有的污名,正在变得不那么要紧。

那种在法律上对不同群体的身份加以分类的做法,乃是清政府为了如下目的所做的各种努力之产物,亦即将其对于理想社会秩序的憧憬,以及与之相适应的关于社会政治的正统观念,加诸全体民众身上。就此点而言,最为关键的就是,在清代,那些在法律上被划入贱民阶层的人们不能参加科举考试,故而也就无法参与到科举考试所支撑的那种精英文化中来。但这并不是说,这种将不同人们的身份地位在法律上加以分类的做法或理念,对于当时的每个人而言都有着同等程度的规范性价值或者皆与各人直接相关。尤其是对于那些生活在清朝社会底层的人们而言(例如生活在城市与农村的穷人,以及其他那些向下流动的社会阶层中的百姓),这些划分与理念根本就不重要。对于那些几乎从不认为自己有着符合正统观念的社会地位,而且无论在何种情况下都会被精英群体所鄙视的人们来说,衙役这份工作,很可能被这些人看作一种可以借此过上像样生活的颇具吸引力的谋生方式。

职是之故,与其将差役所从事的这份工作视为一种普遍遭人鄙视的劳动形式,还不如把投充差役看成在一个不断分化与扩展的社会当中发展着的诸多营生方式之一。而且,就像大多数从事某种营生的人们那样,巴县衙门的差役们也试图将他们所选择的这份生计,在某种程度上加以正当化。为了实现这个目的,巴县衙门的差役们采取了与前述书吏们相同的策略,有意地让他们自身远离社会大众心目中的那种贪腐形象,以此来证明他们所从事的乃是一种值得人们尊重且有其社会价值的服务性工作。

第五节 品行端正的公人与道德败坏的差役

尽管巴县衙门当中的绝大多数差役都是超过朝廷所定的经制吏役额数而被非法雇用的,但是这些衙役一直试图将他们在地方衙门中的角色予以正当化,以此来提高自身的社会地位。在此过程中,他们对儒家正统学说的利用,从成效本身来看似乎并不起眼。儒家话语所承载的,终归是那些关于正直人品与良好名声的观念,以及对其加以表述的媒介。但是在将儒家话语里面的一些内容加以挪用的过程中,巴县衙门的差役们显然表达了一种关于何谓正派的行政服务性工作的非正统观点,就像我们在本书前面讨论书吏的那部分中所看到的一样。根据巴县衙门差役们所做的此类表述,他们在执行任务过程中向当地民众收取费用,以作为对自己勤勉服务的报偿,这种做法丝毫不违背那种建立在道德基础之上的德政理想,相反,这是维持推行德政的政府的必要手段。而且,为了达到上述那种效果,巴县衙门的差役们试图利用社会大众将衙役视为贪赃枉法之恶棍的刻板印象作为反衬,来凸显他们自己乃是忠诚可靠的公人。

156

差役们的个人品行与其所从事的这份工作的正当性之间的关联,在巴县衙门中的高级别差役呈给巴县知县的那些文书之起首处的常用套语里面有非常鲜明的体现。例如他们在上面写道:"跪禀大老爷台前,为禀明作主事情,役等奉公体德,毫无违懈……"在诸如此类的开场白之后,通常紧接着的文字内容则是关于其家境贫寒,以及已然在巴县衙门当中服役多年且从未出过任何差错的描述,以此来进一步证明自己擅长此份工作且向来品行正直。例如在光绪二十一年(1895),一位名叫姚恩的业已被从巴县衙门革除的前怀石里粮班总役,在他先前所在班内的三名领役的支持下,向巴县知县请求允准其重新回来工作。姚恩所写的禀文,可谓那些被黜革的差役们向巴县知县提出希望能够允准其重回衙门工作的恳求之典型例子。

姚恩首先讲述了他在巴县衙门已然工作了许多年,随后围绕那起在他看来导致其被蒙冤逐出巴县衙门的事件之相关情况加以解释。他声称,自己为巴县衙门执行公务的时间超过了 20 年,其在衙门内的记录或名声并无丝毫污点。在该年五月,有一份来自川东道衙门的公文要在五日之内被递送至成都。姚恩派粮班散役朱崇去递送这份公文,但朱崇由于生病而耽误了公文的如期送达,结果被从巴县衙门革除。而姚恩也因为派差不妥而遭知县训斥,并同样被从巴县衙门革除。①

在其所呈的禀文之结尾部分,姚恩描述了自己如何家境贫寒,以此表明他自己全无借承充差役来中饱私囊或者有什么贪腐敛财

---

① 巴县档案,档案号:6.6.582。

之举,并且声称自己全然仰赖在巴县衙门中本分工作来养家糊口。他写道,自己家徒四壁,父母已然风烛残年,膝下子女尚年幼,而其妻子又体弱多病,有这么多人靠他来养活,但家中余粮却又很少,因此只有恳求知县大发慈悲,原谅他之前所犯的过错,允许他重新回到巴县衙门担任粮班总役。①

数日后,怀石里粮班的多名领役向知县呈交了一份对上述情况进行补充说明的禀状,声称姚恩对其先前所在粮班的运作不可或缺,故而他们联名恳求知县能够允准姚恩重新回粮班工作。这些领役在禀状上说道,其所在的粮班缺乏有经验的足够人手来处理交办的大量工作,故而若少了在行的姚恩的帮助,则该班事务将无法处理。知县最终同意了姚恩的上述恳求,允准他重新回到巴县衙门担任粮班总役。不过,知县依然维持自己先前所作出的将那名粮班散役朱崇从巴县衙门黜革的裁决。

一名差役能否让巴县知县撤销他先前作出的将其从衙门革除的裁决,以及是否能够在其所在班内发生的争端当中胜出,很大程度上乃是仰赖存在于差役们内部的等级体系。这个等级体系给予差役们一定的象征资本。如果某位高级别差役多年来能够沿着这一巴县衙门差役内部的等级体系逐步提升其位次,而并没有遭衙门黜革或与任何不法行为有瓜葛,那么他就可以自诩在其承充差役期间有着与其工作要求相适应的道德素养与品行操守。而在差役们内部等级体系的另一端,像散役及诸如帮役那样被临时雇来的办事人手,则被描述为品行未经证实之辈,因此被认为更有可能

157

---

① 巴县档案,档案号:6.6.582。

作奸犯科。巴县知县们倾向接受上述差役形象刻画,这一点可以从不同级别的差役之工作在相对稳定性程度方面的差别上看出来。例如,在光绪二十年(1894)被巴县衙门革除的 22 名捕役当中,有 14 人是散役,5 人是总役,只有 3 人是领役。[1] 差役们对其内部等级体系的利用,也在一些告状里面有所体现。在这些告状当中,当领役与总役在遭到其同事指控时,他们会被对方称作散役甚至白役,而那些控告他们的差役之所以如此为之,正是为了让知县对这些遭到指控者的个人品行产生怀疑。下面将要讨论的巴县衙门民壮戴成的案子,便是此类案件中能够很好地说明此点的例子之一。

光绪二十八年(1902),巴县衙门中由刘金率领的来自民壮左班的七名领役向知县报称,一名来自民壮右班的名叫戴荣的散役,最近因敲诈勒索、酗酒闹事及枉顾法纪而被从所在班的名册上除名。但是,戴荣悄悄地将自己的名字改为戴成,并请求民壮左班的领役们允许他到该班工作。这些领役们抱怨,他们当时出于好心才同意了戴荣的这一请求,但之后戴荣本性不改,依旧贪婪暴虐,不仅欺骗该班的每位同事,违反班规,鱼肉乡民,而且还经常酗酒打架。因此,这些领役们声称他们已别无他法,只得恳求知县将戴荣从巴县衙门革除。知县同意了这些领役们的请求,将那位如今改名为戴成的戴荣逐出巴县衙门。[2]

然而就在知县做出上述裁决后半个月左右,戴成本人向知县呈交了一份禀状。在这份禀状当中,他不仅否认自己曾在民壮右

---

① 巴县档案,档案号:6.6.572。
② 巴县档案,档案号:6.6.622。

班中使用过另一个名字工作,而且还针对那些领役们声称他是一 158
名散役的说法进行了驳斥。戴成坚称自己事实上是一名领役,完
全不是像那些指控他的领役们所说的那样只是一名散役。戴成强
调自己是一名老实本分的公人,而他多年来在巴县衙门中的效力,
如今正在面临所在班中的派系势力与裙带腐败的威胁。按照戴成
在其禀状中的说法,他在民壮左班当中效力多年,一直没有出过差
错,亦无任何不当之举,并且实际上还是在该班内排名第二的领
役。在该班中排名第一的领役刘金多年来只是挂名而已,实际上
是由总役胡林代行刘金的职责。当该班的管事去世后,民壮左班
的差役们原本决定推举刘金与戴成来共同接替该位置。然而就在
此时,刘金却纵容其徒弟胡林伪造文书,以便将后者的家人招进巴
县衙门承充总役。根据戴成的说法,当他拒绝与刘金、胡成等人同
流合污后,那两人恼羞成怒,对他提起诬告并恶语诽谤。戴成表示
自己曾将这起争端提交给巴县衙门吏役内部的议事会议处理,但
胡成与刘金两人在议事会议进行调停时拒不出席。而且,当议事
会议针对上述伪造文书一事展开调查时,胡成与刘金都声称自己
对此毫不知情。因此,戴成最后恳请知县核查该班的人员卯册并
重新考虑先前对他作出的那个黜革决定。① 但是对于戴成而言非
常不幸的是,他的上述声辩未能说服知县,后者依然维持其先前所
作出的将戴成从巴县衙门革除的裁决。

　　值得注意的是,那些领役们针对戴荣所进行的并且最终如愿
以偿的抨击,并不包含有任何特定的或者按照法律规定可提起控

---

① 巴县档案,档案号:6.6.622。

告的理由。它只是采用了一种从人品上对其对手进行粗线条诋毁的方式，将戴荣与那些关于腐败的刻板印象关联在了一起，声称戴荣乃是生性贪婪暴虐、经常酗酒闹事、惯于敲诈勒索、不断违反班规与藐视法纪之人。上述说辞的字里行间，无一不是在暗示戴荣只不过是一名散役，是一名其品行不值得信任、平素行事不负责任的无赖之徒。

纠纷双方所使用的这些言辞套路，乍看上去有些怪异，因为他们都是诉诸那些只会让知县觉得其对衙役们之本性的一贯怀疑再次得到了确证的刻板印象。不过当我们深入思考之后，则可以发现纠纷双方所用的策略非常明确。那就是，纠纷双方利用人们关于衙役的那些刻板印象，来描述某位特定的差役的贪腐行为和越轨之举，以便将对方的那些行为与大部分老实本分工作的差役所具有的正直人品区分开来，并声称自己乃是属于后一种类型的公差。

当然，我们必须记住，这些描述是在差役们内部发生的争端被告到知县那里的过程当中才呈现出来的，而当走到了这一步时，差役们内部奉行的那些用来解决彼此之间所发生的争议的规矩、程序与手段都业已失灵。在这种情况下，纠纷双方针对自己与对手分别做出的那些区别性描述，乃是为了迎合那位本就对衙役群体心怀成见并与他们之间存在利害关系的特定听众，亦即知县。但是，如果说这些描述有时也会被用于达到各种奸诈的目的的话，那么这也并不意味着差役们所诉诸的那些基本准则就必然是虚假的。实际上，这些人能够在他们自己与其他差役之间发生的争端当中利用此种形象刻画，本身就意味着知县承认那些声称衙役当

159

中也有许多忠实正直之人的说辞至少在一定程度上是有依据的。

虽然上述那些关于其自身品性的描述是由差役们自己建构出来的，并且他们经常利用这些描述来抬高自己与诋毁对手，但是这些描述多少反映出许多差役是如何看待他们自己及其所从事的这份工作。与书吏们一样，差役们当中的许多人都将这份工作视为一种营生方式，并在这份工作上度过了他们的青壮年岁月。由于并不存在关于此方面各种具体办事流程的任何正式标准与法定指引，于是差役们便试图通过在其内部奉行他们自行商定的各种规矩、程序与规范性行为准则，来捍卫自己的这份生计。

差役们受雇在巴县衙门当中所从事的这份工作，虽然存在上述这些理性化的因素，但仍然被视为一种非正式的、游离于正式法令规定之外的行政办事人手雇用方式，且在其运作过程当中，并非借助于由外部力量加以界定的结构或监督。因此，与其他任何营生方式相类似，在衙役这一行当中是否能取得成功，不仅依赖于对该群体内部自行订立并奉行的那些规矩与标准的运用，而且也依赖于其家庭成员、庇护人与同事们的支持。倘若缺乏这种支持，则像上述戴成那样的民壮就会在其所在班内差役们之间发生的纠纷当中被其反对者所孤立，从而被后者描绘成贪婪腐败之辈。本书第五章将集中考察巴县衙门差役们当中的那些人际关系网络和联盟，来检视此方面的衙门实践。届时我们将会再一次看到，尽管这些人际关系网络经常被认为是基于腐败之目的而形成的，但在许多方面，它们也是清代地方行政得以运作的基石之一。

160

第五章　不当的联盟与知县的手下

　　光绪二十四年(1898)夏天,新上任的巴县知县王驰昌收到西城里粮班左班领役刘成等三名领役所呈交的一份禀状。这三名领役在这份禀状中控告刚升任该班管事不久的范荣。资深领役刘成在解释此事时说道,十年前范荣在他的支持之下升为该班领役,自打那时起,范荣便开始变得刚愎自用,并且经常违反班规。更有甚者,范荣罔顾其他差役的劝诫,非但拒不悔改,如今还对任何妨碍他的人以暴力相威胁。刘成声称自己已别无他法,只得召集所在班内的全体粮役一起商议如何处置此事,结果大家决定向知县正式呈交禀状,恳求知县将范荣从巴县衙门黜革。①

　　数日后,以王升为首的该班3名领役与8名散役,也向知县呈交了一份指控范荣的禀状。王升等人针对范荣的指控,比起前述刘成等人在那份禀状中所写的要详细得多:

------

① 巴县档案,档案号:6.6.602。

班内领役范荣,不守班规,借案搕索,由此积资,开贸栈房,愈恶无忌,每遇妇女因事构诉,伊即套在伊栈住寓,嗣案结后,堆算口岸。贫民无措付给,勒将妇女霸占为妾。即伊次妾,系杨森贸之妻。伊支贼扳诬,将森贸吓逃,伊遂将妻霸占为妾。三妾系刘三之妻,因堆口岸,霸为三妾。贫民隐恨,切齿莫何。伊则名以为妾,暗以为娼,希图渔利……伊师刘成理戒,反不认师,目无尊长,胆敢逞凶。刘成等昨以禀明作主,禀未沐批。似此恶役,恃霸妄为,不恳革究,恐后酿祸。①

知县王驰昌看到后认为,像范荣这样的恶棍不应该被允许继续承充粮役,于是下令立即将范荣从巴县衙门革除。

在上述这件事的整个处理过程中,范荣自己坚称,王升等人针对他提起的那些指控,要么纯属子虚乌有,要么是出于对他最近被提拔为粮班管事的妒忌。就在范荣被从巴县衙门黜革的一个多月后,继王驰昌之后接任巴县知县的沈秉堃,收到了来自范荣先前所负责的区域内两个场镇的地方领袖们呈交的一份禀状。范荣此前所说的那些情况,在这份禀状当中得到了证实。

这两个场镇的地方领袖们声称,范荣不仅没有任何不当之举,而且事实上他还是一名堪称楷模的公差。作为西城里粮班左班管事,范荣的正直品行,以及他与当地民众之间的和睦相处,使得他在巴县境内近期发生的那些民教冲突中保护了这些地方领袖们所

---

① 巴县档案,档案号:6.6.602。

在的两个村庄民众的财产安全。这些地方领袖们坚持说,范荣被巴县衙门革除,完全是与其同班的一些粮役诡计多端加以诬告的结果,后者忌恨范荣在当地百姓中所享有的威望,因此范荣显然应当被允准重新回来担任该班领役。应这些地方领袖们的恳求,新任知县沈秉塈同意重新调查此事。不久之后,他推翻了前任知县做出的那个决定,恢复了范荣原来的西城里粮班左班管事身份。

上述发生在西城里粮班内部的这一短暂插曲,展示了巴县衙门各种日常运作的如下多个重要特征。首先,该事件表明,对某位衙役个人形象的选择性利用,可被作为一种将相关当事人的利益加以正当化并进行保护的手段。在范荣身上存在着上述两种相互矛盾的形象刻画,可被视作此种修辞的例证。其中的一种形象刻画是将范荣描述为一名对当地民众敲诈勒索的皮条客,而另一种形象刻画则把他塑造为有着高尚行政品德的典范人物。在这些形象刻画当中,被突出的重点,并非这名遭到质疑的差役的某些特定行为,而是他的道德品质及他是否适合继续留在巴县衙门当中工作。从这个意义上讲,引人注目的一点是,范荣被指控犯下的那些敲诈勒索与强迫妇人卖娟的劣行,在他被巴县衙门革除后无一被加以追查。与此相类似地,范荣后来得以重返粮班领役之位,并非由于那些针对他的指控被推翻,而是因为他的道德品质及他作为一名办事得力的行政人手之价值得到了重新证实。

而且,这一例子也展示了巴县衙门差役们之内部组织架构与
162 运作方式的众多方面。如果说我们很难通过看穿该案当中的那些修辞来判断建立在前述诉状与禀状之上的事实"真相"究竟为何的话,那么对于当年那些处理此类案件的巴县知县们而言,这也绝非

易事。诸如此类的案例表明,巴县知县对衙役们之内部事务的实际影响力,是多么的微乎其微。正如本书第四章所描述的,关于差役的征募、内部晋升、内部惩戒手段,以及将其中的害群之马清除出去等日常事务,绝大多数都是由巴县衙门的差役们自己操控的,知县在这当中所起的作用,基本上只是限于就各方提供的那些关于被控差役的品性及其行事的彼此矛盾的形象刻画做出判断,进而认定何者更为可信。

如果说差役工作的上述这一特点呈现出某种程度的非正式的理性化,那么上述范荣的故事则表明,巴县衙门差役们在其所在班内的排名、所享有的权威及服役时间的长短,不仅取决于那些被标准化的惯例性做法,而且还仰赖于对其所在班内的权术斗争的敏锐洞察,以及结成各种人际联盟与责任关系网。就此点而言,范荣起初升为西城里粮班左班管事,后来遭到所在班内其他差役的指控,最后又得以重新回到原先的位置上工作,所有的这一切都表明,在巴县衙门内部存在着一种其运行不受知县干涉的政治经济,而知县甚至对其一无所知。直到这一隐秘的内部运作系统失灵,导致那些争端引起知县的关注时,这种政治经济的错综复杂性才会逐渐被差役们之外的观察者所知晓。一旦被暴露在公众的眼皮底下,那些陷入纠纷之中的差役们就有必要建立自己的人际联盟,以使自己与当时文化所认可的各种规范及按照儒家理想建立起来的有德政府所奉行的那些正统原则相契合。

上述范荣的案例中另一个引人注目的特点是,他后来得以重新担任西城里粮班管事,所依靠的支持力量,并非他先前在巴县衙门中的那些同事,而是来自当地一些村庄的地方领袖。而按照那种广为人知的说法,村庄领袖们正是那些被认为臭名昭著的衙役们的迫害对象。就此点而言,这个案例表明,虽然差役们与其工作地点所在社区之间的关系经常是以后者拒不配合甚至公开敌对而著称,但是两者之间也需要一定程度的非正式合作与协商。不管是在上述哪一种情况下,各方利用那些广为流传的唯利是图印象来从正反角度对某位差役的品行进行描画,无论是对保护各种个人利益而言,还是就协调县衙与地方社会之间的关系来说,都十分关键。

163 在本章的以下各节中,我将通过细致描述范荣在巴县衙门当中的工作经历,来阐明巴县衙门的上述那些特征。在对巴县衙门各班差役内部的派系所起到的作用加以检视,并对话语因素在被用来保护或谴责这些人际联合形式时所起到的作用进行考察之后,我将把衙役们与其执行任务时所处的地方社区之关系这一更为广泛的议题,放置在征收钱粮赋税的特定情境之下展开讨论。

第一节　责任关系网

巴县衙门内任何一个班的实际差役人数都非常庞大,并且在那些有利可图的任务之分派方面,缺乏官方正式颁布的相应规定对其加以约束。因此,就像本书前面描述过的书吏们所做的那样,在巴县衙门差役内部同样形成了一种相互竞争的氛围。在这种背景下,差役们自己建立起并奉行着一些被标准化的程序、规矩及内部的执行任务方式,可被视作为一种借以保护他们那些来之不易的权威与收入的手段。然而,如同前述范荣的案例及本书第四章中讨论过的唐清和唐树兄弟两人之间的争端所展示的那样,在这些措施的实际实施与利用上,存在着相当大的可操控空间。因此,一名差役在巴县衙门里面的前途,不仅受到各种班规的形塑,而且还依赖于那些为他提供各种支持与保护的非正式人际网络,以及对这些非正式人际网络所做的各种不同的描述。

一　派系

与巴县衙门中的书吏们一样,衙役们之间的各种派系,也是在诸多基于某种特殊关系所进行的人际联盟之基础上形成的。亲族关系、同乡关系、内部排名、保举关系及赤裸裸的经济利益等,都在差役们所在班内的联盟与派系之形成过程中扮演着重要的角色。这些人际联盟在差役们内部所发挥的作用,类似书吏们相互之间的人际联盟所起到的那种功能。例如,由于在衙门吏役的内部运作方面缺乏正式的法律规定,差役们之间的那些派系联盟经常为其所在班内的各种决策提供集体性支持,并且当有人违反班内所做的集体决策时,那些非正式的规则就会被付诸施行。这些派系联盟也可以被用于处理一些相较而言缺乏透明度的事情,例如通过让自己的朋党或熟人来接充某些出缺的差役位置,以达到垄断该班内各种资源的目的。巴县衙门怀石里粮班领役裴盛及该位置的接充者在短短两年时间里面便提拔了 10 人担任该班总役,以及裴盛后来在分派待承办案件时偏心照顾这些人,正是说明此点的一个绝佳例子。① 无论是在哪一种情况下，使此类派系内部团结在一起的那些核心因素都是相同的，亦即差役们希望通过此种相互扶持，以使自己能够持续分派到可以给其带来收入的各种工作任务。

164　　在巴县档案当中，经常可以见到各种透露出各班各轮的差役们当中存在着不同派系的证据，尽管这些证据相较于书吏们的此方面情况而言显得更为碎片化。其中最能鲜明体现此点的是差役们之间有时订立的互助合约。此类合约的内容经常是被正式写下来，再誊抄数份并由各人皆在上面签名，每位立约的差役各持一份。在大多数情况下，差役们之所以订立此类互助合约，是因为这些立约的差役们认为其所在班内的某位高级别差役唯利是图或者对他们怀有敌意，以至于给他们目前的位置与收入造成了威胁。这些互助合约的文字内容，往往是首先描述其班内某位高级别差役不仅把持班务，并且还编造理由诬告其他那些拒绝与他同流合污的差役。在这一部分文字之后，紧跟着的内容通常是所有立约的差役们共同做出的承诺。该承诺的内容是声称当他们中的任何人遭到上述那些构陷时，其他人不仅须提供财力方面的支持，而且还要与他共同进退。

　　下述例子便展示了此类互助合约在巴县衙门差役们之间发生的那些纠纷当中是被如何加以利用的。光绪十一年（1885）八月，西城里粮班左班领役宋超因为在催收赋税的过程中涉嫌敲诈勒索而被巴县衙门革除。此后不久，他便向巴县知县呈交了一纸禀状，

---

① 四川大学藏巴县档案抄件，民刑欺诈，12（宣统元年）。

声称他被革除完全是因为遭到该班资深领役苏贵的诬告。宋超解释说,苏贵自从在数年前负责该班事务之后,便将一批此前被巴县衙门革除的差役重新招募回来工作,并与这些人约定,后者要将他们自己办案时收到的一半案费交给苏贵,而该班的待承办案件分派正是由苏贵自己说了算。宋超接着说,苏贵同时还通过捏造事由、提起诬告等手段赶走了该班内的一些高级别差役,以便提升他那位也在该班担任差役的儿子的班内排名。宋超声称自己先前曾仗义执言,反对苏贵的所作所为,结果苏贵怀恨在心,于是苏贵串通当地的一位民众无中生有地指控宋超敲诈勒索,结果导致他被巴县衙门革除。

为了说明苏贵的背信弃义,宋超将十多年前他与苏贵及其他三名同班粮役订立的互助合约呈交给了知县过目。这份互助合约当时是为了对付该班内那位正在施展与上述情况相类似的阴谋诡计的管事而订立的。在订立这份互助合约之后,这五位签字立约的粮役采取一致的行动,最后使得那名管事因劣迹暴露而被巴县衙门革除。宋超声称,正是由于那名管事被革除,苏贵后来才得以跃升为在该班内排名第一的高级别领役。但如今苏贵却背叛了昔日盟友的信任,试图除掉宋超,以"一匡天下,垄断独登"。知县同意就此事展开调查。

宋超向知县呈交多年前订立的那份互助合约这件事本身,并不能反驳苏贵对他提起的那些实质性指控内容。但是,此举造成苏贵的人品与动机在知县那里受到了怀疑,而苏贵针对宋超提起的那些指控内容的真实性,也就相应地在知县那里打了个问号。这件事本身还表明,差役们内部结成派系联盟,并非只有在试图以此规避班规时才会这样做,他们有时为了维护那些班规也会如此行事。当初共同签订那份互助合约的其他成员,在多年前就已离开巴县衙门不再担任粮役,但他们当初所采取的那种一致行动,以及他们当时对宋超旨在维护班内那些惯例性操作流程的做法之支持,还是在知县那里为宋超赢得了足够的信任,并促使知县决定重新就宋超的事情进行审理,尽管此时距那些差役当年共同立约之日已经过去了12年之久。在他向知县首次呈交禀状的三个月后,经过了几次开堂审理,宋超最终得以重新回到其原先的粮班领役位置上工作。①

关于巴县衙门差役内部存在多个派系联盟的进一步证据是,差役们很少是以单个人的名义向知县呈交告状或禀状。相反,此类状纸通常是由数名差役联名向知县提出,以表明大家一致同意上面所写的那些指控内容或主张。在那些围绕着某个出缺的高级别差役位置该由谁来接充而发生的纷争当中,如同我们在前述唐清唐树两兄弟的案子里面所看到的那样,这种争端将会造成同班差役内部分裂成两个甚至更多个相互对立的派系。诸如此类的差役们内部级别晋升,乃是由两个相互矛盾的原则所决定的:一个原则是根据差役们在该班名册上的排名顺序与资历深浅,另一个原则是由那名即将告退的高级别差役来选择由谁来接充其位。当这两个原则发生矛盾时,那些觊觎该位置的差役们往往会通过列举其所在班内其他人对自己的支持与声援,来竭力使自己的请求能够在知县那里获得允准。在诸如此类围绕着由谁来接充某个拥有

---

① 巴县档案,档案号:6.6.4248。

实权的高级别差役位置而发生的争端当中,某位低级别差役究竟是支持纷争双方中的哪一方,对于他接下来在巴县衙门里面的前途将会产生重要的影响。而对于那些觊觎出缺的高级别差役位置而与其他竞争者发生冲突的差役而言,如果他不能赢得其所在班内其他差役的支持,那么他得到该位置的机会就会大减。

例如在前述那起案子里面,范荣的主要对手便利用了他们在该班内获得的支持,从而成功地将范荣予以孤立。这起案子真正的幕后推手,看起来并非那位在该班名册上排名靠前的资深领役刘成,而是范荣的同事、在该班担任领役的王升。范荣在升任为管事之前,他在该班名册上的排名位于王升之后。[①] 出于对一名在班内排名比自己低却得到了优先提拔的同事的妒忌,王升开始拉拢该班内的其他一些领役与散役,以换取这些人对他的支持。与此构成对比的是,范荣未能争取到该班内其他任何同事对自己的声援。王升暗地里进行的这些小动作,当然无法说明他针对范荣提出的那些严重指控是否内容属实。但这件事表明,由于范荣在其班内未能获得其他人的任何支持,故而他实际上是否无辜,其结果都与其他粮役无关。在诸如此类的案件当中,那名被孤立的差役往往将那些指控他的差役贬称为"党"或"伙",以期揭露后者那种自利性的指控动机。然而,正如范荣及其他那样陷入同样境遇的差役们的命运所展现的,当遭遇对手集体提起的指控时,他们的此

166

① 范荣之所以能够被提拔为该班管事,显然是由于他在巴县衙门外面有筹措到该班日常运行经费的许多渠道。正如本书第四章当中所描述的,范荣允诺到外面借钱来支付该班的日常运作开销,但他与众人约定,接下来大家收到的案费首要被用来偿还这笔借款。参见巴县档案,档案号:6.6.507。

类做法常常无法行之有效。

二 庇护人与被庇护人

那些在巴县衙门差役当中普遍存在的庇护关系(patron-client relations),加剧了各个班内派系势力的形成。要想在巴县衙门当差,便需要面对各种竞争。在这种相互竞争的氛围之下,能否从某位高级别差役那里获得其对自己的大力支持,对于某人最初被招募进巴县衙门承充差役、确保能够分到待承办的案子、内部排名得到晋升,以及应对其他差役或派系对其提起的指控而言,皆是非常重要。在一些极端的例子中,比如当一名低级别差役实际上已被知县下令革除时,他当初在巴县衙门中的保举者还会通过暗中破坏甚至不让张贴将那名差役黜革的告示的方式,来阻止知县所下的命令得到落实。① 又或者,某位保荐者可能会动用其在巴县衙门当中的影响力,将那名被知县下令从所在班内革除的差役换一个新名字,安插到其他班中工作。② 在这些案子中,高级别差役利用了自己与其他各班各轮主事者们之间多年经营才建立起来的故而极被看重的人际关系与横向联盟。

倘若某位保荐者及其庇护对象的所作所为招致所在班内其他差役们的憎恶,则这两个人经常会被其他差役以隐喻的方式冠以一个极具讽刺意味的称呼,亦即"狼狈"。"狼狈"这一词语本身是由两种动物的名称组合而成,其中的一种是狼,另一种则是存在于

① 巴县档案,档案号:6.6.579。
② 巴县档案,档案号:6.6.495。

神话当中、人们称之为"狈"的动物。根据民间传说,狼的后腿较短,而狈的前腿特别短,自己无法独立行走,故而后者别无选择,只能靠趴在狼的后背上,由狼背负其行动,以谋求生存。这一词语不仅意指暗中勾结、阴谋行动,以及生性贪婪,而且还被用于形容彼此之间具有高度的依赖性,尤其是当依赖性很强的狈处于恶劣的环境中时,它便会对狼愈发依赖。在我们此处讨论的这些案子当中,那位保荐者就被形容为"狼",而那名受其庇护的差役则被看作"狈"。

与派系关系一样,巴县衙门差役们当中的保举关系,同样也是建立在如下几个因素之基础上,亦即亲族关系、同乡关系、熟人关系或者经济利益。但不管其最初是在哪种因素之基础上形成的,这种保举行为创造出了一种师徒关系或者庇护关系,而在这种关系当中,伴生着各种为儒家文化所认同的关于义务、服从与互惠的相应期待。而且,某位差役违反这些规范的行为,在被作为此人品行低劣的佐证呈交给知县的同时,还经常被用来暗指这名受到质疑的差役极有可能干了其他劣行或者有违反班规之举。

例如,当范荣手下的一些领役们指控他强迫妇人卖娼时,这些指控者同时声称范荣还背叛了当初保举他到巴县衙门承充差役之人兼后来的师父,亦即该班内那位在名册上排名靠前的领役刘成。按照这些指控者的原话,他们对范荣进行劝诫,"伊仍不改。伊师刘成理戒,反不认师,目无尊长,胆敢逞凶"。①

在光绪八年(1882)发生的一起与此类似的事件当中,巴县衙

---

① 巴县档案,档案号:6.6.602。

门西城里粮班右班管事彭太也曾以同样的方式,反驳过他曾经的
徒弟蒋俸针对其提起的关于挪用所在班内公款的指控。按照彭太
的说法,他以前曾将蒋俸收作自己在该班中的徒弟,蒋俸后来仰仗
这层关系,在彭太的保举之下成为该班的一名领役。在感慨自己
如今已年迈体衰之后,彭太将蒋俸以提起指控要挟他的行为斥作
"逆伦",声称蒋俸的真实意图是为了从他那里夺走该班管事的位
置。彭太说道,他曾和蒋俸谈过,并试图通过将该班的更多事务移
交给蒋俸掌管来平息事端,但蒋俸拒不停止自己的乖戾行径,如今
更是无中生有地指控他挪用班内公款。彭太最后总结道,蒋俸的
所作所为显然属于"逆徒灭师,霸夺孽诬",并声称自己若不向知县
报告此事,则恐怕蒋俸对他的那些威胁与所作所为将会毁掉该班
内的"伦常"。①

　　彭太使用诸如"逆伦""逆徒"(尤其是"伦常")之类明显带有
主观价值判断色彩的词语,其目的显然是在暗示尊卑之间本应奉
行的那些道德义务在这里不幸遭到了贬抑,而这些道德义务正是
儒家心目中的社会政治秩序所赖以建立的根基。② 但是,尽管诸如
此类的谴责之词诉诸那些正统的意识形态观念及儒家文化所要求
的尊卑之道以作为支撑,但促使彭太如此言说的非常实际的动力
则来自如下事实,亦即保荐者须为其下属的所作所为负责,倘若其
下属因为作奸犯科而引起知县的注意,则该差役当初的保荐者也
将要连带受到严惩。我们必须谨记,尽管巴县衙门的差役们对其

168

---

① 巴县档案,档案号:6.6.507。
② 例如,"伦常"特指儒家所崇尚的道德秩序当中五种最重要的社会关系(君臣、父
　　子、夫妻、兄弟、朋友)所衍生出来的那些道德义务。

内部事务在相当程度上可以自主处理,但是倘若知县发现了其疏于职守或者对下属管束不力的确凿证据,则他们就要因此受到严厉的体罚。

从这个意义上讲,某位庇护人对先前托庇于他的某位差役的揭发检举,就成了一种先发制人以使自己与这位胡作非为的被庇护人脱离关系的手段。因此,光绪四年(1878)时,巴县衙门捕班领役何贵向知县告发该班帮役萧洪在当值时睡觉。按照何贵的说法,萧洪是他带的一名帮役,但萧洪经常酗酒且吸食鸦片。除此以外,萧洪还疏于职守,只关心自己的私利,且从未认识到其职责的重要性。何贵说他自己曾多次告诫过萧洪,但后者依旧死性不改。何贵声称自己有责任管好该班内的事务,担心萧洪照此下去可能会犯下更严重的错误,故而不敢隐瞒不报。①

尽管何贵的上述说辞是为了迎合知县自身在仕途方面的利益考虑,但是何贵真正惧怕发生的灾难,当然是他自己可能将会受萧洪的所作所为之连累而遭到知县的惩罚。我们或许会觉得何贵因为萧洪在午夜时分当值时打盹这种小错便谴责其人品之举未免有些小题大做,但其所利用的这种道德基调在此类报告中极为常见,且还相当有效。萧洪后来就被巴县知县处以杖责,并戴枷一个月。

我们已经看到,由于缺少任何规范巴县衙门差役内部办事流程的正式行政法令规定,差役们私底下在其内部形成了一套由各种班规与惯例性程序所构成的制度。我们也已发现,那些关于差役招募、业务训练、内部晋升、惩戒方式,以及争端解决等方面的非

---

① 巴县档案,档案号:6.6.495。

正式规则，常常会挪用正统的儒家话语作为支持，以此来证明衙役们是一群努力工作且安守本分的公人。但是，如果说所有的这一切意味着差役工作在办事程序方面存在着某种非正式的理性化的话，那么此处所引述的那些案子同时也体现出这些程序的局限性。

169　正是由于上述程序的非正式性及其游离于正式法律之外的特点，那些关于巴县衙门差役内部人手安排与收入分配的规则，不得不依靠一些特殊的人际联盟（例如派系及基于庇护关系而形成的联合）作为支持。如果说这些人际联盟有时会受到谴责而被认为纯粹只是为了假公济私的话，那么它们同样也可能会受到积极的评价，而被看作是对于维持地方政府之稳定运作而言非常重要的惯例性程序的内在组成部分之一。

　　在本章接下来的几节当中，我们将走出巴县衙署，考察差役们与其执行任务时所处的地方社区之间的关系。在这里，我们将会再次看到清朝法律当中所规定的县级政府内部组织架构与其在执行政务时的实际办事人手需求之间相差甚大。并且，我们在此领域当中还会发现，各种非正式的惯例性程序，以及对于那些众所周知的刻板印象的模棱两可运用，被混合成弹药填充到同一个枪膛里面，扳机一旦被扣动，则要么被用来对这些惯例性程序加以谴责，要么被援引来证明这些惯例性程序乃是正当的。

第二节　重思"爪牙"

　　书差为官之爪牙，一日不可无，一事不能少。然欲如指臂应使,非严以驭之不可。盖此辈止知为利,不知感恩。官宽则纵欲而行,官严则畏威而止。

——[清]何耿绳(清代道光年间任直隶大名府知府)①

由于差役们在法律上被视作一群从事贱业之人,故而他们注定只能是知县手下卑微的劳力与官役,被认为不应当拥有能够独立做出决定或者自由裁量的权力。所有的法定行政权力都集于知县一身,因此知县也被称为当地的"父母官",全权负责所在衙门的运转。而在知县的那些职责当中,首先就是要对其手下的那些差役们严加管束。唯有如此,当地民众才能免遭这些"衙蠹"的扰害,而那种施行儒家心目中的仁政的人文主义理想也才能够得以维系。

不过,虽然差役们通常被知县鄙视,不为其所信任,但是这些人是作为一种负责在基层落实国家权力的重要机制而发挥作用的。差役们奉命离开衙门缉捕嫌犯、传召证人,以及催征赋税;他们还负责管理监狱、拷问犯人及执行各种刑罚。就此而言,正如那个经常被用在他们身上的语词所形容的,衙役们在执行公务时乃"官之爪牙"。

但不管知县选择如何利用其手下的那些衙役们,他至少应对这些衙役施加某种管束。这对于知县自己日后的仕途而言非常重要。然而,到了19世纪,知县们基本放弃了对其手下衙役们的控制,即便是在衙役招募及监督其实际服役期限等基本行政事项方

170

———————

① [清]徐栋辑:《牧令书》,清同治七年(1868)江苏书局刻本,卷4,第30页。

面,也只是保留了名义上的控制权力而已。如果说知县发现自己在衙署内部监管其手下差役们的行为已然非常困难的话,那么当差役们奉命离开衙署到城里其他地方或乡村地区执行任务时,如何对这些人的所作所为加以监管的问题,便会变得雪上加霜。①

对衙役们严加管束的需求,在很大程度上又由于清朝中央政府并不给衙役们发放薪酬而变得更加难办。就像书吏们那样,差役们依靠向当地的民众收取各种规费,来维持自己的生计,以及应付他们在执行任务过程中发生的各种开销。然而与书吏们不同的是,差役们主要是在衙署外工作,因此很难在他们惯常的收取规费之举与彻底的勒索钱财行为之间划出一条清晰的界线,更不用说对此加以规范了。

虽然偶尔也有地方官员认为若想使衙役们远离贪腐则必须给予他们适当的经济补偿,但在《大清律例》的历次纂修过程当中,都没有对这一制度上的根本缺陷做出任何的改变。② 相反,对于那些被发现作奸犯科的差役,以及那些未能全力调查并处理此类差役违法案件的州县官,清代中央政府立法所规定的相应刑罚变得越来越严厉。在《大清律例》当中,除官方禁止差役们为之的那些行为类型不断增多外,我们还发现其罗列了诸如鞭笞、流放、刺字、斩

---

① 知县对其手下衙役们缺乏控制的程度,有时甚至近乎荒唐。例如,巴县衙门粮役杨荣奉命去给邻县知县递送几份公文,但杨荣在出发之前病倒,于是他便将这个送交公文的任务转托给了自己的一名邻居。当巴县知县后来得知邻县知县并未收到那几份公文后,便就此事展开了调查,结果发现杨荣委托的那名邻居被人看到曾带着那些公文进了重庆城里的一家鸦片烟馆,并且杨荣的这名邻居及他受托带着的那些公文自此销声匿迹。参见巴县档案,档案号:6.6.600。
② [清]徐栋辑:《牧令书》,清同治七年(1868)江苏书局刻本,卷18,第26页,卷20,第46页;[清]不著撰者:《治浙成规》,清道光十七年(1837)刊本,卷18,第66页。

首之类的各种严厉惩罚方式以强化前述禁止性事项的威慑力。①

　　在地方层面,对于差役们之日常行事的关注,在那些广泛流传于地方官员当中的各种官箴书和施政指南里面也有反映。② 这些官箴书的作者们经常建议地方官员应当采取与中央政府所规定的措施相同的手段来对付差役,亦即应当更为频繁与更为严厉地对那些犯事的差役们动用刑罚。这种试图让差役们慑于严厉的刑罚而不得不遵纪守法的为政建议,最为典型的莫过于道光年间曾任直隶大名府知府的何耿绳的下述这番话。何耿绳向其同侪们建议说,地方官员新到任时,应当挑出几名差役进行公开责打,以收杀鸡儆猴之效。他写道:"必责以示信,则众心震慑,不敢以身试法矣。"③

　　不过上述这些中央立法和地方官员们所做的努力皆无济于事,衙役们仍然经常"以身试法"。在本书前面部分我们已经看到,知县在此方面所面临的那种两难困境,部分是由于朝廷按照规定下拨的经费与所设定的地方衙门经制吏役额数在实践中皆不敷使

171

---

① 作为清朝立法者针对地方衙门遭遇到的诸多问题所采取的一种应对举措,那些与衙役及书吏们有关的条款,绝大多数都并非被规定在《大清律例》的律文部分,而是被规定在附于律文之后的那些例文里面。例如,在附于"官吏受财"条律文之后的 14 条例文当中,至少有 11 条是针对书吏和差役们的。参见[清]薛允升:《读例存疑》(第 5 册),黄静嘉重校,台北:成文出版社,1970,第 1031—1037 页,律 344,例 1、2、3、4、5、6、7、8、9、10、14。

② [清]徐栋辑:《牧令书》,清同治七年(1868)江苏书局刻本;[清]不著撰者:《治浙成规》,清道光十七年(1837)刊本;[清]李渔辑:《新增资治新书全集》,清康熙六年(1667)据尚德堂藏版刊印;Huang Liu-Hung, *A Complete Book Concerning Happiness and Benevolence: A Manual for Local Magistrates in Seventeenth-Century China*, translated and edited by Djang Chu. Tucson Ariz: University of Arizona Press, 1984。

③ [清]徐栋辑:《牧令书》,清同治七年(1868)江苏书局刻本,卷 4,第 30 页。

用等结构性缺陷所造成的结果。同时,这种两难困境还源自衙役们乃是作为国家的代理人在地方上执行任务的那种功能。当这种职能的行使与对非经制吏役,以及非正式的经费筹集手段的使用结合在一起时,其后果便是一件对于清朝地方政府而言具有长期讽刺意味的事情,亦即差役们运用其手中的权力向当地民众敲诈勒索各种规费的做法,对皇帝的子民们造成了伤害,因此违反了朝廷所宣称的那种父爱主义,但差役们的这些行为本身,又是建立在他们乃是代表国家执行任务的这一角色(作为知县的爪牙)之基础上。

在本章接下来的几节当中,我将考察差役们身上这种既被视为恶棍同时又在代表国家执行任务的双重角色,是通过哪些途径影响到他们与当地社区之间的关系,以及这种关系又是通过哪些方式被暴露在知县的眼前。通过考察那些表明当地民众对差役们怀有敌意的例子,我们将会看到,当地民众经常将反对差役们的滥权之举作为反抗政府权威的一个借口。我们同时也将看到,知县们有时是如何将他们自己心知肚明的这种对差役们缺乏管束,利用来作为借以落实朝廷政令的一种手段,以应对当地民众的上述企图。最后,我们还将会看到,差役们在县衙政务的执行过程中所扮演的角色,并不只会引起当地民众的敌对情绪,而是还会吸引一些希望在当地衙门当中也能有自己的势力的民众与差役们展开合作。

一　国家的代理人/当地民众的敌人

鉴于差役们在历史上长期背负着作奸犯科与贪腐堕落的恶名,我们在巴县档案中看到大量针对差役们提起的此类指控,自然也就见怪不怪。事实上,在各种地方政务当中,几乎没有什么领域能够免受差役们各种滥用手中权力之举的侵蚀。例如,我们发现差役们被指控在传召人证与刑案处理的过程中对当地民众敲诈勒索,虐待囚犯与施以酷刑,收受贿赂私放罪犯("卖放"),私设厘卡抽取厘金,[1]以及在征收田赋和契税时施展诡计以中饱私囊。差役们这种惯于滥用手中权力的潜在习性,在一些当地民众冒充衙门差役进行敲诈勒索的极端例子当中得到了进一步的反映。[2]

然而,倘若我们对关于此类案子的那些报告细加检视,则便会清楚地发现,当地民众与巴县衙门差役们之间发生的冲突及前者对后者抱持的那种敌意,经常并非差役们实际上的胡作非为所引起的,而是还与差役们作为帝国政府之权威的代理人在执行任务时与地方民众发生直接接触这一事实有着密切的联系。双方在这些相互接触的过程中发生暴力冲突的可能性,在乾隆五十一年(1780)发生的下述案子中得到了具体展示。当时,巴县衙门的两

172

---

① 译者注:厘金是晚清时期创设的一种属于商品流通税性质的新税,因其值百抽一的特点而得名(百分之一为一厘),最初创设于咸丰三年(1853)。在晚清时期,各省厘金名目繁多,厘厂局卡遍地林立,且其中有很多属于私设。关于厘金制度,参见罗玉东:《中国厘金史》,上海:商务印书馆,1936;郑备军:《中国近代厘金制度研究》,北京:中国财政经济出版社,2004。

② 巴县档案,档案号:6.6.518;6.6.542;6.6.565;6.6.586;6.6.936。

名差役刘清与黄顺被派到乡下缉捕两名涉嫌藏匿窃贼并收受赃物的疑犯。当他们将疑犯抓获后,在返回城里的路上,刘清与黄顺两人被疑犯的一群亲邻在半道截住。后者手持刀棍袭击并殴伤了那两名差役,结果疑犯乘乱逃脱。当这两名倒霉的差役回到衙门后将此事进行汇报、并请求将那些行凶者缉拿时,巡检为了给他们开脱,声称"刘清虽系在官人役,并无别项不法情事"。[1]

该名巡检的上述逻辑,表明了许多官员对衙役们是持何种态度。虽然衙役们是在负责执行知县下达的命令,但是一旦他们因为执行这些任务而与当地民众发生任何冲突时,则差役们通常就会被官员们推定为存在过错。正如清代的一名知县在 19 世纪中期所回忆的那样:

> 当有差役禀被人殴打者,余徐问之,曰:"官差自不应打,但尔以官票唤乎民,如不索人财物,不上锁吓诈,谁敢殴差?且官不能自行而发差,差又被殴,尔不称差役之任。"[2]

尽管并非普遍如此,但是在与上述相类似的绝大多数案子当中,举证责任显然都是由差役们来承担的。鉴于官员们向来对差役们心怀成见,并考虑到那些对任何有利于差役的裁决不满的巴县当地民众很有可能会跑到重庆知府衙门那里提起上控(从巴县衙门出来后,沿着同一条街接着往下走,就能走到重庆知府衙门),

---

[1] 四川省档案馆编:《清代巴县档案汇编(乾隆卷)》,北京:档案出版社,1991,第 230 页。着重号为引者所加。

[2] [清]徐栋辑:《牧令书》,清同治七年(1868)江苏书局刻本,卷 4,第 35 页。

抱持这种成见来对待差役,对于任何一位巴县知县来说都是最为
安全的策略。

巴县知县们对差役们的这种有罪推定,为当地民众提供了利
用此种成见来抵抗国家对地方社区事务之控制的机会。此方面的
一个典型事例,发生于光绪三十四年(1908)。当时,巴县境内的金
谷场总监正刘子康向巴县知县上报了一起发生在该村的事情:

> 今月五日,盐差陈清、罗洪、周盛,佘保团内,拥入丁春山
> 家,抄捲铜钱一钏、银簪一支,兜装鸭蛋十余个。春山在外掉
> 花,归家遇见估捲,势欲喊团。殊陈清等借查私盐堕诬,当将
> 春山家盐罐内食盐数两倾出为题,反锁春山上场。始投正等
> 理剖众查,如系私盐,岂仅数两?何以先不投团协□?据春山
> 吐称,实系无故估捲。正等即往陈清等栈处,清获鸡蛋、铜钱,
> 并自带马刀及食盐审呈。人心惶惶,众皆不服。乡家谁无食
> 盐?不拟送究,乡愚受害胡底。正等只得协送来辕恳讯。①

不过就在同一天,巴县知县还收到了那三名受到指控的盐差
所呈交的一份禀状,其中对该事件的描述与前述刘子康所说的截
然不同。盐差陈清等人声称,他们奉巴县知县之命下乡调查贩卖
私盐的案子并缉捕嫌犯,本月初五在丁春山的家中发现了大量私
盐。但是丁春山大喊大叫,并对他们进行辱骂,结果招致丁春山的
亲戚与邻居纷纷赶到现场。这些不断赶来的暴民抢走了绝大部分

---

① 巴县档案,档案号:6.6.3465。

的私盐。陈清等盐差只有三人，势单力薄，无力阻止村民们的哄抢
私盐之举，于是只好带上丁春山前往金谷场总监正刘子康所居住
的那个村子，希望与后者商议如何处理此事。但他们一到那个村
子，丁春山及其数名朋友就将陈清等盐差抓住并进行殴打。陈清
等盐差向巴县知县强调，他们自己身上的伤痕就是明证。刘子康
因为害怕事情闹大而无法收场，便将那些打人的村民劝走，并协助
陈清等人将丁春山带到巴县衙门。①

　　在接下来举行的堂审过程中，丁春山声称陈清等三名盐差最
初是想从他身上敲诈到几千文钱，当遭到他的拒绝后，陈清等人便
从他的家中拿走了铜钱、银簪等物什，并且用铁链将他锁拿，诬陷
他贩卖私盐。而陈清等三名盐差为了证明自己所做的行为并无任
何差错，则坚称丁春山所居住的那个村子里面实际上有很多村民
都在与他一起贩私盐，并进一步解释说，对方声称被掠走的那些物
什，并非由他们拿走的，而是丁春山的帮凶们拿到村子里面用来嫁
174　祸给他们。最后，陈清等三位盐差强调，这起所谓的敲诈勒索，从
头到尾都是由该地某位人尽皆知与丁春山交好的别有用心之人捏
造出来用以诬陷他们的，而这个人不是别人，正是金谷场总监刘
子康。

　　最终，巴县知县不顾这三名盐差声称起初从丁春山家中搜出
了大量私盐的说法，做出了对丁春山有利的裁决，认为仅凭少量的
盐并不能够将丁春山作为私盐贩子进行锁押。很显然，知县是将
此事视为差役们试图勒索乡民的一起案子。另外，这三名盐差在

①　巴县档案，档案号：6.6.3465。

拘捕丁春山时,并没有得到巴县知县的指示。结果,这三名盐差都被巴县知县处以监禁,并且须交纳 1000 文钱的堂费。在刘子康的作保下,丁春山被从巴县衙门释放回家,而盐班的领役们则遭到知县训斥,被责令以后在派人下乡办差时须多加注意。

数日后,来自重庆城内三家拥有官府所颁执照的盐行的代表,向巴县知县共同呈交了一份禀状。这些盐行代表们在禀状中写道,根据他们自己所做的调查,丁春山的确是在贩卖私盐,而这些私盐来自他私自开凿的一口盐井。但是当地民众对此缄口不言。当上述那三名盐差前往调查此事时,当地民众还与刘子康一起包庇丁春山。这些盐行代表们表示,尽管陈清等三名盐差因为未掌握足够的证据便锁拿丁春山而受到了知县的惩罚,但陈清等人在报告中所讲的那些事情则属千真万确。最后,这些盐行代表们总结说,刘子康及那些包庇丁春山的村民应该被缉拿受审,而陈清等三名盐差则应从牢中释放。但对于陈清等盐差来说非常不幸的是,巴县知县并不相信这些盐行代表们所调查的内容的真实性,而是仍然维持他先前所作出的那个裁决。

虽然我们无从获知这起事件的"真相"如何,但是丁春山与刘子康各自在表述他们对于该事件的看法时,显然都利用了巴县知县对差役们心存的那些成见。他们通过描述其中发生的一些特定细节(例如主张这些盐差们在一开始便试图敲诈钱财,详细列出了声称被那些盐差们掠走的物什名称,以及强调这些盐差们未经知县授权便随意使用锁链拿人),来强化其所作指控的力量。虽然在诸如此类的冲突当中知县们倾向先推定差役们是过错方,但是事实上,差役们作为具体负责执行任务的人手与维持公共治安的代理人,其所做的很多工作在本质上都是与地方社区的利益相对立的。因此,差役们经常发现自己处于一个非常尴尬的位置之上,他们所面对的是那些正在当地民众当中渐露端倪的对朝廷权威的反抗。这种情形在征收赋税的场合中体现得最为明显。不过,在征收赋税的过程中,巴县知县有时也会对其手下差役们滥用权力的行为采取与上述做法明显有别的态度。

二 19世纪巴县的田赋与各种附加税

在清代,巴县并非官方所认定的那些在赋税征收方面存在着严重困难的地区之一。虽然巴县在朝廷以"冲、繁、疲、难"四字就全国各府、州、县所划定的等第当中占了"冲""繁""难"三字,但它并没有被归入"疲"字的那一类。所谓"疲",是指某些府、州、县的税粮征缴滞纳过多,未能足数解运至京城户部。个中的原因,并非由于巴县的百姓们都非常尽责地缴清了应完纳的赋税,而是由于四川全省按照朝廷规定须向中央解运的地丁银定额本身比全国的其他地区要少得多。

四川在明清鼎革之际因屡遭兵燹之灾而元气大伤,故而清初之时,朝廷为该省设定的赋税征缴定额很低,希望以此来鼓励川省土地开垦与外省移民前来此地定居。[①] 到了康熙年间,朝廷将四川全省的赋税征收定额略做提高,确定为每年659000两银子。终清一朝,这一相对较低的赋税征缴定额,此后几乎没有再变动过,尽

---

① 鲁子健:《清代四川财政史料》(上册),成都:四川省社会科学院出版社,1984,第256页。

管四川全省的人口总数与可耕种土地的数量后来都在快速增长。在 19 世纪四川全省按规定须向中央解运的赋税总额当中,巴县分担的额度仅为 6781 两银子,亦即在巴县,每亩优质耕地(称为"上地")的田赋只有 0.007 两银子。①

上述这种较低的赋税额度,使得清代历任的巴县知县能够相对容易地完成其征收赋税的任务,但这并不意味着当地百姓的赋税负担因此就很轻。这是因为,虽然法定的赋税征缴数额较低,但地方政务运作所需经费的财政赤字却很大,故而四川全省的官员们相应地加征各种杂税乃至其他法外的捐税。尽管此类做法在清代乃是全国各地的基层政府用来筹措其所需行政经费的常用手段之一,但这在四川尤为严重。

在那些杂税当中,最为重要的一种叫作契税,亦即买方在土地田宅交易完毕后向官府登记时所需缴纳的一种税。与征缴定额长期维持不变的田赋不同,契税是一种针对所有的财产交易征收的销售税,故而被作为一种从四川全省当时正在不断增长的人口与经济总量中汲取财源的有效手段。虽然在 18 世纪时契税的定额还不是很高,但是到了 19 世纪时,由四川省级政府设定的全省每年应缴契税总额不断攀升,具体表现为从 18 世纪末的 21380 两升至 1908 年(光绪朝末年)的 480000 两,增长幅度超过了 2100%。②

为了应付地方行政的各种开销,位于成都的四川省级政府允

176

---

① 巴县档案,档案号:6.6.316;6.6.335。
② 《四川款目说明书》,收入《近代史资料》(总第 64 号),北京:中国社会科学出版社,1987,第 107 页。

许该省各地的知县们按规定上缴完该县应分担的赋税之后，剩下的那些税收作为地方的存留经费。因此，在 19 世纪，四川全省各地的知县们采用各种办法来尽量多收杂税，这也就不足为奇了。例如，在巴县，契税被设定为每一两的交易价征收 0.03 两税。在光绪朝之前，这项杂税只对那些交易额超过 100 两的买卖征收。但是到了光绪十四年（1888），新上任的巴县知县周兆庆下令宣布，无论交易额多少，此后所有的交易皆须缴纳契税，否则官府将不会将其作为合法的交易进行登记。① 我们无从知晓这项新举措究竟给周兆庆及他之后的那些巴县知县们增加了多少财政收入。原因很简单，因为所有这些新增的财政收入都没有向省级衙门汇报过。②

另一个油水更多的税收来源，就是在各户的田赋正额之基础上加征的各种附加税。除了对每 1 两田赋额度加征 0.15 两的火耗，还要再加征负责发放完粮串票的差役们的伙食费、赋税登记时所用的纸笔费、捆绑木柜③的绳索费，以及根据从赋税征收地点到县衙的路程长短来定的押运木柜的路费。这些附加税加总在一起，很容易地就变成在每交 1 两田赋的同时被再加征 1.5 两到 2 两

---

① 巴县档案，档案号：6.6.4389。

② 巴县档案，档案号：6.6.316；6.6.335。

③ 译者注：此处所说的木柜，是指清代各地县衙在每年开征赋税期间，供本地百姓完纳钱粮时将银两包封投入之用的特制木柜。该木柜以封条封住，在顶部开一小孔，摆放于县衙门口或大堂之上（称为"城柜"），但也有不少地方考虑到乡下百姓进城往来不便，于是在该县各乡的适中之地分设"乡柜"。期满撤柜时，由派驻的吏役将其负责的乡柜捆好解运回县衙门，其间不得擅自打开封条。

银子。① 不过,在 19 世纪的四川,最值得注意的附加税是"津捐"。

虽然通常是被合在一起加以统称,但津捐实际上包含了两种不同的田赋附加税,亦即津贴与捐输。津捐开征于咸丰四年(1854),当时为了筹措镇压太平天国起义所需的军费开销,四川省级官员决定每正粮银 1 两加征津贴银 1 两。为了能够获得更多的税收,六年之后四川省又开征捐输,规定每征收 1 两田赋时再加征捐输银 2 两。② 到了同治朝后期,巴县知县们被允许将所征得全部 177津捐的 3% 存留以补贴当地政府的开销,其余的部分则要解运至位于成都的布政使司衙门的藩库。③

津贴与捐输这两种附加税,起初都是被用来作为调节显得过低的田赋正额的临时性手段。因此,它们当时仅限于向每年所交田赋至少 1 钱的那些人家征收。④ 这两种附加税的特殊性,在如下这个事实上得到了进一步的展现,那就是它们在征收时是由特别指定的乡绅来监督实施。然而,这两种附加税一经设立,便被固定为四川全省税收结构当中的常规种类之一,直至清朝结束。到了同治朝末期,本地乡绅参与津捐征收的做法被取消,于是此类附加税的征收改由四川全省各地衙门中户房的书吏接手。⑤

---

① 鲁子健:《清代四川财政史料》(上册),成都:四川省社会科学院出版社,1984,第253 页。
② 鲁子健:《清代四川财政史料》(上册),成都:四川省社会科学院出版社,1984,第253 页。
③ 巴县档案,档案号:6.5.866。
④ 巴县档案,档案号:6.5.866。
⑤ 鲁子健:《清代四川财政史料》(上册),成都:四川省社会科学院出版社,1984,第336—337 页。

津捐的开征使得当地财政收入大大提高,这在如下这一事实上面得到了反映,那就是四川省级政府后来试图将其作为巩固非正式税收的基本做法。在光绪朝早期,四川全省其他所有形式的田赋附加税都被下令禁止征收。自此之后,该省地方行政的开销就只能从津捐当中获得添补。然而,尽管此项改革使征收非正式税收的做法获得了一定程度的理性化,但这项措施并没有使县级政府征缴税收的负担得到减轻。四川全省各地的知县们对付上述改革的应变之策,便是提高津捐的征收数额。根据王业键的估算,到 1908 年,四川全省各家粮户平均下来,每交纳 1 两田赋时至少被同时加征 6.66 两津捐。[1] 在巴县,此项附加税的征收数额甚至还要更高:相较于6781两的田赋收入,当地征得的津捐高达 58250 两,也就是说,巴县民众每交 1 两田赋时,就要再交将近 8.60 两的津捐。[2]

对于巴县的绝大多数居民而言,一项税收究竟是法定的还是非正式的,这并不那么重要。当地的那些粮户真正关心的,乃是由正赋、附加税与津捐所构成的赋税总数及赋税征收命令的执行力度。就此点来说,巴县档案中的记载显示,巴县的粮户与全国其他地方的民众一样,都在想方设法抵制清廷旨在从基层汲取更多财源所做的各种尝试。因此,在巴县被朝廷划入赋税征收相对顺利的地区这一官方描述之背后,潜藏着当地社区与巴县衙门之间围

---

[1] Wang Yeh-chien, *An Estimate of the Land Tax Collection in China, 1753 and 1908*, Cambridge: Harvard University Press, 1973, p.23.

[2] 鲁子健:《清代四川财政史料》(上册),成都:四川省社会科学院出版社,1984,第791 页。

绕赋税征收而从一开始便很可能会发生的一种冲突。而衙役们正
是处在这种冲突的最中心。

三　收税人

　　在征收田赋、契税及各种附加税的过程中,差役们最重要的任
务是催促各自负责的区域内那些拖欠赋税的粮户如数缴纳钱粮
("催粮""催科")。在明朝,这曾是里甲制度下由里长负责的任
务。为了矫正里甲制度在实施过程中出现的不公平现象与玩忽职
守等弊病,并为了普遍提高赋税征收的效率,清政府早期用"滚单
法"来取代原先的里甲制度。正如曾小萍(Madeline Zelin)所描述
的,"滚单"不像在里长制之下那样要求某一家粮户为其他各户的
赋税缴纳负责,而是一种用来提醒各粮户应当在一个给定期限内
缴清自家赋税的工具。[1] 根据这一制度的规定,以里为单位,将该
里所有拥有土地的粮户之名字,以及各户应缴纳的钱粮数额都开
列在同一张单子上面。当缴纳赋税的日子来临时,这张单子就会
被送到上面所列出的第一家粮户那里。待该粮户缴清自家赋税
后,其名字便会在单子上被划掉,而这张单子则被传给上面所列的
下一家粮户那里,以此类推。

　　虽然这种滚单设计得颇为精巧,但是要想在巴县这样多山且
乡间各粮户居住分散的地区加以执行,则不切实际。于是,巴县当
地官府设计出了一个新的办法,那就是将催缴赋税的任务分派给

---

[1] Madeline Zelin, *The Magistra's Tael, Rationalizing Fiscal Reform in Eighteenth-Century Ch'ing China*, Berkeley: University of California Press, 1984, pp.19-20.

每甲当中的某纳粮民户(称之为"甲催")。甲催由该甲各粮户每年
轮换担任,以免单单只给某一家粮户摊派此项任务而造成不公。
这一做法预设,以更小且更本地化的甲这一单位来取代里,可以让
催征赋税这项工作的目标对象更加集中,从而使滚单法相较于里
长制而言落实起来更有效率且不那么脆弱。但是不管其最初的用
意是什么,这种催缴赋税的新办法,很快就遇到了与里长制下相类
似的问题。由于地方上一些有权势的人家可以想办法逃避担任甲
催,催缴赋税的任务逐渐落到了那些缺乏资源或声望的粮户身上,
而后者只能要么强迫那些拒不合作者缴纳赋税,要么抵制来自衙
门吏役的催征。①

为了解决此类问题,甲催后来被取消,催缴赋税的任务转交给
了官府在地方上的一类代理人即乡保来负责。② 与甲催不同,乡保
179 是从在当地有声望的人当中选拔,由官府任命,并且有若干年的服
役期。从这一制度的设计本意来看,上述这些情况已经赋予了这
一位置以充分的权威,以保证乡保们能够切实地催征赋税,同时官
府也更容易对乡保们的行为加以规范与控制。但到了 18 世纪末,
这一制度被证明同样缺乏效率。由于乡保这一位置彼时被与繁重
的催征赋税任务联系在了一起,地方上的名门望族便通过行贿或
者找各种托词来避免担任乡保,而那些资源更少的家庭则通过托

---

① 鲁子健:《清代四川财政史料》(上册),成都:四川省社会科学院出版社,1984,第
254 页。
② 乡保这一位置,意味着在巴县是将保长与乡约这两种国家在地方上的代理人角色
合并在了一起,而在清帝国的其他一些地区,保长与乡约是两种不同的角色。关
于乡保在华北地区所扮演的角色,参见 Philip C.C. Huang, *The Peasant Economy and
Social Change in North China*, Stanford: Stanford University Press, 1985, pp. 50, 225−232。

庇于地方上的士绅来千方百计地逃避被提名为乡保。①

在巴县,似乎后来并没有采取其他措施来对正式的催缴赋税制度进行完善。乡保在此方面的职责,后来逐渐变得是与巴县衙门的粮役们来共同分担。不同于乡保或者地方上的其他居民,粮役们与巴县衙门之间的那种直接联系,使得他们更少会被怀疑受到了来自地方社区的各种压力,并且也为他们提供了有效地催征赋税所需的权威。与此同时,当地官府之所以让乡保继续参与催征赋税,其目的是利用乡保来监督粮役们在此过程中是否有滥用手中权力与作奸犯科之举。

在事务分工和责任方面,此制度在巴县是这样运作的。当官府所规定的缴纳赋税日期截止后,设在全县境内各地的粮站当中供民众自封投柜之用的木柜便会被撤走,②户房的书吏们然后将所有未按期缴清赋税的粮户名单报给知县,知县则授权户房的书吏们向那些未缴赋税的粮户发出催征赋税的单子("催签"),警告后者若不立即补缴拖欠的赋税则会被官府拘拿。催签本身是一种看上去非常醒目的文书,大概有一英寸宽、二英寸长,其周围的宽边上绘有火焰图案作为装饰。催签一经发出,就会被送至负责相关

---

① 鲁子健:《清代四川财政史料》(上册),成都:四川省社会科学院出版社,1984,第254—255页。

② 译者注:此处描述的是清朝作为催科定章的"自封投柜"制度。"所谓自封投柜,是指每届钱粮开征,州县于衙署设置银柜,粮户亲身赴县,将其应纳之银包封投柜。"每年开征钱粮时,除了在县衙大堂或其大门口设有供自封投柜之用的"城柜",还有不少地方在该县各乡适中之地设立"乡柜",以方便乡下百姓就近完粮。参见周健:《清代中后期田赋征收中的书差包征》,常建华主编:《中国社会历史评论》(第13卷),天津:天津古籍出版社,2012,第386—406页。

区域的粮班领役手上,然后由他转交给负责该区域内相关的里的粮班总役。最后,粮班总役将这个实际催征赋税的任务交给一名散役。散役自己负责在某一甲或数甲里面催征赋税。拿到催签之后,该名粮班散役与当地的乡保一起来到拖欠赋税的粮户家中,向后者出示催签,要求其缴清所拖欠的赋税,并支付因粮役上门催征而发生的饭食费、住宿费和路费等各种费用("口岸钱""路费""差费")。如果散役在执行该任务时遇到困难,例如相关人等拒交所拖欠的赋税,那么他回衙门就会向知县报告,请求知县授予其采取进一步措施的权力。

此项制度旨在确保赋税催征任务能够顺利完成,并通过建立一种相互承担连带责任、环环相扣的制度以防止差役们滥用手中的权力。例如,如果一名粮班散役或总役被发现在催征赋税的过程中有敲诈勒索的行为,那么该班领役将会因此受到严惩。后者获咎的名目经常是"派不妥人",而所遭受的惩罚通常包括罚钱、鞭笞、监禁、戴枷示众、被衙门革除或者是前述多种惩戒方式并用。同时,倘若某名粮役被其所在班的领役认为在执行催征赋税任务时懈怠行事,则他亦将受到上述惩罚。

粮役们在执行催征赋税任务时所面临的困难与压力,并不仅仅来自知县所下的严令。尽管执行催征赋税任务的粮役被知县授予了一定的权力,并且手上持有加盖知县印信的催签,但是,向一群经常是对此持反抗态度的民众催征赋税,绝非易事。

粮役们所面临的第一个大问题就是拖欠赋税的粮户数量非常之多。虽然巴县并没有被清朝中央政府视作税粮征缴滞纳过多的地区而在评定该县等次时冠以"疲"字,但是在粮班散役们呈交给巴县知县的那些报告当中,时常可以看到每名粮班散役在负责催征从 50 户到 200 户不等的"抗纳粮"民户。而在那些报告中列有其名的"抗纳粮"民户当中,有许多据称已有十来年未向巴县衙门交过钱粮。有时,这些报告上所列出的"抗纳粮"民户,几乎涵盖了该名粮役负责催征钱粮的那片区域内的所有粮户。如果说这些集体拒不缴纳钱粮的例子可被视为一种消极反抗朝廷权威的方式的话,那么这种反抗正是粮役们需要自行应对的难题。

对于粮役来说,另一个难度更大的问题则是查明其所负责的那片区域内各家各户拥有耕地的详细情况。倘若当地的民众实际上都能按照清朝赋役制度的要求行事,向官府及时如实地上报自家所拥有的耕地数量及耕地买卖情况,那么查明各家各户所拥有耕地的详细情况这一任务,便本该是在衙署里面办公的那些书吏们所做的事情,而粮役们只需要负责落实征收赋税的具体工作即可。但在现实当中,巴县境内的田地拥有者们想出各种办法,将自家的田地诡寄于他人名下,并且隐瞒田地交易的事实,以此来逃避官府的登记及随之而来的田赋、契税和各种附加税。例如,当一名粮役手持催签来到某粮户家中时,他可能会被告知,那块应缴纳赋税的田地先前已在分家时被分给了该户家长的某位弟弟,或者那块田地属于该地区与该户人家同姓但并非其亲戚的另一家人所有。又或者,这名粮役还可能会被告知那块田地已经被卖给了别人,但对方似乎并没有将这桩田地交易到官府进行登记并过割钱粮。在对该户人家进行追踪调查后,这名负责赋税征收的粮役然后有可能会得知,要么那桩田地交易尚只完成了一半,要么那块田地上面的赋税早已交过,要么该块田地已经被再次转卖给其他人,

181

要么上述这一切都只不过是该块田地的第一位拥有者出于对官府的长期憎恶而编造出来的谎言。又或者,该粮役也可能会发现催签上开列的那家粮户在现实当中压根就不存在。

粮役们催征赋税的工作,需要在官府严格规定的时限内完成,否则就可能会受到惩罚,或者须自己垫付未收上来的那部分钱粮。因此,粮役们首先必须确认实际上是哪家粮户拖欠了赋税,然后要么强迫该粮户缴清其欠交的赋税,要么向知县呈交一份报告对此情况加以解释说明。在这些例子当中,粮役们不仅是实际负责征收赋税之人与代表国家从基层汲取财源的执行者,而且也是弄清楚具体应当由谁来缴纳赋税的调查者。不过,倘若某位粮役按照知县的要求全力催征,却弄错了催征对象,结果逼迫某家无关的粮户缴纳赋税,则他也可能会被知县认为是在滥用手中权力或企图进行敲诈勒索。

对于粮役们来说,其所面对的第三个困难更加使其畏缩不前。那就是,他们在催征赋税时,经常会遭遇一些怀有敌对情绪的人们或社区的暴力抵抗。例如在光绪元年(1875),巴县衙门的一名粮班散役被派去向当地的四家粮户催征钱粮,而在此之前,已经有其他两名粮役曾奉命去过那里,但皆无功而返。在寻找催签上列有其名的某粮户时,该名粮役得知他要找的那个人就藏在其邻居陈明山的家中,而陈明山的名字碰巧也被列在催签上面。但是当该粮役来到陈明山家时,陈明山的哥哥突然出现在那里,并对这名粮役进行打骂。没过多久,当地的一名团首听到打闹声后赶到现场,并介入此事。虽然陈明山的哥哥及该粮役最初要找的那个人乘乱逃脱,但是陈明山在试图逃往附近集市时被该粮役抓获。然而,这名粮役带着他抓获的陈明山还没走出多远,就被陈明山的哥哥及其他20位当地居民截住。陈明山的哥哥等人拿着棍棒与刀斧攻击该名粮役。所幸的是,前述那位团首再次及时出现,救下了这名倒霉的粮班散役。但是,陈明山与其他闹事者都乘乱逃走了。[1]

　　巴县所在区域的地貌特征,显然加剧了当地衙门粮役们在下乡催征赋税过程中所面临的此类暴力危险。巴县当地那些拖欠钱粮的粮户,通常并非住在位于该县中心地带的村庄或场镇,而往往是住在一些孤零零的偏僻村庄或者散落在该县山区边缘地带独户居住。在到那些位于该县中心地带的村庄或场镇催征钱粮时,粮役们还可以向当地的乡保与团练求助,但是当他们到了那些偏僻的地方时,便会变得孤立无援。虽然下乡催征钱粮的粮役们并不总是都会像前述例子当中那名倒霉的粮班散役那样遭遇到一伙手拿攻击性武器的当地百姓的殴打,但我们也不应低估了一名孤身下乡的粮役在执行催征钱粮任务的过程中遭到对此充满敌意的当地民众攻击的可能性。如同一名也曾有过类似遭遇的粮役向巴县知县抱怨的那样:"役当差,不敢禀案赌控。莫何似此抗粮伤差刁风,实恶不逡,叹究将来相习成风,粮何催办? 迫叩唤完。"[2]因此,我们也就不难理解,面对此类情况,领到催征钱粮任务的差役们在下乡办差之前,往往会私底下向其同事、朋友或家人求助。在省级政府乃至朝廷的官员们看来,催征钱粮的过程中使用未在衙门登记在册的人手或者白役的做法,乃是最为有害的权力滥用的根源

---

① 巴县档案,档案号:6.6.4194。

② 巴县档案,档案号:6.6.4267。

之一,并且明确违反了清朝法令当中的相关规定,但巴县知县们一直支持这种做法,允许粮役在下乡催征钱粮时带上自己的帮手。

四　包税人

尽管粮役们在下乡催征钱粮过程中面临着种种困难与阻碍,但如果奉命催征钱粮的粮役未能在官府所规定的最后期限之前如数完成征缴任务,那么他自己就必须垫交粮户所拖欠的那部分钱粮。按照先前定下的赋税征收制度,这项任务起初是由里长来承担的,后来则落在了乡保的头上。[①] 但是到了 18 世纪末与 19 世纪初,随着里长、乡保由那些其手头掌握的资源越来越少的当地民众来担任,上述职责便逐渐主要落到了粮役们的头上。光绪二十三年(1897),巴县衙门的三名粮班散役向知县如此描述他们在下乡催征钱粮过程中所面临的种种困难:

> 役等承管户口条粮。历届开征,初限不至,则役等更番往催。再限不至,则役等先受提比之累后,才荷校往催。终限未完,则役等既已迭被刑比,复到处挪借厚恁息银,措银垫纳。[②]

183　　粮役们在上述过程中所需垫交的钱粮数额,以及事后向拖欠钱粮的当地粮户追讨自己所垫费用的艰辛,经常不胜言表。例如,光绪十一年(1885),巴县衙门的一名粮役说,他为了垫交所负责区

---

① 巴县档案,档案号:6.6.4234。
② 巴县档案,档案号:6.6.4298。

域内 38 家粮户的拖欠钱粮,不得不向重庆城中的几家钱铺借了 50 两银子的高利贷。之后,该粮役曾多次要求那些拖欠钱粮的粮户偿还他所垫交的钱款,但都遭到拒绝。于是这名倒霉的粮役向巴县知县诉苦说:

> 各钱铺向役追给,朝日寻役滋祸,□扭挨命,督索要银。惨役应差,家寒莫给,朝日受辱,无门可贷……何能垫扫? 情出无奈![1]

然而,令粮役们为之感到头疼不已的,并不只有那些拒不缴纳拖欠钱粮的粮户。例如在光绪八年(1882),巴县的三名乡保打着帮助当地衙门一名粮役催征钱粮的幌子,手持数份尚未使用过的催签到各粮户家中收取赋税。但这三人后来拒不向该粮役移交所收到的钱粮,结果那名粮役被迫自己垫交了这部分款项。[2] 此外,巴县衙门户房的书吏们侵吞钱粮款项或者在里面动其他手脚,也可能会导致负责催征钱粮的粮役被迫自掏腰包来填上相差的那部分钱粮数额。[3]

但是,如果说催征钱粮这项工作使得负责此事的粮役们需要为此承担经济上的责任的话,那么这种责任同时也为他们提供了一种稳定的收入来源,亦即粮役们可以向自己代其垫交钱粮税款的那些粮户收取利息。简单来说,这种制度是如此具体操作的:如

---

[1] 巴县档案,档案号:6.6.4247。另参见巴县档案,档案号:6.6.4243。

[2] 巴县档案,档案号:6.6.4239。

[3] 巴县档案,档案号:6.6.596;6.6.4197。

果一位粮役手中握有一张表明当地某家粮户尚未缴纳钱粮故而上面未加盖官印的串票，以及一张催签，那么他就可以为这家粮户垫交其所欠的钱粮款项；这名粮役接下来可以拿这张串票作为担保向钱铺借钱，用所借到的那笔钱将该粮户所欠的钱粮款项上交衙门，从而将那张催签在衙门注销；但是，该名粮役在其代垫钱粮税款的粮户向他偿还本金及利息之前，是不会将盖了官印的完粮串票交给后者。尽管按照这种办法每年可以从为其代垫钱粮的单一家粮户那里收到的利息可能并不多，但是那些胆量够大的粮役经常在手中攒集了一大群的此类债务人，后者向该名粮役的欠款加起来能够多达数百两银子。如果这些债务很多年都没能得到偿还（事实上经常如此），那么这些债务人未清偿的债务总额则可能会累加至数千两银子之多。

就其实质而言，这种做法是将向官府拖欠的钱粮转变为私人之间的债务。就像其他任何一种类型的商业往来或债权债务关系那样，这种在四川当地被称作"抬垫"的做法，经常会引发纠纷乃至诉讼。不管是从其形式来看，还是就其过程而言，此类案子的处理方式，都类似其他那些被告到县衙的诉讼案件。如果被粮役控告的粮户没有对此事提出异议，那么巴县知县通常就会做出裁决，责令那名债务人全额偿还所欠的本金及利息，否则便会将其传讯到县衙并下狱监禁。如果那名被控告的欠缴钱粮款项之人针对粮役的指控进行反驳或者提出反控（此方面的常见做法是指控该名粮役企图对他进行敲诈勒索），那么巴县知县就会责令户房的书吏们调查此事。不过，当双方互控时，即使巴县知县没有让户房的书吏们进行调查，他通常也会就此事传召所有当事人与证人当堂审问，然后做出定夺。此类案件的处理过程往往旷日持久,有时长达数月,并且可能会历经多达两三次的开堂审理。

　　此类案件最为显著的特点之一,在于粮役们的抬垫行为本身显然违反了《大清律例》当中关于禁止揽纳税粮的明文规定。[①] 但是,光绪朝时期的历任巴县知县都愿意对此类案件进行开堂审理。这就使得上述做法在一定程度上具有了非正式的正当性(informal legitimacy)。并且,每次当巴县知县做出支持粮役之主张的裁决时,这种非正式的正当性便会相应地得到再次强化。抬垫的做法已经发展成了巴县衙门粮役们的标准化办事流程之组成部分,此点在如下事实上得到了进一步的体现。那就是,垫付钱粮税款的粮役所收取的月利息按惯例不能超过本金的 3%(月息不能超过三分),这一点有时会被附写在串票上面,以约束粮役们不得向被垫交了钱粮税款的人家滥收利息。[②]

　　设立上述这种非正式的利率限制,当然未能完全制止粮役们滥用其手中权力,也无法杜绝当地百姓就此类事情将粮役们告到知县那里。但是,这种非正式的利率限制,毕竟为巴县知县提供了一种将那些属于滥收的利率与习惯上被作为标准化办事流程予以认可的那种利率加以区分的办法。同样地,尽管这种利率限制是非正式的,但多少也对粮役们的抬垫做法进行了一定的规范,而粮役们可以凭借这一事实,在上述利率范围之内收取利息,以作为他

---

① ［清］薛允升:《读例存疑》(第 2 册),黄静嘉重校,台北:成文出版社,1970,第 328 页,律 122。

② 鲁子健:《清代四川财政史料》(上册),成都:四川省社会科学院出版社,1984,第 635 页。

们提供此种有偿服务的正当报酬。

尽管这种做法逐步演变成一种惯例(虽然是违反法律规定的),但是巴县衙门的运作流程并非只建立在差役们的金钱利益之上。在这一演变过程中,还有另一个即便不是更为重要那也至少同等重要的因素,亦即知县的个人利益,因为巴县知县从当地民众那里征收到的赋税,除了小部分可被县衙存留,大部分要上交给省级政府与中央政府。但是,我们也不应该就此得出结论认为,县衙的公堂只不过是向当地百姓榨取财源的一个摆设而已。因为知县在关心赋税征收的同时,还要避免被其上级认为自己在监管手下差役方面处置不当或玩忽职守。再加上清代官场当中普遍存在着认为差役们惯于作奸犯科的近乎本能反应式看法,巴县知县在处理此类事件时不得不小心翼翼。而这就为当地民众提供了一种有用的资源,可以用来抵抗粮役对其提起的那些欠缴钱粮的指控,而不管他们自己原先的那种拒交钱粮之举是否已干犯法纪。

例如,在光绪二十年(1894)六月,巴县衙门的两名粮班散役汪炳与曾太向知县状告当地的五家粮户,声称这五家粮户未能偿还汪炳与曾太两人在过去数年当中先后为他们垫交的总计 20 多两银子的钱粮税款。知县发出催签,命令这五户人家向这两名粮班散役偿还所欠的钱款,否则将会拘捕他们。然而,六个月之后,这两名粮班散役向知县呈交了一份禀状,指控在知县先前所发出的催签上列有其名的邓玉峰与邓霓村仍然拒不还钱:

> 沐批签饬,役奉签往乡,饬令霓村完纳。伊称业卖粮推,其邓玉峰册名系是邓文英祖父之名,应归文英输纳。役即饬

文英照数揭票。伊时应将乡约下乡清粮口岸钱二千余付楚，
给役路费钱八百文，约到渝完事。殊伊反听旁唆，不怂册名，
颠称霓村田业户口买主未拔，意图张冠李戴，奸骗抗粮不纳。
昨有邓刘氏以禀恳作主，控役索钱十余串，并无质证过交。实
系捏词妄诬，希图搪塞抵奈，颠倒是非。词称邓溥轩粮票可
质，溥轩册名系刘氏之粮，何凭？现文英有田无粮，亦玉峰之
孙。伊等藐签未唤，彼此奸推，泾渭难分。是以恳恩作主，赏
准添唤邓文英到案讯究。①

不过在这之前，邓文英的那位寡母邓刘氏已经抢先一步向巴
县知县呈上自己的禀状，断然否认自家田产与邓霓村或邓玉峰的
粮户册名有任何关系，并且控告粮班散役汪炳与曾太对她进行敲
诈勒索。在提出上述指控时，邓刘氏花了很长的篇幅来描述自己
及其家庭成员皆是安分守己之人，现在正在遭到这两名奸诈的粮
役的迫害：

　　孀妇邓刘氏同侄文英，情氏原籍壁邑，胞兄光鲁，辛酉选
拔朝考一等京官，归部供职，无嗣。氏以长子文□□□年十五
岁。氏夫光焘，名溥轩。由增贡捐教职，未仕，病故。氏孀居，
与文英同居。至同治年间，始迁巴邑北碚场正里。世守先兄
光鲁宦游所置田业一股，地名蔡家湾。每年仅收租谷百余石
以供饷食。

---

① 巴县档案，档案号：6.6.4292。

突遭本年九月乡约伍焕彩禀邓玉峰抗粮一案。词内粘单指名邓霓村光绪十年上完，至今十余年未纳。该差汪炳、曾太等例应查明饬邓霓村上纳，何以不饬邓霓村，而反借票吓搕？将侄文英押场勒索差费钱十三千文，店账、烟、草鞋等费七千余文，皆系文英亲手交出，该差汪炳始许取保。

但氏蔡家湾田业一股原粮二钱余分，户口邓溥轩，自光绪元年至今二十年，粮票朗凭可质，何得借案妄诬？从前粮差总役彭太迭次到乡清查，氏夫邓溥轩将氏家历年粮票对质，曾经面斥。何至今差仍蹈前辙？况邓玉峰系属壁邑巴邑同姓远近亲疏各房族堂名。伍焕彩原禀邓玉峰系邓霓村，理应饬霓村完纳，而反指鹿为马，妄诬孀妇同侄文英。该差与伍焕彩有无串弊，似难逆料。氏先兄光鲁在京宦游，曾荷朝廷录用。氏虽至愚，国课攸关，何敢藐抗？该差不照票饬唤，意在借粮诈搕。蠹役藐玩，如不严法究惩，以后差役无异豺狼。①

寡妇邓刘氏声称邓霓村与邓玉锋乃是同一家粮户，并对登记在邓玉锋名下的那笔欠缴钱粮做出了另一番解释。按照她的说法，无论邓霓村是否曾将其田产诡寄在邓玉峰名下以便能够逃避赋税，这一切都与她家的赋税缴纳无关。邓刘氏反复坚称自家的田产全部都是登记在其丈夫邓溥轩的名下，以此来补充说明邓玉锋这一粮户册名与她家毫无关系。除了上述这些声明，她的那些说辞还诉诸一套关于双方品性的对比阐述，亦即将她自己家庭在

---

① 巴县档案，档案号：6.6.4292。

贫困艰辛之时所表现出来的品行操守与衙门蠹役们众所周知的贪婪本性加以对比。

在之后的数个月里面,粮班散役汪炳与曾太反复向知县催审此案,并又呈交了其他数份禀状。两人所呈交的禀状上的那些说法,还得到了一份由当地乡保单独呈交给知县的禀状的支持。但是,就在距粮班散役汪炳与曾太两人最初向知县呈交禀状差不多整整一年后才举行的一场堂审当中,巴县知县做出了支持邓刘氏母子的裁决。巴县知县在核验邓刘氏之夫邓溥轩名下的串票后,发现其应缴钱粮业已如数完纳,于是认为这表明邓玉锋的粮户册名与邓文英并非属于同一家。至于邓玉锋未缴纳的那些钱粮,巴县知县是这样说的:

> 查邓刘氏家应完钱粮,均已完纳清楚,挚有粮票可凭。至 187
> 邓玉峰之粮连年欠纳,自应清查明确究系何人所为,因何拖
> 延,再行禀请究追。该乡约粮差等未查的确,辄行□疑妄禀,
> 已属非是。且差役借此需索多钱,更属藐法。当经从宽,分别
> 重责,以示惩警。断令曾太、汪炳将前后所得邓刘氏钱十六千
> 文如数缴案,当堂给与邓刘氏、邓文英具领,除将人证分别保
> 释外,合行札饬。①

在这起案子当中,粮役汪炳与曾太两人虽然未能追讨回他们为邓霓村垫付的那部分钱粮款项,但他们至少应当庆幸自己并没

---

① 巴县档案,档案号:6.6.4292。

有遭到知县的严厉责罚。而其他遭遇类似情形的粮役们,就没他们两人那样走运了。例如,范荣最初在巴县衙门粮班当散役时,曾与他的上司——该班领役宋超——联名向知县呈交了一纸禀状,在上面列出了当地107家没有偿还两人先前为他们所垫交的田赋与津捐的粮户的名字。知县随即下令,要求那些被控的粮户要么还钱,要么在五天之内带上所有的地契与串票到巴县衙门解决此事。两天之后,一位名叫张开详的本地百姓向知县递交了一份告状,指控范荣及另一位粮役余华(余华是范荣的小舅子)向他勒索十余两银子,而张开详本人并不在知县于催签上列出的那些需要偿还范荣等人为其垫交的钱粮款项的"抗纳粮"民户名单里面。

面对上述指控,粮班领役宋超回答说,张开详实际上是催签上列出的那些需要向其偿还所垫交的钱粮款项的粮户里面某一家人当中的哥哥,但后者先前与本地的一名盐商发生纠纷,最近为了躲避官司而逃离巴县。宋超分析说,既然弟弟如今跑了,那么就应该由哥哥即张开详为其弟承担所欠的债务,因此他才让范荣等人去找张开详要求还钱。不幸的是,知县并不相信宋超所做的上述解释。知县认为粮役宋超、范荣、余华等人是在利用抬垫来敲诈勒索,于是将这三人予以杖责并戴枷示众。宋超作为高级别差役,还被判令向张开详归还10两银子,并下狱监禁。当宋超后来从狱中放出来后,被正式从巴县衙门黜革。①

虽然如前所述,宋超后来又回到巴县衙门承充粮役,但是上述这些案子及其他许多与此类似的案子都表明,为了追讨所垫交的

① 巴县档案,档案号:6.6.4248。

钱粮税款而走上公堂状告当地那些欠他们钱的粮户,对于粮役们来说并不是一件很有把握的事情。因此,巴县衙门的粮役们为了在此类纠纷中能够获得一个有利于己方的裁决结果,发展出了他们自己的一套修辞策略,以将自己与社会大众眼中那些关于贪婪成性的衙役的刻板印象切割开来,同时也迎合知县作为一名地方行政管理者所面对的那些相互冲突的利益牵扯。在粮役们的口中,这种抬垫行为始终不被描述成一种粮役们自己借以增加个人收入的办法,而是被形容为那些罔顾钱粮缴纳义务的当地民众给粮役们制造的一种麻烦。

188

在其呈交给知县的那些禀状的开头部分,粮役们通常会先描述自己业已在巴县衙门忠心当差多年,在奉命催征钱粮时尽心尽责,催征钱粮这一工作对于朝廷的赋税征收而言有多么重要,以及那些逃避钱粮缴纳义务的当地民众又是怎般卑劣狡诈。就像巴县衙门中一群粮班散役们某次曾满腹委屈说的那样,"岂料各粮户等,或巧立名户,或更立堂名,或乖隔年□,推卸不认,多方狡诈,实莫伊何。若经凭约保查实理追,辄借诈索为名栽诬非刑磨搕,希图收谷活家害役"。① 在这番说辞之后,粮役们通常还会接着强调他们为了垫交钱粮而不断举债,以及在向知县呈交禀状之前曾为了解决此事而多方努力但皆无果。

粮役们所使用的上述这套修辞技法,显然是为了表明自己乃是一名尽忠职守地为官府办事的公人,通常直到禀状行文将要收笔时,他们才会道出实质性问题。例如在光绪三十年(1904)春天,

---

① 巴县档案,档案号:6.6.4298。

也就是在范荣重回巴县衙门担任粮班领役数年后,他向知县呈交了一份报告,其中列出了当地至少 140 家未向他偿还先前总共垫交的 10 余两银子田赋与津捐的粮户名字。他声称自己最近曾亲自前往乡间讨要这笔欠款,然而"伊等恃众一局,抗横凶估,分厘不给。缘条粮丝毫为重,何以抗粮不纳?"①知县看到这份报告后,于是给了范荣一道催签。

次年春天,范荣又向知县呈交了一份报告,抱怨说上次催签中所列的那些粮户中虽然后来有一些已经向他交了欠款,但是还有很多家拒不还钱。范荣在这份报告的结尾处写道,官府规定的春季征收钱粮之截止日期一天天在逼近,但他自己现在已然债台高筑,倘若他再不还清先前的债款的话,则就无法再借到钱来为那些"抗粮"民户垫交钱粮。他担心如果不强迫那些抗拒不交故而对朝廷不忠的粮户缴清钱粮的话,那么恐怕当地其他粮户将群起效仿,如此一来,钱粮征收将会变得十分困难。②

189　　尽管范荣在他提起的指控当中特意使用了"抗粮"一词,但显而易见,这场纠纷实际上是私人之间的债务纠纷,因为粮役已经替粮户垫交了钱粮税款。不过即便如此,范荣向知县所做的恳求的言下之意非常清楚,那就是倘若他先前垫交的那些钱粮税款无法从粮户那里收回,则将来他很可能就会因此无法凑足这部分的钱粮差额如数交给巴县衙门。就像在其他很多的类似情形中那样,知县意识到范荣所暗示的这一问题的严重性,于是下令要求那些粮户们尽快向范荣偿还后者先前为他们垫交的本金及利息,否则

---

① 巴县档案,档案号:6.6.4329。
② 巴县档案,档案号:6.6.4329。

将会拘捕他们。

巴县知县在此类案子当中对粮役们的支持,不可避免地导致抬垫的月利息远远高出三分。而这又将造成更多的当地民众状告粮役利用抬垫进行敲诈勒索。在此类案件中,巴县知县对待粮役的态度,往往要比对待那些被认为向不相干的百姓敲诈钱财的差役时宽大得多。

在其写在当地某位百姓所呈交的一份告状上的批词当中,巴县知县周兆庆道明了为何在此类案子当中宽待粮役的原因。那名提交告状的百姓声称自己前些日子因为患病,故而未能在巴县衙门规定的最后期限之前如期完粮。当他几天后来到巴县衙门时,被告知负责其所在地方的粮役已经替他垫交了钱粮税款,他现在须向那名粮役偿还所垫交的本金及相应的利息。该粮户于是抱怨说,粮役此举无异于假公肥私。周兆庆针对这名百姓所呈告状的如下批词,可谓是言简意赅地对那些拖欠钱粮的粮户们加以训诫的一种文字样板:"该世职不早完粮,致被差抬累,实由于自取。且差役抬垫银两,多由借贷而来,亦难令其赔累,着即自向粮差加息算还,完事可也。"①

巴县知县们倾向将粮役利用抬垫向粮户们收取利息的做法当作一种刺激粮户们不敢拖缴钱粮的办法,此点在光绪十一年(1885)发生的如下这起案子中得到了更为鲜明的展示。当时,有八名来自巴县本地的士绅("绅粮")向知县国璋抱怨说,那些垫交钱粮的衙役们为此收取的利息实在太高。这群绅粮解释,在过去

① 鲁子健:《清代四川财政史料》(上册),成都:四川省社会科学院出版社,1984,第620页。

的那两年里,巴县境内的粮食收成普遍很糟,故而有很多粮户都无法照数完粮。但是粮役们无视民间疾苦,反而利用上述情况先替粮户垫交钱粮,然后再收取高昂的利息。他们明确向知县提出恳求,希望知县能够体恤这些穷苦的百姓,下令将任何抬垫的利息限制在月息三分之内。①

出于对当地穷苦百姓的怜悯,巴县知县国璋同意了这些绅粮们的上述恳求,下令此后粮役们抬垫时所收取的利息须控制在月息三分以内。不过他也提醒这些绅粮们说,那些被粮役们抬垫而收取高昂利息的"受害"百姓,最终还是要为他们自己所欠下的钱粮负责。国璋写道:"查究粮扫数,迭次示谕展限两□,各粮户并不依期上纳。经人抬垫,实由玩延自误。惟据禀押勒多索等情,如果非需,大为粮户之累,尔等协退加利息三分,赴房完纳揭票,事属可行。抑该房及粮差等查照□里,毋得故违勒索,致干提究。"②

在对待那些拖欠钱粮税款的民众之态度方面,国璋之后继任巴县父母官的知县们几乎皆是毫不逊色地严厉。就在国璋从巴县知县任上离开尚没几年,当地的三名士绅向时任巴县知县提出了与上述相类似的请求。他们说道,虽然粮役为粮户抬垫的做法在巴县司空见惯,但是即便粮户还清了本息,仍然有一些肆无忌惮的粮役经常拒不将盖有官印的完粮串票交给粮户。这三名当地士绅就此写道:"粮票以为奇货可居,往乡勒索一倍,勒收数倍,尚不饱腹。"③在对某位遭受过无良粮役利用抬垫进行敲诈的乡民之惨状

---

① 巴县档案,档案号:6.6.4246。
② 巴县档案,档案号:6.6.4246。
③ 巴县档案,档案号:6.6.4252。

进行描述后,这些士绅恳请知县对此加以关注并下令禁绝此种劣行。

就像前任巴县知县所做的那样,时任巴县知县拒绝对被上述三名士绅指控借抬垫进行敲诈勒索的粮役们加以惩治。这名知县给那三名当地士绅们的批词言简意赅地表明,知县们被普遍认为对其手下那些"爪牙"们唯利是图的行为缺乏切实控制这一点,是如何被他们利用来作为借以落实钱粮征收之朝廷政令的一种有效手段:

> 国家维正之供,不容延欠。因恐民力或有未逮,故分为上下两忙,为时不为久。果系良民,一经开征,自心踊跃轮将,断无催科之累。无如良莠不齐,每年无着之户,为数甚巨。
>
> 例限极严,处分极重,势不能不责令抬垫。既令抬垫,则不能不重负利息。所以一经查获,差役辈多非□类,势必向其取盈,此固理之所必有者。然而粮有一定之数,与其加之于后,何若早完于前?差役借搪之端,断不可开;粮民抗延之咎,无有应得。二者有犯,均干法纪。所请照定加数之恶,殊非政体,应毋庸议。①

相较于知县们对那些在执行其他公务过程中有敲诈勒索之举的差役们严厉谴责时所用的激烈措辞,在上述这两起案子当中,那两位巴县知县对待粮役之抬垫行为的态度,可以说是相当不在乎。

191

---

① 巴县档案,档案号:6.6.4252。

那两名知县似乎在说,粮役们的确生性奸猾,令人生厌,但是如果人们希望逃过他们的魔爪,那么最好的办法就是按照法令规定及时完纳钱粮。用巴县知县霍勤炜光绪二十八年(1902)秋天在一张于全县境内张贴的布告当中所写的一番话来说,那就是,缴纳田赋与津捐的最后期限是本月十八日,尔等百姓若不在此之前完粮而坐等粮差抬垫,则必将追悔莫及。①

如同上述这些例子所展示的,抬垫这种做法在许多方面与知县自己的各种利益攸关。其中最重要的一种好处是,抬垫为知县提供了赋税收入,既能完成本县赋税定额的征缴,又至少可以部分贴补各项行政开销。而且,抬垫这种做法也为知县提供了一种督促本县民众注意衙门规定的完粮期限的便捷手段。就此点而言,加收利息与对衙役们本身皆是贪婪成性之辈的那种预设,一道被知县们作为行政策略,通过让那些迟交钱粮的粮户因被粮役抬垫而蒙受经济损失,来浇灭当地民众当中任何打算消极抗粮的苗头。

如果说县衙的上述需求使得抬垫这种做法在当地具有了某种正当性,并且允许粮役们在执行征收钱粮任务时可以借此获得相对稳定的个人收入,那么在更高层的官员们眼中,这种行为无论如何都是一种极为狡猾的腐败行径。因此,到了19世纪末与20世纪初,随着抬垫行为在当地的进一步泛滥,四川省级衙门与朝廷不断地以保护百姓不受衙役盘剥的名义,试图将这种做法加以禁绝。

例如在光绪二十九年(1903),四川总督岑春煊发布了一则告
192 示,认为尽管催征钱粮的工作相当困难,但倘若允许粮役们抬垫,

---

① 鲁子健:《清代四川财政史料》(上册),成都:四川省社会科学院出版社,1984,第635页。

则只会为这些人扰害当地百姓提供借口,并导致官府无法对粮役施加有效的控制。因此,岑春煊下令宣布,自此之后,四川全省禁止抬垫。并且,他还警告说,一旦有粮役因为抬垫而被告发到他那里,则该粮役的此种行为将会被视为对其所下禁令的公然违抗,而对该粮役负有管束之责的知县也将会因此被立即革职。①

就像省级政府其他许多旨在对地方上的各种行政活动予以控制的举措一样,岑春煊的上述做法看起来也同样未能奏效。就在岑春煊发布上述不准粮役抬垫的禁令后的几年里,巴县知县仍然接二连三地收到衙役们所呈交的禀状,请求其下令要求那些未能如期完纳钱粮的粮户向为他们垫交了税款的粮役偿还本金并加付相应的利息。

到了光绪朝末年,在当时朝廷大力推动行政改革与机构重组的形势下,四川省级政府最终承认,一些粮户被粮役抬垫虽属不幸,却在所难免。因此,在光绪三十四年(1908),四川布政司与按察司共同颁发章程,对当时那些实际上在该省各地县衙中广泛存在的抬垫行为予以官方认可(至少从名义上说是对后者进行规范):

> 本署司查川省粮差抬垫,相沿日久,大利盘剥,实为民害。虽抬粮有干例禁,惟乡间小民实有一时需钱完纳者,如不通融准其借垫,地方官考成攸关,不能听其拖延,自必签差催逼,若辈截签需索,势所必然。似不如明定章程,宽其撤柜之期,严

---

① 鲁子健:《清代四川财政史料》(上册),成都:四川省社会科学院出版社,1984,第633页。

定借垫之利,大张晓谕,俾众周知,庶乡愚之民不致受其鱼肉,而差役之辈亦不敢任意诪张。纳粮虽有上下忙之分,而川省向均于秋收后赴官投柜,拟请嗣后各属每年均以十一月底为止,如粮户力能完纳者,均不准借垫;十一月底撤柜后,粮户尚有疲玩未完纳者,始准粮差照数借垫,所垫之银钱,均按月以三分为率,不准利上加利,多取分文。期以次年四月前,由欠户本利归还;如欠户过期不还,具禀请催。倘粮差胆敢阳奉阴违,一经告发,立即从严革惩。①

193   上述章程在阐述为何允许那种利率有限、规范化的抬垫行为时,并未提及清政府财政收入不足的问题。而正是由于晚清政府的地方财政入不敷出,才造成这种不得不将抬垫予以合法化的制度在此时出现,并在其后又继续存在了半个多世纪。② 行政活动的实际结构也没有得到任何实质性改变。问题总是被归咎于衙役们的卑劣品性,而解决此问题的办法,则被认为是要在各种施政过程中竭力保护民众不受衙役们的盘剥掠夺。

---

① 鲁子健:《清代四川财政史料》(上册),成都:四川省社会科学院出版社,1984,第622—623 页。

② 译者注:在四川,抬垫这种做法一直到民国时期还继续存在。自从光绪三十四年(1908)四川布政使与按察使联合行文对抬垫予以规范后,到了民国时期,抬垫甚至成为县级政府"税丁"的差务之一,正如有学者所指出的,"从晚清到民国,民间性的粮税抬垫机制逐渐被纳入官方性的税收系统中,抬垫利率亦实现了标准化"。参见娄敏、曹树基:《金融、地权与财税:近代四川粮税抬垫的运作机制与环境》,《学术月刊》2020 年第 2 期。

第三节　社会基层的朋友们

总役、散役及那些被临时雇来帮忙但在衙门各班卯册上无名的帮役,由于要到乡村地区具体执行各项任务,故而很自然地经常受到当地百姓的敌视。而领役们则不然,因为他们大部分时间都是待在衙署里面工作。事实上,有大量的证据表明,相较于总役、散役及帮役,巴县衙门的领役们有时与地方上的各个社区之间有着相当不一般的关系,特别是与那些地方社区的领袖们。我们在巴县档案中经常会看到,领役们与地方社区领袖们之间的关系并非彼此对抗,而是互利合作。

巴县衙门领役们和地方社区领袖们之间的合作,乃是基于领役们拥有对所有在其手下办差的衙役加以控制的权力,而这种权力在很大程度上并不受知县的实际控制。如果地方社区领袖们想要削弱或者抵制国家权力对地方事务的介入,抑或想要有效对付个别差役在下乡执行任务过程中滥用手中权力的问题,那么他们最容易收效的办法便是与巴县衙门的领役们而非知县取得联系。因此,地方社区领袖们来到领役工作的班内与后者商议该班的各种事宜,这样的例子也就并不稀奇了。

最能展示当地社区领袖们与巴县衙门领役们进行合作的例子,莫过于地方士绅常常试图介入领役所在班内那些高级别位置的接充问题。在前面讨论过的巴县衙门居义里粮班右班领役唐树与同班的另一名领役梁淙之间发生的那起纠纷中,当此二人就应当由谁来接充因唐树的哥哥告退而出缺的该班管事之位而争执不下时,来自该班所负责辖区内的三个村子的当地民众代表向知县呈交禀状,阐述了他们自己关于应如何解决此问题的看法:

194

> 公件词讼,其责均在领总之权,一有不良,百弊丛生。正等□伊彼此相争,必生嫌怨。经正查选,该班领役李玉历,素勤慎□公,可以接充管事总役,尚属妥□,不至延误公件。①

巴县知县认为提拔谁来做粮班管事并非地方社区领袖们应当过问的事情,后者就此推荐粮班管事人选的做法并不妥当,故而拒绝了他们在唐树与梁淙之外另选他人的建议,任命了唐树为该班管事。但就在几周后,来自该辖区内另一个村子的地方耆老们也联名向知县呈交了一份禀状。这些递交禀状的地方耆老们就像梁淙在粮班内的那些支持者们一样,将唐树描绘成一名明显贪腐堕落且其唯利是图之恶名在当地远近皆知的小人。这些地方耆老们表示,众人无法忍受像唐树这样的毒瘤,他们先前曾与该班的其他粮役们有过交流,得知那些粮役们皆对唐树升任管事表示不悦,如此一来,唐树又将如何能够管束其手下的那些粮役们? 这些地方耆老们恳请知县注意此点,并声称唐树显然是想趁新知县初来乍到并不熟知其为人而试图窃取粮班管事之位。② 这份禀状同样被知县驳回。不过此次的驳回理由显然有些吹毛求疵,亦即声称该份禀状上面未盖上负责登记所收状纸的书吏的印信就被直接呈交

---

① 巴县档案,档案号:6.6.636。
② 巴县档案,档案号:6.6.636。

到知县面前。

在上述这两拨地方社区领袖试图影响巴县衙门新的粮班管事选任所做的努力中，他们都将其所提出的恳求诉诸那种主张掌握行政权力之人本身须品性正直这一正统的政治理念。由于粮班管事掌管着其班内的所有事务，故而理所当然最重要的就是，此位置应由一名不仅能够管束其手下的那些粮役而且自己也不会受金钱诱惑的品行正直之人来担任。虽然在上述这些例子中，知县不愿让地方精英干涉高级别差役位置的接充，但在其他场合，此类介入不仅取得了成功，而且还决定着某一位领役能否保住其位置。巴县衙门西城里粮班左班管事范荣的经历，再次为我们提供了此方面的一个明显例证。

且让我们回忆一下本章开篇所做的那些讨论。范荣所负责辖区内的那些乡保与士绅们在禀状中对他的评价，与他所在班内的那些反对者们对他的描述可谓大相径庭。范荣所在粮班内那些反对他的粮役们将他说成是一名皮条客与到处向当地民众进行敲诈勒索之人，而那些地方社区领袖们则将范荣形容为一名其品性和能力都在当地有口皆碑的公差：

> 先年本邑平起风波，民教不睦……经国主查核，范荣和睦地方，派率公差来里下沙平瀼四公馆保护，太平无事……城乡内外教堂教民房内竟被打毁，惟沙平瀼保护太平无事，一物未失。如非与里下绅粮和睦，焉能得众踊跃保护？可考老成。

现原遭争管未得,因私忿串害。①

这些为范荣陈情的地方社区领袖们解释,在范荣升为该班管事之前,管事这一位置是由他的师父兼保举人刘成担任的,由于刘成有各种贪腐行为,于是他们无奈之下来到刘成所在的粮班内,希望由在该班排名第二的胡超来担任管事。虽然他们成功地使胡超被任命为该班管事,但不幸的是,胡超在接充该位置不久后就去世了。更为糟糕的是,按照该班内的排名,管事这一位置此时该轮到由老弱的岑彪来接充。由于岑彪显然无法胜任管事的工作,故而这些地方社区领袖们再次来到该班。经过与该班的领役们商议,大家最终认为应当由范荣来接充管事之位。

但是,这一决定让该班内的数名领役——尤其是王升——感到愤恨,因为大家在商议管事人选时对他们未加考虑。因此,王升便施计使范荣与他的师父刘成发生口角,并诬告范荣。王升所做的这些事情,导致范荣被巴县衙门革除。但是,这些地方社区领袖们认为,倘若知县希望他们所在的里得保太平且各项行政事务能够正常运转,则就不能听信那些诽谤之词,而应当让范荣回来重新担任该班管事:

> 况一班管事,承任非轻,并有关碍地方。苟非其人,不惟差必遣误,里内绅粮受害非浅……正等因公起见,不揣冒昧,协代哀怜,恳恩开复原充四名领役,并饬仍前协管,差民两得。

---

① 巴县档案,档案号:6.6.602。

均沾无暨,顶祝不忘,伏乞。①

应这些地方社区领袖在上述禀状中所请,新上任的巴县知县 196
沈秉堃于是下令对范荣的品行及其与先前所负责的社区内民众的
关系做进一步的调查。差不多半个月之后,知县不顾那些对范荣
进行抨击的同班粮役们的强烈反对,下令恢复范荣的该班管事
之位。

当然,并非巴县衙门的所有领役都像范荣看上去的那样能够
得到当地士绅的支持。正如那些支持范荣的当地士绅与巴县衙门
内部那些对范荣加以指控的粮役们之间的对立所表明的,地方社
区领袖常常也是对巴县衙门内各班差役头领们最直言不讳与言辞
激烈的批评者。不过尽管如此,在上述这个例子当中,这些地方社
区领袖显然站在了范荣的这一边。

首先,上述例子,以及当地士绅来到巴县衙门的某个班内与该
班差役们商议行政事务与举荐该班内高级别差役位置之接充人选
的其他例子,皆意味着巴县衙门的差役们实际上拥有一定的自治
权力,而知县在巴县衙门行政运作的许多方面反倒就其实际所起
作用而言不甚紧要。管事在其所在班内居于最高的位置,拥有在
该班内独立做出各种决定的众多权力。而这让地方社区领袖们意
识到与其通过正式程序向知县呈交禀状(那样做可能会被知县认
为是在无端干涉衙门内部事务),还不如直接向某班的领役们表达
自己对某事的关切并与其一道商议对策。

① 巴县档案,档案号:6.6.602。

通常只有当事态发展到危急关头或者当某方的利益受到严重威胁时,发生在地方上的许多行政实践才会引起知县的关注。如果冲突真的发展到了这种地步,那么对立的双方就有必要各自经营自己的人际关系、订立非正式的互助合约及利用各种法外的获利方式,而这些安排必须能让地方政务和当地民众都可以从中获益,而非纯粹为了差役们的一己私利。

知县的政绩在很大程度上取决于他维持当地治安的能力,故而范荣的支持者们在禀状当中对于发生在当地乡村地区的那些骚乱所做的描绘,就绝非无心之举。毋宁说,他们之所以这样描述,乃是意图以此来直接触及任何一名希望自己能够在仕途上走得更远的知县都会最关心的事情之一。在此种背景下,范荣在为巴县衙门办事过程中对其手上权力的行使,并非被描述为滥权或非法行之,而是被描述成守护地方太平、安定民心及对他手下那些贪婪无度的差役们加以约束的重要手段。于是,范荣这名先前被其反对者们称作恶棍与"衙蠹"的差役,被正名为一名安守本分的公差,被塑造成一名对于高效施政与德治政府加以坚决捍卫的不可或缺之人。

197　　在上述范荣的故事中,我们完全无从知晓范荣的同事们对他的那些指控内容是否属实。范荣自己承认他在当地开了一间客栈,很多当事人在到巴县衙门打官司期间都住在那里。但是,除了那些笼统声称范荣敲诈勒索的指控之词,以及范荣本人针对那些指控所做的同样笼统的反驳,并没有其他能够独立证明范荣是否无辜的直接证据被呈交到知县的面前。范荣起初被巴县衙门革除,并非因为知县知道那些指控内容属实,而只是由于范荣所在的粮班内有相当一部分人都对他如此加以指控。与此类似,范荣后来得以重新回到巴县衙门担任粮班管事,并非因为有什么关键性的证据证明其无辜,而是由于当地的一众社区领袖们向知县上书表示支持范荣。尽管前后两任巴县知县王驰昌与沈秉堃无疑对上述双方的说辞都相当怀疑,但是作为行政手段方面的权宜之计,前者下令将范荣当作一名恶棍逐出县衙,而后者则撤销了前者先前所做出的那个决定,允许范荣作为一名有用的帮手重新回到巴县衙门工作。

这件事本身不仅体现了差役(以及书吏)在县衙里所扮演的角色,而且再次将我们带回到关于腐败与正当性的问题之讨论上来。在以上的各章中我曾反复强调,如果是站在朝廷的立场上来看,那么地方衙门中大多数吏役的行为,甚至他们中的绝大多数人在地方衙门里面的存在本身,都是非法的。这里所说的"非法性"(illegality),伴随着源于如下事实的某种"非正当性"(illegitimacy)意涵,那就是书吏和差役们不受儒家意识形态之熏陶与规范性政治价值观之约束,而且他们日常的行事处于官方正式法律规定的直接控制之外。

但是在清代地方层面的行政实践当中,却存在着一种实际上必需的非正当性。这是因为,当一套正式制度无法满足县衙行政运作的实际需求时,便会离不开非经制吏役这些以不正当的方式出现在县衙当中的办事人手。为了完成维持地方治安与征收赋税的职责,知县在其上任之初见到差役们时,就不得不小心翼翼地迁就后者,并与他们达成妥协。而此种意义上的迁就,结果导致了本书这几章所描述的那套法外制度的出现。在这套法外制度当中,巴县衙门的书吏和差役们不仅建立起依靠向当地民众收取各种规费作为基础的谋生方式,而且还实践着在帝国官僚机构的其他领域中闻所未闻的某种程度的自主运作权力。地方行政事务实际开展的需求,使得衙门吏役所关心的收入与营生方式获得了认可,并且得以对正统的政治价值观进行重新诠释。从这个意义上讲,位于清帝国各级政府之最底层的县衙,在基本性质上已经偏离了朝廷所宣扬的那套官方意识形态之特征。

198

无论那些深受儒家思想之影响的官员们是如何信奉仁慈的家长式统治与仁政的理念,也不管这套理念通过宣讲圣谕的方式在清帝国境内得到了多么广泛的传播,对于大多数的地方民众来说,官府就意味着书吏与差役。毕竟,县衙的吏役们与当地民众的接触最为直接,也最为频繁。只有在少数的情况下,百姓才能见到知县本人,更加不用说有与知县直接交流的机会。就此而言,社会与国家之间的关系,实质上就是地方民众与衙门吏役之间的关系。

在清朝任何一个县里面的绝大多数百姓眼中,官府并非那些来自上层的高尚品格和道德权威的存储库,而是体现为那些负责征收赋税的吏役们,又或者是那些负责递送衙门传票或催签的差役们,而这些人都要向民众收取各种规费。易言之,这并非一个由士大夫们对一群浑浑噩噩的民众进行道德劝诫的政府,而是一个由一群训练有素的技术专家加以管理的政府。那些技术专家们希望其所付出的劳动能够得到回报,并为此创制出了许多办法,而这些回报如果无法由国家来提供,那么就要由那些他们以国家的名义加以管理的当地民众来支付。

然而,如果说衙门吏役从当地民众那里收取各种规费之举导致在此过程中很有可能会与后者发生冲突的话,那么这种做法也开启了当地民众与这些他们眼中的国家代理人之间进行协商的可能性。这是因为,差役们作为国家权力的具体执行者,经常会遇到本书前面部分所描述过的那些从事各种非法活动(例如制售私盐)的个人与社区,但他们有时也会收受后者给予的钱财贿赂,而对此类非法活动睁一只眼闭一只眼。类似地,就算某人实际上无法像购买一件商品那样买到那些行政服务,他也至少可以用金钱来换得一个对自己更有利的位置,或是弥补自己在经济上暂时遭受的那些损失。例如在本书前面部分所描述的那种包税制中,地方行政不仅作为国家的臂膀在运作,无论它是扰民的还是仁慈的,并且它还提供了各方在其中进行相互交换的一个空间。而此空间将抬垫这种金钱借贷的非正式操作方式与衙役们的正式位置及其功能联结在了一起。

就此而言,我们或许可以将清代地方行政视为一个各方在其中进行各种互动的领域,而那种传统的国家与社会之区分在此领域当中并不适用。相反,我们在这里看到的是,国家与社会的结构、制度及实践等元素全都融合在了一起,共同形成一个资源体系,而从这个资源体系当中,又衍生出了一种独特的高度在地化的行政实践方式。但这并不是说,帝国政府据以将其权威正当化时所借助的终极性国家权力,或者正统的意识形态表达,在这种地方语境当中就无关紧要了。相反,它们起到了巨大的作用,因为这些元素设定了此一资源体系得以在其中运转的各种参数,并为衙门内外的人们提供了可用来界定并捍卫其个人利益的各种话语策略。

199

但是正如我在前面已经说过的那样，那些正式的制度框架、朝廷颁布的法令及由意识形态推动的各种针对儒家心目中的国家与社会之关系所做的描绘，其本身皆无法准确把握住此种关系在现实当中所呈现出来的诸多司空见惯的面向。因此，我们必须关注的是，众多主体的表达与利益是被通过哪些方式而与地方实践当中的各种元素加以调和的，而这些主体既包括上至朝堂下至县衙当中的官员们及其手下那些为官府办事的吏役人员，也包括形形色色的私人个体。在下一章里面，我将通过对在前面几章当中已然浓墨重彩地出场过的巴县衙门行政运作特征之一（巴县衙门处理案件的实际过程与收取案费的惯常做法）加以专门检视，来进一步探讨上述这些议题。

第六章 司法的经济因素

在清朝中央政府的绝大多数官员看来，地方衙门中的书吏和差役们在办案过程中所收取的那些规费，便是这些"衙蠹"生性贪婪并寄生吸食民脂民膏的绝佳证据之一。在地方衙门的各种运作当中，没有其他任何方面会被认为比向民众收取各种规费的行为更能展现此辈追逐一己私利的魔爪已经伸向了公务领域。除了将收取规费的行为视同于贪腐，清朝的官员们还经常认为，此种向涉讼民众收取规费的做法不可避免地导致衙门所收讼案数量增多，因为那些衙蠹们诱使当地的无知愚民将一些细故纠纷告到知县那里，而不是通过非正式的民间调解予以解决。因此，衙门吏役们向涉讼百姓收取规费的做法，被认为不仅给地方司法行政活动造成了负面的影响，而且还腐蚀了整个社会的道德根基。

但是，正如我们在本书前几章当中反复看到的那样，案费一直都是清代地方政府的财政基石之一。从那些被状告到知县那里的案子中所收取的案费，为地方衙门的许多行政运作提供了经费，并且还是书吏和差役们借以维持自身生计的一种可靠经济来源。故而，在地方层面上，案费的收取并非一个其中满是腐败且鲜为人知的世界，而是县衙的公认特征之一。

本章将更为深入地探讨清代地方司法行政的这一面向。首先，我将对案费作为一种收入来源形式的角色加以检视，并同时关注书吏和差役们针对各自的案件管辖分工与待承办案件之分派所做的积极维护。巴县衙门当中关于待承办案件之分派与案费收取的那些规矩，是由书吏和差役们在其内部自己商定并奉行的，并且201他们还经常为了维护这些规矩而闹到知县面前。就像关于吏役招募及其内部位次晋升等方面的规矩一样，此类规矩以一种非正式行政法的形式在实际发挥着作用。

巴县衙门日常运作的上述两个领域之间的关键区别在于，案费的收取并非在衙门里面进行，而这就使得吏役等衙门雇员直接与当地社区发生接触。在此过程当中，它也导致这些吏役们直接置身于地方士绅们关心的那些利益范围之内。尽管地方士绅们的利益并不总是都会与知县所关心的利益相一致，但是地方士绅们所拥有的身份地位与社会权威，无疑与清廷及其所任命的官员们拥有的权威一样，皆是根植于相同的意识形态资源。同样地，衙门吏役向当地涉讼民众收取案费的做法，不仅被认为破坏了那些使政府权威得以正当化的理想化的社会关系，并且也与士绅统治的基础相冲突。故而，就像官员们所做的那样，巴县当地的士绅领袖们经常使用与官员们相同的措辞，来表达他们对于衙门吏役的看法。

鉴于各种认为衙门吏役当中充满贪腐的形象刻画很有可能会被用来服务于士绅们自己的利益诉求，我们必须采取先前分析官员们针对衙门吏役的那些类似描绘时所使用的做法,来对上述形象刻画加以检视。在对关于案费收取的制度进行描述后,我将转而探讨,在 19 世纪的后半叶,巴县当地的士绅领袖们是如何利用衙门吏役被认为素来贪腐这一刻板形象,作为他们维系并扩展自己在地方事务中的权威的一种策略。通过本章的讨论,我们将会看到,县衙,以及通常所讲的纠纷解决的整个广泛过程,可被视为一个社会互动的场域。该场域当中镶嵌着各种特定的资源,而对这些特定资源的控制,则取决于各种在地化的环境、制度与实践。

第一节 案费与收入

尽管吏役们收取规费的做法普遍存在于全国各地方衙门当中,但清代中央政府绝大多数的官员都认为此种做法乃是吏役们对当地百姓的一种敲诈勒索,而非获得正当收入的一种渠道。嘉庆五年(1800)朝廷颁布的一道上谕,清楚地表达了此种观点:"大小各衙门充当书吏之人,遇事需索使费,日久竟成陋规,所得陋规逐渐加增……"①清代的官员们不仅将吏役们向百姓收取规费之举斥为敲诈勒索,而且还经常痛斥此种做法造成了告到衙门的讼案数量因此增多。就此点而言,嘉庆二十三年(1818)陕西道监察御史程伯銮在其奏折中关于四川省行政腐败之根源的如下说法,非

202

---

① 《清会典事例》,北京:中华书局,1991,卷 98,第 262 页。另参见 [清] 葛士濬辑:《皇朝经世文续编》,清光绪十四年(1888)图书集成局铅印本,卷 22;巴县档案,档案号:6.6.99。

常具有代表性:

> 查近来各省积案,自数十案至数百案不等。屡奉上谕严
> 饬各省督抚、两司按限审结奏报,所以息拖累、重民生也。顾
> 思积案之由,其于官员之延玩者尤少,成于差役之操纵者为
> 多。而操纵之弊,莫若漏规一项尤为可恨。即如川省州县衙
> 门,多有堂规等陋习⋯⋯乃川省各州县粮、快两班多至千人,
> 分为散差、总差、总总差等名目。闻欲充当总差一名,用顶头
> 钱或累千数。若非冀取民膏以充私囊,何肯拼重费而入公门?①

上述这种将吏役敲诈案费视作导致衙门所收讼案数量增多之
原因的说法,虽然在我们看来或许会显得有些自相矛盾,但这种观
点乃是建立在儒家政治哲学所信奉的一个基本前提之上,那就是
认为绝大多数的民众在行事方面并非独立自主的个体,而是容易
受到各种外界因素的影响,不管此种外界影响因素具体是地方官
和士绅们建立在道德教化之上的循循善诱,还是衙门吏役们的各
种恶毒设计。故而,就像那些作恶多端的讼棍一样,衙门当中的吏
役们被认为会诱使愚昧无知的百姓将细故纠纷闹上公堂,而这些
细故纠纷一旦进入衙门,那些受无良吏役诱骗的受害百姓便会发
现自己陷入了一张被索要各种规费的罗网当中,到后来经常落得
一贫如洗的悲惨下场。正因为如此,书吏和差役们向涉讼百姓收

---

① 《四川档案史料》1983 年第 1 期,第 20 页。[译者注:该奏折的全文,亦见于四川省
   档案馆、四川大学历史系主编:《清代乾嘉道巴县档案选编》(下册),成都:四川大
   学出版社,1996,第 220—222 页。]

取各种规费的做法,被认为最终将导致上诉到省级衙门的案件数量为之大增。① 四川的省级官员皆倾向同意上述这种说法。例如在光绪七年(1881),四川按察使声称,在他收到的每10起上诉案件中,就至少有7起是与该省各州县衙门吏役收取案费的劣行有关。② 省级以上的官员们也都认为,解决这一问题的最佳办法,就是彻底禁止衙门吏役在诉讼案件处理过程当中收取各种案费。例如,陕西道监察御史程伯銮在1818年时就已提出此种建议。而在一个世纪后的1908年,四川总督赵尔巽颁布了同样的命令。

面对地方行政开展过程中各种庞大的日常开销,知县们意识 203 到那种全面取缔案费的做法并不可取。为了妥善地解决此问题,地方官员们于是绞尽脑汁想出了一系列的专门措施,对案费的收取加以限制,而非全面禁止。例如,刘衡在担任巴县知县期间就曾下令,那些遵照传票内所写的到案限期将相关人等传唤到案,以及能够自我克制不向民众滥收案费而为祸地方的差役,将会被在县衙记功,而记功达到一定的次数,则可以分派到更多的办案机会。③ 全国其他地区的官员们也采取了与此类似的措施。正如18世纪前期担任河南巡抚的田文镜(1662—1733)所认为的那样,要想差

① Jonathan K. Ocko, "I'll Take in All the Way to Beijing: Capital Appeals in the Qing," *The Journal of Asian Studies*, Vol. 47, No. 2, p.304.

② 四川大学藏巴县档案抄件,民刑差役害民,19。

③ [清]徐栋辑:《牧令书》,清同治七年(1868)江苏书局刻本,卷18,第26页;[清]刘衡:《庸吏庸言》,清同治七年(1868)楚北崇文书局刊本,第14页。除了按照记功次数多寡相应加派办案机会,刘衡所定的这一奖惩制度,还包括对那些奉命传唤相关人等时超过传票内所写的到案限期的差役们进行惩罚,具体为逾限一日记过一次,逾限二日杖责十板,逾限三日杖责二十板,若逾限四日以上,则该差将被枷责革除。参见刘衡:《庸吏庸言》,清同治七年(1868)楚北崇文书局刊本,第14—15页。

役们在执行公务时不至于从中贪腐，那么首先应当让其能有钱养家糊口，而这可以通过给予那些按期限完成缉捕任务的差役们一定金钱奖励的方式来实现。[1] 在道光元年（1821），浙江巡抚也提出了与此类似的建议。他认为，对那些捕役的金钱奖励，可以根据他们所抓获嫌犯的被控罪行之轻重上下浮动。[2]

然而，绝大多数的此类建议都只是昙花一现。姑且不论上述奖赏措施可能会带来知县与吏役们相互勾结的不体面名声，最根本的问题在于，基本上没有哪位知县能有足够的财力可以自掏腰包给其手下的吏役们发放此种金钱奖励。刘衡意识到案费乃是维系地方衙门运作的重要资金来源之一，故而他自己也曾写道，虽然陋规的收取本应由知县亲自监控，但是吏役们自行收取各种规费的做法"相沿已久，原难遽革"。[3] 基于同样的理由，在位于重庆城沿江下游不远的万县，该县知县于同治元年（1862）下令，其所在县衙中的书吏和差役们可以向当地百姓收取陋规，但必须是在惯例所允许的数额范围之内。[4]

巴县衙门当中的书吏和差役们对其收取各种陋规的做法有自己的一套说辞。如同本书前几章当中多次引述的那样，巴县衙门的吏役们声称案费乃是自己唯一的生活来源，要靠它来养家糊口。从这个意义上讲，吏役们通常争辩道，案费是他们在衙门当中能够安心本分地工作的经济保障，总之是让他们在执行公务时不至于去贪腐的最重要基础。巴县衙门吏役们的此类说辞，往往还伴有

---

① ［清］徐栋辑：《牧令书》，清同治七年（1868）江苏书局刻本，卷20，第46页。

② ［清］不著撰者：《治浙成规》，清道光十七年（1837）刊本，卷18，第66页。

③ ［清］刘衡：《庸吏庸言》，清同治七年（1868）楚北崇文书局刊本，第10页。

④ 《四川档案史料》1984年第3期，第55—56页。

他们自称其个人与家庭贫困潦倒的各种描述,以说明其未曾在执行公务时谋取私利或滥用手中权力。这些措辞的言下之意显而易见,那就是吏役们认为只要所收取的陋规是在惯例所允许的限度之内,并且吏役本人并未因此而发大财,那么收取陋规的行为就没有违反伦理型政府所奉行的那些原则。 204

吏役们在承办案件过程中实际收取的陋规数额,长期以来由于清朝官员和士绅们的夸大其词而显得云山雾罩。清朝的官员和士绅们常常描述,很多殷实之家因为被这些敲骨吸髓的衙门吏役收取陋规而落得家庭破败的下场。① 当代的历史学家们对这些史料书写的接受,在如下这种流行的观点上面得到了体现,那就是认为,很大程度上正是由于衙门吏役的需索盘剥,才导致当地百姓都不约而同地避免与县衙公堂发生任何接触。但是,近年来一些立足于档案文献的学术研究成果,已经针对这种认为正式法律制度离中华帝国晚期绝大多数民众的日常生活很远的观点进行了大量的反驳。② 尤其是黄宗智关于清代民事司法的研究已经表明,与清

---

① Chü T'ung-tsu, *Local Government in China Under the Ch'ing*, Cambridge: Harvard University Press, 1962, p.69.

② Mark A. Allee, *Law and Society in Late Imperial China, Northern Taiwan in the Nineteenth Century*, Stanford: Stanford University Press, 1994; Kathryn Bernhardt and Philip C. C. Huang, eds., *Civil Law in Qing and Republican China*, Stanford: Stanford University Press, 1994; Philip C. C. Huang, *Civil Justice in China, Representation and Practice in the Qing*, Stanford: Stanford University Press, 1996; Melissa A. Macauley, "Civil and Uncivil Disputes in Southeast Coastal China, 1723-1820," in Kathryn Bernhardt and Philip C. C. Huang, eds., *Civil Law in Qing and Republican China*, Stanford: Stanford University Press, 1994, pp.85-121; David C. Buxbaum, "Some Aspects of Civil Procedure and Practice at the Trial Level in Tanshui and Hsinchu from 1789 to 1895," *The Journal of Asian Studies*, Vol. 30, No. 2(1971), pp.255-279.

朝官员们所说的相反,衙役们所收取的各种陋规的数额并非"高不可攀",不足以阻止民众在其"细事"纠纷通过非正式的调解方式加以解决失败后告到知县那里。①

黄宗智的关注点在于,衙门所收取的堂费数额多寡,乃是影响民众是否决定将纠纷告官请知县大老爷裁断的因素之一,而我关注的则是此问题的另一方面,亦即县衙当中的一名书吏或差役实际上能收到多少案费?李荣忠利用巴县知县与当地士绅领袖们在光绪三十二年(1906)达成的一份协议中所列出的各种规费,推断认为在那些只有两方当事人的诉讼案件中,各方当事人平均要交5两银子的案费,而从当事人双方那里收来的总共10两银子,将由参与承办该案的书吏和差役们平分。② 上述李荣忠的这一估算结果,在巴县衙门光绪八年(1883)时收到的一份禀状当中得到了证实。据这份禀状上所写,巴县衙门的数名粮班领役声称,办案的差役们从每个案子当中得到的案费为2两至4两银子不等。③

尽管这些数字与黄宗智认为清代衙门收取的堂费并未超过当时很多百姓所能承受的经济能力的结论相一致,但是我们仍然很难利用它们来推断出巴县衙门书吏和差役们靠收取案费得到的平均年收入。首先,我们无法确定所谓的"寻常"讼案究竟指的是什么样的案件。即使将其范围限制在那些关于户婚、田土、钱债的细事纠纷,我们还是会发现它们之间在很多方面都存在广泛的差异,

205

---

① Philip C. C. Huang, *Civil Justice in China, Representation and Practice in the Qing*, Stanford: Stanford University Press, 1996, Chapter 7。

② 李荣忠:《清代巴县衙门书吏与差役》,《历史档案》1989 年第 1 期,第 100 页。另见本书下文的讨论及附录四。

③ 巴县档案,档案号:6.6.507。

例如出现在公堂之上的各方当事人数量、相关证人的人数、下令调查的次数、所交各种状纸的数量,以及在知县最终做出裁决之前各方当事人达成堂外和解的可能性。如同本书附录四当中的那份案费章程所显示的,上述各个方面都要缴纳单独的案费。因此,有些案子收取的案费可能远高于 10 两银子,而有些案子收取的案费则可能不到 10 两银子。在诸如盗窃、抢劫与杀人等刑案的处理过程中,衙门吏役收取的案费总数比上述数额还要更高,而这就造成不同诉讼案件所收案费数额的差异甚至会变得更大。

估算巴县衙门吏役们每年靠收取案费获得的收入时所遇到的另一个难题,是如何判断县衙处理的讼案总数。对此,由于黄宗智的先行研究提供了一条基准线,我们在此方面已经具备了坚实的基础。在爬梳了衙门档案与笔记资料当中关于此方面的各种相互矛盾的记载之后,黄宗智估算说,在清代的后半期,州县衙门每年新收的民事讼案总数为 50 起到 500 起不等。① 作为坐落在繁忙的内陆中转口岸与人口密集聚居地的一座县衙,巴县衙门每年收到的民事讼案总数看起来要超过黄宗智估算的上述 500 起上限。例如,根据巴县知县从 1907 年到 1909 年呈交给上峰的报告中所写的内容,该时期巴县衙门每年新收的民事讼案数量平均为 633 起。而这些数字极有可能比当时巴县衙门每年实际所收的民事讼案数量要低,因为知县们往往都会向其上峰少报其辖境内的诉讼案件数量。况且,巴县乃是一个地下帮派及秘密会社活动所在多有的

---

① Philip C. C. Huang, *Civil Justice in China, Representation and Practice in the Qing*, Stanford: Stanford University Press, 1996, p.178。此处所称的"民事讼案",指那些知县有权自行处置而无须报给上级衙门覆审的"自理词讼"。

内陆港口城市，而这些报告中所列出的那些报请上级衙门覆审的抢劫、盗窃与杀人案件的数量，平均每年只有区区 10 件，其真实性实在令人怀疑。①

比估算巴县衙门所收案件总数更为困难的，是判断这些案件及其相应的案费在巴县衙门当中是如何分配的。在巴县衙门的书吏们当中，案费是由负责承办该案的典吏与经书们三七分成，而分给那些帮书或清书的案费，则是从经书分到的那部分当中支出。② 对于捕役与粮役们来说，案费是在该班领役、总役和散役们之间平分。③ 考虑到内部等级高低不同的书吏与差役在各房各班中的金字塔式人数分布结构，我们完全可以推断，巴县衙门各房各班的吏役头目们所承办的案件数量会比其他人更多，故而他们拿到的案费自然也比手下的其他吏役多得多。然而，即使掌握了这样的信息，由于无法准确知晓巴县衙门各房各班当中究竟有多少名超出朝廷所定的经制吏役额数而雇用的书吏和差役，以及这些房或班当中又是如何分派待承办案件的，我们还是无法对巴县衙门的吏役们每年从案费当中获得的总收入做出可信的估算，更加不用说完全可靠的估算。

不过，即使无法确切知道巴县衙门吏役们每年的案费收入，我们至少可以估算出他们从案费中可能获得的个人收入之大致范围。按照李荣忠的估算，承办一起案件能够收到的案费平均为 10 两银子。他在此基础上推断说，除去所在房内的各项开销，巴县衙

---

① 巴县档案，档案号：6.6.486；四川大学藏巴县档案抄件，内政种类，19。
② 巴县档案，档案号：6.6.523。
③ 四川大学藏巴县档案抄件，民刑欺诈，12。

门的典吏通常每年可以靠此挣到 1000 两银子,而领役挣到的案费则要比这稍微少一些。[1] 虽然我同意吏役的个人收入达到上述水平有时候是可能的,尤其是对某位工作于巴县衙门当中事务繁多的某房或某班,并且有胆量超出通常的标准多收案费的吏役头目而言,但即便将李荣忠所做的上述估算作为巴县衙门吏役们年均案费收入范围的上限,看起来也是不妥当的。

首先,巴县知县自己的薪俸,加上各种额外收入,总共才只有 1045 两银子。[2] 因此,我们很难想象,巴县衙门的 14 名典吏及人数更多的领役们的个人收入,能够长期维持在与巴县知县近乎同等的水平,而没有导致吏役们时常抱怨自己收入微薄之举被知县一眼看穿并斥为荒唐可笑。其次,考虑到新任典吏需要交给该房的参费数额为从 100 两至 200 两银子不等,上述那个认为典吏的年均案费收入为 1000 两银子的估算结果似乎也显得过高。这是因为,倘若典吏这一位置实际上每年真的能够挣到 1000 两银子案费,则获得此位置所需交纳的参费应当明显要比上述数额高得多。如果说这一推断适用于其服役期限被朝廷限定在 5 年之内的典吏们的

---

① 李荣忠:《清代巴县衙门书吏与差役》,《历史档案》1989 年第 1 期,第 100 页。

② 朱之洪等修、向楚等纂:《民国巴县志》,台北:学生书局,1967,卷 6,第 33 页。知县的收入包括基本的俸禄 45 两银子,以及一种被称为"养廉银"、每年 1000 两银子的额外收入。在这些收入之外,我们还必须加上知县从衙门吏役那里收取的各种陋规,这些钱是被用来贴补知县个人的各种开销,以及向其上级官员送礼的花销。19 世纪 60 年代在四川担任知县的刘玉,声称该省的知县们每年通过这种渠道可以收到 3000 两到 10000 两不等的银子。参见鲁子健:《清代四川财政史料》(上册),成都:四川省社会科学院出版社,1984,第 549 页。另参见 Paul C. Hickey, "Fee-Taking, Salary Reform, and the Structure of State Power in Late Qing China, 1909-1911," *Modern China*, Vol. 17, No. 3(July, 1991), pp.389-417.

话,那么对于那些可以无期限地待在领役位置上的差役们而言便更应如此。最后,李荣忠所做的上述估算,乃是建立在巴县衙门中的每个房平均每年处理 2000 起案件这一极其令人怀疑的数字之上,因为相较于前面所引述的,根据巴县知县从 1907 年到 1909 年所呈交的那些报告,当时整个巴县衙门的新收民事讼案数量年均为 633 起,而与此相比,李荣忠所估算出来的 2000 起案件这一数字,便显得是个"庞然大物"。

与李荣忠的上述估算相比,戴炎辉对 19 世纪晚期清代台湾台南县此方面情形的估算显得较为合理。他估算,当时台南县的衙门领役们每年的案费收入可以达到 720 两银子,而每名普通差役每年的案费收入则为 150 两银子。① 如果说像在清代台湾这样的边陲省份工作的差役都可以有这么多的个人收入的话,那么看起来在巴县这种公务繁忙的地方,当地县衙的吏役应该每年至少也能挣到这个数。不过,戴炎辉提供的上述那些数字,乃是基于一套由清代台湾的当地绅士主持编纂的县志而估算出来的,而在这类资料当中,衙门吏役的高收入通常被作为据以推定这些人贪腐无度的证据。因此,虽然戴炎辉提供的这些数字并没有超出可能的范围,但我们还是应当对它们谨慎地加以参考。

207　　尽管以下的尝试或许略显武断,但是在我们能够获得进一步的确凿证据之前,将巴县衙门绝大多数典吏的案费年收入上限定

---

① 戴炎辉:《清代台湾之乡治》,台北:联经出版事业股份有限公司,1979,第 665 页。虽然清代台湾的差役与四川的差役在内部组织形式上有很大的差别,但是戴炎辉所说的"普通"差役,大致相当于巴县的总役。戴炎辉在其书中引述的原始数字为,领役们的年收入大概为 1000 圆,而普通差役们的年收入则约为 200 圆。为了方便比较,我将戴炎辉所用的"圆"这一计量单位换算了相应的银两数额。

在 300 两至 400 两银子,而将经书可能的案费年收入定在典吏所得的三分之一至二分之一,似乎更为合适。在此必须再次予以强调的是,当我们将上述数字普遍适用于巴县衙门当中的全部吏役时,必须慎之又慎。在像户房、刑房这些巴县衙门当中居于核心位置的科房内工作的书吏们,其承办案件的数量,会比在其他那些规模较小的科房内(例如盐房、工房和仓房)工作的书吏们所承办案件的数量要多得多。而对于衙役来说,鉴于他们人数众多,且其所从事的工作从性质上讲无须太多专门技能,以及其所需交纳的参费比书吏们少得多,我们有理由推断认为衙役们的收入要大大低于书吏们的收入。因此,为了得出巴县衙门差役们年均案费收入的一个近似值,我们或许可以将领役们的此方面年收入上限定为 100 两至 200 两银子,而将总役们的年均案费收入估算为领役们上述收入的三分之一到二分之一。

如同这些数字所显示的,巴县衙门书吏和差役们的年均案费收入,要比清代官员和士绅们经常所描述的那些吏役收入情况少很多。而直到最近,被彼时的官员和士绅们夸大其词的那些吏役收入数字,在很大程度上依然被当代的研究者们信以为真。上述关于巴县衙门书吏和差役们之实际案费收入的估算数字,使我们更容易理解,衙门吏役为何会那么拼命地维护他们内部关于案件管辖分工,以及待承办案件之分派的那些规矩。这些估算得出的数字也使我们更易理解,巴县衙门的吏役们为何经常为了 10 两甚至 5 两银子这样一些看起来似乎并不很高的钱财数目而卷入旷日持久的争端之中。要知道,在 1901 年的巴县,10 两银子就可以买到一石谷子，或者能让一位成年人维持一年的基本生计。①

　　但是，如果说巴县衙门的一名书吏或差役不大可能凭借向当地民众收取常规的案费而发大财的话，那么他至少可以从中挣到足够的钱来维持还算过得去的生计。在 1900 年，重庆的一名书吏每年平均挣到的案费收入是从 100 两到 150 两银子不等，这能够让他在生活水平上大致相当于当地的一名铺店经理。② 而每名总役每年有 40 两到 50 两银子不等的案费收入，也比重庆城绝大多数的体力劳动者当时所能够挣到的要多得多。

　　需要强调的是，我在这里并非暗示说，巴县衙门的书吏与差役们从未做过那些即便按照最狭义的界定方式来讲也明显属于敲诈勒索的非法勾当，或者说他们所收取的案费数额从不超出惯常的水平。但是，倘若不加选择地将他们所收取的所有案费都一律视作贪腐，则会使我们无法看清此类做法被加以标准化的那一特征，以及其在地方司法行政与县域治理中所起到的实际作用。而且，那样做也将导致贪腐这一概念本身在被用来区分衙门当中那些被加以标准化的流程与那些在衙门实践当中真正属于异常的行为时，变得完全没有任何参考价值。因此，我们不应将吏役们所有收取案费的行为都视为这些人贪腐的例证，而应当将案费看作一种法外收取但又司空见惯的地方司法活动之组成部分。就其本身而言，案费为巴县衙门的吏役们提供了一种常规的收入来源。他们

---

① 周勇、刘景修译编：《近代重庆经济与社会发展》，成都：四川大学出版社，1987，第 161 页。

② 周勇、刘景修译编：《近代重庆经济与社会发展》，成都：四川大学出版社，1987，第 161 页。

经常在知县面前为了捍卫自己获得案费的权利而相互争执。

第二节　焦点:围绕案件管辖分工与案费
　　　　　分配而发生的争执

由于各种待承办的案子是巴县衙门吏役们可以从中获得收入来源的经济基础,故而围绕这一重要资源展开的竞争,自然就导致了本书前面几章当中所描述过的那些你争我夺、相互抢夺地盘与派系倾轧等问题。实际上,围绕办案引发的纠纷,乃是巴县衙门各房各班内部,以及它们相互之间发生摩擦冲突的最主要原因。而令人惊讶的是,巴县衙门的吏役们在其内部精心创制出了众多用来规范各房各班案件管辖分工的规矩与程序,并且这些规矩与程序对于特定案费的分配也做出了非常详细的规定。当他们的上述利益被侵犯或引发争执时,巴县衙门的吏役们就会一致采用与在其他任何类型的民事纠纷中大同小异的解决办法。

就像解决衙门吏役内部发生的其他纠纷一样,当发生上述争端时,首先是由纠纷当事人(无论是书吏还是差役)在其所在的房内或班内进行协商。如果该纠纷不能由双方自行商议解决,那么就会被提交给在巴县衙门内的衙神祠当中举行的议事会议处理。议事会议是由巴县衙门各房典吏或各班领役共同组成。通常正是由议事会议这一集体性组织,而非知县,来制定关于待承办案件应如何分派的内部惯例性程序,而议事会议所商定的操作规则往往会被形成文字记录下来,分发给所有相关的房或班,以供大家日后行事时参考。① 只有当议事会议无法解决该纠纷时,发生争执的吏役才会告到知县那里,请求知县做出最后的定夺。

巴县知县们对待此类纠纷的态度可谓模棱两可。一方面,巴县知县们总是异口同声地抱怨,吏役内部为此类事情争执不休,造成了分派下去承办的案件无法得到迅速的处理,而这让身为父母官的他们为之倍感恼火。在其上峰不断催促尽快审结所收案件的压力之下,历任的不少巴县知县就该衙门吏役内部可能会发生的各种争端采取了一些旨在防患于未然的措施。例如,巴县衙门的差役们在被招募进来后,必须立下誓言说日后不得违反那些关于待承办案件之分派的房规班规,以及不得为了抢到待承办的案件而与其他差役发生争吵。而当先前被黜革的吏役后来被允准重新回到巴县衙门工作时,也要立下类似的誓言。尽管历任的巴县知县都一再警告吏役们停止这些有害无益的争执而回到工作当中去,但是他们还是继续受理衙门吏役呈交的此类状词,并且参考吏役们自己创制的那些惯例性规则与程序进行处理。在 19 世纪,巴县知县们的这种做法,不仅增加了那些关于该衙门各房各班案件管辖分工的非正式规则的强制力,而且也为衙门吏役内部的此类做法戴上了正当性的光环。后者进一步激励巴县衙门的吏役们相信他们争取案费的权利乃是正当的与符合正义的,并认为当这些权利受到威胁时,知县应当就此进行公正的审理。

巴县衙门吏役们关于办案权的主张,涉及衙门运作当中两个彼此独立运作的领域。易言之,任何待承办案件都包括两个层次

---

① 例见巴县档案,档案号:6.6.287;6.6.293。

的案费收取权利,其中一个层次是在书吏们之间,而另一个层次则是在差役们之间。巴县衙门的书吏们确实偶尔会抱怨,对差役们之间围绕某起待承办案件之管辖分工而发生的争端进行调停解决,会导致该案件的处理被拖延数月,因此耽误了书吏们通过多办案获得更多的案费收入。同样的,差役们确实有时也会抱怨,衙门某房的书吏收受贿赂,将某起本应由他们处理的案子分派给了其他班承办。但在绝大多数情况下,书吏与差役这两个群体之间在收取案费的过程中几乎不发生纠葛。尽管书吏与差役们对案费的主张是彼此独立的,但此类主张所具有的那种将承办某类案件视为自己的专有权利的特点,以及他们解决此类争端时所用的方法,在本质上则都是一样的。

一　书吏们内部的纠纷

在本书第三章所描述的工房典吏伍秉忠与该房经书卢礼卿之间发生的那场冲突当中,我们看到了围绕案件分派而展开的争夺是如何成了巴县衙门书吏们之间派系形成及所在房内各种纠纷的基础。我们也已经看到,那些为了阻止某位书吏垄断待承办案件之分派而做出的努力,在各种房规及被加以标准化的程序之形成过程中起到了重要的作用。但是,在一起案子到了巴县衙门当中的某房并因此成为某位书吏声称应由自己专办的案子之前,该案子首先必须是符合那种能够被分派给该房承办的案件类型。

当声称发生了刑事罪行的报告或者关于民事争端的告状被递交到巴县衙门时,最先是由知县,更常见的是他的刑名师爷,来根

210

据上面对讼案事实的陈述决定是否受理。如果该案子被巴县衙门受理,那么其卷宗及知县最初写下的那些批词会被一起送到柬房进行登记。① 在登记完之后,该案的卷宗会再被送到承发房。承发房在确定该案的性质后,会将该案卷宗分给相应的房去接着处理。当该案子被分给了某一个房承办后,其卷宗要么被分派给该房当中的某位经书处理,要么由该房典吏自己保管。从这一刻起,与该案相关的所有事务,包括告状的誊写与归档、传票的发出、相应调查的展开、历次审讯的证供记录、被控方诉状的呈交、对知县所做判决的记录及任何经济性惩罚的接收与转交,都成了某位专门负责此案的书吏的职责所在(该书吏被称作"承办书")。上述每一步都会收取特定的案费。这些案费是由民事争端当中的原告、被告或者刑事案件当中的嫌犯及其家人交付给承办该案的书吏。

对于那些在巴县衙门当中不同的房内工作的书吏们来说,上述制度使得承发房处于一个非常关键的位置,而这种局面也导致了承发房经常被指控渎职、收受贿赂与滥用权力。例如,在光绪三十一年(1905),巴县衙门户房典吏陈秉权指控承发房的数名经书收受礼房的贿赂,而将本应由户房来承办的案件分派给了礼房处理。陈秉权解释说:"(户)房公务愈繁,缮写各公全赖办案……不沐作主,弊窦愈深,似此贿绝,情实难容。"②在议事会议就此事展开调查后,巴县知县判定户房确实对于那起引起两房相争的案子享有管辖承办权。虽然后来无人因此受罚,但知县还是措辞严厉地

---

① [清]刘衡:《庸吏庸言》,清同治七年(1868)楚北崇文书局刊本,第27—28页;巴县档案,档案号:6.6273。
② 巴县档案,档案号:6.6.287-4。

责令承发房的书吏们以后在分派案件时务必更加留意他们自己内部事先订立的那些规矩。

　　另一起礼房同年也卷入其中的与上述相类似的纠纷,不仅说明了承发房的重要地位,而且也表明了当巴县衙门内好几个房竞相声称某起案子应当分派给自己承办时,承发房要决定该案应归哪个房来管辖是多么困难。下述这起纠纷肇端于巴县衙门承发房典吏陈鸿泽,以及该房八名经书联名呈交的一纸控状,而引发这起纠纷的导火索,则是一位名叫罗泰和的当地民众向巴县衙门状告另一方当事人非法转移抵押物。陈鸿泽声称,由于这起案子涉及当地江西会馆的商人,故而他按照惯常的流程,将此案分派给礼房承办。陈鸿泽接着描述道,工房经书蒋听齐得知后为此来到承发房大闹,而工房的其他数名书吏当时也闯进承发房,并对陈鸿泽进行殴打。结果,承发房里的案卷与办公设施被毁坏得散落遍地,而陈鸿泽本人也被一张凳子砸伤了头部。幸运的是,刑房的李姓书吏与王姓书吏此时碰巧路过承发房,他们发现后制止了这场打斗。陈鸿泽声称,他先前已经将此事报告给议事会议处理,但由于双方之间无法达成解决的办法,故而他只得恳求知县亲自处理此事。①

　　就在收到陈鸿泽等人所呈交的上述告状的次日,巴县知县收到了工房经书蒋听齐呈交的一纸诉状,工房的一名典吏与七名经书在上面联名表示支持蒋听齐。蒋听齐声称,根据惯例,任何涉及侵吞或非法处置抵押物的案子都应该归工房承办,不论引发纠纷

211

---

① 巴县档案,档案号:6.6.28701。我在本章中选用的档案卷宗,包含一些互不相关的案件。与之前各章节中的做法一样,在引用这些案例时,后面都附写有该文书的档案编号。

的该财产是属于行会、庙宇、商行抑或仓储行。蒋听齐还提到，陈鸿泽的弟弟陈鸿厚也在承发房承充书吏，陈鸿厚先前曾以每起案子3000文钱的价格将十起案子卖给了礼房处理，而这些案子原本应该归工房承办。蒋听齐抱怨说，陈鸿泽现在准备将罗泰和的案子以同样的手段私卖给礼房处理。蒋听齐声称他们在得知此事后，便报告了议事会议，然而陈鸿泽并未在议事会议成员们商议如何处理此事时露面。于是他们便去了承发房，很有礼貌地想就此事问个究竟。但陈鸿泽却对他们所有人进行谩骂，并且告诉蒋听齐等人说他在此事上拥有自行处置的权力。蒋听齐强调，陈鸿泽违章私卖案件的做法，是在断绝他们的生计来源，而如今陈鸿泽又与礼房的数名书吏沆瀣一气，诬告他们率先动手打人。蒋听齐最后在诉状中写道，工房的20名书吏皆仰赖承办案件收取案费度日过活，而陈鸿泽等人却私卖案件，这无疑是在绝其衣食，故而实在忍无可忍。[①]

巴县知县在收到蒋听齐呈交的上述诉状后，将这起纠纷退回给议事会议处理，责令议事会议进一步调查到底是谁先动手打人，以及此类案件通常是如何分派的。11天后，议事会议的九名典吏向知县联名呈交了一份报告。他们在报告中写道，按照惯例，巴县衙门每个房都拥有专属其管辖的案件类型，这些案件构成了各房书吏们的生活来源，而承发房在分派任何案子时，都应根据该案起因的类型来进行分派，此类细节应由承发房的书吏们斟酌考量，并据此在巴县衙门各房之间分派相应的案件，唯有通过上述办法，才

212

---

① 巴县档案，档案号：6.6.287-2。

能避免各房因此发生争执,而分派下去的案件也才能得到迅速处理。

不过,议事会议的九名典吏在其呈交的报告中进一步声称:

> 承发房分三班,贤否不一,或因识浅,未将案情轻重认真,错误散房,□□弊朦散,故意颠倒情节,估散他房,以致应办之房,反为失案。甚有串通弄弊,预向某房报称此案互异,碍难分散。某房暗许以钱,即散某房□□,禀签图占地步。更可恶者,房书遇事打条,私通代书,添砌情节,颠倒是非,希图惩谁办案。种种弊窦,至使各房互争。书等实难分理。再□□非赏示,立案争端万难断绝。书等为此据实禀复,协退赏示定票,传谕承发房及八房书吏、代书人等各遵定票,以除积弊,而弭争端。[①]

在议事会议所呈交的上述报告之后,还附有一张上面写明巴县衙门内除承发房、柬房之外的其他八房按照惯例分别管辖专办的案件类型的概览表(参见本书附录五)。这张概览表非常清楚地表明,办案作为吏役们可以从中获得案费收入的一种经济来源,在巴县衙门的各种运作当中起着非常重要的作用。乍看此表,不同案件在巴县衙门内上述八房之间的具体分派,似乎是根据各房在功能上的合理分工而制定的。例如,礼房负责处理有关婚姻、寺庙的案件;刑房负责处理盗窃、杀人、卖娼之类的案件;户房负责处理因田地买卖、租佃而引发的案件。但另一方面,礼房也负责处理涉

---

① 巴县档案,档案号:6.6.287-3。

及药材、杂货的案子,工房负责处理涉及当铺、商店、行栈的案件,而盐房则不仅负责处理贩卖与运输私盐有关的案子,而且还负责处理那些被非常含糊地笼统归入洋货之类的案件("西件")。之所以在巴县衙门各房之间以如此随意的方式按照惯例分派各自管辖承办的案件,是因为这些案件乃是各房收入的主要来源;在这种事先划定的案件管辖分工之基础上,倘若还有哪些房仍然未能分到213 足够多的案件来维持该房书吏们的生计,则将会被允许从重庆城当时正在不断扩张的商业经济发展给巴县衙门带来的收入中,分到比其他房更多的份额。①

但是在前述罗泰和的案子里面,即使按照上述所讲的那种其实并不公平的案件类型管辖分工,我们也很难找到礼房声称这起案件首先应归其管辖承办的充分理由。正如议事会议在呈交给知县的报告里面所附的那份概览表上写明的那样,礼房的案件管辖范围限于因祠礼庙宇、家庭债账、婚姻、药材与杂货而引起的各种纠纷。但是罗泰和的案子并不涉及上述所列的任何一项,故而很可能承发房真的像其被指控的那样是将案子私卖给了礼房处理。

可惜的是,尽管巴县知县答应要制定新的案件管辖分工规则,但是我们还是无从知晓这起纠纷的最终处理结果如何,因为该案在现存巴县档案中的卷宗记录到此就没有了下文。但是,礼房与工房之间发生的这起纠纷,清楚地展示了双方在争夺专办案件时的利益纠葛,以及他们在知县面前争办案件时是如何诉诸各种已事先建立起来的惯例性程序。此外,这起纠纷及议事会议呈交给

---

① 非常感谢周锡瑞为我指出了巴县衙门各房承办案件的这一方面。

知县的报告也说明,书吏们之间各种争持不下的主张,以及在各自
所呈交的词状中对于某些细节的选择性强调,可能会影响到该案
件的最终处理结果。尽管巴县衙门司法实践的此方面还需要进一
步展开研究,但是如下这种解释至少看起来是合理的,亦即哪些类
型的案件应归巴县衙门当中哪个房来管辖承办,将会影响知县对
某起案件的相应特征的认知。例如,上面引用的罗泰和的案子,究
竟只是一起关于被抵押财产的纠纷,还是需要考虑到当地江西会
馆商人们的权利与责任?礼房与工房各自就该案做出的那些陈
述,都有可能会改变知县对该事件的看法,进而微妙地引导知县选
择哪一条适合的律例规定来处理此案。考虑到衙门的代书们可能
会收受当事人的贿赂而改动词状上的某些特定用语,案件管辖范
围的划分对于案件处理结果的影响,甚至将会因此变得更为复杂。
而在巴县衙门差役们的各种活动当中,我们也能够同样明显地看
到他们对这些细节的关注、向知县提供关于哪些因素构成某起案
件之基础的不同表述的能力,以及他们所呈交的词状曾被代书故
意篡改过的可能性。

二　差役们之间的冲突

与书吏们的情况一样,承办案件过程中能够给其带来的经济
利益,也会在巴县衙门差役们内部引发角逐与争夺。而且,为巴县
衙门效力的差役人数众多,以及这些差役们是被按照班、组与轮的
致密结构加以编排组织起来工作的这一特点,导致他们之间发生
冲突的可能性为之大增。因此,在巴县衙门当中,不仅差役们之间 214

发生的纷争在数量上超过了书吏们之间的冲突,而且他们对案件管辖分工的争议也更为复杂。为了明晰起见,接下来的讨论将巴县衙门差役们之间的纠纷简化集中到下述三个领域,亦即同一个班的粮役们内部的纠纷,某班的粮役与其他班的粮役们之间的纠纷,以及粮役与捕役之间的纠纷。

(一)粮役们之间的纠纷

1. 小单位内部的纷争

就像书吏们那样,巴县衙门的差役们只有在其所在的班或轮当值,并且自己办完一项或多项差务后,才会有可能分派到待承办的诉讼案件(即所谓的"有差才有案")。此外,为了让该班或该轮所有的差役都有同等的办案机会,待承办案件的分派采取轮换的方式。不过,与书吏们收到的案费是在典吏与经书们之间三七分成不同,差役们收到的案费是在所有参与承办该案的领役、总役与散役之间平分。如同我们预想的那样,在同一班或轮工作的粮役们之间发生的纷争,主要是围绕着待承办案件的分派与所收案费的分配而展开的。

光绪元年(1875)发生的下述事件,便是此方面的典型例子之一。当时,巴县衙门怀石里粮班左班的五名总役在余璋的带领下,向巴县知县指控其手下的粮役陶福,声称陶福有赌博、嫖娼与寻衅滋事等多种劣行。尤其是某一天晚上,陶福喝醉酒后来到怀石里粮班左班的办公场所,并且据说用烟管猛殴了该班总役余璋。[1]

尽管知县下令对此事展开调查,但是该案现存卷宗里面并无证据显示此时陶福受到了什么惩罚。不过两个月后,余璋等人向知县呈交了另一份写得更为具体的禀状:

> 依旧章,每有令时,领班总役议派要差承办,预防卖法等情……故每有新案,送总役陈树,但陶福估霸争办,动讲打杀,其中□有弊害。[2]

余璋恳求知县将陶福从巴县衙门革除,并获得知县批准。陶福在被巴县衙门正式革除后,向知县呈交了一份禀状。陶福声称,按照轮流承办案件的惯例,余璋等人提到的那起案子本应分派给他处理。但就在他准备拿起该案签票时,粮班总役陈树将他拦住,并和他打了起来。陶福接着指控粮班总役陈树与领役周荣实际上相互勾结,以便将该案留给他们自己来承办。按照陶福的说法,当他在数月前与周荣这伙人当中的另一名粮役发生争吵时,周荣就谎称陶福用烟管殴打余璋。陶福坚称,他被巴县衙门革除,乃是周荣与陈树因偷案不成而怀恨在心,对他加以诬陷所致。知县被陶福的这番陈述说服,最终允许陶福重新回来承充粮役。[3]

陶福的上述说辞,强烈地暗示了待承办案件的分派在巴县衙门的庇护关系网中所扮演的角色。在这个例子里面,周荣便是被

215

---

① 巴县档案,档案号:6.6.489。

② 巴县档案,档案号:6.6.489。

③ 巴县档案,档案号:6.6.489。

指控利用其身为粮班领役的权力，行事不公地将案件分派给了自己在该班内的同党处理，而将其他差役排除在外。与此相类似的庇护关系，在案费分配的过程中也同样发挥作用，正如宣统朝初期发生在巴县衙门怀石里粮班总役胡泉与同班领役裴盛之间的纠纷所展现的那样。

本书第四章当中曾简要介绍过，这起纠纷之所以引起巴县知县的注意，是由于胡泉指控裴盛诬告他执票搕诈。不过，这起纠纷的关键，在于胡泉进一步指控裴盛及其同党克扣案费：

> 去冬恩准六十余案，应领、总、散役分办均匀，各有责承。独役协陈寿办高陈氏一案，所给案费，裴盛特领，权霸独吞。应役三股均分，帐凭原被可传。今正原案发出，陈寿经手，役同承办。伊等私将案销，役追钱始知。由此忿钉兼收，杨全垫资，乘隙串弊一局，裴盛等捏恳黜。敬正诬。①

裴盛则对胡泉上述所说加以反驳，声称高陈氏一案事实上被分给了胡泉承办，但胡泉却从该案当事人那里勒索到 10 两银子，故而胡泉应被从巴县衙门革除。胡泉与裴盛之间的这起纠纷持续了四个月之久，其间知县多次开堂审理，并有 10 多位证人分别提供了证词。最后，知县认为胡泉与陈寿皆有搕诈之举，于是将两人都从巴县衙门革除。不过，知县还认定胡泉诬告裴盛私吞案费，理应罪加一等，所以在将他监禁一个月的原有判罚之基础上，再追加

216

---

① 四川大学藏巴县档案抄件，民刑欺诈，12。

了戴枷示众一个月。

在这起案件当中,双方那些具体的指控内容,似乎远远没有巴县知县针对这些指控内容所采用的处置方式那么引人注目(例如,动用包括反复传唤证人在内的正式堂审程序,以及明确引用那些关于衙役们内部之案件管辖分工的规矩)。也许有人会说,知县之所以如此重视此案,是因为胡泉与陈寿被指控的是敲诈勒索。然而在大多数与此相类似的案子当中,如果一名差役被对他负有监管之责的高级别差役指控敲诈勒索,那么将他从衙门革除即可,而无须如此这般大费周章,尤其是当针对该差役的指控得到了其所在班内其他成员的支持时更是如此。因此,上述这起案子中的关键问题,看起来应当是那些关于待承办案件分派与案费分配的惯例性程序是否有被违反。易言之,胡泉声称自己被剥夺了本应得到的案费,这使得该案越出了简单的吏役内部惩戒之范围,而进入衙门内部诉讼的领域。

2. 小单位之间的纷争

就像书吏们所做的那样,巴县衙门的粮役们也试图通过建立规范班与班之间或轮与轮之间案件管辖分工的规矩,以尽可能避免他们内部因为此方面的事情而发生冲突,并防止某些人对案件承办机会的垄断。例如,在光绪二十八年(1902),巴县下辖三个里的领役与总役们在一场宴会上共同商定了一套要求日后大家均照此行事的规矩与做法,并由各个班的代表在该协议上签字(参见本书附录六)。不过,虽然这份协议非常清楚地划定了各自的案件管辖范围,但各班各轮的粮役们仍然不断地将由于案件管辖分工而发生的纠纷告到知县那里。正如其中一名因为此类事情而提起控告的粮役所说的那样,多年来大家都在遵守先前订立的那些规矩,但近来腐败滋生,各班之间相互争办案件,对于旧规视而不见。①

　　如同那份协议所显示的,粮役们之间的矛盾,主要有下述两种类型,亦即巴县衙门下辖不同里的粮役们之间围绕案件的空间管辖权问题而发生的纠纷,以及在同一个里但不同的班或轮工作的粮役们之间围绕在重庆城内轮值而导致的案件管辖纠纷。光绪二十八年(1902)发生在巴县衙门居义里粮班的左班粮役们与右班粮役们之间的下述纠纷,可被视为上述的后一种类型。

　　在这起事件中,居义里粮班左班的四名领役声称,有一起案子是他们在重庆城内当值时被派发到该班,但居义里粮班右班的粮役们趁换到他们当值时将该案不当地把持在手中办理。而居义里粮班右班的头领则坚持说,该案实际属于在巴县衙门重新审理的旧案,而先前承办该案的是右班,故而应由先前处理过该案的那个班(也就是右班)来承办此案。根据右班粮役们的说法,此方面的规矩相当清楚,对那起案子的最初处理虽然是发生在 20 多年前,但这一点完全不重要。最后,知县赞同右班粮役们的上述说法,并做出了支持他们的裁决。在做出这一裁决时,知县首先指出,在此事件当中,最初那起案子的当事人之一改换名字,企图欺瞒他重审此案以推翻巴县衙门先前所做出的裁决("瞒翻案"),然后援引了巴县衙门粮役们内部所奉行的那条关于重审的案件应归先前承办过该案的那班粮役接手的旧规。在所做裁决的结尾处,知县还警

---

① 巴县档案,档案号:6.6.293-23。

告左班粮役们说,对于此类当事人试图通过欺瞒的手段绕开巴县衙门粮役们内部奉行的规矩,从而使案子落入其希望的那些粮役们手中处理的伎俩,今后不得加以纵容或鼓励。①

同年,在巴县衙门那些更低层级的小单位之间也发生了一起纠纷。该纠纷发生于巴县衙门居义里粮班左班粮役的单轮与双轮之间。按照议事会议就此事展开调查后呈交给知县的报告中的说法,这起纠纷源于居义里粮班左班单轮的粮役们在当值时收到一份状词,而换居义里粮班左班双轮的粮役们到重庆城内轮值时,又收到了该案的第二份、第三份和第四份状词。不过,这些状词当中没有一份曾被巴县知县受理过,直到当地的一名监正向知县呈交了一份关于该案的禀状,知县才下令复查先前收到的所有状词。

卷入这起纠纷的所有粮役都同意,应当依据相关的日期在他们当中分派归各自承办的案子。但问题在于,当事人向巴县衙门呈交第一份状纸的那个日期,以及巴县知县决定受理该案的那个日期,二者当中究竟哪一个才是这里所谓的相关的日期。由于议事会议无法解决这一问题,于是知县便采取了一项特别的步骤,亦即向礼房的书吏们询问该如何确定上述日期。礼房的书吏们在商议后报告称,应将知县受理该案的那一天算作相关的日期。而在这起纠纷当中,由于知县决定受理该案时是居义里粮班左班双轮在重庆城内轮值,故而该案显然应当交给居义里粮班左班双轮的粮役们承办。②

在同一个里的粮役们内部,由其各班各轮之间轮值所引发的

---

① 巴县档案,档案号:6.6.293-23。

② 巴县档案,档案号:6.6.293-39-40。另见巴县档案,档案号:6.6.293-2。

案件管辖争议相对简单。更为复杂的,是那些发生于不同的里的粮班差役们之间的争端。在此类不同的里的粮班差役们之间发生的争端当中,最为常见的类型之一,就是某一个里的粮役们与当时轮到在重庆城内当值的另一个里的粮役们之间的冲突。我在本书第四章中曾介绍过,到了 18 世纪末,巴县下辖的居义里、怀石里与西城里的粮役们被轮换抽调到重庆城内执行一些任务,三个里的粮役们每十天换班一次。按照惯常的做法,如果案件的当事人都

218 是住在重庆城内,那么该案就会被分派给当事人向巴县衙门提交状纸时正在重庆城内轮值的那班粮役承办;如果案件的当事人既有住在重庆城内也有住在重庆城外的,那么该案就会被分派给在城内城外当值的粮役们合办。① 由于案件当事人的居住地是决定该案应当被分派给哪班粮役承办的关键,粮役们常常围绕在某起案子中应如何认定案件当事人的居住地而争吵不休。

　　例如,在光绪二十五年(1899),居义里粮班领役唐清向巴县知县呈交了一纸禀状,声称他负责的居义里内有一位名叫聂绍洲的百姓最近来到重庆城里向巴县衙门递交了一份状词,而聂绍洲来重庆城里告状期间,是借住在他的一位熟人家中。② 但是,怀石里的粮役们却说,聂绍洲长年居住在重庆城里,而聂绍洲到巴县衙门告状时正值他们在重庆城内当班,故而这起案子应归他们承办。唐清又进一步说道,由于他自己不顾怀石里粮班的那些粮役们的反对而从知县那里接下了此案的传票,数名怀石里粮班的粮役便在街上截住他,并将他揍得不省人事。唐清在其禀状中专门提及

---

① 巴县档案,档案号:6.6.298-8-9-16。
② 巴县档案,档案号:6.6.293-18。关于唐清和其弟唐树的更多情况,详见本书第五章。

他已经为巴县衙门效力了 30 年,以此来证明自己品行正直,接着恳请知县就该案的分派做出一个明确的裁决。

就在唐清向巴县知县呈交禀状的同一天,怀石里粮班的一名领役何斌也向知县提交了他的禀状。在这份禀状当中,何斌坚持说,聂绍洲不仅居住在重庆城内,而且还与唐清勾结,在其所提交的告状中写上假的住址,以使居义里粮班的粮役们能够掌控这起案子。据何斌称,两班粮役之间的上述争执曾被提交给议事会议处理,而议事会议商议后要求唐清交出传票,但遭到唐清的拒绝。在听完双方上述的各自说辞后,知县下令对此事做进一步的调查。

九天之后,议事会议的 11 位成员联名向知县呈交了他们的调查报告。在对那些关于巴县境内城乡居民的案件该如何在不同里的粮役们之间分派承办的规矩重做说明之后,这些议事会议成员们指出,虽然聂绍洲在册籍上是登记在居义里,但他实际上并非住在那里,所有的证人都指证说聂绍洲及其弟十年前就已经迁居重庆城里。因此,这些议事会议成员们认为此案应由怀石里粮班的粮役们承办。在这份调查报告的最后,这些议事会议成员们强调了那些关于待承办案件之分派的规矩的重要性。他们就此写道,倘若这起案子被分派给唐清等居义里粮班的粮役们承办,则不仅违反旧规与打乱一切,而且还会为粮役们窃取本不应该由其承办的案子开了一个糟糕的先例,而这意味着那些不肖的粮役都会想方设法将城里的案子篡改成乡村的案子或者将乡村的案子篡改成城里的案子。这些议事会议成员们最后总结说,过去大家都遵照此方面的规矩行事,并没有发生什么混乱,现在他们因为担心有人会效仿坏的榜样,故而有责任对此类事情进行调查与调解,并向知

219

县做出不偏袒任何一方的解释。①

在这起案子的处理过程当中,知县出乎意料地将议事会议的上述建议抛在一边。他不顾册籍上所记录的居住地与实际住址之间的区别,而是以聂绍洲在册籍上是被登记在居义里为由,将该案分派给了唐清等居义里粮班的粮役们来承办。不过,知县并未对何斌科以任何惩戒,也没有追查唐清声称自己曾遭到殴打这件事。

为了反对某起案子被分派给另一里的粮役们承办,一些粮役在试图通过篡改那些关于案件分派的规矩来主张该案应归其承办的过程中,有时会采用非常复杂的论辩方式。光绪二十八年(1902)发生在西城里粮班与怀石里粮班的粮役们之间的下述纠纷,就是此方面的一个例子,尽管上述企图这一次未能得逞。②

在该事件中,西城里粮班的领役王芳与吴华援引了本年早些时候大家在一场宴会上订立的规矩,提出当时众人约定在有关耕地、堤坝与灌溉水渠等的诉讼当中,待承办案件的分派应根据涉讼财产的所在地而非诉讼当事人的居住地来确定。按照上述规矩,那么巴县衙门最近收到的一起当地某位妇人状告其孙子对外谎称自己是家长而卖掉了家中财物的案子,就应当由西城里粮班的粮役们来承办,因为该案中的涉讼财产位于西城里。③ 他们继续说道,尽管这起案子显然是因财产买卖而引起,但怀石里粮班的一位名叫邹林的领役却以诉讼当事人双方皆居住在怀石里为由,声称

---

① 巴县档案,档案号:6.6.293-19。

② 巴县档案,档案号:6.6.293-28-30-35。

③ 更准确地说,那名提起控告的妇人只是想典卖那些财产,然而她的孙子却径自将那些财产绝卖,这样一来,日后她就无法将这些财产赎回。

该案应归怀石里粮班承办。王芳与吴华认为,邹林应当遵照大家先前订立的协议上的那些规矩办事,停止上述不当的要求。知县于是下令让议事会议对此事进行调查,并责令相关的粮役们都按照议事会议的决议处理。

然而就在这时,邹林及其他三名同样来自怀石里粮班的粮役通过声称这起案子实际上并非财产纠纷,而是肇始于一场因"家务"问题而引发的争端,企图以此来彻底改变对该案的性质认定。他们反问道,如果这起案子属于财产纠纷,那么先前该案为何被交给礼房而非户房处理? 既然这显然并非财产类案件,那么涉讼财产位于哪里的问题,就与该案应被分派给哪个里的粮役承办这件事没有关系。邹林认为问题的关键在于当事人的居住地,并以此为由主张该案应归怀石里粮班的粮役们承办。但是对于邹林而言令其非常失望的是,知县并不认为他的上述辩解具有说服力。知县一接到议事会议就此事呈交的调查报告后,便裁定该案实际上 [220]属于财产纠纷,于是责令邹林将这起案子转交给西城里粮班的粮役们办理。[①]

巴县衙门的知县们之所以不仅对差役们之间关于案件管辖分工的纠纷进行审理,而且还愿意根据那些惯例性程序来裁决这些纠纷,至少部分是基于如下预设,亦即认为这些惯例性程序对于诉讼案件中的当事人而言并无什么不利影响。不过,如果其中某一个里的粮役们能列举出某种惯例性做法会造成某些负面影响,那

[①] 除了巴县知县所做的裁决,没有证据显示礼房对这起案子的管辖承办主张曾受到过质疑。而且,要是没有人提出这种质疑,巴县知县看起来也不想采取任何措施将这起案子还给户房承办。

么知县有时也会同意对那些旧规加以改变,并对那些以此类旧规作为基础而提出来的案件承办请求进行拒绝。

在光绪三十二年(1906)西城里与居义里、怀石里等三个里的粮班差役们之间发生的下述纠纷当中,巴县知县便是如此行事。该纠纷肇端于当地一起售卖谷物的案子。居义里与怀石里这两个里的粮班领役皆宣称,所有关于谷物运输与售卖的案子,向来都是由西城里、居义里、怀石里三个里的粮班差役们合办,然而西城里粮班的差役们却企图违反此旧规,声称应由他们独立承办近来发生的三起此类案子,因为那三起案子的告状被知县受理时正值他们在重庆城内当班。①

面对居义里与怀石里这两个里粮班领役的联袂控告,西城里粮班的差役们并不诉诸那些旧规,而是以某些惯例性做法会造成许多有害的影响为由进行反驳。他们说,每当案子被分派给三个里的粮役们合办时,每个里的粮班都试图多派自己班中的差役过来,"而人多费繁,原被两造多至控搕,呻恨不止"②。居义里粮班的差役们反问道,有鉴于此,将案子分派给某一个里的粮班差役们来单独承办,岂不是更好?

在这个时候,知县只是下令针对此方面有哪些旧规进行调查。但是六天后,知县收到了由当地数名士绅、乡保、粮商与经纪联名呈交的一分禀状。这些人在禀状中声称,由三个里的粮役们合办此类案件的做法,结果造成商人负担过重:

---

① 巴县档案,档案号:6.6.1484。
② 巴县档案,档案号:6.6.1484。

　　札自道宪委经理斗息,毫不染外。因渝运至谷米,系各河
贩运卖货,悉由经纪作成。贩追急兑,多系经纪垫付,事成后
缓收。有一二月能给者,有经久未能给者,致逼控追讼,则三
里伙办,勒索差费。虽恩示朗凭,一案而遭三案之费。如遇锁
押,一被三差,每至敷口案而不敷缴案,还债赤贫,收债隐忍,
设经仍拖,恐各贩不至。职等协集量后,所控米谷案件,买卖
自理,当值差办,费减事轻。是以不揣冒昧,协恳仁恩垂怜,赏
批定案。凡遇谷籴案件,饬房只报一班两差,以维商务,而少
费累,容帮□德涥沾。伏乞。①

　　知县同意了上述众人在禀状中提出的请求,下令所有关于谷　221
物售卖与运输的案子,今后皆由受理案件时正在重庆城里轮值的
该班粮役单独承办,以杜绝粮役们之间因为争办此类案子而引发
冲突,并使商人们不致负担各种过多过重的费用。知县随后将前
述那起案子交给西城里粮班的差役们单独承办。虽然在这个例子
当中,巴县知县选择了不理会先前那种惯例性程序,但值得注意的
是,他只是在处理关于谷物运输和售卖的案子时才如此行事。该
知县之所以这样做,是因为由三个里的粮役们合办此类案件的做
法已经被证明会给当地的商贸活动造成不利影响,而任何一位负
责管辖重庆港口的巴县知县都会将当地商业发展作为其首要关注
的事项之一。在其他类型的案子当中,对由三个里的粮班差役们
来合办案件的惯例,以及由不同的里的粮班差役们共同做出的那

---

① 巴县档案,档案号:6.6.1484。

些声明,看起来知县都给予了支持。

(二)粮役与捕役之间的纠纷

就行政制度设计本身而言,不同群组的差役们在司法事务方面所承担的功能不应有所重叠。按照最初设定的人员分工,捕役的职责限于拘捕嫌犯与押送犯人,粮役及后来添设的盐役负责传唤人证及协助进行案件调查,皂役在知县审案时站立于公堂两侧并负责执行笞杖刑罚,而狱卒则负责看守衙门监牢中的囚犯。然而,这种一起案子由众多在职能上互有分工的不同类型的差役们接续承办的制度,在实践当中崩塌成了一起案子从头到尾都是由某一个班的差役们在处理的做法。

在清朝中期的巴县衙门,诉讼案件是被分派给前述捕役、粮役、盐役三类差役当中的某一类具体承办。那些发生在重庆城外四个里(西城里、居义里、怀石里与江北里)的案件,是在当地的粮役与捕役之间进行分派承办。那些发生在重庆城内的案件则是被分给捕役或皂役处理,而皂役当时还负责在重庆城内执行各项行政事务。乾隆二十四年(1759)设置独立的江北厅(与巴县平级)后不久,粮役们就开始负责重庆城内的各种行政事务,并最终形成了本书第四章介绍过的那种由西城里、居义里、怀石里这三个里的粮役们轮流到重庆城内当值的制度。① 在皂役们不再被安排执行先前所承担的各种行政任务后,粮役们很快就开始要求在那些发生

---

① 四川省档案馆编:《清代巴县档案汇编(乾隆卷)》,北京:档案出版社,1991,第226—227页。

于重庆城内的案件之承办方面分一杯羹。粮役们此方面职能的扩张,得益于 18 世纪后期与 19 世纪前期出现了关于皂役敲诈勒索与贪污腐败的大量指控。到了 19 世纪中期,巴县衙门的皂役们被彻底禁止办案,而只有粮役与捕役才可以承办在巴县境内发生的诉讼案件。

　　然而,皂役被从可以承办案件的差役队伍中踢出去,丝毫没有减缓粮役与捕役们之间的矛盾。由于只有惯例的约束而缺乏官方正式颁布的相关法令规定,一直到清朝结束,围绕发生在巴县境内的重庆城区与城外乡村地区的案件之管辖分工而发生的争议始终没有停歇过。巴县衙门的粮役与捕役这两个群体之间因此频繁发生的纠纷之所以特别引人注意,主要有如下两方面特定的原因。首先,这些纠纷展示了在缺乏此方面正式法令规定的情况下,案件管辖分工是如何随着这两类差役为了扩大或捍卫他们各自对案件类型的控制范围与收入来源所做的那些努力而发生变化。其次,这些纠纷凸显了清代司法制度当中民事讼案与刑事案件之区分的模糊性,而这种模糊性又使得我们无法根据这两类案件分别是被如何处理的而在民刑案件之间划出一道明晰的界线。①

① 关于中国帝制时期是否存在"民法"这一学术问题,最近有一些中国法律史研究者已经进行了新的审视。早先的一些学者认为清代的法律制度皆是关于刑罚的,参见 Derk Bodde and Clarence Morris, *Law in Imperial China: Exemplified by 190 Ch'ing Dynasty Cases*, Philadelphia: University of Pennsylvania Press, 1967; Sybille van der Sprenkel, *Legal Institutions in Manchu China: A Sociological Analysis*, New York: Humanities Press, 1962。而晚近的一些研究则指出,清代法律的民事方面,不仅体现在知县受理的案件类型上,而且还表现为这些案件是如何处理与裁决的,参见 David C. Buxbaum, "Some Aspects of Civil Procedure and Practice at the Trial Level in Tanshui and Hsinchu from 1789 to 1895", *The Journal of Asian Studies*, Vol. 30, No.2(1971),

当粮役们在向议事会议与巴县知县主张某起案子应归自己承办时,通常会辩称,捕役们应当只负责承办那些由刑房分派给他们的案件,那些案件主要涉及窃盗、抢劫、杀人与暴力伤害。而从粮役们主张诸如户婚、田土、钱债之类的案件应由他们来承办这一点来看,在清代的司法实践中,似乎已经建立起了一种与西方对民事诉讼与刑事诉讼加以区分的观念大致相似的案件类型区分。但是,倘若对此问题加以深入考察,则很快就会发现上述印象只不过是一种虚幻的表象。

首先,粮役们自己也希望能将刑房的一些案件分派给他们管辖承办。例如,如果涉案民众双方发生暴力争斗而致使其中一方被刀、锄头或其他铁器所伤,那么该案应分派给捕役们处理,但倘若凶器是木质的,则该案件则应分派给粮役们承办。② 当案件涉及卖娼情节时,情况将变得更为复杂。我们可以将涉及卖娼的案件作为例子,来说明《大清律例》当中的那些条文在地方上是如何被详加阐释,以对此类案件的管辖分工界限予以划分。

(接前页)pp. 255 - 279; Kathryn Bernhardt and Philip C. C. Huang, ed, *Civil Law in Qing and Republican China*, Stanford: Stanford University Press, 1994, introduction; Philip C. C. Huang, "Between Informal Mediation and Formal Adjudication: The Third Realm of Qing Justice", *Modern China*, Vol. 19, No. 3 (1993), pp. 251 - 298; Philip C. C. Huang, *Civil Justice in China, Representation and Practice in the Qing*, Stanford: Stanford University Press, 1996。我在此提出这个问题,并不是为了质疑上述说法的正确性,而是想强调,将诸如对民事案件与刑事案件加以区分之类的西方观点套用到中国古代的历史语境当中,这样的做法不仅显得牵强附会,而且所依赖的通常是清代司法实践当中一些只会被描述为独断专行的程序性要素。

② 四川省档案馆编:《清代巴县档案汇编(乾隆卷)》,北京:档案出版社,1991,第226—227页。

鉴于在 19 世纪前期巴县发生的卖娼案件为数众多,当地县衙的粮役与捕役们的代表在道光二十年(1832)召开会议,就此类案件的管辖分工达成了一份协议。根据该协议誊本中所写,如果案件涉及买卖人口、绑架或逼良为贱,那么该案归粮役们管辖,但倘若卖娼的行为与窃盗、欺诈或扰乱治安有关,则该案应分派给捕役们处理。① 除了这些基本的案件类型管辖分工,该协议还规定了 12 种应由粮役与捕役合办的买娼案件类型,其中包括逼迫自家妻女卖娼、引诱他人去妓院嫖娼、殴打娼妓与皮条客,以及与娼妓串通敲诈嫖客等。但是,在上述关于案件管辖分工的安排中,如果对于特定案件细节的解释存在着多种可能性,那么显然就会导致粮役与捕役们之间就此发生争执。例如,如果某人将自家的女儿卖给了妓院,那么该案是应该由捕役与粮役们合办,还是应该分派给粮役们单独承办(因为这桩买卖涉及逼良为贱)? 又如,如果娼妓与嫖客之间发生争吵并导致有人受伤,那么该案件应被定性为扰乱治安还是暴力袭击?

此类纠纷及由此引发的诉讼,还由于捕役们试图通过对另一个关于待承办案件之分派的替代性原则加以阐释来不断扩大他们的案件类型管辖范围,而变得更为复杂。尽管粮役们坚持认为待承办案件的分派应该首先根据该案的起因,然后再根据该案子先前是被分到巴县衙门哪一个房进行处理,但捕役们要求在案件管辖方面获得更大的权限。捕役们声称,只要当事人在呈交给巴县衙门的任何一份状纸当中有提及暴力、窃盗、抢劫、卖娼、赌博或吸

223

---

① 巴县档案,档案号:6.6.293-140。

食鸦片等情节,那么不管该案的起因为何,以及先前是被分到巴县衙门哪个房来处理,捕役们至少可以对该案获得一部分的管辖承办权。因此,此类纠纷变成了究竟是应当将一个案件作为统一的整体加以对待,还是应当将该案件各方面的不同特征拆分成多个可以相互分离的独立主张。易言之,一起"民事"纠纷能否在某种程度上由于差役们基于案件管辖分工方面的利益考量而被"刑事化"?

　　光绪二十六年(1900)发生在巴县衙门捕役与该衙门西城里粮役们之间的纠纷,可以说明上述那些相互冲突的案件管辖分工之惯例性原则带来的各种困扰,以及差役们在知县面前主张某案子应归其管辖承办时所用措辞的复杂性。这场纠纷是由一起既涉及强迫卖娼与人身伤害的指控、又牵扯到骗婚与抢劫等情节的案子所引起。礼房和刑房的书吏们先前曾为此案的分派承办问题发生过争执,后来由于该案被认为主要涉及婚姻方面的问题而被分给了礼房处理。[①] 西城里粮班领役王芳因此认为,既然该案件是被分给了礼房处理,那么就应该交由粮役们承办。王芳声称,捕役们是通过贿赂礼房的书吏才得到了该案的承办权,而他们这样做违反了惯例性程序。[②]

　　就在同一天,捕头赵德也向巴县知县呈递了一纸禀状,声称在这起案子中,一名姓夏的妇人状告一位名叫黄海清的男子贩卖女子,并企图强迫她的女儿去做妓女。夏姓妇人在其所提交的告状

---

① 我在巴县档案当中未能找到关于礼房与刑房书吏们之间发生的那场争执的专门卷宗或其他材料,因此无法获知双方各自所持的具体理由究竟是什么,以及知县做出最终裁决的依据为何。

② 巴县档案,档案号:6.6.293-10。

中说,当她的女儿加以拒绝时,黄海清就去割她的喉咙。①　而黄海清则在他提交的诉状中声称,那名女孩本就是一名娼妓,并企图和她雇来的一群无赖偷他的钱。捕头赵德因此坚持认为此案应由捕役们单独承办。他声称,尽管夏姓妇人之女与黄海清是否已成婚尚不清楚,但该案很明显涉及卖娼、用刀伤人与窃盗,根据夏姓妇人所提交的告状中的这些用语,该案应归捕班管辖,但是现在西城里粮班的差役们却试图以此案涉及婚姻为由而将它抢过来承办,他们这样做等于断了捕役们的衣食来源。②

随着娼妓问题成为该案的焦点,西城里粮班差役的头领们通过对他们自己先前的说法稍作调整,来反驳捕头赵德的上述辩解。他们这般解释道,那名夏姓妇人声称黄海清强迫她的女儿卖娼,而黄海清则说那名女孩本来就是一名娼妓并将他骗婚,按照旧规,任何涉及逼良为贱或娼妓从良的案子都应当由粮班差役管辖,但捕班差役却利用该案状纸上出现的"娼妓"一词来歪曲案件事实。这些粮班头领们将捕役们斥为"饕狼不饱",并坚称此类案件的分派承办不能仅仅依据状纸上出现的一两个特定字眼来决定。③

在这场争夺中,捕役与粮役们都向巴县知县呈交了前文提及的那份此时已有 68 年历史的关于卖娼案件之管辖分工的协议誊本。面对双方围绕该案承办分派而各自提出的那些相互对立的主张,且双方都诉诸长期以来形成的惯例,并都有从前订立的协议为

---

① 由于在这起纠纷中夏姓妇人未提起杀人的控诉,我们可以推断其女儿并没有因为喉部被割受伤而丧命。

② 巴县档案,档案号:6.6.293−11。

③ 巴县档案,档案号:6.6.293−12。

证，巴县知县选择了一种对他自己而言最为省事的做法，那就是将此案交给捕役与粮役们合办。

下面这起发生在光绪三十四年（1908）的案子在巴县衙门差役们当中所引发的管辖争议，则更为鲜明地展示了对于同一个案子该由哪类差役承办很可能会有多种不同的解释。在这起案件中，巴县当地的一名妇人状告其嫂子从她家里偷走了一些物什，但并没有说被偷的那些物什具体是什么。粮役们根据议事会议做出的此案属于家庭成员内部财产纠纷的裁断，认为此案应归他们承办。的确有一些东西被这名妇人的嫂子拿走了，但是单凭此点并不能构成盗窃。就此而言，这起案子显然应当被分给粮班差役来承办。① 然而，捕役何清却对该案状纸上所写的内容作出了一番咬文嚼字般的解释，来反驳粮役们的上述主张。何清声称，按照惯例，任何在状纸中含有"窃"字的案件都应归捕班差役管辖，无论在该案中被偷窃的物什是什么，也不管是哪一个房的书吏负责承办该案。这是所有差役们皆同意并奉行的规矩。而此案的状词当中写有"窃"字，故而应由捕役们来承办，但是粮役们却无视这些规矩来抢办此案。何清强调，案费乃是他们捕役的衣食来源，若无案件可办，则他们将无法过活，别无他法之下，才来恳求知县命令粮役们停止这种有害无益的争办案件之举。②

此案当中的那两名妇人系妯娌关系，而其中的一方不顾对方的反对而拿走了一些物什，粮役和捕役们对于上述这两点都没有什么异议。双方争议的问题是，在这种家庭关系当中，上述行为是

① 巴县档案，档案号：6.6.293-48。
② 巴县档案，档案号：6.6.293-49。

否能被界定为"窃"。这一问题被看作决定该案应由哪班差役来承办的关键。知县对此给出了毫不含糊的回答：

> 其为泛泛议拟之词，可想而知。且代管系伍左氏之家务，即有唆透财物情事，□无系伍左氏甘心给予，何得谓窃？此等词何为窃案？争之已属无理，并称只要词有窃字，假约即归该班办理，究据何年何官定规？而言语义含糊，保非捏饰，□难凭信。此案着归粮班理。①

　　尽管这一次捕役们连对该案的一部分管辖承办权也没能捞到，但值得注意的是，知县并没有明确否定他们认为该案应由他们承办的那一主张的潜在依据，亦即案件当中的某个单独因素可被用做要求分享办案所得案费的理由，而不论此因素是否构成该案的起因。因此，虽然这样做经常会引起纠纷，但在巴县衙门当中，由粮役与捕役们来合办某个案件的做法相当常见。

　　与书吏们的情况一样，巴县衙门的粮役与捕役们之间围绕案件管辖分工而发生的此种竞争，对案件的处理结果也产生了很大的影响。在这种情况下，不论是将案件分派给粮役还是捕役来承办，都会过于突出了该案的某些特征而弱化了其他方面特征。如果知县最终决定由粮役与捕役们合办某起案子，那么这种做法造成的问题虽然更多，但其意义也更为重要。例如，争办前述案件的粮役与捕役们将夏姓妇人和黄海清各自呈交的那些涉及多个方面

226

---

① 巴县档案，档案号：6.6.293-49。

的状纸提交给知县阅看,这样做很可能会使得知县注意到该案涉及暴力、卖娼、婚姻与窃盗等不同要素,并在做出裁决时对这些要素加以综合考量,而不管此案是由哪班差役负责处理。但是在那些由粮役与捕役们合办的案件当中,不仅知县很可能只对该案子某些与其他类型案件相比迥然不同的方面加以关注,而且他这样做几乎是无可避免的。因此,这种情况会使得知县更加难以判断哪些要素才是做出裁决的相关基础。从这个意义上讲,衙役们对于案件应当由谁来管辖承办的那些主张,远不止于会给他们自己带来直接的经济利益,而且还将影响到知县就该案所做出的司法裁决本身。

三 小结

巴县衙门的书吏和差役们将其内部围绕案件管辖分工而发生的那些纠纷提交给议事会议或知县来裁决,这一事实表明收取案费的行为绝非一场围绕各种靠贪腐所得的战利品而展开的无原则争斗。尽管绝大部分的吏役都是地方衙门违反清朝中央政府所颁布的关于经制吏役额数的正式法令而雇用的,但是在像巴县衙门这样的县衙当中,知县愿意一再地处理吏役们内部围绕案件管辖分工而发生的纠纷,此点既展示了衙门当中这些被非法雇用的行政办事人手在办案过程中收取案费的做法已被视为一种惯例,也说明了吏役们内部对案费的分配不但呈现出高度结构化的特点,而且此类做法在事实上也能够得到乃属正当的辩护。就像那些对衙门吏役的招募、任务分派与内部晋升加以控制的规矩一样,那些关于案件管辖分工的规矩就其功能而言也是一种非正式的、高度在地化的行政法。当此类规矩所内含的那些案件管辖权遭到侵犯时,由此导致的那种纠纷解决方式显然与民事诉讼非常相似。

正如黄宗智就清代民事诉讼过程所做的那些描述所展示的,民事纠纷当时通常首先是被提交给所在社区的领袖们进行调解。如果这种调解无法解决问题,那么接下来才会被通过到衙门告状的方式呈交给知县处理。如果知县受理了该案,那么他通常会下令就该案进行调查。在当事人最初向衙门提交告状与知县最终做出裁决之间,存在着黄宗智称之为"中间阶段"(middle stage)的一个领域。① 按照黄宗智的说法,在这个同时包含了司法制度之正式方面与非正式方面的中间阶段,大部分的民事纠纷要么由诉讼当事人之间私了,要么经过其他人进一步的调解而得到解决。只有当上述这些努力皆无济于事时,该案子才会由知县做出正式审判。此时,知县将根据《大清律例》当中包含的具体条款做出裁决。②

巴县衙门书吏和差役此方面内部纠纷的解决过程,几乎与上述模式同出一辙。如同前文所描述的,当巴县衙门的书吏和差役内部发生争执时,最初的解决方式是提交给由衙门各房各班头领

227

---

① 译者注:更具体来说,黄宗智将这个"中间阶段"称作"第三领域",亦即民间调解与官方审判经常在其中发生交搭互动与相互影响的一个地带。在黄宗智看来,上述半官半民的"第三领域",体现了"国家"和"社会"的交搭互动与相互影响,以及正式制度与非正式制度之间的对话与联系。参见黄宗智:《清代的法律、社会与文化:民法的表达与实践》,上海:上海书店出版社,2001,第107—130页。

② Philip C. C. Huang, "Between Informal Mediation and Formal Adjudication: The Third Realm of Qing Justice", *Modern China*, Vol. 19, No. 3(1993), pp.251-298; Philip C. C. Huang, *Civil Justice in China, Representation and Practice in the Qing*, Stanford: Stanford University Press, 1996, Chapter 5.

们组成的调解机构即议事会议进行处理。如果该纠纷在议事会议无法得到解决,那么吏役自己才会向知县呈交告状。知县收到告状后,要么立即做出裁决,要么下令对该事件做进一步调查,要么将该事件发还给议事会议命其再加斟酌处理。此类纠纷的许多卷宗到了这一步后便无下文,我们看不到知县是否曾就其做出过最终的裁决。这一事实意味着那些案件的当事人双方后来已经私下和解。如果某起纠纷最终闹到正式堂审的地步,那么知县就会参照吏役们公认的一些规矩做出裁决。事实上,相较于一般的纠纷解决方式,在这里,唯一的重要区别在于知县们在寻找裁决的相关依据时,乃是利用那些在衙门吏役内部惯常实践中所形成的非正式规则,而非《大清律例》中的相关条文。

当一起民事讼案或刑事案件进入衙门的正式审判程序当中时,它至少会遭到书吏与差役这两拨人的案费需索,并且可能围绕着案费的收取与分配而在吏役们内部引发各种争端。而这有可能会导致告到知县面前的诉讼案件数量变成了原先的三倍。[1] 虽然这种情况会给地方衙门本已负荷过重的讼案处理带来不利的影响,但收取司法陋规的做法仍然是清代县级司法行政的基本特征之一。到此为止,有待我们做进一步探讨的问题还有,知县们是如何在当地精英的帮助下,至少部分地对吏役收取案费这种从名义上讲属于非法的制度加以控制? 这一制度是如何对地方社区中的

---

① 译者注:作者此处想表达的意思是,在知县决定受理的某起案件之处理过程当中,如果书吏们由于该案的管辖承办,以及案费的分配问题而在其内部发生纠纷,差役们内部也因上述问题而起争端,那么该起案件本身,再加上书吏们、差役们内部各自皆有可能会因上述问题而告到知县那里,便会变成了三起乃至更多的案子。

各方利益造成影响？以及通常来说,这一制度是造成人们将到县衙打官司作为一种手段,还是导致民众对衙门公堂避之唯恐不及?

第三节　控制与权威

无论知县们个人对吏役内部所发生的此类纠纷的看法如何,他们中的大部分人都承认案费的收取是地方行政运作的一种必需品。就此点而言,知县们面临的最为棘手的问题,并非案费收取这种做法本身,而是如何将案费的收取限制在某种相对确定的标准之内。如此一来,便可以将任何超过上述标准收取案费的行为界定为贪腐与滥权(从量而非质的方面加以界定)。就像清代中国其他县的情况那样,将案费收取的数额定在多少之内才算是可被民众接受的,在巴县历来都是一个属于当地惯例的问题。但是,由于历任巴县知县中的绝大多数都对此类地区性的特定做法缺乏了解,关于案费收取的标准化程序在很大程度上是由巴县衙门的书吏和差役们自行商定的。到了 19 世纪中期,为了对司法过程中的这一方面加以某种程度的控制,以避免被其上级官员斥为玩忽职守,巴县知县们开始在当地士绅们的直接帮助下,对吏役们收取案费的行为进行监督。

在探讨士绅们对司法制度的参与时,或许有人会将他们描绘成一个其内部铁板一块的社会群体,认为士绅们对司法制度的态度和利用,在各个方面皆与平民百姓存在差别。但事实显然并非如此。就像他们所在社区里面的其他成员那样,士绅们自己有时也会作为诉讼当事人到县衙去打官司，他们照样要像普通百姓那样向吏役们交纳各种案费，且同样有可能受到某些滥用其手中权力的吏役们的盘剥勒索。而且，"士绅"一词的含义很不明确，它可以将那些在当地拥有不同程度的身份地位的人们都包括在内。这些人所拥有的政治资源、文化资源与人际资源各不相同，而这些资源的多少，不仅将影响到他们与知县之间的关系，而且同时也意味着他们对衙门吏役执行公务的行为能产生多大的影响。

在下文当中，我用"士绅"一词来指称如下人群，亦即那些在给衙门呈交的禀状与告状中自称"绅士""士人"或"士大夫"的人们，那些有着举人、生员、监生等高低不等的功名的人们，以及那些简单地自称文生、文童的人们。当然，这一群体当中的不同成员们在社会地位上存在着显著的差别，故而能否将他们归为一类，仍然是一个在许多方面都有可商榷之处的问题。例如，举人的社会地位比生员要高出好几个等级，而生员则又在社会地位上比普通的文生要高。

虽然在身份地位方面存在着上述差别，但是当这些人自称是229 其各自生活的社区之领袖而向知县呈交禀状或告状时，他们实际上是代表了一个有其特殊利益的群体的声音。而这个群体在当地所具有的影响力，部分取决于他们是否能够在各自生活的社区当中扮演好与其身份相适应的那些角色。当衙门吏役的利益与做法侵害到士绅们所扮演的上述角色时，这两个群体便会为了控制各自可利用的资源而展开相互争夺。从这个意义上讲，衙门吏役的利益在于金钱方面而地方士绅的利益则常常是象征性的这一事实，只有被限定在如下方面才具有意义，那就是这一事实会影响到衙门吏役与当地士绅在知县面前就各自主张进行辩护的方式,以及双方在进行上述辩驳时可能利用到的其他各种资源。

在本章的下列各节当中,我将集中探讨地方士绅通常被认为应当扮演好的两种角色,亦即社区利益的维护者,以及社区纠纷的调停者。就这两种角色将士绅领袖置于当地衙门吏役的对立面而言,士绅们往往会想方设法地限制衙门吏役所收取的案费数额,并尽量让其所在社区中发生的纠纷能够通过非正式的调解来加以解决。这些当地的士绅领袖们常常打着清除贪腐、安抚百姓的旗号,力图通过上述方式保护乃至扩增他们所具有的象征资本。他们利用本书前面几章当中描述过的那种认为衙门吏役皆是利欲熏心的贪腐之辈的大众印象作为对比,来将自己塑造为热心社会公益的百姓恩人。但是,如果说士绅们在此过程中与知县援引了同一套意识形态资源的话,那么他们这样做的目的当然不是提升知县所具有的权威。毋宁说,地方士绅领袖们试图利用衙门吏役被认为应当严加管束这一普遍公认的问题,作为发表自己意见的机会,来捍卫乃至扩张他们在地方事务中所具有的权威。其结果是导致知县与这些地方领袖之间存在着一种明显相互冲突的关系,而衙门吏役在这种关系当中又一次占据了关键的位置。

一 抑制吏役扰害百姓:对案费收取数额加以限制

虽然巴县的士绅领袖们认为衙门吏役收取案费的做法不可避免,但他们同时又想对当地衙门吏役所收取的案费种类及其数额加以限制。他们为此最常采用的做法,是向巴县知县或四川省级

衙门的官员呈交禀状进行请愿。例如在光绪三年(1877),当地的
九名绅士向巴县知县呈交了一份地方领袖们在同治八年(1869)与
时任巴县知县就案费收取问题进行商议后订立的协议文本。这份
协议在其所规定的各条款当中,对于每次奉命下乡传召人证的差
役人数及其可以收取的规费种类、差役出城公干时能够领到的饭
食钱与住宿费、当事人递交告状时应交的规费,以及在向衙门递交
告状后通过任何堂外和解的方式和息时需要向衙门缴纳的规费
等,都做出了限制。这份协议还规定,若有差役胆敢无视上述限制
而滥收规费,则那些直接受其扰害的民众可以到巴县衙门告发。①
针对司法程序中的其他方面,例如杀人案件审理过程中需要传唤
到堂的证人数量、民众需要付给代书的费用等,该协议也做出了类
似的限制性规定。② 上述这些规定被刻在立于巴县境内各地的石
碑之上,因此成为当地另一种非正式的行政法。

　　不过,巴县士绅们为了加强他们对地方事务的控制所采取的
最直接办法,是专门为此捐资设立了一些在当地被称作绅局的半
独立机构。③ 对知县们来说,当地士绅们利用此类机构帮助衙门监
督吏役,给他们创造了一个颇为微妙的难题,因为朝廷颁布的《钦
定六部处分则例》当中明确规定,只有州县官才能对其手下的吏役
加以管束。例如在光绪五年(1879),巴县知县庄裕筬向其上峰转
呈了当地一名士绅所递交的一份禀文。该士绅在这份禀文中请求

① 四川大学藏巴县档案抄件,民刑欺诈,12。

② 四川大学藏巴县档案抄件,民刑欺诈,1;巴县档案,档案号:6.6.294。

③ 译者注:绅局有时也被称作公局,"是清嘉庆以后在州县中兴起,经官方授权由本地
　 士绅或'委员'掌控的办事机构",参见梁勇:《晚清公局与州县行政变革——以巴
　 县为例》,《中国高校社会科学》2020 年第 2 期。

设立一个专门机构,以便针对巴县衙门捕役们对待那些被判枷号的囚犯的行为加以监督。四川总督丁宝桢在收到这份禀文后,亲笔做出批复,对巴县知县庄裕崧严加训斥,称他疏于职守:

> 至捕班为该县使令之人,一切应由该令主持办理,当除则除,当办则办。何得事事由绅粮公禀,始行议办?岂本署差役,该令亦不能管束耶?[1]

虽然四川总督起初对此建议持批评态度,但设立上述绅局的计划后来获得了批准,这便是后来的枷班所。如同巴县知县庄裕崧小心翼翼地描述那样,"该绅粮此议系属善,(将)种无量之福,非干预公事"。[2] 不过,在巴县知县庄裕崧上述所称的行善举和为公心之说辞背后,设立此类机构还有着另一个更为实际的目的。正如我们在本书前几章当中所看到的那样,知县们面临着让其不堪重负的各种政务,其中至少就包括对其手下的那些吏役们加以管束,但是衙门吏役的庞大人数又使得知县本人在现实当中不可能像清朝中央政府所要求的那样对这些人切实进行监督。如果要想将吏役们收取规费的行为,以及与其相伴而生的吏役滥权行为给

231

---

[1] 巴县档案,档案号:6.6.238。

[2] 按照上述建议而在巴县最终设立的该机构被称为枷班所,其经费来源于通过一种特殊的捐输方式筹集到的700两银子。这笔钱被交给重庆城内的一家钱铺放债生息,所生的利息被用来支给枷班所的差役们作为规费与办公经费,后者不得再向枷犯需索其他费用。枷班所挂靠在位于巴县衙署墙外的枷班房之下。为了平息粮班与捕班的差役们之间围绕由谁来负责枷班所这一问题而产生的争端,后来经过商议,形成了由巴县下辖的居义里、怀石里与西城里三里的各班粮役们每月轮流各出一人与捕班差役共同掌管枷班所的做法。参见巴县档案,档案号:6.6.238。

当地民众所造成的扰害降至最低程度,那么便有必要允许来自县衙之外的力量在财力与人力上给予帮助。

但是,对知县而言,绅局给他所提供的帮助就好像潘多拉的魔盒。因为绅局一经成立,这个半官方的机构便有一种超出其当初在成立章程里面所声称的那些功能范围行事的明显趋势。从各种绅局的成立与发展来看,此方面最突出的例子是三费局。三费局不仅是 19 世纪后半叶四川各地士绅参与县衙事务的一个典型例子,而且也展示了地方精英们与知县们之间存在着一种为了控制衙门吏役而建立起来的双刃剑般的合作关系。

二 三费局

在衙门吏役收取的所有规费当中,最为臭名昭著的要属他们在所谓"命盗案件"的处理过程中收取的费用。在巴县档案当中,充斥着关于此类案件处理过程中嫌犯或证人是如何被差役们勒索得倾家荡产的各种记载。[1] 特别是针对捕役们敲诈勒索之举提起的控告是如此普遍,以至于在巴县当地流传着一些被用来形容这些人此类恶行的俗语。例如,"贼开花"是指当发生盗窃案件时,一些差役向居住在盗贼之家附近的邻居威胁,如果不给他们交钱,那么他们就让那名盗贼攀咬诬陷他们窝赃。倘若该民众拒绝给钱,那么他们将会被这些差役们当作盗贼的同伙拘捕,直到向差役们交完被勒索的钱后才会被释放。当地民众这种因此被迫向差役交

---

[1] 巴县档案,档案号:6.6.1398;四川大学藏巴县档案抄件,民刑杂类,29;《钦定六部处分则例》,台北:文海出版社,1969,卷 16,第 5—6 页。

钱的做法,相应地被称为"洗贼名"或"洗家病"。

　　除了那些被认为完全属于违法的规费,在命盗案件处理过程中,有三种规费的收取通常被认为是正当的,那就是棚费(命案验尸的费用)、捕费(缉捕疑犯与看管犯人的费用)、解费(将囚犯从州县衙门解送到府级衙门或省级衙门的费用)。① 传统上,这些被合称为"三费"的规费,是由差役们直接向犯人或其家人、邻居收取的。虽然上述"三费"的收取表面上乃属正当,但是由于缺乏对其收取数额的公认限制,这些名目不可避免地导致承办案件的差役们普遍滥用手中权力,以及因此被民众指控敲诈勒索。为了控制"三费"的收取,四川全省各县的头面人物开始在咸丰朝末期陆续着手成立绅局。在巴县,这一计划由于太平天国起义侵扰当地而被搁置数年,直到同治三年(1864)才正式设立了三费局。此事起源于当地的 27 名士绅(其中包括 13 位举人)联名向巴县知县呈禀建议设立三费局。县里为三费局提供了一处办公场所,由三名"公正绅"每年轮流充任局绅,巴县知县还颁给他们一枚正式的印章。②

※ 232

----

① 译者注:在四川不同的地方,这三类费用的名称不尽一致。本书此处所说的"棚费",更常见的叫法是"相验费","捕费"常常被称为"缉捕费",而"解费"有时也被唤作"招解费""解审费"等。参见鲁子健编:《清代四川财政史料》(上册),成都:四川省社会科学院出版社,1984,第 406—410 页。
② 巴县三费局的办公地点,最初设在巴县衙署里面与监狱相邻的地方,后来迁至衙署内的差房之侧。不过在光绪十五年(1889)时,三费局从巴县衙署搬出,迁至重庆城内一处先前用作庙学的房子里面。参见朱之洪等修、向楚等纂:《民国巴县志》,台北:学生书局,1967,卷 17,第 10 页。(译者注:经查民国二十八年刻本的《民国巴县志》卷17"三费局"条,其原文介绍与本书上述内容略有出入:"开局时,局设县捕厅署左。光绪初年,迁县署差房,略加修葺,作为局所。光绪十五年,县城隍庙落成,局乃迁入庙后小院。")

巴县三费局从未试图取消前述"三费"的收取,而是旨在通过创建一种单独的规费来源,以减轻当地百姓的此方面经济负担。最初,巴县三费局的运作经费与支付"三费"的资金,来自该三费局拥有的一些公产的租息。这些公产是通过对田赋、租金、保证金与商人股本收取"捐"税的方式,为巴县三费局集体购置的。[1] 在这些租息收入的基础上,后来又将巴县全县契税的百分之一及一部分厘金收入拨给当地三费局用作运作经费。[2] 在巴县三费局设立之后,当地衙门差役们不再被允许向命盗重案的当事人直接收取上述规费,而是要凭一张盖有三费局印章的便条,向三费局领取相关费用。

通过对上述规费的来源加以控制,巴县三费局还希望能够对衙门吏役所收"三费"的数额加以规范。应当地精英与三费局绅董呈递的禀文中所请,川东道道台于光绪五年(1879)下令,在巴县衙署门前立了一块石碑,上面刻有允许收取的"三费"数额。除了列明"三费"的可收取数额,川东道道台还对命盗重案的其他诉讼过程中的规费收取专门做出了限定。虽然这块石碑后来遭到毁坏,但是多亏了27年后时任巴县知县在一份呈交给重庆知府的报告中附列了先前碑刻上的三费章程原文,以及当时实际所收取的案

---

[1] 巴县档案,档案号:6.4.124。

[2] 朱之洪等修、向楚等纂:《民国巴县志》,台北:学生书局,1967,卷17;[清]钟庆熙辑:《四川通饬章程》,收入沈云龙主编:《近代中国史料丛刊续编》(第48辑),台北:文海出版社,1977,卷1,第8—10页。巴县三费局在光绪十六年(1890)时的总收入约为1992两银子。到了光绪三十二年(1906),巴县三费局的收入升至近3600两银子。巴县三费局的上述经费收入增加,乃是米价上涨与其所收粮租增多共同导致的结果。参见巴县档案,档案号:6.6.5019;四川大学藏巴县档案抄件,民刑总类,29。

费情况(参见本书附录四),我们才得以知悉上述内容。至于巴县三费局对当地衙门吏役之案费收取行为加以控制所取得的成效,我们将上述巴县知县呈报的当时案费收取情况与他在该报告中附列的 27 年前的那份三费章程之内容加以对比便可看出,那就是,从 1888 年到 1901 年,尽管米价在当时通货膨胀的趋势下翻了足足三倍有余,但是在此期间巴县衙门吏役被允许收取的案费数额几乎保持不变。① 233

　　根据三费局最初设立时制定的章程,其功能仅限于向差役们支付上述三类费用。若有任何差役违反三费章程的规定滥收案费,则那些直接受害的百姓可向知县告发,但地方领袖们不得干预此类事情。例如,在巴县三费局设立两年后,由举人与低级功名拥有者构成的 18 位当地士绅联名向知县告发巴县衙门的两名差役向民众滥收案费,并援引了三费章程中明文禁止此类行为的条款。尽管巴县知县同意对那两名被控的差役进行审问,但他同时也对这 18 位士绅进行了训斥,认为他们的告发之举属于越权行事:

　　　　查设立三费系奉文饬办,通省皆然,支发一切原有定(额)。如果差役另有需索情事,自有被害之人控究。该生既悻列绅衿,应知自爱,毋以地方公事,动辄干预,转滋咎戾。仍□示谕民间,如有差役借案勒派者,即行指名官究,以符定章。

---

① 例如,在 1888 年至 1901 年间,重庆城内的米价,从每石约 1.6 两银子,上涨到了每石大概 5 两银子,参见巴县档案,档案号:6.6.5019;周勇、刘景修译编:《近代重庆经济与社会发展》,成都:四川大学出版社,1987,第 161 页。

所请免办三费之处,应毋庸议。①

虽然知县此次对当地这些士绅们举发巴县衙门差役滥收案费的行为给予警告,但是在光绪年间,巴县三费局逐步扩大了其权限范围,最终发展成为一个独立的监督机构。它可以针对巴县衙门吏役们在刑事案件与民事纠纷之处理过程中的权力滥用行为进行调查,并向知县汇报。在 19 世纪末与 20 世纪初,巴县三费局已经将其权限实际扩展至包括对乡保的提名、调查与惩戒。在那个时候,巴县衙门的书吏们甚至有时会在告到知县那里之前,先利用当地三费局来调解其内部发生的一些纠纷。②

当地三费局上述的实际权限扩张,是否遭到了历任巴县知县的抵制?从巴县档案的记载来看,并无此方面的迹象。或许是受到了上述这种胜利的鼓舞,在光绪二十五年(1899),巴县三费局的数名前任绅董联名向巴县知县呈交了一纸禀文,希望知县允许三费局负责收取本书第五章中提及的津捐,以使三费局的权限再度得到扩张。按照这些巴县三费局前任绅董们的说法,津捐的收取最初是由地方上的士绅领袖负责,但在太平天国起义期间,该职责被移交给了巴县衙门户房的书吏们。这些巴县三费局前任绅董们声称,鉴于后来户房书吏日渐腐败并由此导致他们实际上交给巴县知县的津捐数目不足,目前唯一妥当的办法就是将这一职责交给当地各个社区中那些重要家族与主要粮户的代表者,即三费局,

---

① 巴县档案,档案号:6.5.87。

② 巴县档案,档案号:6.6.523;6.6.586;6.6.618。

来承担。但是,他们的上述请求,此次遭到巴县知县的拒绝。巴县知县认为,这样做只会使执行起来原本就已相当困难的赋税征收工作变得更为复杂。巴县知县总结说,三费局的职能仅限于监督吏役,不得干预官府的行政事务。①

但是,如果说巴县知县在此事上使当地士绅们控制赋税征收的意图落空的话,那么看起来这个结果并没有挫伤巴县三费局的管理者向当地其他行政领域扩展权限的勃勃雄心。例如在光绪朝末年,巴县三费局获得了代收一项特种税的权力,即负责向巴县境内的各家鸦片烟馆抽取红灯捐。这些代收来的红灯捐,一部分的存留款项将被用来为巴县三费局购置新的产业,以及建立另一个同样由当地士绅们管理的机构——三里公所。三里公所不仅负责对重庆当时新设立的镇乡警察机构人员进行征募与训练,而且还负责向民众宣讲当地的自治事项。② 巴县三费局最终在辛亥革命后的行政机构重组过程中被解散,其名下的所有产业及收入来源,皆被移交给了一个负责为该县监狱里面人数不断增多的囚犯们提供衣食的新设机构。③

巴县三费局的发展,在许多方面都具有重要的意义。首先,地方精英们对巴县衙门吏役所收取的案费类别及其数额加以规定,并将其整理成文,这些努力让当地民众到衙门打官司的经济成本被标准化。这种就案费收取的标准进行明文规定的做法,尽管不

---

① 巴县档案,档案号:6.6.4306。
② 朱之洪等修、向楚等纂:《民国巴县志》,台北:学生书局,1967,卷17,第10页。
③ 译者注:该新设机构的名称为囚粮事务所,参见朱之洪等修、向楚等纂:《民国巴县志》,台北:学生书局,1967,卷17,第10—11页。

可能确保巴县衙门吏役们在所有情况下实际收取的案费数额皆定格在其限定的范围之内，但至少建立起了案费收取数额的上限，规定了超出该数额上限收取案费的行为将会被视作敲诈勒索并因此很可能会被告官，从而对衙门吏役那些滥收案费的行为进行了约束。同样地，通过对普遍认为可以收取的案费最高数额进行设定，巴县三费局建立了一套无疑具有某种正当性的收费制度。即使这种正当性只是以一种非正式和在地化的面貌存在于此，但是它为巴县衙门的吏役们提供了一种可以用来为自己辩护的手段。巴县衙门的吏役们可以据此声称自己收取案费的行为并非贪腐，而是对他们安守本分地为巴县衙门效劳的一种公平报偿。故而，原本是为了限制案费收取而设立的三费局，结果却戏剧性地帮助衙门吏役所从事的这份工作夯实了其经济基础。

235　　不过，更为直接的影响则在于，三费局为巴县的地方精英们提供了一种更加深入地参与县域治理的工具，并且此种参与很快地就越出了该机构最初为自己设定的那些事务范围。在此过程中，对衙役进行控制的问题，是这些地方精英们可资利用并且说出来也容易得到其他人赞同的一个便利出发点，因为在清代官场当中普遍流传着差役们乃是一群贪腐成性的恶棍的印象。考虑到知县自己缺乏对其手下的这些"流氓"加以切实管束的能力，当地士绅们的这种协助，因此并没有被描述成是对官府行政权威的侵蚀，而被看作一种对于知县而言可被利用来低成本地解决地方治理中上述那个令人头疼的难题的仁慈手段。

　　除了让当地士绅在巴县的管理机构当中获得了一种半官方的位置，巴县三费局同时还为当地士绅们提供了其他方面的诸多好处。这些士绅们自己有时也会被卷入诉讼当中，或者因为家境相对殷实而更容易成为吏役们敲诈勒索的对象。因此，对差役们及其收取案费的行为加以控制，对于这些士绅们自己而言显然也是有利的。同样重要的还有三费局的那种象征性功能。这是因为，在设立三费局的过程中，那些士绅领袖及其支持者们公开地将他们自己放到作为当地民众之仁慈保护者的位置上，并且经常将当地民众说成是容易被那些贪得无厌的衙门吏役欺骗的善良无辜之人。从这个意义上讲，这些士绅领袖们针对衙门吏役所做的这种形象丑化，相形之下凸显了他们自己的道德优越感，并进而强化了他们在当地所拥有的名望与权威。与此相类似的策略，在当地士绅们介入司法过程的另一方面也有鲜明的体现。那就是，这些士绅们尽量对被当地民众正式告到巴县衙门的纠纷数量进行限制。

三　尽量不让纠纷进入县衙：非正式纠纷解决渠道的正式化

按照清代法律的规定，所有的抢劫、盗窃和杀人案件都必须报告给当地衙门。因此，在对此类案件展开调查与提起控告的过程中，当地民众与衙门吏役的直接接触不可避免。正如我们在前文中所看到的那样，巴县的士绅领袖们试图通过对衙门吏役向当地民众所收取的案费种类、数额与来源进行限制，来尽可能地减轻上述直接接触所带来的不良后果。

但是在民事纠纷处理的领域，这些当地精英所采用的策略有所不同。在民事纠纷的处理过程中，对吏役们所收取的案费数额加以控制这种做法反倒是其次,巴县的士绅们最关心的问题是,如何通过地方社区领袖的调解将那些民事纠纷予以解决,防止它们在发生之初就被闹到县衙那里,以此来避免民众与衙门吏役打交道。在这里,这些士绅领袖们又一次将他们自己描绘为当地民众利益的保护者,而将衙门吏役形容成是对当地百姓福祉的一种实实在在的威胁。就像上述那种对案费收取加以控制的努力一样,这种旨在减少被告到衙门那里的民事讼案之数量的做法,导致当地士绅与巴县知县之间既彼此合作又相互对立。

在清代,知县们向其上峰抱怨自己管辖的地方非常难治理,以及当地百姓如何健讼,这几乎已经成了一件司空见惯的事情。但在巴县,此种抱怨看起来的确有着某些事实性依据。在 19 世纪后半叶,重庆发展成了一个非常重要的内陆港口城市,大量的外地民众乃至外国人由于上述发展而涌入此地,重庆城内的商贸活动也由此逐渐向城外乡村地区的穷乡僻壤渗透,所有的这些相关因素结合在一起,大大提高了当地发生各种社会冲突的潜在可能性,并因此导致告到巴县衙门的讼案数量激增。

到了 19 世纪末,以巴县为中心的川东道,已经被认为是四川全省讼案最多的地区。[①] 巴县知县们在其呈交给上峰的那些报告当中,异口同声地将此地描述成是一个极难治理的县份,而当地人口的增长、商贸活动的发展与外国人士的到来,则经常被他们认为是导致巴县讼案激增的主要原因。[②] 晚清时期曾在四川的多个县

① 四川大学藏巴县档案抄件,民刑差役害民,23;民刑其他,1;民刑其他,2;民刑书役索民,21;《四川档案史料》1983 年第 1 期,第 20 页。

② 巴县档案,档案号:6.6.198;6.6.202;6.6.223;6.6.229;6.6.649。

(不过并不包括巴县)担任过知县的周询便说道,巴县的民事讼案与刑事案件在数量上远远高于四川的其他县。事实上,周询甚至称,除了成都及其邻近地区,巴县毫无疑问是四川全省最难治理的地方。①

巴县的士绅们虽然在某种程度上承认社会经济的变化是引发各种民事纠纷的一大原因,但他们与清朝的许多官员们一样,将现实中的讼案数量激增,以及由此导致的各种社会关系破裂,直接归咎于当地衙门中的那些书吏和差役,以及当地一些游手好闲之辈(例如始终存在的讼棍们)。光绪十三年(1887),家住在重庆城外西边的 12 名秀才与童生联名向巴县知县呈递禀文抱怨道,他们所在的那个场镇由于地处交通要道,商贸往来兴盛,近年来,该地区鸦片烟馆的数量激增,导致当地世风日下。这些人声称,每当发生纠纷时,他们便千方百计地想办法予以调解,但当地的一些声名狼藉之辈与讼师们却来挑拨事端,诱使无知百姓到位于白市驿的县丞衙门②打官司,接着差役就会下乡来勒索案费。他们继续写道,这些诉讼导致父子陌路、兄弟阋墙与夫妻离心,所有的这一切都是由那些邪恶的差役与乡间流氓狼狈为奸所造成的,而近来当地县

237

---

① 周询:《蜀海丛谈》,成都:巴蜀书社,1986,第 83 页。

② 译者注:在清代的一些县(通常是县治辽阔、交通不便的地方)当中,除了按规定设有知县这一正印官,还有县丞、典簿等佐贰官与驿丞、巡检等杂职人员辅助其治理当地,后两类人员常被合称为佐杂。不同于驻在县城的知县,佐杂通常是分防于该县的乡村地区,以克服知县在当地稽查难周的问题。其中县丞为正八品,在僚属官中的等级仅次于知县;除了与知县同城的县丞,还有一些驻在该县乡村地区的分防县丞,分防县丞在其分防区域内设有简易的衙署,由其统辖县下的某一区域。在清代,巴县由于幅员辽阔,于雍正七年(1729)在其下辖的白市驿分驻有县丞,并在当地设了简易的县丞衙门,也配备了一些差役,直到民国二年(1913)方才取消这一建制。本书下一节当中将对此有介绍。

丞衙门讼案数量不断攀升,同样是由于这些败类从中挑唆,结果导致微小的纠纷被闹成大的冲突。①

在将讼案数量的增多与社会道德败坏、衙役们的嗜利需索关联在一起的过程中,巴县当地的士绅领袖们强调自己是友善地解决各种社区纠纷的调停者。为了保护当地百姓免受打官司据说将会带来的那些不幸,巴县的士绅们经常声称当地官府有必要发布告示,将士绅们传统上所扮演的这种民间调停者的非正式角色予以正式化。

例如在光绪二十二年(1896),巴县当地的 25 名士绅与乡保联名向知县呈交了一份禀文。他们在这份禀文当中极力阐述地方社区领袖在民间纠纷解决中所具有的那种重要的社会作用:"为协恳示禁事情。正等办公,仰体至德,民间疾苦,不敢隐匿。如仁恩淳淳示谕,凡我同民,遇有微嫌,尽可乡下了息,不必兴讼,或凭正等开导,解释愤恨,以免拖累倾家,为后日追悔地步。"②这些请愿者们还继续描述说,那些讼棍们与恶毒的衙役们是如何唆使当地民众将一些本可由他们调停解决的微小纠纷告到衙门那里,以及这些受骗的百姓们又是如何遭吏役们勒索案费的。他们宣称:"所害者尽忠厚愚朴……种种弊端,难以枚举,哭泣之声,目不忍击。正等不避斧钺,协恳示禁,地方有事,务凭正等理剖,至万难劝息,始准赴有司控告。"③

除了上述那些据称有助于矫正道德风气与维护社会安定的功

---

① 巴县档案,档案号:6.6.1639。
② 巴县档案,档案号:6.6.1398。
③ 巴县档案,档案号:6.6.1398。

效,地方调解对于当地的士绅们自己而言也有许多直接的好处。例如,当地一些有权势的人物或家庭在被卷入纠纷之中时,如果能通过非正式的调解进行解决,那么这些人的胜算就会增加,因为在这个过程当中,他们可以让自己所拥有的社会地位与影响力最大限度地发挥作用。而这些人本身如果成了其他人之间所发生纠纷的调停者,那么他们控制社区事务的能力就会大大增强,同时也可以向纠纷双方卖人情,以备日后之需。 238

　　士绅们希望具有的这种权威及对当地事务的控制,被他们自己披上了一层声称此举有利于当地社区中所有的本分民众的外衣,并不断地对此予以申说。通过将这种纠纷解决方式与到衙门打官司时遭遇的那些恶人与贪腐进行对比,当地的士绅们再次强化了他们自己的那套说辞,亦即声称自己不仅是当地民众利益的保护者,而且也是一心只为社区福祉、并无个人私利的地方领袖。当地士绅们另一种与此类似但更为直接地试图达到上述目的的做法,则是通过强调当地民众到巴县衙门分设在乡村地区的佐杂衙门打官司这种做法并不符合国家法律的规定,来阻止地方上的纠纷被告到官府那里。

四　巴县知县下辖的佐杂衙门

　　在 19 世纪,巴县衙门拥有两个下辖的佐杂衙门,亦即位于重庆城外向西 60 里的白石驿的县丞衙门,以及坐落在重庆城外向东 60 里的木洞镇的巡检衙门。这两个佐杂衙门最初均设立于清代雍正年间,它们的职责都仅限于协助巴县知县镇压盗匪,以及缉拿罪犯,并将其绑送到位于重庆城内的知县衙署候审。① 按照清代法律的规定,佐杂衙门不得接收民事纠纷的状纸,只有知县才有权理讼。但是到了 19 世纪,这些佐杂衙门开始承担范围非常广泛的各种行政事务,最终变得不仅可以受理当地民众呈交的词状,并且还能够独立做出裁决,而无须知县复审。②

不过,在这些佐杂衙门当中非正式地设立审理案件的公堂的做法,并非没有遭到过反对。白石驿与木洞镇的社区领袖们曾通过历数这些佐杂衙门的差役们在外的违法勾当与贪腐行为,屡次请求巴县知县及更高级别的官员下令禁止佐杂衙门违例受理词讼的做法。例如在嘉庆十八年(1813),巴县知县董淳便曾针对这样的一份禀文做出了回应,让当地立碑禁止百姓向县丞衙门或巡检衙门递交告状。他下令说,当地民众之间若发生细故纠纷,则他们首先应当争取在当地社区内部解决,而不可直接奔赴衙门打官司,只有在问题无法自行解决时,才可以将纠纷告到知县衙门那里。③ 光绪二年(1876),巴县的 12 名士绅联名向官府呈交了一份此类禀文,川东道道台姚晋元在收到之后发布了一道与上述类似的命令,禁止巴县当地的佐杂衙门审理案件。姚晋元声明,佐杂衙门审理案件的做法,不仅超出了法律上所规定的佐杂衙门权限范围,而且也为佐杂衙门的吏役们滥收案费及其他各种形式的贪腐行为大开

239

① 向楚主编:《巴县志选注》,重庆:重庆出版社,1989,第 71 页;巴县档案,档案号:6.6.660。
② 巴县档案,档案号:6.3.8774。
③ 巴县档案,档案号:6.6.660。

方便之门。①

巴县知县们经常公开宣称佐杂衙门的吏役们不得行贪腐之举,但是不管当地的士绅们一再提交此方面的禀文,以及川东道道台与重庆知府对佐杂衙门的此类做法如何一再进行申诫,除了前文提及的嘉庆年间时任巴县知县董淳曾专门就此立碑警示,我尚未发现还曾有另一位巴县知县下令禁止佐杂衙门受理与裁决案件。巴县知县对当地佐杂衙门受理词讼的做法睁一只眼闭一只眼,个中原因不难想见。如前所述,巴县衙门以其讼案数量众多而闻名于当时。《大清律例》当中严格规定了所有案件的审结期限,在此种沉重压力之下,知县们必然会利用各种可能的手段来避免县衙受理大量的民事讼案。为了达到这一目的,光绪朝时期的巴县知县们不断地向其上峰提出请求,希望能够允许他们任用一些特殊的副手以协助审理细故讼案。② 由于案件审理的负担非常沉重,巴县知县们无人愿意明确责令其下辖的佐杂衙门不得受理民事讼案。此点完全可以理解。因为在这些知县们看来,禁止佐杂衙门受理民事讼案,只会导致更多的此类案件转而涌入他们自己所在的知县衙署。因此,巴县知县们为了政务上的权宜之计,情愿在某种程度上违反朝廷颁布的相关法律规定,甚至可以说是在纵容佐杂衙门审理民事讼案这种从某种程度上讲属于滥用职权的行为。

但是,在当地士绅们的眼中,此种权宜之计实际上导致了该县

---

① 巴县档案,档案号:6.6.660。另参见巴县档案,档案号:6.6.617;6.6.1398;6.6.1639;
《四川档案史料》1984 年第 3 期,第 48 页。

② 巴县档案,档案号:6.6.202;6.6.204;6.6.223;6.6.229;6.6.234。

的讼案总数增多,因为那样做相当于在巴县多了两处能够审理民事讼案的场所。按照当地士绅们的上述逻辑,禁止佐杂衙门擅受民词,将能够防止此类案件轻易地进入正式的诉讼程序,故而会迫使至少一部分的纠纷重新回到当地社区内部通过非正式的程序加以解决。因此,地方精英们与知县们在这一问题上的看法分歧,并不在于其希望达到的最终目的。虽然双方所给出的理由各不相同,但他们最终都希望能够减少诉讼案件的数量。毋宁说,他们之间的争议焦点在于某种既定做法的假定功效。

上述这种冲突,在光绪二十九年(1903)发生在巴县的一起事件中得到了典型的展示。当时,以贡生刘成章为首的 43 名家住巴县境内木洞镇附近各村的士绅们,联名向巴县知县傅松龄呈递了一纸禀文。他们此次是控诉当地巡检衙门的吏役们与讼师施展诡计诱使无知百姓将一些琐碎的纠纷告官。除了描述巡检衙门中的那些吏役们是如何对当地百姓敲诈勒索,这些士绅们还强调了他们自己作为社区纠纷调停者的角色,以及通过社区调解来解决纠纷的做法相较于通过正式诉讼来解决纠纷的优越性。这些士绅们在其呈交的禀文中写道,当地但凡有纠纷发生,他们便会公平正直地予以解决,"务期同□,俗美风清"。① 在这份禀文的结尾处,他们恳请时任巴县知县傅松龄效仿 24 年前川东道道台姚晋元所下的那道命令,禁止位于木洞镇的巡检衙门受理民事讼案。时任巴县知县傅松龄对上述当地士绅们呈递的禀文做出了回应。不过,他虽然对当地巡检衙门吏役们那些滥用权力扰害良民的行为严加

---

① 巴县档案,档案号:6.6.1555。

斥责并下令禁止,但并没有专门禁止佐杂衙门受理民事讼案的
做法。

　　不到一个月后,这些士绅们又向巴县知县呈上了另一份禀文。
除了再次列举位于木洞镇的巡检衙门当中那些吏役们的贪腐行
为,这些士绅们还指责巴县知县傅松龄先前所下的那道命令存在
诸多问题。他们在禀文中写道,光绪二年(1876)时,当地耆老张显
贵等人曾向时任川东道道台姚晋元上控位于木洞镇的巡检衙门违
例大开讼庭、擅受民词而鱼肉乡愚,川东道道台姚晋元收到后发布
了一道告示,禁止木洞镇的巡检衙门擅自受理民事讼案。这些士
绅们声称他们自己在仔细查阅了川东道道台姚晋元当年所颁布的
那道告示内容之后,发现其中明确写道巡检衙门的唯一职责是协
助知县缉捕罪犯,并将当年的那份告示内容誊抄了一份,附于此次
所交的禀文之后,一道呈给巴县知县过目。这些士绅们在禀文中
接着写道,不管当下的公务如何艰巨繁杂,朝廷颁布的法令都严禁
佐杂衙门擅受民词,但是木洞镇的巡检衙门却无视这些规定,公然
违反川东道道台姚晋元当年所下的禁令。这些士绅们认为,巴县
知县傅松龄先前虽然曾下令禁止巡检衙门的吏役鱼肉百姓,但并
没有禁止巡检衙门受理民词。他们用责备的口吻写道,或许巴县
知县还没有意识到当地巡检衙门的贪腐有多么严重,并声称官府
若不对此采取行动,则吏役鱼肉百姓的恶行将不可能得到根除。
这些士绅们还写道,巴县知县乃是当地百姓的父母官,岂能对巡检
衙门的上述恶行无动于衷? 在这份禀文的最后部分,这些士绅们
写道,正是基于上述原因,他们才将当年川东道道台姚晋元所颁布
的那道命令之内容誊抄了一份附上,并联名请求现任巴县知县下

令禁止木洞镇的巡检衙门擅受民词。①

这些士绅们通过反复提及当年川东道道台姚晋元所下的那道禁令,几乎不加掩饰地威胁巴县知县说,倘若知县不对此事加以处理,则他们将会告到其上级官长那里。但巴县知县傅松龄并不理会上述威胁,而是答复说他先前已就此事下过命令,并警告这些士绅们不得再就此滋事。

就像违反朝廷所颁布的正式法令而实际雇用了大量的非经制吏役并且允许衙门吏役私底下收取各种陋规那样,傅松龄等历任巴县知县所面临的那种繁重的政务压力,注定了他们在实践中无法严格按照朝廷关于佐杂衙门的政策与法令行事,即便那样做不是完全没有一丁点可能性。因此,虽然巴县知县傅松龄出言斥责该县巡检衙门吏役们的贪腐之举,但他并不准备采取进一步的措施来禁止巡检衙门作为知县衙署的一个分支机构参与该县的司法活动,即便巡检衙门受理民词的做法乃属违例之举。令人遗憾的是,关于上述这段特殊插曲的案卷记载,到此便无下文。不过,我们至少可以推断说,傅松龄能够应付那些对他所下命令表示不满的士绅们后续可能采取的其他进一步行动,因为傅松龄后来一直安然待在巴县知县这一位置之上,直到三年后期满离任。② 况且,在巴县档案的记载中,没有任何证据显示位于木洞镇的巡检衙门曾停止受理当地百姓向其提起的民事讼案,或者该巡检衙门的吏役们曾停止向那些到该衙门打官司的民众收取案费。

---

① 巴县档案,档案号:6.6.1555。
② 向楚主编:《巴县志选注》,重庆:重庆出版社,1989,第370页。

第四节 余论

清代县级政府的财政紧张,导致在案件处理过程中吏役们所收取的案费,既被作为县衙各种政务活动的运作经费来源之一,又是衙门吏役们的生计来源。这种收入来源在县衙内部的重要性,表现为书吏与差役们在他们内部自己制定并奉行着关于案件管辖分工与案费分配的各种规矩,而这些内容详尽的内部规矩在某种程度上还是成文化的。并且,尽管这种向当地百姓收取司法陋规的做法直接违反了朝廷颁布的法令,但案费的收取至少具有一种非正式的正当性。巴县知县们愿意对那些围绕案费收取及其分配而在吏役们内部发生的争端进行裁决,这一事实本身便可说明此点。此外,虽然对于收取案费的行为缺乏那种来自官方正式法令规定的外部控制,但它毕竟受到本地惯例及那些由巴县衙门的吏役们自己订立并在其内部奉行的各种规矩与规范性标准的约束。这些规矩与标准不仅帮助巴县衙门的吏役们在其内部尽可能公平地分派待承办的案件,而且还将那些惯例所允许的案费收取行为(即便从官方正式规定的角度来看这种做法属于违法)与各种恶名昭彰的滥权贪腐之举区分开来,从而使得吏役们所从事的这份工作被描述成一份可行的正当营生。

所有的这些都表明,地方衙门的吏役们身上所背负的那种被认为在案件处理过程中肆意鱼肉百姓的传统形象,如今需要得到修正。首先,我们需要对清朝官员与士绅们笔下那些关于衙门贪腐行为的描写重新加以检视。而我们先前关于衙门吏役的那些臆想皆来源于此。正如在巴县衙门内部发生的争端当中那些互扞的吏役们将中伤对手作为己方的话语武器那样,那种针对所有衙门吏役所作的谴责,同样也能被衙门之外的人们用来服务于自己的各种利益。易言之,我们应当将这种关于衙门吏役贪腐的说辞,看作是地方精英们与知县们争夺在当地的权力与影响力时所利用的一种策略或资源。

与我们长久以来对清代法律制度的想象不同,衙门吏役所收取的案费并没有"高不可攀"得以至于会让人们打消掉到衙门打官司的念头。同样的,与清朝的官员与士绅们经常所宣称的相反,那些诉讼当事人也并非都是受到了诡计多端的差役和讼师的诱骗才到衙门打官司。在当时商业贸易兴盛发展与人口数量迅猛增长的社会大背景下,巴县的居民们有其自身的各种充分理由,对正式的司法制度予以利用。将一起纠纷告到知县那里的做法,加大了任何民事冲突的赌注。因为这样做会给其对手造成直接的心理压力,从而有助于在堂外和解过程中争取到一个更有利于己方的结果。无论那些抢先告官者是否真的想将该案子一直打到知县做出最终的裁决,上述这种给其对手造成的直接压力,在纯粹的非正式调解当中是无法获得的。

作为打官司时应能预料到的一个环节,案费是纠纷升级过程的重要组成部分之一,也是诉讼当事人双方在衡量告官之利弊时所面对的成本之一。人们对书吏、差役及他们收取的那些五花八门的规费的通常看法,可被视为取决于该诉讼当事人处于诉讼过程中的哪一位置。对于那些被人告到县衙或者最终败诉的人们来

242

说,这些案费当然会被他们视为一种不公正的沉重负担,而吏役们收取案费的行为也会被其看作贪腐。但对于那些胜诉者而言,这些案费则是他们为了获得某种有利于己方的结果而需付出的代价。而且,由于各种案费逐渐被非正式地加以标准化,上述这种经济成本估算变得更为容易。因此,案费收取的被标准化,至少使得到衙门打官司在费用方面相较而言更加容易预见,从而造成那些进入正式司法制度的纠纷数量有所增多。

越来越多的当地民众动辄将一些微小的冤屈告到知县那里,这是潜藏在地方精英与政府官员们针对衙门吏役所做的那些谴责背后的潜台词。就此而言,衙门吏役很容易被地方精英和政府官员用来作为劝阻民众到衙门打官司的靶子。通过将衙门吏役自身在司法过程中的利益归纳为赤裸裸的陋规需索,地方精英与政府官员们把这些人描述成在国家意识形态与儒家道德主义的框架之外行事,而社会权力与政治权力只有在上述框架之内运行才会被认为是正当的。不管衙门吏役在这个司法装置中扮演着何种不可 243 或缺的角色,他们很容易受到来自地方精英与官员们的话语抨击,被说成是毫无道德感的贪腐之辈,以及被斥责为表征着诉讼对社会造成的破坏性影响。

然而,地方精英们针对衙门吏役所做的那种人物特性描绘,应当被放置在前者所扮演的那些由主流文化所界定、与其身份地位有关的角色之语境当中进行解读。地方精英们所扮演的那些角色,有助于他们在各种地方事务当中取得支配性影响。姑且先不论这些角色是在多大程度上被作为强制性权力与控制的外衣,地方精英若想维持这些角色所拥有的地位与权威,则他们必须至少在表面上要做出是在为所在社区无私服务的样子。例如在纠纷解决领域当中，通过请求知县将他们的调停者身份予以正式宣告，并将他们在当地纠纷解决中的领袖地位与衙门吏役所谓的掠夺本性加以对比，地方精英们利用自己所掌握的各种文化资源与意识形态资源，力图将那些他们可以从中获得象征资本的社会机制，引入其所在社区发生的那些纠纷之处理过程当中。[1]

民间调解不仅通过各种象征性的方式抬高了士绅们在当地的声望，而且还借由所在社区民众在此过程中向那些为其调解纠纷的士绅们欠下的人情债，来帮助士绅们扩大了在当地的影响力。相比而言，到衙门打官司就没有此方面的人情纠葛，因为诉讼更多的是建立在经济关系而非社会关系之上。19世纪末，庄士敦（R. F. Johnston）在英占威海卫的英国法庭任职期间，也曾注意到了这一点。庄士敦解释说，当时越来越多的威海卫居民到英国在当地设立的法庭打官司，乃是因为在威海卫的英国法庭打官司的成本比在民间非正式调解的成本要低，后者包括给调解人的酬劳、各种开销与义务。庄士敦进一步主张说，如果威海卫当地民众这种偏好正式诉讼胜过民间调解的情况继续下去的话，那么乡村长老与家族首领们的权威便会无可避免地遭到破坏，而这些人的权威乃

---

[1] 如同麦柯丽（Melissa A. Macauley）所描述的那样，地方精英们为了捍卫他们在当地的权威而限制当地发生的那些纠纷被告到知县衙门那里所做出的类似努力，在他们对讼师的话语抨击方面也有明显的展现。参见 Melissa A. Macauley, *Social Power and Legal Culture: Litigation Masters in Late Imperial China*, Stanford, Calif.: Stanford University Press, 1998, pp.6-7。

是中国乡村的传统社会结构建于其上的根基。① 虽然庄士敦并未注意到人们在打官司时有时是将此作为一种策略予以使用的,而并非纯粹出于经济方面的考虑,但他上述的这种社会动因分析,无疑与我的看法非常相近。正如我在前面所说的那样,民众对正式司法制度的利用,将会减损士绅精英与社区领袖们在当地所拥有的权威。

　　不过,如果说巴县的士绅们试图通过对当地衙门吏役的贪腐行为进行话语抨击来捍卫自己作为社区领袖的地位的话,那么他们也利用同样的策略将其在当地的权威延伸到行政事务的领域当中。地方士绅和精英们在 19 世纪后半叶的权势扩张,已经构成了当代许多杰出的学术研究成果的讨论焦点。例如在他对太平天国起义被镇压后地方社会所呈现出来的军事化过程的精彩研究中,孔飞力(Philip A. Kuhn)指出,由士绅所领导的民团的形成,是地方精英权势扩张的一个关键面向。② 在孔飞力关于这一领域的上述开创性研究成果之后,冉玫烁也出版了相关的著作。她认为,浙江的地方精英们当时对公共事务管理的热情,象征着晚清时期正在逐渐形成公共领域。③

244

---

① R. F. Johnston, *Lion and Dragon in Northern China*, reprint, New York: Oxford University Press, 1986, p. 102.

② Philip A. Kuhn, *Rebellion and Its Enemies in Late Imperial China, Militarizationand Social Structure, 1796‒1864*, Cambridge: Harvard University Press, 1970。另参见 Philip A. Kuhn, "Local Self‒government Under the Republic", in Fredrick Wakeman and Carolyn Grant, eds., *Conflict and Control in Late Imperial China*, Berkeley: University of California Press, 1975, pp.257‒298.

③ Mary Backus Rankin, *Elite Activism and Political Transformation in China, Zhejiang Province, 1865‒1911*, Stanford: Stanford University Press, 1986.

从前述关于巴县三费局的讨论当中,我们也可以看到与此相类似但出现时间更早的地方士绅权威扩张,并且在这里,他们的权威扩张乃是发生在司法行政这一非常关键的领域当中。三费局设立于 19 世纪中期,在其设立之初,其所宣称的唯一目的是为一些特定案件的案费提供独立的经济来源。虽然这一宗旨已然意味着当地士绅们对司法活动的参与前所未有地被正式化,但是三费局后来还在不断地扩大其活动范围。到了 19 世纪末,三费局已经发展成为一个在民事讼案与刑事案件的非正式司法处理过程当中皆拥有调查权力的行政机构,且从其性质来看已经在施行自治。在由此确立了他们在当地司法过程中所扮演的角色之后,巴县的士绅领袖们还将他们对行政事务的影响力进一步延伸,在后来成立了三里公所。巴县的三里公所是由当地三费局出资设立。在清朝末年,三里公所为巴县的社区领袖们提供了一种对那些围绕地方自治而展开的公共讨论加以控制的制度化手段。

正如周锡瑞(Joseph Esherick)和冉玫烁曾提醒过的那样,我们必须注意到,士绅和精英们的影响力扩大,并不总是意味着他们是在从一个正在逐渐瓦解的国家机器那里篡夺权威。[1] 巴县三费局的例子表明,当地的士绅们通过运用各种有助于加强他们对地方事务之控制的新策略与手段,来将那些传统的资源与在新形势下可被利用的各种新资源加以结合。在这个例子当中,我们看到了如下三种资源被关联在了一起:当面对正式法律规定不足以应付实际情况与行政事务负担过重的困境时,地方衙门被认为有从非

---

[1] Joseph W. Esherick & Mary Backus Rankin, *Chinese Local Elites and Patterns of Dominance*, Berkeley and Los Angeles: University of California Press, 1990, pp.340-341.

正式渠道获取收入的需要;地方士绅作为社区领袖与社会利益之保护者的象征性角色;以及更重要的,衙门吏役那种被认为因其贪腐成性而造成社会遭到此辈侵蚀的广为流传的人物形象刻画。

如果说巴县当地的士绅领袖们之所以公开宣扬衙门吏役在县衙处理诉讼案件的过程中贪污腐败,乃是出于希望借此维持乃至强化他们自己的社会地位及对地方事务之控制的话,那么巴县知县们这样做则是出于对自己仕途的考虑。毕竟在清朝,司法行政是知县所担负的众多职责的重要组成部分。朝廷期望知县能够维持国家在司法事务处理方面的垄断地位,但除此之外,知县还要负责在其治境之内维持民众内部的秩序,并且对手下那些为衙门工作的书吏和差役们严加管束。因此,民事讼案的增多,不仅会挤占知县用于处理其他政务的时间,并反映出他在施政方面的能力严重不足,而且,在此类案件的处理过程当中,如果当事人向上级官员控告知县滥用职权的话,那么知县很可能将会因此受到其上峰的训斥。

故而,置身于这种背景之下,在整个19世纪,巴县知县们在其所写的那些报告中针对衙门吏役之贪腐行为的严词谴责,都是为了使其上级官员相信他们是在一刻也不敢懈怠地保护着当地百姓。同时,那些向百姓们警告说衙门吏役在案件处理过程当中极有可能会滥用手中权力的说辞,也是一种为了劝阻当地居民不要因为一些细故纠纷就跑到衙门打官司的手段。此种情形当中关于衙门吏役皆是贪腐之辈的形象描绘,与那种在赋税催征的过程里面刻意强调衙门吏役贪腐的做法可谓在目标方面异曲同工。在催征钱粮的过程当中,这样做是为了督促粮户们尽早完纳自己的赋税。易言之,知县们为了自己多方面的利益,经常在谴责吏役贪腐的同时,又利用此种声称衙门吏役皆会滥用其手中权力的假设作为一种执行政务的手段。

尽管将上述这些关于衙门吏役的负面形象刻画作为一种施政工具,但是出于那些同样支配着其对衙门吏役进行言辞抨击的现实考虑与个人利益,巴县知县们从一开始便没有采取直接的行动取缔收取案费的做法。为了在减少讼案数量与控制吏役贪腐行为这两件皆很重要的事情上取得平衡,巴县知县们意识到,衙门吏役仰赖这些诉讼案件及其案费作为个人的衣食来源和执行公务的经费。因此,在所有这些公开针对衙门吏役贪腐所做的修辞性谴责的背后,潜藏着一种非正式层面的实践。在这种非正式的实践里面,上述那种县衙行政运作赖以展开的实际需求催生出了一个空间,而那种严格来讲属于非法并因而经常受到谴责的案费收取制度,则被作为地方司法的组成部分之一,并在这个空间当中得以一直维系下去。

第七章 不可或缺之人的正当性

　　然国家设官置吏，官暂而吏久也，官少而吏众也。官之去乡国常数千里，簿书钱谷或非专长，风土好尚或多未习。而吏则习熟而谙练者也。他如通行之案例，与夫缮发文移、稽查勾摄之务，有非官所能为，而不能不资于吏者。则凡国计民生系于官，即系于吏，吏之为贵不亦重乎？

———[清]陈宏谋①

---

① ［清］陈宏谋：《在官法戒录》，载［清］陈宏谋：《五种遗规》，上海：中华书局，1936，第1页。"吏"这个字有时被用于将书吏们所从事的工作与差役们所从事的体力劳动（"工"）区分出来。我之所以将"吏役"翻译为"clerks and runners"，是因为我想利用该字的这种包容性更强的用法，来将所有的衙门雇用人员与朝廷任命的官员（例如知县）区分开来。关于陈宏谋的介绍，参见 Arthur W. Hummel, *Eminent Chinese of the Ch'ing Period*, Washington: United States Government Printing Office, 1943, p.86。

在清代,朝廷在最基层行政单位正式设立的政治权威之唯一
载体是知县。作为远在京城的皇帝在地方上的直接代表,知县充
当着帝国朝廷与地方社会之间的纽带。这种角色也反映在其官名
之上:知县,即"知晓其管辖之县各方面情况的官员"。但是在绝大
多数情况下,知县实际上对自己赴任的那个县的了解很少。除了
当时的法律明确规定知县不得在自己家乡任官,知县们在其赴任
地方的任职时间也很短。由此导致的结果是,这位所谓"知晓其管
辖之县各方面情况的官员",实际上并未真正熟悉当地的方言、经
济、风俗及地方行政制度的各种独特性。甚至到了 18 世纪中期,
247 连陈宏谋这样著名的省级官员都承认,这些情况不可避免地造成
了各县行政事务的日常运作被实际操控在衙门书吏与差役的
手里。

虽然朝廷颁布的法令对各地衙门经制吏役额数做出了限制,
并且还规定了各种相应的刑罚以禁止衙门吏役做出某些特定的行
为,但是清朝的正式行政制度却几乎未对县衙吏役们的内部组织
方式与办事流程做出过规定。清朝那些规定官员(上至朝臣,下至
知县)之职责的立法是如此的细致入微。相形之下,对县衙吏役加
以规制的法令规定远远不足,委实让人感到惊讶。朝廷最关心的
是各地的钱粮征收与治安情况,至于这些任务各自具体如何完成,
则通常下发给省级官员来安排,而省级官员再将该职责分派下达
给各地方官员们。知县处于上述这一行政等级体系的最底层,他
被称作当地的"父母官",负责最终落实各种层层分派下来的任务,
并且汇集了对其所管辖之县进行治理的所有权力于一身。

从理想层面来讲,知县们可以通过将其个人所做的监督与施以刑事惩罚相结合,来维持对衙门吏役及其具体办事过程的管束。但是,即便某位勤勉的知县有可能借助上述这些手段成功取得对所在县衙各种事务的一部分实际控制权,在大多数的情况下,此举带来的改变,往往也只能够持续到该知县在当地的短暂任期届满离任之时。

例如,刘衡作为清代巴县历任知县当中最有雄心和实干精神者之一,在其任期内曾出台了不少旨在杜绝当地衙门吏役滥用手中权力的改革措施。其中有一项改革措施规定,知县在处理细故案件时,持传票传唤被告的工作不再是由差役来执行(如此一来,差役们就无法乘机向当事人勒索案费),而是直接将传票交给向衙门递交告状的原告。原告然后持此传票交给他所在地方的乡约,乡约接到此传票后,再立即告知被控的某人或数人。① 此项改革从其设计来看颇为巧妙,但并没有证据显示这种试图削减差役们之牟利机会的尝试在刘衡离任后还在巴县衙门中被继续执行。就像巴县知县们为了改变当地衙门中的那些惯例性程序而做出的大多数努力那样,刘衡从巴县知县任上甫一离任,该衙门中先前的那些旧做法便很快地卷土重来。就此而言,那套在地化了的行政制度不仅是在正式法律规定之外非正式地运行,而且几乎不受自上而下的改革之影响。

直到现在,大部分研究者都还在因袭着清廷所持的看法,认为衙门书吏与差役们的相对自治意味着腐败。衙门吏役相对自治的 248

---

① ［清］刘衡:《庸吏庸言》,清同治七年(1868)楚北崇文书局刊本,第8页。

情况在整个清帝国境内非常普遍这一点,通常又被归咎于如下某个因素或者多个因素的结合。例如,清朝中央政府的行政意图与政治意志无法在地方上得到贯彻落实;各种结构性缺陷所导致的结果;又或者通过略举数例说只是由于财政方面的不足。但是,在强调清代官员对其手下吏役们的控制失败这一点时,上述这些研究成果都是将如下假设作为其展开论述的前提。而这个假设就是认为,衙门吏役所有偏离官方正式规定的行为,不仅构成腐败,而且还造成了功能紊乱。除此之外,这些研究成果当中还隐含着一种目的论预设,那就是认为存在着一种关于行政实践与国家发展的规范化模式,而我们可以用它来衡量清代的情况。尽管经常并非溢于言表,但是在这一点上,人们最常使用的终极性衡量标准,仍然是马克斯·韦伯所主张的那种关于理性化官僚行政,以及这种理性化官僚行政无论在制度上还是功能上皆是与地方社会相分离的理念。

但是,正如我们在本书前面几章当中已经反复看到的那样,清代巴县衙门的行政实践在很多方面都无法与韦伯的上述模型完全契合。归根结底,清代巴县衙门的书吏与差役们本身既不能被视为国家利益的主要代表,也不能被看作是社会利益的根本守护者。毋宁说,这些人应当被同时看作既是国家的代理人,又是一个扎根于当地社区的专业群体,并且还是一群将其手中掌握的各种资源进行最大化利用以寻求改善自身处境的个体。此外,这些人的许多行为,倘若按照官方正式行政制度的规定来看则皆属腐败之举,但实际上却不仅在清代各地方政府当中司空见惯,并且还是后者的至关重要的组成部分。

基于以上几点考虑,我自己的研究重心既非聚焦于清代巴县衙门内部的实际办事程序相对于官方正式规定的偏离,也不是放在大量实际发生的无疑属于衙门吏役滥用其手中权力的案例上面,而是将巴县衙门的实践当作一种游离于正式法律规定之外的清代地方行政制度之体现加以检视。这种法外运行的地方行政制度当中所包含着的,既有各种正式的制度,也有各种非正式的制度,此外还有国家的、社会的和个人的各种资源与利益。对清代巴县衙门上述方面的探讨,有助于揭示国家结构与地方社区之互动的真正性质,而不是其在理论上的那种性质。这种互动经常与清朝中央政府所宣扬的那些儒家正统规范形成鲜明的对比。

在本章的以下几节当中,我将稍稍跳出巴县这一研究对象范围,来探讨上述这种游离于正式法律规定之外的非正式行政制度对于我们理解晚清时期的国家与社会有何意义。我要在此特别强调的是,那种存在于正式法律所规定的行政活动与非正式的行政活动之间的距离,是如何表明看似静止不变的清朝政府之结构内部正在发生着各种变化。同时,我还想指出,在中国帝制时期的那249最后数十年里面,由此在县级层面造就的那种司空见惯的行政活动模式,对于帝国政府与各个地方社区之间的关系有着举足轻重的影响。

第一节　非正式的正当性

衙门吏役的低贱地位,主要是由于它在早期是与朝廷征派的劳役联系在一起。但是正如我们所看到的那样,绝大部分书吏与差役并非以给朝廷服短期劳役的形式出现在衙门当中,而是将其作为他们自己主要的营生方式。在承充吏役逐渐变成一种专门营生方式的过程中,他们展示出了韦伯所称的官僚组织的许多特点。这些特点主要包括,形成了各种有关其人员招募、训练、内部晋升与任务分派的规矩,建立起各种关于任务执行的规范性标准及相应的惩戒手段与控制方法,众人有其职业定位(career orientation),以及存在着一种对外部权威进行防御与抵制的明显倾向。

除了衙门吏役向民众收取各种规费这一问题,清朝的官员们同样关心的,还有衙门吏役的上述那种实际自治。这是因为,朝廷会利用各种正式颁布的行政法规,来对那些代表皇帝治理各方的官员们独立行使权力的行为进行监察,而与由朝廷正式任命的官员们不同,吏役们并不受那些正式颁行的行政法规之约束。其原因很简单,亦即从法律角度来讲,衙门吏役在其中发挥作用的整个结构就压根不应该存在。正是在这个意义上,我将书吏与差役称作非法的"官僚"们。以"非法的'官僚'们"来称呼这些人,乃是为了借其表达衙门吏役的许多做法就其本质而言并不符合正式法律的规定乃至经常属于非法之意,同时还以此强调他们的这些做法由于构成了一种在官僚制地方政府当中被非正式地加以正当化的制度,从而在整体上扮演着重要的角色。

即便清代县衙的实际做法体现出了我们或许认为任何官僚组织都会具备的许多理性化因素,但县衙内部组织的非正式基础,也为诸如亲族关系、派系联盟、庇护关系等非理性因素在其中发挥作用留出了广阔的空间。体现理性化的运作程序与体现特殊主义的人际联盟这两类实践要素之间的关系,不应当被看作相互对立的,毋宁说,它们是在协同运作。由于并没有任何从外部加诸其身的正式法令对衙门吏役的内部组织及其运作程序加以规定,而知县通常又对当地衙门吏役行事的惯例性程序缺乏了解,故而吏役们经常有必要借助各种人际联盟,通过在其内部创设房规班规及执行这些房规班规所需的纪律惩戒机构的方式,来使他们的这份工作能够保持稳定。

在衙门吏役们的惯例性办事流程之创设与维系方面,人际关系网络扮演着非常重要的作用。此方面的一个典型例子是,书吏和差役们在其内部协商订立了许多合约,通过这些合约对彼此互助的条件与限制、待承办案件的分派、不同房或班之间的案件管辖分工等事项加以规定。就像书吏和差役们经常互控的那样,这些合约与人际联盟有时会被吏役们用来把持衙门中的各种资源,或者掩盖各种敲诈勒索的行为。不管怎样,由于吏役们内部的行事是在法外运作,各种体现特殊主义的人际联盟也被作为在彼此之间建立起忠诚、互惠的纽带,以及衡量个人操守的标准。因此,这些人际关系网络不仅对于维持吏役雇用体制的稳定而言非常重要

（只有在稳定的吏役雇用体制当中，每一位书吏或差役才能够对其所从事的这份工作有合理的预期），而且也是清代县衙赖以为基的那种非正式行政惯例的绝对必要条件。

在学术界，传统的做法是倾向将这种特殊主义侵入原本应当体现理性化特征的官僚机构之中的情况，看作一种自私自利的、异常的乃至最终会导致功能紊乱的行为方式。① 但是正如我在这里所强调的，衙门吏役的实际行为所展现出来的理性化与个人化这两个不同的面向，并不一定就会彼此冲突。它们也可以相互促进。从这个意义上讲，衙门吏役的实际行为，将官僚制程序与那些盛行于中国帝制晚期的社会之中的文化规范与社会惯例结合在了一起。通过诉诸这些同样被普遍化了的规范，衙门吏役也为自己所操持的这份从正式法律角度来看属于非法的营生，确立起了一定程度的正当性。

虽然朝廷对各地县衙当中大量存在的非经制吏役及其行事大加斥责，但是这些人凭借着他们对于县衙行政事务处理而言的不可或缺性及此类行为的惯例性特点，获得了一定程度上的非正式的正当性。在为他们自己的这些做法进行辩护的过程中，衙门吏役会拐弯抹角地强调，那些按照正式法律规定来看属于违法的程序，对各种县衙事务的顺利运转及知县征收赋税、维持治安的能力而言有多么的重要，从而将自己的行为与知县自身的仕途发展挂起钩来。但是，吏役们对自己所从事的这份工作作为一种营生方

---

① Thomas A. Metzger, *The Internal Organization of Ch'ing Bureaucracy: Legal, Normative, and Communicative Aspects*, Cambridge: Harvard University Press, p.10, 397.

式的认同,远远超出了简单地将其视为一种权宜之计。书吏和差
役们在对儒家正统文献当中的一些话语要素加以利用的过程中,
向人们展示了这些意识形态结构是如何有助于形成关于何谓正确
行为的观念,甚至被用来将各种非正统的行为方式予以正当化。251
易言之,我们在这里所看到的是,各种规范性价值与正统的话语形
构①,被创造性地用来为地方上各种就正式行政架构所做的改造提
供背书。

例如,在本书前面几章当中,我们已经看到,巴县衙门的吏役
们当中不断有人呈递禀状,恳求知县按照儒家正统思想所推崇的
那些伦常来规范吏役内部的人际关系,尤其是尊长与卑幼之间的
关系(比如师徒关系)。我们也已经看到,与那些发生在更广阔的
社区当中的纠纷一样,吏役们在衙门内部发生的纠纷,在理想的情
况下也是优先通过调解让双方达成妥协,而不是通过诉讼加以解
决。倘若调解失败,则经常会有一方通过控告对方逆伦的方式,在

---

① 译者注:"话语形构"(discursive formation)是米歇尔·福柯(Michel Foucault)在其
《知识考古学》一书中所使用的一个重要学术概念,也有学者将其译为"话语的形
成"。话语形构的主要组成内容是各种各样的"陈述"(statement)。按照米歇尔·福
柯自己的说法,"如果我们能够在一定数目的陈述之间,描述这样的散布系统,如
果我们能够在对象、各种陈述行为、这些概念和主题选择之间确定某种规律性的
话(次序、对应关系、位置和功能、转换),按习惯我们会说我们已经涉及了话语的
形成"。参见[法]米歇尔·福柯:《知识考古学》,谢强、马月译,顾嘉琛校,北京:
生活·读书·新知三联书店,1998,第47—48页。根据王德威的概括与解说,米歇
尔·福柯在讲话语形构时,是在说各种"'话语运作'也许并行不悖,也许相互冲
突,但在其下总有一个轨迹架构可资依循",参见王德威:《导读2:"考掘学"与"宗
谱学"——再论傅柯的历史文化观》,载[法]米歇·傅柯:《知识的考掘》,王德威
译,台北:麦田出版有限公司,1993,第45页。

知县面前对其对手的人品加以中伤。在所有的这一切当中,吏役们力图让人们认可的是,他们对于维护正确的社会政治秩序而言有着重要的功用。因此,尽管县衙大量雇用非经制吏役的做法就其性质而言属于违例之举,但吏役们的这份工作及其行为被建构成为一种公共服务,一种由品行正直之人所从事的值得尊重的营生方式。

如同本书第二章所阐述的那样,衙门吏役们那些自称品行正直的说法,很容易被看作他们在试图以此来掩饰其各种贪污腐败、滥用权力的行为。此种观点颇具诱导性。毫无疑问,吏役们的此类自诩之言,经常会被他们自己以上述方式加以利用。但是,倘若我们全盘否认衙门吏役宣称自己注重操守的那些自我表达,则会给予官员与士绅们所做的类似自诩之言以一种特别的优待,亦即暗示后者当中并不带有类似的个人私利。官员与士绅这些精英们的利益通常聚焦于积累更多的象征资本,而衙门吏役的利益则可能更集中在攫取各种物质要素方面,此点并没有减弱上述两大群体各自在利用主流的社会价值观来证明自身追求之利益的正当性时投入的热情。但是,我们不应该通过将所有建立在意识形态之上的话语(无论是出自官员与士绅之口,还是吏役们自己所言)都简单地等同于各种旨在使权力神秘化的虚伪尝试,来解决这一论题。倘若进行上述那种简单化的等同对待,则意味着,当时各种被不同的人们宣诸于口的价值观,总是在为一些不可告人的但在某种程度上更为真实的动机做掩饰。如果那样做的话,那么也就属于不加反思地预设了我们作为无利益纠葛的后世旁观者,有能力从诸多可以观察到的行为模式当中提炼概括出上述的那些动机。

我讲这番话的言下之意是,在对权力与权威加以分析时,我们不能抛开二者运行于其间的价值观体系,而是必须认真对待那套用意识形态包装起来的语言及其所反映的各种价值观。儒家的各种道德规范作为个人或群体之惯习的基本组成部分,在那些关于道德、礼仪与正义的观念之形成过程中起着重要的作用,甚至当这些道德规范被同样的人们用来为自己的身份与生计进行辩护乃至做最大化利用时,也同样是如此。正如此点所暗示的,我们不能将历史行动者们关于自己奉行何种价值观的那些主观性宣称,与我们自己在对他们进行研究时所诠释出来的那些客观性利益割裂开来。毋宁说,我们必须认识到,在权力、正当性与占支配地位的话语形构所表达的各种文化价值观之间,存在着混乱且复杂的互动。

然而,这并不意味着,嵌入在这些话语形构当中的各种价值观,是在全社会当中被以同样的方式或为了同样的目的而加以理解、表达或运用的。恰恰相反,正是通过上述方面的各种差异,我们才得以对那个从其他许多方面来看似乎静止不变的社会政治结构当中实际存在着的动态变化有所了解。而在地方衙门吏役的腐败问题上,此种情形表现得最为明显。

第二节 地方衙门吏役的“腐败”

在我们关于中国帝制晚期县级行政的所有印象当中,流传最广且历久不衰的便是认为地方衙门吏役普遍贪腐成性。地方衙门的吏役们据说都会利用其手中的权力肆意敲诈勒索当地百姓,同时又能够避开官府各种旨在对他们加以管束的措施,而这使得这些邪恶的书吏与差役们成为人们在地方政府之施政舞台上经常遭遇到的恶棍。但是,此种印象主要源自精英与官方编纂的著述中所提供的那些历史证言。直到非常晚近,我们都还无法获得足够的文献资料来超越此类单一维度的人物形象刻画。不过随着诸如巴县档案之类的清代地方衙门档案逐渐开放供研究者们利用,我们终于可以针对人们长期以来所抱持的某些假定进行修正。

首先,我们显然需要将历史上关于地方衙门吏役贪腐行为的表述,与地方衙门内部由各种日常做法与惯例性程序所构成的现实区分开来。如同我们在本书前面几章当中已经看到的,那套关于腐败与行政伦理的话语,经常被不同的当事人策略性地利用来达到各种特定的目的。例如,巴县知县们频繁地对这套话语加以利用,以作为警告吏役们切勿贪得无厌和督促吏役们遵照其所下命令行事的一种行政手段,而地方士绅们则使用与此相类似的策略,来强调他们自己在各种社区事务处理中所具有的那种权威在道德上和社会上皆被人们认可。不仅如此,我们也已经看到,地方衙门吏役们自身也会经常利用此类修辞,来将他们当中的贪腐之辈与正直之人区分开来。

地方衙门吏役们对这些话语形构的运用,尤其值得我们注意。他们所做的此种运用强调,应当将各种严格来说并不合法却属于惯例的做法,与那些甚至连各种非正式的行政行为规范也违反了

253

的做法区分开来。而在绝大多数精英和官员们的笔下,这种区分即便没有被全然抹杀,也是变得模糊不清。但这种区分对任何试图超越那套关于吏役皆是腐败之辈的修辞,进而达到一种对于吏役们实际做法的有效理解而言,无疑是至关重要的。这种区分也表明,关于腐败的表述并不是一元化的,而是可以被创造性地加以改造与选用,以满足不同的个体在各种特定情形当中的需要。

首先从吏役们在地方衙门当中的存在本身来看,有时他们当中的几乎所有人都参与了各种违反官方法令规定的行为,因此可以被定性为腐败。但是,这些行为当中的绝大多数都是由于正式行政制度的缺陷而不得不然,故而它们尽管表现为一种腐败的形式,却是一种内生于正式行政制度本身之中的腐败,若无这些行为,则清代的各个地方政府将无法运转。因此,那种从法律角度严格加以界定的腐败标准,无法帮助我们深入理解清代地方衙门的吏役们许多从法律角度来看属于非法的行为之惯例性特征与功能性价值。

为了阐明这一点,我们或许可以再次回到经常被认为是吏役贪腐之渊薮的某些行为上来进行观察,亦即各种规费的收取。在精英和官员们认为构成腐败的各种行为当中,没有其他哪种行为遭到的口诛笔伐,会比吏役们向到当地县衙打官司的民众收取案费的做法所受到的抨击更加众口一词或言辞激烈。实际上,衙门吏役向当地民众收取规费的行为,被普遍认为是其他腐败形式的根源,无论后者是具体表现为超过朝廷规定的经制吏役额数招募了大量的编外人手,还是那些非经制吏役久踞其位而不从县衙告退。相较于吏役们其他任何做法,他们在承办案件过程中向当地民众收取案费之举,更是被描述为一种违反清帝国政府所奉行的那些道德伦理准则的行为,因为此种做法被认为导致个人私利侵入了公共事务的领域当中。①

但是,鉴于清廷在法律上所规定的财政收入来源存在着各种缺陷,通过非正式方式收取的规费便成了一种不可或缺的行政运作经费来源。在地方层面,某些形式的规费收取及数额被认为构成了腐败,甚至连吏役们本身也对其予以禁止,但是也有其他一些收取规费的行为则被认为是可以接受的,甚至被视作县衙司法活动的必要组成部分。到了 19 世纪中叶,收取各种案费的做法是如此常见,以至于吏役们被允许收取的案费种类及数额有时还被刻在石碑之上,以供打官司的民众参考。而当衙门吏役们宣称其所从事的这份营生具有正当性及他们自己也有个人荣誉感时,这些人所诉诸的正是上述那一层面的做法。

与清代官员和精英们所言的不同,地方衙门的吏役们没有必要诱骗当地民众到县衙打官司,以期从那些不幸的受害者那里勒

---

① 清代雍正朝创设的"养廉银"制度,正是朝廷为了在其正式任命的那些官员当中防止此类将个人私利侵入公共事务领域之做法而出台的措施。清廷对于个人私利侵入公共事务领域进而导致腐败的担忧,也反映在《钦定六部处分则例》当中针对"公罪"与"私罪"所做的区分上面,其中前者是指官员在执行官方职责的过程中犯下的那些虽属渎职、但并非为了从中谋取私利的行为,而后者则指官员完全出于假公济私、谋取私利之动机而犯下的违法行为。根据潜藏在不同行为背后的不同动机,官员们的渎职行为要么被归为公罪,要么被归为私罪,而那些被归为私罪的违法行为所受到的惩罚,将比犯公罪者更加严厉。参见 Chü T'ung-tsu, *Local Government in China Under the Ch'ing*, Cambridge: Harvard University Press, 1962, pp.32 -33。

索钱财。那种认为地方衙门吏役收取案费的行为导致 19 世纪讼
案增多的说法，长期以来令人感到困惑，因为从其表面上看，这种
观点似乎完全违反直觉。恰恰相反，吏役们向当地民众勒索各种
案费或者其他类似的东西，应当会阻止民众将细故纠纷告到知县
那里，而不是像官员与精英们经常说的那样将会助长民众去县衙
打官司。为了理解官员与精英们上述那种说法的背后逻辑，我们
必须意识到，此说法乃是植根于一种认为普罗大众皆是被动行事
并且彼此之间基本无甚区别的观念，而儒家关于道德型政府的理
念也正是建立在这一观念之上。

根据孔子在《论语》中对道德型政府所做的经典阐述，在德政
的氛围熏陶之下，平民百姓的行为将会更少为关于自身私利的算
计所驱使，而是更多地受到当地官员及那些有教养的地方精英们
的引导，就像风过之处草会弯腰那样。① 在此类正面的影响下，普
通百姓（良民）就会自我约束，不将那些鸡毛蒜皮的纠纷告上公堂，
而是通过调解这种社会性矫正制度来加以解决。事实上，地方民
众将此类细故纠纷告到衙门的那种举动，只能被按照以下两种方
式进行解释，亦即要么当地的官员与社区领袖们未能做到以其身
体力行的道德教化来影响与引导民众，要么他们的此类影响与引
导作用正在被那些为害地方且贪腐成性的衙门吏役与讼棍们所
颠覆。

但是正如本书第六章所描述的那样，在晚清社会那种伴随着

---

① James Legge, *Confucius, Confucian Analects, The Great Learning and the Doctrine of the Mean*,
New York: Dover, 1971, p.258.（译者注：原书此处系依据理雅各对《论语》之"颜
渊"篇当中"君子之德风，小人之德草，草上之风必偃"一句的英文解说。）

人口增长、社会分化与商业活动扩张性发展而不断加速的社会经济分化过程当中,地方上的民众完全有各种自己的充分理由到衙门打官司,而不是由于受到那些诡计多端的衙门吏役之诱骗才如此行事。而且,尽管当地的许多民众毫无疑问地会遭到衙门吏役需索案费的掠夺性行为之扰害,但是在大多数的情况下,地方衙门吏役收取案费的通常水平,要比清代官员与精英们笔下夸张描述的那些所收钱财数额少很多。清代官员与精英们针对吏役收取案费的行为加以夸张描述,其本身应当被视作一种试图以此来阻吓百姓不要再动辄到衙门打官司的努力。

虽然地方精英们所做的各种旨在对衙门吏役收取规费的行为加以约束的努力在此过程中起到了重要的作用,但更根本的因素则在于地方衙门吏役们自身的各种生计利益。大部分的吏役并不是想通过敲诈勒索来让自己一夜暴富,而是想维持一种稳定的生活来源,以让自己能够过上像样的生活。在那些惯例所允许的限度之内,规费的收取被吏役们辩称说是必要、正当且公平的;只有超出这些限度而不合理地进行规费收取,而并非收取规费这种做法本身,才被吏役们认为构成了腐败。再一次地,那种通过在所准许的行为与不当的行为之间努力地重划界限而获得的非正式的正当性,既表现为案费收取数额之惯例性标准在地方上的成文化,又在知县们愿意就吏役们内部围绕待承办案件之分派而发生的各种争端进行裁决这一事实上得到了展示。

将那些允许吏役收取的案费种类及数额予以成文化,这种做法即便只是建立在某个非正式的基础之上,也会对当地百姓利用衙门公堂的方式造成影响。由于所收取的案费数额相对而言并非高不可攀,且收取的案费数额正在逐渐被加以标准化,于是县衙公堂便为当地百姓提供了一种不受民间调解过程中所积欠的那些人情债影响的纠纷解决手段。而且,到了19世纪,许多社区逐渐在经济上发生两极分化,而士绅领袖们传统上所拥有的那种权威也正在逐渐受到侵蚀,故而县衙公堂的相对公正,便使得它成为一个更受地方民众欢迎的纠纷解决场所。

在这里,或许有人会建议说,应当将地方衙门吏役向当地民众收取案费的做法看作一种功能性或权宜性的腐败方式。考虑到并不是谁都可以随意出入清代的县衙公堂,不妨将收取案费的行为看作是为民众利用一种稀缺性资源提供了渠道。案费收取行为的另一个重要功能则是,它为清代县衙提供了一种非常重要的收入来源,进而有助于为衙门的司法活动,以及其他政务事项提供财力支持。在上述这两层意义上,收取规费的做法乃是爱德华·范·罗伊(Edward van Roy)所说的"间隙性"(interstitial)制度的一个绝佳例证。所谓"间隙性制度",是指从社会的各种间隙当中发展出来的、能够发挥其他方式都无法实现的各种功能的制度。[1] 按照爱德华·范·罗伊的说法,此类制度之所以被一些人认为在本质上属于腐败,是因为在经济适应性组织行为与那些相对静止不变的价值观之间存在着差距,而在那些正经历着各种无处不在的变化的社会当中,经济适应性组织行为是被按照那些相对静止不变的价值观加以认知的。在他看来,通过凸显实践与主流价值观之间的分裂,腐败行为有助于我们对社会经济变迁的轨迹及那些后来

256

---

[1] Edward van Roy, "On the Theory of Corruption", *Economic Development and Cultural Change*, Vol. 19, No. 1(1970), pp.88-89.

出现的新规范加以识别。①

虽然我赞同爱德华·范·罗伊将那些间隙性制度的成长视为反映社会经济变迁的一个指数的说法,但是他认为存在着一个一元化的主流价值观体系(经济适应性组织行为这种新实践便被认为背离了此种主流价值观体系)的观点则有待商榷。就像所有关于腐败的定义那样,"功能性腐败"这一概念暗示存在着一种关于何谓非腐败行为的标准,并进而使得由特定人群就何谓腐败做出的一种特殊定义被优先加以考虑。因此,爱德华·范·罗伊的上述观点,不仅无法看到对非腐败行为这一假定规范的"腐败的"偏离是如何全面与普遍,以及遮蔽了那些具有规范性特征的不当行为与肆意妄为的不当做法之间的重要区别,而且还掩盖了那些关于腐败的表述本身是通过何种方式服务于某个特定的社会政治目的。

相较于那种通过对所谓"权宜性腐败(facilitative corruption)"与"堕落性腐败(corrupting corruption)"加以区分的方式来就腐败问题展开讨论的做法,另一种看起来更有帮助的学术处理方式是,将腐败一词本身及在实际历史情景当中被历史行动者们利用这一语词加以形容的那些行为进行相对化处理,进而重塑整个分析框架。尤其是,我们必须避免对任何规范加以优位对待,无论该规范是现下被我们自己所奉行的,还是在我们所观察的那个社会里面为当时占据统治地位的阶层所拥有的。尽管本书所描述的那些非

---

① Edward van Roy, "On the Theory of Corruption", *Economic Development and Cultural Change*, Vol. 19, No. 1(1970), p.90.

正式行政措施与被制定为法律的正式规范之间存在着距离，但前者并不能被简单视作一种偏离正式法律规定的形式加以分析。个中的道理很简单，那就是在日常的实践领域，那些非正式的行政措施所构成的，并非对规范的一种偏离，而正是规范本身。我们与其追求对腐败下一个精确的分析性定义，还不如意识到正当行为与腐败行为之间的边界常常有着极强的渗透性，并且属于地方惯例而非官方法令的问题。我们还应当承认，腐败行为与正当行为之间的区别，经常被清代的人们在各种特定的情景与可利用的资源选项当中进行策略性利用。

　　然而，无论我们是否将清代地方衙门吏役们的那些朝廷法令没有规定的做法视作腐败行为，终究都不如审视此类做法与清代国家的正式行政架构之间存在的那道罅隙更为要紧。作为一套非 257正式的办事程序，清代地方衙门吏役们的行事相对而言很少受到朝廷颁布的那些行政法的束缚，因此比正式制度更为灵活，进而能够更好地回应 19 世纪县级政府所承受的各种政务压力。例如，在 19 世纪上半叶，尽管清朝中央政府官员里面的改革派们不断强调执行政务者本身品性正直在施政过程当中的重要作用，并主张节约地方行政开支，但各地县衙却不得不大量利用超出经制吏役额数招募进来的那些书吏和差役，以满足当时各种由于人口快速增长与人口结构分化而不断加重的政务需求。① 与此相类似的，规费的收取可以作为清代地方政府筹措行政运作经费的一种非正式手

---

① Philip A. Kuhn & Susan Mann-Jones, "Dynastic Decline and the Roots of Rebellion", in John K. Fairbank, ed., *Cambridge History of China, Volume 10, Late Ch'ing 1800-1911, Part I,* Cambridge: Cambridge University Press, 1978, pp. 116, 118.

段,而且,这种做法并非诉诸直接向当地百姓征收赋税,而是从当时正在发展的商业经济中分一杯羹。

并非让人难以置信的是,尽管正式官僚机构在清帝国基层的存在感显然出了名的弱,但这套由各种非正式措施构成的制度,至少部分有助于清政府管理整个帝国。不过,如果说这套法外运行的行政制度通过某些方式有助于维系大清帝国的统治的话,那么它同时也是一套不受清朝中央政府直接控制的制度。正是由于清朝中央政府对这套制度缺乏直接控制,才使得书吏和差役们首先将其在地方衙门当中的这份工作打造成一种具有可持续性的营生方式,并在某种程度上利用儒家话语中的修辞使这种生计保持相对稳定。而且,吏役们在此方面所取得的成功本身,反映出对非正式行政方式之依赖所造成的一种影响更为深远的后果,那就是清朝中央政府对地方行政资源的垄断正在遭到侵蚀,无论是从物质意义上还是象征意义上来讲皆是如此。相较于其他任何因素更明显的是,这种侵蚀使得地方社区的成员们能够获得这些资源,并进而利用它们对清帝国最底层的制度性装置与那些地方权力和权威之结构间的互动关系进行重新塑造。

第三节　权力网络

我在前面已经指出,由于前述那些做法具有非正式性与法外运行等特征,故而清代的县衙可被理解成一个其中发生着各种社会互动的场域。它既被当时文化所认可的那些人际联合模式所制

约,又受到那些制度化的规则与规范的影响。就此点而言,那些非
正式做法所造成的影响,并不仅仅限于县衙内部的各种活动,而且
还延伸到县衙与当地社区之间的关系层面。在这里,那种将行政
实践视作一个其中发生各种社会互动的场域的观念,再度被证明
是有帮助的。

　　在其主编的《官僚制与政治发展》(*Bureaucracy and Political
Development*)一书的导论部分,政治学家约瑟夫·拉波兰巴拉
(Joseph LaPolambara)强调,最低层级的行政人员在塑造大众对政
府与国家的态度方面往往扮演着重要的角色。他认为,不管那些
处于行政官僚等级顶层的官员们是如何对各种价值观,以及国家
权威在意识形态方面的有效影响加以描述,对社会大众最直接的
决定性影响,通常是由那些处于行政官僚等级最底层的行政人员
所做出来的。[1] 尽管拉波兰巴拉的上述观察主要针对的是社会大
众在感知国家政权正当性时那些行政工作人员给前者所造成的影
响,但这一结论也同样可以被用来描述各种行政机构与行政资源
的可利用性及其在地方上的运用。

　　无论那些关于仁慈家长式统治与仁政的理念是如何被清朝的
官员们加以鼓吹,并借助宣讲圣谕的活动而在帝国全境内传播,对
于绝大多数的皇帝子民而言,官府便意味着县衙当中的那些书吏
和差役。毕竟,县衙的吏役们与当地社区的接触最为直接,也最为
频繁。当地百姓只有在极少数的情况下才能见到知县本人,而他
们与知县进行当面交流的机会更是少之又少。从这个意义上讲,

---

[1] Joseph LaPolambara, ed, *Bureaucracy and Political Development*, Princeton: Princeton University Press, 1963, pp.6-7.

帝国政府并非抽象美德的贮藏室与从高处向下辐射其影响力的道德权威,而是体现为衙门吏役这些知县的爪牙,他们负责征收赋税、缉捕人犯、递送传票、对田宅交易进行登记、张贴官府告示及在乡村地区进行各种调查。

另一方面,衙门吏役的金钱利益和生计利益,与地方行政实践的那种非正式特征结合在了一起,再加上对吏役们的各种具体行为缺乏正式法令规定从外部加以控制,结果导致一些社会大众在与这些国家在地方上的代理人打交道时,存在着对自己与衙门吏役相熟这一优势及自己所具有的个人影响力加以利用的大量空间。正是这种可能性让清代的官员们感到为之不安。虽然清朝的官员们经常斥责上述情形将会颠覆家长式教谕的影响并破坏公德,但是此类言辞的潜台词则是那样做将会导致朝廷权威面临被稀释的危险。当代的学者们通常会对上述相互作用的方式予以承认,但是也往往会将它描述为不仅削弱了国家对基层社会的渗透,而且还阻碍了国家与社会之关系在中国帝制晚期的充分理性化。

259 　　上述这两种推测都有可能是正确的。但更重要的一点是,清代吏役们的那些非正式做法,使县衙的行政活动变得不像是彰显皇权的臂膀(不论县衙的行政活动对当地百姓们是仁慈的,还是对社会大众构成了扰害,抑或对其漠不关心),而更像是一个不同的人们在其中进行议价交换的区域。这一区域将那些非正式的私下交易与吏役们作为国家在地方上的代理人所承担的各种正式功能结合在了一起。在本书的前面几章当中,我们已经看到此类交涉的许多例子,例如某人得到被招募进县衙承充吏役的机会,由差役们担任包税人,以及衙门吏役与地方社区之间的各种合作关系。除此之外,我们还可以将一些行政服务也归入此类,例如向商人、牙人、戏班、妓院与鸦片烟馆颁发执照或许可,对各种交易进行不实登记以规避缴纳税款,又或者利用自己与在衙门当中工作的某些吏役的个人联系,使自己可以得到有利对待或内部消息。

在诸如此类的领域当中,清代县衙的行政活动,为当地民众提供了一种可被用来追求其各种个人利益的资源。这种资源的可获得性,则取决于地方衙门吏役自身的各种经济利益、他们对行政手段的控制,以及他们工作于其中的那一制度的法外运行特点。当然,在地方衙门吏役工作于其中的那一制度里面,有着相当多的权力滥用空间。但是正如我在前面已经指出的那样,此类滥用手中权力的行为,在某种程度上受制于地方衙门吏役自身希望这份生计能够保持长期稳定的需要,同时还被当地各种关于怎样才算一桩公平交易的观念所约束。就此而论,衙门吏役乃是一个在当地的各种权力、权威与影响力之间游走的特殊利益群体。他们也是那个由彼此既冲突又联合的衙门吏役、知县与地方士绅所构成的三角模式当中的重要参与者之一。

首先,在维持所在县域内各项行政事务稳定运行这一点上,衙门吏役与知县的利益显然是一致的。如果说知县之所以期望行政事务能够稳定运行,乃是为了增进国家的利益与基于自身仕途的考虑的话,那么对那些希望保住自己手中饭碗的吏役们来说,维持行政事务稳定运行同样也非常重要。这种共同的利益,使得非正式行政实践所借助的各种手段成了知县们与吏役们之间的一种妥协。

然而,尽管知县与吏役们之间经常相互合作,但他们的关系在某些方面天然存在冲突。例如,吏役们在承办诉讼案件过程中的经济利益,便经常会与知县希望尽量减少待审案件的数量的想法相冲突。在这个例子当中,与其他领域中的情形相似,对各种行政资源进行控制并加以利用的问题,乃是双方之间产生矛盾的最主要根源。我们业已在本书前面部分讨论过的许多例子当中看到,当新上任的巴县知县试图通过改变一些惯例性做法来加强自己对衙门内部事务运作的控制时,吏役们能够对知县的这种努力进行抵制。为了在此类冲突中强化自己的主导,知县们有许多种手段可以动用,其中最常用的是体罚这种赤裸裸的强制性权力。知县们为了减轻对吏役的依赖,还经常会自己出钱雇用长随与幕友,而这些人可以在专业技能方面与吏役们形成某种抗衡。不过在这个领域当中,最为重要的资源与支持力量,乃是知县与当地士绅们之间的关系。

在地方层面的所有政治关系当中,知县们与当地士绅领袖们之间的关系在学术界被分析得最为透彻,以至于这种关系有时被描述成相当于地方权力及其影响之全部。此种看法在某种程度上是可以理解的。如果没有当地社区领袖们的配合,一名知县要想管理好其治境内数以十万计的民众,根本就希望渺茫。因此,衙门吏役被形容为知县的爪牙,而士绅领袖们则经常被称作知县的耳目。这种以人体感觉器官进行比喻的说法非常形象和贴切,因为如果说爪牙可被视作执行知县意志的工具的话,那么耳目这一说法,则意味着一种认为士绅领袖们所起到的作用远非纯粹只是工具性的共同看法。

　　这种关系当中的合作,乃是植根于知县们与士绅领袖们共享的儒家正统价值观及建立在那些理念之上的权威结构。正如许多学者已经指出的那样,这种存在于社会政治等级结构,以及该结构的那些意识形态基础当中的相互投入,使得清政府能够以一种在现代早期的欧洲不可能实现的方式,来与地方精英们分享权威。在社会出身、教育背景、志趣爱好及那些被明确加以表达的价值观方面,相较于其与所在社区当中的其他群体(包括衙门吏役在内)而言,知县们与士绅们彼此之间有着更多的共同之处。

　　尽管知县们与当地士绅领袖们在许多方面都很相似,但他们各自的利益及在追求这些利益的过程中所使用的手段却并不总是一致的。如果说士绅领袖们对地方事务的介入经常被看成是给予县衙以支持协助的一种重要来源,那么这种介入同样也经常会被知县们及其上级官员认为是对官府事务的横加干预与多管闲事。261这在 19 世纪后半叶尤其如此。当时,士绅中的积极分子开始填补正在逐渐走向衰弱的清朝中央政府在地方管理上的各种空隙,并对各种可用的新资源与正在不断变化的时局加以利用。他们所做的这一切,乃是为了提升自己在地方事务当中的影响力。在此过程中,衙门吏役再次扮演着重要的角色。

　　从衙门吏役的行为及其金钱利益会对地方士绅们的权威造成妨碍或颠覆这一层意义上讲,这两个群体之间的关系天然是彼此对立的。在这种冲突当中,社区领袖们经常利用衙门吏役的很多做法严格来讲属于非法这一点来大做文章,将这些做法说成是在鱼肉乡里。衙门吏役那种人尽皆知的贪腐形象,因此被士绅领袖们用来反衬他们自身被公认具有的道德魅力与那些无私动机。正如诸如三费局之类的绅局在四川的设立那样,此种策略有时不仅被这些士绅领袖们利用来作为捍卫自身在当地的社会地位的一种手段,而且还被他们利用来作为在此类半官方机构之中扩大自身对行政事务之影响力的一种有效工具。

虽然清代地方政治经济体制的上述方面尚有待进一步的研究,但显而易见的是,地方士绅与衙门吏役之间的互动,并非像以往所描绘的那样总是彼此敌视。真实的情况是,社区领袖与衙门吏役之间的相互合作,无疑经常会被他们用来获取各种狭隘的利益,或者被用来强化他们当中某些人的强制性权力。不过,倘若因此便认为当时的情况总是这样,则就属于无根据的臆断。正如本书前面讨论过的当地社区领袖为遭到同班其他差役指控的巴县衙门粮班领役范荣开脱的例子所展示的那样,当地社区领袖们与衙门吏役的个人联系和接触,有助于保护当地社会各种广泛的利益,例如让那些为害地方的盗匪能被官府迅速缉捕归案,隐瞒当地社区赖以为生的制售私盐或鸦片的行为而让其不被知县所知晓,又或者使差役们向当地民众所收取的规费保持在某种惯例性限度范围之内。

尤其是对那些自己手头拥有的资源不多、处于精英阶层底端的人们来说,他们与衙门吏役的直接接触与合作,常常被其作为加强自身在当地的影响力及实现自己各种预期目的的最有效手段。在此类情形当中,有着最直接的决定性影响力之人并非知县,而是衙门里面那些高级别的书吏和差役。因此,当地的士绅们在这种三角关系当中处于一个扮演着多重角色的特殊位置,他们在与知262 县周旋时强调自己身为正统观念之捍卫者的传统角色,同时又在与地方衙门的吏役们进行非正式的磋商,以规避正式制度的种种束缚。

对于衙门吏役们来说,与地方上那些有影响力的个人培养非正式的联系,同样也是大有裨益。正因如此,在本书前面几章当中,我们不仅看到巴县境内的一些社区领袖站出来声援那些遭其同事指控行为不当的书吏或差役,而且还看到他们试图将自己中意的人选安排到吏役队伍当中的那些重要位置之上。这些例子只代表了那些因吏役内部发生争端而使得此类事情引起知县注意的情形。那些没有引发争议并因此未被记录下来的衙门吏役与社区领袖进行日常合作的例子,如今我们已无法看到。

虽然本书所描述的各类互动与交易之确切性质在某种程度上系巴县所独有,但是我想说这些关系的运作机制在清帝国全境则是类似的。不过,为了揭示这些运作机制,我们必须注意避免那种将西方的历史经验套用到中国头上的倾向。易言之,不要预设在清代的国家与社会之间存在着一条泾渭分明的界线。相反,我们需要超越正式制度与法律规定的那些边界,不是把清代县衙看作被嵌入在地方社区之中的一个其内部离散的机构(地方社区内部同样也是离散的),而是将清代县衙视为各种资源和做法(包括正式的与非正式的、物质性的与象征性的资源和做法)汇聚于此的一处场所,对于当时操持不同营生方式的各个社会群体而言,这些资源与做法的可获得性各不相同。

与正式的行政制度不同,清代衙门当中的那些惯例性做法具有适应性。的确,这些惯例性做法在清代衙门当中的存在本身,可被视作是对它们运行于其间的那些广阔的社会、经济和政治环境的一种回应。在某种程度上,县级行政活动的非正式面向,在中国帝制晚期伊始便已出现。它是正式行政制度与县级政府的各种实际需要之间的初始差距所导致的一种结果。然而,纵然正式制度保持静止不变,清帝国在 18 世纪与 19 世纪初发生的人口总数激增与经济快速发展,导致非正式行政方式的范围也随之急剧扩大。而非正式行政方式的范围扩大所造成的必然结果,便是地方衙门的各种资源被私人挪用的可能性随之大增。19 世纪中叶以降,由于清朝中央政府将其政令贯彻到帝国境内基层社会各个角落的能力逐渐下降,地方精英们与国家之间的矛盾不断加深,以及社会动乱的普遍增多,上述局面更是雪上加霜。故而,虽然那些非正式的行政方式有助于清朝在这一动荡不安的世纪当中维系其统治,但这种局面所付出的代价则是朝廷对其行政机器的控制能力日益遭到削弱。

263

这就引出了本书要讨论的最后一个问题,它同时也长期困扰着当代那些研究中国帝制晚期政府的学者们。这个问题就是,当在我们看来彼时存在着大量证据表明现实情况并非如清朝中央政府想象的那样时,朝廷的政令为何还固守着那种认为正式行政制度足资可用的假象?此问题的答案,至少有一部分在于,从那些身处庙堂之上的官员们的角度来看,那套正式行政制度似乎足堪满足需要。正如曾小萍在她那本研究 18 世纪清政府财政改革的著作中所描述的,各级地方政府当时利用各种法外的办法增加财政收入所取得的成功,遮蔽了进行任何体制性结构改革的需要。[1] 在

---

[1] Madeline Zelin, *The Magistrate's Tael, Rationalizing Fiscal Reform in Eighteenth-Century Ch'ing China*, Berkeley: University of California Press, p.74.

朝廷所规定的地方衙门经制吏役额数这一问题上，也同样如此。本书前面几章当中所描述的那些非正式行政方式，为清朝所有的县衙提供了足够的延续性、稳定性与灵活性，从而使得知县们能够履行他们的基本职责，并让中央政府感到满意。由此，地方秩序通常能够得到维持，而绝大部分的钱粮赋税也能按时上交朝廷。因此，当偶尔有某位知县或省级官员抱怨自己可利用的资源太少时，往往就会被解释为是该官员自身能力欠佳、勤勉不足或品德有缺，而不是被看作意味着需要对原有的那套正式制度加以彻底改革。如果说正式制度的所谓健全在很多方面实际上都是幻觉的话，那么即便如此，它仍然是一种容易被维系下去的幻觉。

就像此前的那些王朝所做的那样，清朝在此方面的立法重点，仍然集中于通过就经制吏役的额数、服役期限及对吏役违法行为的刑事惩罚措施加以规定，来对衙门吏役进行控制，并同时规定那些被发现怠于行使其管束手下吏役之责的知县将会因此受到惩罚。故而，尽管清朝早期的几位皇帝曾采取举措试图进一步强化集权，并挑选性地针对帝国行政的某些方面进行了体现出理性化的改革，但无论是那几位皇帝自己，还是他们那些承袭皇位的后代们，都没有尝试着对清朝地方政府的结构加以重塑，或者对那些将中央任命的官员与衙门吏役区隔开来的社会界线与制度界线进行改变。

不过，从另一个层面来看，清朝中央政府为何始终没有通过对正式行政制度进行结构性改革的方式来解决地方政府所遭遇的那些困境，这一问题本身便是成问题的，因为这种提问方式预设了那些有权力这样做的人们可以不受意识形态与政治性考量的束缚。

在中华帝国晚期那种中央集权的官僚制结构当中,政府乃是作为一种制度化的支配工具而发挥作用。自宋代以降,历代的朝廷都在利用此种支配工具,逐步从地方社区的领袖们那里夺取更大程度的对行政活动的控制、权威与各种资源。中华帝国晚期在此方面所做的那些努力所取得的成功,在很大程度上要归功于儒家意识形态中那些使其得以正当化的效用。后者使得地方精英们能够长期维持其社会统治地位,即便它们同时也在为国家权威在地方行政事务当中的扩张保驾护航。

根据宋代理学家们所创立的那个形而上学基础,帝国的政府并没有而且事实上也不应该作为一种赤裸裸的支配工具而存在。相反,以儒家的理念与价值观作为其统治准则的帝国政府,在其所奉行的那些制度当中,以及官僚们与君主那里,被描绘成同时也是至高无上的道德规范的化身及其实现工具。因此,帝国政府权力的实施及其正当化,既非通过法律的强制性力量,也不是依赖行政技术的功利性效用,而是通过运用那些被普遍化了的道德正义准则对权力加以校准的方式来实现的。

清朝的法律—行政制度本身就是此种理念的结晶。不论这套制度在实践当中是被做何种用途,在正式的层面上,《大清律例》从来就无意充当一种在帝国政府与皇帝的臣民们之间或者在天下万民之间调和各种关系的实证法体系。相反,清帝国的法律被建构成一个装满各种刑事惩罚规定的贮藏室。它通过对一种静止不变的政治秩序与社会秩序加以维系的方式,来维持正义在宇宙当中的平衡。作为皇权的代表,知县之影响力的发挥,不能仅靠积极主动执行法律规定的方式,而是要借助其官员身份所具有的那种令人敬畏的权力,以及他自己的个人行为。如前所述,从这个意义上讲,县衙公堂作为仪式的中心,将国家、社会与宇宙秩序全部勾连在了一起,并用一种超验的道德观念对其整体进行熏陶。

如同上述论述所意味着的那样,在那些社会性的规范与理念和政治性的规范与理念之间,并不存在断裂;各种在本质上相同的道德律令,要求普罗大众服从于皇帝、皇帝的代表们,以及社会精英。在很大程度上,政治精英与社会精英们所共享的那些正当性原则,造就了中华帝国在制度方面令人难以置信的稳定与长寿。不同于启蒙运动之后的欧洲,在帝制晚期的中国,并没有发展出对私人领域与公共领域的清晰划分(更加不用说将那种划分予以神圣化),正如在古汉语当中看不到任何不带贬义色彩的、用来表示"私"的意思的术语这一事实所证明的那样。

由于上述这种道德维度的存在,帝制中国晚期的政府也缺乏 265 那种去人格化的功能性理性主义,而正是这种功能性理性主义标志着官僚制国家在欧洲的诞生。11 世纪王安石变法的失败,在部分程度上可被看作是官僚们与社会精英们针对此种理性化的创生共同进行抗拒所造成的结果。最终,判断一个人能否胜任某官职或者是否配得上某种社会地位的标志,既非技术能力,亦非现实效用,而是其对儒家所推崇的那些社会政治价值观的认同。

自宋代以来,帝国政府的稳步发展及其在地方上的行政权威扩张,于是便在社会关系与政治关系之间未有任何重要的分离迹象的情况下发生了。随着知县之类的地方官员们的职责与政务负担在明清两朝不断加重,此过程也发生在同一套意识形态框架的内部,而这一意识形态框架先前所维系的,乃是一个在疆域上要比明清两朝小都得多的帝国。① 由于这个缘故,当书吏和差役们的人数逐渐增多,并且其在衙门中的这份工作从一种劳役发展成为一种半技术性的营生方式时,这些人依旧处于官方所认可的正当性之外。吏役们那种作为功能性专家的功利性角色(他们既没有受过读写能力的训练,②亦无功名在身),使得他们只是纯粹的行政工具,故而显然并不适合充当朝廷权威在地方上的直接代表。

到17世纪中期清朝统治全国之际,中华帝国的扩张业已使得那套正式行政制度的各种缺陷日益明显地暴露出来。到了19世纪,清朝定鼎中原后150多年来的持续发展,使得其所奉行的那套行政理论与行政实践之间的矛盾变得更加突出。虽然衙门吏役的活动很难被当作造成出现当时人们所逐渐意识到的那些地方政府危机的首要原因,但这些人的各种不当行为,以及大量非经制吏役在正当性界限之外的存在本身,导致他们很容易受到帝国官员与地方精英们的口诛笔伐,而此类抨击又将会发展成帝国官员与地方精英们之间的一种冲突。

当然,对于应如何改革当时的地方行政制度,在19世纪并不缺乏此方面的建议。所有的这些建议都强调吏役们在地方衙门事务处理过程中的重要性,并且皆将所谓的吏役贪腐当作亟须解决

---

① 译者注:作者在此处是将明清两朝与宋代进行对比,这三个朝代都将儒家思想奉为国家的正统意识形态。元朝的疆域虽然远比宋明清三朝辽阔,但因蒙古人入主中原的缘故,儒家思想在元朝并不受推崇。基于上述原因,本书作者在讨论儒家意识形态与价值观时,有时会将明清两代与宋代进行比较,而不谈元朝。

② 译者注:严格来讲,作者此处的这一描述适用于差役,但并不适用于书吏。正如作者在本书第二章当中曾讨论过的,书吏们所从事的工作性质,要求他们必须具备并不低的读写能力。

的重点问题予以关注。

当时的一些经世思想家，对顾炎武在明末清初就衙门吏役问题所做出的那些观察进行了回应。例如，冯桂芬认为吏役问题是 266政治权力过度中央集权化所导致的一种恶果。在他看来，当知县面对着其几乎无法完成的大量行政任务时，真正的权力就不可避免地会落到那些贪婪成性的衙门吏役手中。冯桂芬建议，解决此问题的办法是把行政管理的权力下放，让地方上的士绅领袖们重新具有一定程度的权威，由此就可以消除对衙门吏役的依赖。①

另一些提出改革地方行政制度的建议的人们，是当时的一些省级官员，例如曾任江苏巡抚、福建巡抚等职的丁日昌。丁日昌认为，此问题起因于地方衙门吏役从中作梗，以至于官员们与当地民众之间缺乏直接沟通。② 然而，他们所提出的解决方案，是要加强中央集权，以及官僚制度对基层的渗透，而不是相反。在这些发表其见解的省级官员们看来，被强化后的中央集权，可以通过将书吏与差役们整合到官僚序列之内，进而让这些人的利益与大清王朝的利益更为明确地息息相关，如此一来，便能够将那些对皇权在基层的权威与影响构成妨碍的吏役们从地方衙门当中清除出去。

上述这两种改革建议，最终都没有被清廷采纳。的确，这两种改革建议当中的任何一种若被付诸实施的话，都必然会破坏社会精英们与政府权威之间的平衡。究其特点而言，这些改革路径要

---

① Philip A. Kuhn, "Local Self-government Under the Republic", in Fredrick Wakeman and Carolyn Grant, eds., *Conflict and Control in Late Imperial China*, Berkeley: University of California Press, 1975, pp.265-268.

② Jonathan K. Ocko, *Bureaucratic Reform in Provincial China, Ting Jih-ch'ang in Restoration Kiangsu, 1867-1870*, Cambridge: Harvard University Press, 1983, pp.1-11, pp.176-177.

么是通过激进地将大清王朝的权力予以下放,要么是同样激进地扩大官僚人员的规模。就算清政府拥有足够的财力来扩大官僚人员的规模,只要帝国政府的权力与权威之正当性是与恪守儒家所推崇的那些原则紧密勾连在一起,那么书吏和差役们就无法在不破坏整个原有结构的情况下被吸纳到官僚序列中来。

与此同时,经济的增长、社会的发展,以及清帝国内部发生的各种叛乱活动与外国列强的入侵,正在共同塑造着新的社会形态、新的精英阶层及新的地方权力拥有者。这些新的地方权力拥有者,在维持传统现状方面投入的精力很少,更加不关心利用儒家意识形态将其拥有的此种权力予以正当化。但是,当时正在发生变化的,并不只有大清王朝的社会根基。到了 19 世纪末,地方社区与行政人员之间在法律之外展开非正式互动的各种模式,当时已经成为地方政府架构的组成部分之一。在 1911 年辛亥革命之后重建政府的过程中,这些模式并未被加以明显改变。相反,辛亥革命破除了对衙门吏役与私人个体将各种地方行政资源挪为己用的行为加以约束的最后一些残余因素。伴随着帝制时代的寿终正寝,这个舞台于是被设置为迎接一种权力更加分散且分权更为彻底的新支配形式的到来。

附录一　巴县衙门各房的差务分工

吏房　办理该县正佐各官到任和交代文书,官员俸廉和差役工食银两奏销文书,捐案与考绩月报、年终简明表。

仓房　检查仓谷,赈粜饥荒,起草缮校有关文书(如移交、盘查、报销及札委或辞退斥革仓正)。

户房　经理地丁、津贴、捐输、田房税契、租股银钱、孤贫口粮,调查户口,编联保甲,更换监、保、里正,起草缮校上述各项文书及晴雨、物价月报。

礼房　经理春秋祭典、祠祀、庙宇、学务、育婴、善堂、牙行、当课,迎官接诏,封开印信,起草缮校上述各项文书。

盐房　承办盐茶事宜及有关盐茶文书。

兵房　经理驿站、夫马、铺司、红船等项事宜及有关上述各项文件。

刑房　办理人犯、洋务、烟赌、商号过道银两等项事宜及上述各项文书。

工房 办理度量衡、劝工、农政、矿务、蚕桑、京铜、京铅、银币、铜币、制钱、硝磺、糖业、棉业、城垣、地理等项事宜及有关上述各项文书,牙帖与礼房各分一半征课。

承发房 接收衙门内外各种文件并向各房分发,上下往来公文卷宗汇总出入皆由此房办理。

柬房 伺候知县,向城内县、府、道各衙门递送文书。

来源:李荣忠:《清代巴县衙门的书吏与差役》,《历史档案》1989 年第 1 期,第 95—96 页。

附录二　巴县衙门书吏当中的金氏族人

　　那些受雇在巴县衙门中工作的金姓书吏们之间并无公认的世系。他们各自供奉的神龛上刻着的并非同一位祖先的名字，没有共同的族产，亦无同一套家谱。毋宁说，这些金姓书吏是作为一个亲族群体在巴县衙门内工作的。这个亲族群体是由数个按照不同的出生地进行区分的小单元组成，而这些小单元之间或多或少有着某些渊源。

　　下图描画出了这个亲族群体内部的各种人物关系，并标出了19世纪下半叶时该亲族群体的各成员在巴县衙门各房中所占据的位置。

　　图示中的信息，主要是从巴县档案里面的下列两类文书中搜集而来：一类是任命典吏的文书，那些候任的典吏们会在此类文书中写上其祖上三代的姓名；另一类则是那些当事人在其中专门提及自己有哪些亲戚在巴县衙门里工作的案件记录与其他卷宗。

来自重庆城内的金氏族人

来自重庆城外农村地区的金氏族人

金永治

金元照

金廷陞　金应乾

金文□　金学淋　金家相　　金敦修 吏房典吏

金文瑞　金燮阳 仓房典吏　金相□　金殿阳 吏房典吏

金文斗　金悼斋 盐房小书　金悼云 盐房典吏

陈翰屏 盐房典吏

金殿选 刑房经书 盐房经书 吏房典吏

金殿元 刑房经书

无名氏 金赞尧 吏房小书

金振元 盐房典吏　陈金氏

金宪章 盐房典吏　金在镕 盐房典吏

无名氏　金瑞廷

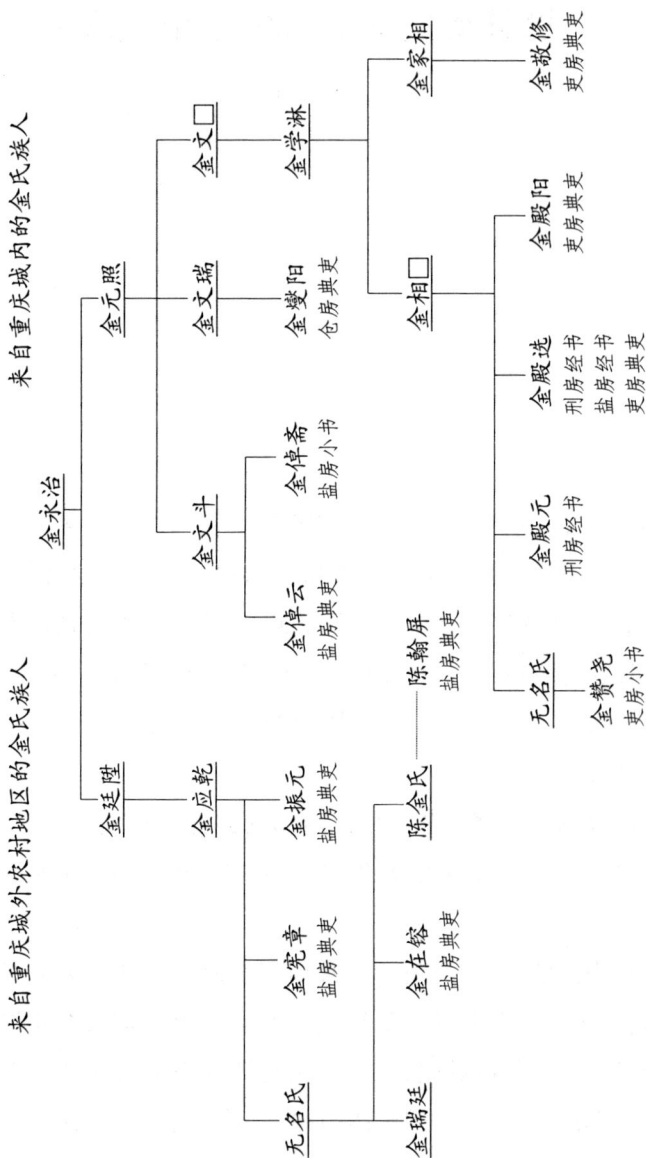

资料来源:巴县档案,档案号:6.6.242; 244; 246; 254; 255; 263; 267; 268; 270; 272; 280; 301; 312; 314; 319; 331; 333; 334; 335。

438

附录三 巴县衙门工房书吏们就互助及待承办案件分派所订立的合约（光绪二十年，1894）

（第一部分系誊抄旧合约的文字内容）

立出同心协力整饬房规，合约人许赞元、卢春山、卢礼卿、陈炳镜、许瑞图。

因身等□后入房均有数十载，前因房内勘案，以及自理案件并开单缴领等项，先年原有旧章，历久无紊，近因现吏伍秉忠于去八月与新进入房曾心安与革书瞿玉堂等六人朋参入房，凡属一切案件，均不遵规模，概系伊伙承办。心安、玉堂尤敢把持，擅更旧章，仗恃出银搭参。

身等各有身家，实于人众衣食有碍，是以邀集同房人等□饬房规，同心协力，不得讨好卖乖，口是心非。倘伊伙等借端妄禀一人，身等协力护持同禀，不得退□不前，阿谀逢迎，受贿推诿。如有前情，身等推卸不管，准其受控之人粘约禀呈。所费小资，伙同均派。

如有作奸犯科撞骗者,不在此内。

系身等习读未成,为衣食起见,均出无奈。如不重整房规,尤恐将来未入伙者难免不无故禀革。此系身等心甘意悦,并无私见,特立合约五纸,亲书名押名款。一纸存据,合同各据。

光绪廿年七月十六日出立协整房规。合约人许赞元、卢春山、卢礼卿、陈炳镜、许瑞图均有押。

(第二部分系新订立的合约内容)

立仍遵前规,合约人吏书伍秉忠、经书许赞元、卢春山、卢礼卿、陈炳镜、许瑞图、曾心安、蒋听齐。

情因身等房内案件昔原有旧规,至今□□。去伍秉忠接参,屡因房众人等迭争,不一是从,邀集合□人等公议。

嗣后凡有勘案十个,典吏□占四,□人众占六个,挨次轮差。自理案件仍规三轮派差,不得□□。每轮准随典吏提案一个,不得阻拦。日后经书如有不法,典吏当凭房众理论,再行禀究,不得□□□。而经书口角,亦要投典□□,均不准私自一人出名妄禀。

此系身等□□□□□,恐人心不一,□立合约□,合同各据。

光绪二十年七月二十八日立,仍遵前规。合约人典吏伍秉忠、经书许赞元、卢春山、卢礼卿、许瑞图、曾心安、蒋听齐、陈炳镜均有押。

资料来源:巴县档案,档案号:6.6.587

附录四 案费章程与三费章程(光绪三十二年,1906)

案费章程

每案开单送审,纸笔之费,原被告各给钱七百文。无论原被人数多少,均止此数,不得按名索取。

每案初审,站堂差役执刑小班人等,原被告各给钱一千文。房书下乡勘丈业界,往返四十里以内者,原被告各给夫马钱六百文、饭食钱二百文。路远者,每十里加钱二百文,不得违章多索。

覆讯案件开单,纸笔之费,原被告各给钱乙百六十文。无论人数多少,亦止此数。

每案总役拨差下乡唤案、饭食等项,原被告各给钱五千文。倘或原告、被告至三四名、五六名者,亦止共给十千之数。实在家寒无□□□□者,准予减半。

案内添唤之人,无论干证、团邻、家属、被告,一体免给差钱。

案内应质之地邻、干证,均毋庸出给分文。

每案初审，原告、被告各出送案钱八百文。如有和息销案，原、被两告各出钱乙千五百文。

具结一纸，原、被两告各给纸笔钱五百文。

每案□□饭食等，原、被告各给钱三千文。无论□□□数多少，均止此数，不得按名索取。

以上系现行案费章程，理合登明。

三费章程

招解无栅箍死罪人犯赴省，一案一犯，原章支发解费钱六十千文，现在减发钱四十五千文，每加一犯，加钱四十千文。有栅箍者，每犯一名，添抬夫力钱十六千文。自人犯招解到府日起，至发回收禁日止，限以百日为准。如过期一日，加差犯饭食钱三百文，按月计算支发。倘人犯留禁司监不复发回，即以留禁之日截算差犯费，按日扣算，抬夫力钱缴还一半。所发钱文，随时照市合给银两，以便解役易于携带，至军、流、徒犯解省者同。

解府道军、流、徒犯，一案一犯，给解费钱三十钱文。二犯，给解费钱五十千文。每加一犯，加钱二十千文。

解府人犯，一案一犯，给解费钱五十千文。一案二犯，给解□□□，□□一犯，加钱十千文。

招解人犯，解费定于人犯起解前一日开支，由县给票，分别注明斩、绞、军、流、徒犯罪名，及解省解府道人犯名数、银数。长解持票赴局承领。所有栅箍、赭衣、投文、挂号、寄监、口食一切零星杂用，均在其内，长解不得格外需索，违者禀究。

相验厂费,如在本城坊厢,每次支刑仵纸笔、马价、饭食钱乙千六百文,差役一切厂费、洗尸、照尸、灯油、饭食等项共钱三二百文,跟班马价、饭食钱一千,大班饭食钱五百文,号头饭食钱乙百文,茶东房钱各乙百文,小班饭食钱二百文,执刑饭食钱二百文。支给棺木钱四百文,如尸亲自备,不准给领。

刑仵随同下乡相验,五十里以内往返一日,每名支马价钱叁百四十文,饭食钱乙百文,差役每名往返饭食钱乙百文。五十里以外至八十里往返二日,每名支马价钱六百八十文,饭食钱二百文,差役每名饭食钱二百文。至八十里以外,准照路程四十里□□□□□□扛尸,亦照此数支发。

抬尸夫力,每十里每名给钱三十文,按里递算。

无主过客病毙旅店,以及冻馁路毙乞丐、水漂浮尸,只派刑仵查看掩埋者,只给刑房纸笔钱二百文,仵作钱三百文,原差钱四百文,抬埋钱二百四十文,不得索照案命开支。

相验厂费,必俟验尸后开支,原差协同约保持票赴局承领,如私理匿报、讯结不验,或报案后旋递免验,只支刑仵单子钱四百文,堂事钱二百四十文,原差饭食钱一千二百文,送审钱一千二百四十文以外,一切厂费概不开支。

检验命案,每相验厂,同由局支给,如数不敷□□□,不得累及地邻。

相验费专为地方命件而设。如监犯病故,禀请邻封相验夫马及地方官自验监犯,向系捐廉办理,均不在开支之列。惟别县专刑仵查验,除官赏夫马外,其刑仵差役随同本官来县者,准共支给钱三千四百文。

捕厅缉捕经费，向系每月二十两。嗣经前道台唐□饬令局再价银十两，共成银三十两，现在照支。

资料来源：四川大学藏巴县档案抄件，民刑总类，29

附录五　巴县衙门各房的案件管辖分工（光绪三十一年，1905）

礼房　承办祠礼庙宇、家庭债账、婚姻、杂货、药材。

工房　承办填堰、炭木、矿务、工造。

刑房　承办命、盗、抢、奸、娼、匪、飞、走、凶、伤、洋务。

户房　承办田房买卖、粮税、租佃与逐搬仓税等。

仓房　承办赈粜饥荒、谷仓米粮。

盐房　承办盐茶及西件。

兵房　承办驿站、马房、信行、肉厘。

吏房　承办诰敕、封官卸印、科目捐照。

资料来源:巴县档案,档案号:6.6.287

附录六 巴县衙门粮役们就案件管辖分工订立的合约（光绪二十八年，1902）

（第一部分系誊抄旧的合约内容）

立出永敦和睦定规遵办，巴县三里粮班和约人六班领总役等。

情因本年正月有倪懋德堂以扛磕滋凶控毛义堂一案。懋德堂业在中里，人居本城。其词又注廉里，系属贴补以致。邱伦与李春争办，当凭六班人众在衙神祠理剖，众剖此案两班合办，以后乃遵旧章，不得擅改控词。

迨今三月，复有李朝常以谋篡买首李张氏一案。词注节里，业在仁里，又属贴补。李春、邱伦又复争办，各执一词翻异。复经各班领总役等理落剖白两造嫌疑，众劝李春免办此案，从兹永遵定章，将案钱作为整酒演戏之费，复整旧规。

以后皆恪遵，勿得擅改控词，询情引案，滋生弊端，自坏章程而招嫌议。此次复整旧规，系凭六班协议。

如属田土、户婚、坟山、堰水、炭窑，以及庵堂寺观，凡沾泥水、

446

招佃、过耕之案,均照旧规,仍依业所里甲照办,不得以业在彼人居此里,遂照居处混扯妄争。

及本城债账未沾泥水,虽词注业抵未曾过耕者,仍规大值差办。

其各里所管省府州县客商所控之案,虽已挂立号匾而开有烟火者,规大值差办。如未开烟火者,由各管里甲差办。或有词注佃宅实系站居查实,或已讯或未讯,还规里甲,总以按实遵规为定,再者各里各甲。

本城各种案件已结未结,俟后瞒案翻控,均规原办。设原被干诉人等或上控或瞒翻,批回县中原房、原卷、原班办理,不得照瞒控准理,遂称新案而规大值。

其有三里承管里甲场分所有硃单、告示、札子,仍遵旧章,各管各送。惟肉厘、硃单、告示、札子,除上人另差外,章由旧章。

乃有洋务重件,向规案在刑房四班。□理别房则各规里甲,惟硃单公务由上人所差,不得争推。

再有道、府、镇三营经厅文书发札,仍遵旧章。盐局、老厘、新厘、保甲、矿务、招商、纺纱、银元、各局移文案情公务等件,遵依到日为定,再居怀两里。

各案已具互结,以后呈控,照新案办理,如单结仍规原办。

(第二部分系新订合约的内容)

今凭班众协议,重整旧规,原期永遵恪守,不得各逞臆见,有乱章规。倘有私行坏规、恃奸贴补、妄争各情察实,照此次加倍重罚。

如敢执拗,合众具禀请官究口,不得询情容隐。恐口无凭,特立合约三纸,三里各执一纸为据,扣有合同为据。

外批:六班各案无论双结单结,嗣后原被两告禀发,仍规原班办理,原笔批。

西城里

　　左班:苏贵、苏荣、范云、胡泰

　　右班:周明、姚贵、陈昂、王芳均有押

怀石里

　　左班:张怀、余泰、曾贵、陈泽

　　右班:柯顺、何斌、李春、王祥均有押

居义里

　　左班:朱成、秦泰、张伦、王述

　　右班:唐清、唐树、邱伦、胡寿均有押

光绪廿八年壬寅岁四月廿六日立,永敦和约人巴县三里粮班六轮领总役等同立

　　　　　　　　　　　　　　　　笔证:胡聘三

　　资料来源:巴县档案,档案:6.6.293-21

参考文献

一、中文类

[清]不著撰者:《治浙成规》,清道光十七年(1837)刊本。

[清]陈宏谋:《在官法戒录》,载[清]陈宏谋:《五种遗规》,上海:中华书局,1936。

[清]葛士浚辑:《皇朝经世文续编》,清光绪十四年(1888)图书集成局铅印本。

[清]贺长龄辑:《皇朝经世文编》,台北:国风出版社,1963。

[清]霍为棻等修:《巴县志》,清同治六年(1867)刻本。

[清]李渔辑:《新增资治新书全集》,清康熙六年(1667)据尚德堂藏版刊印。

[清]刘衡:《庸吏庸言》,清同治七年(1868)楚北崇文书局刊本。

[清]徐栋辑:《牧令书》,清同治七年(1868)江苏书局刻本。

[清]薛允升:《读例存疑》,黄静嘉重校,台北:成文出版社,1970。

[清]张廷玉等撰:《清朝文献通考》,上海:商务印书馆,1936,收入王云五主编《万有文库》重印。

[清]钟庆熙辑:《四川通饬章程》,收入沈云龙主编:《近代中国史料丛刊续编》(第 48 辑),台北:文海出版社,1977,据清光绪二十七年(1901)四川谳局刊本影印。

《钦定六部处分则例》,收入沈云龙主编:《近代中国史料丛刊》(第 34 辑),台北:文海出版社,1969,据光绪十八年(1882)上海图书集成印书局排印本。

《清会典事例》,北京:中华书局,1991,据清光绪二十五年(1899)石印本影印。

《四川档案史料》1983 年第 1 期。

《四川档案史料》1984 年第 3 期。

《四川款目说明书》,收入《近代史资料》(总第 64 号),北京:中国社会科学出版社,1987。

戴炎辉:《清代台湾之乡治》,台北:联经出版事业股份有限公司,1979。

李荣忠:《清代巴县衙门书吏与差役》,《历史档案》1989 年第 1 期,第 95—102 页。

隗瀛涛、李有明、李润苍、张力、刘传英、曾绍敏:《四川近代史》,成都:四川省社会科学院出版社,1985。

李竹溪、曾德久、黄为虎编:《近代四川物价史料》,成都:四川科技出版社,1986。

刘敏:《清代胥吏与官僚政治》,《厦门大学学报》(哲学社会科学版)1983 年第 3 期,第 75—82 页。

鲁子健:《清代四川财政史料》(上册),成都:四川省社会科学院出版社,1984。

那思陆:《清代州县衙门审判制度》,台北:文史哲出版社,1982。

四川省档案馆编:《四川省档案馆馆藏档案概述》,成都:四川省社会科学院出版社,1988。

王笛:《跨出封闭的世界——长江上游区域社会研究,1644—1911》,北京:中华书局,1993。

王国栋主编:《巴县农村经济之研究》,载萧铮主编:《民国二十年代中国大陆土地问题资料》(第 54 卷),台北:成文出版社,1977。

王廷元、魏鉴勋:《论清代蠹吏》,《辽宁大学学报》(哲学社会科学版)1989 年第 5 期,第 55—58 页。

隗瀛涛主编:《近代重庆城市史》,成都:四川大学出版社,1991。

吴吉远:《试论清代吏、役的作用和地位》,《清史研究》1993 年第 3 期,第 47—55 页。

向楚主编:《巴县志选注》,重庆:重庆出版社,1989。

赵世瑜:《两种不同的政治态度与明清胥吏的社会地位》,《政治学研究》1989 年第 1 期,第 50—56 页。

郑秦:《清代司法审判制度研究》,长沙:湖南教育出版社,1988。

周询:《蜀海丛谈》,成都:巴蜀书社,1986。

周勇、刘景修译编:《近代重庆经济与社会发展》,成都:四川大学出版社,1987。

周勇编:《重庆:一个内陆城市的崛起》,重庆:重庆出版社,1989。

朱之洪等修、向楚等纂:《民国巴县志》,台北:学生书局,1967,重印本。

二、英文类

Alabaster, Ernest. 1906. "Notes on Chinese Law and Practice Preceding Revision." *Journal of the North China Branch of the Royal Asiatic Society,* Vol. 37, pp.139−141.

Albrow, Martin. 1970. *Bureaucracy.* New York: Praeger.

Alford, William(安守廉). 1984. "Of Arsenic and Old Laws: Looking Anew at Criminal Justice in Late Imperial China." *California Law Review,* Vol. 72, No.6, pp.1180−1256.

——1986. "The Inscrutable Occidental: Implications of Roberto Unge r's Usesand Abuses of the Chinese Past." *Texas Law Review,* Vol.64, pp.915−972.

Allee, Mark A. 1994. *Law and Society in Late Imperial China, Northern Taiwan in the Nineteenth Century.* Stanford: Stanford University Press.(中译本为[美]艾马克:《十九世纪的北部台湾:晚清中国的法律与地方社会》,王兴安译,台北:播种者文化有限公司,2003)

Balazs, Etienne(白乐日). 1965. *Political Theory and Administrative Reality in Traditional China.* London: University of London.

Bendix, Reinhard. 1960. *Max Weber, An Intellectual Portrait.* Garden City: Doubleday Anchor.(中译本为[美]莱因哈特·本迪克斯:《马克斯·韦伯思想肖像》,刘北成等译,上海:上海人民出版社,2007)

Bernhardt, Kathryn(白凯), and Philip C. C. Huang(黄宗智), eds., 1994. *Civil Law in Qing and Republican China.* Stanford: Stanford University Press.

Bird, Isabella. 1987. *The Yangtze Valley and Beyond.* Boston: Beacon Press.

Bloch, Maurice. 1975. "Introduction." In *Political Language and Oratory in Traditional Society,* edited by Maurice Bloch. London: Academic Press, pp.1−28.

Bodde, Derk(卜德), and Clarence Morris. 1967. *Law in Imperial China: Exemplified by 190 Ch'ing Dynasty Cases.* Philadelphia: University of Pennsylvania Press.(中译本为[美]布迪、莫里斯:《中华帝国的法律》,朱勇译,南京:江苏人民出版社,1993)

Bourdieu, Pierre. 1979. "Symbolic Power." *Critique of Anthropology,* Vol.

4, No. 13-14, pp.77-85.

——1986. "The Forms of Capital." In *Handbook of Theory and Research for the Sociology of Education*, edited by John G. Richardson, New York: Greenwood Press, ppp.241-258.(中译文为[法]布尔迪厄：《文化资本与社会资本》，载[法]布尔迪厄：《文化资本与社会炼金术：布尔迪厄访谈录》，包亚明译，上海：上海人民出版社，1997，第189—221页)

——1989. "Social Space and Symbolic Power." *Sociological Theory,* Vol. 7, No.1, pp.14-25.(中译文为[法]彼埃尔·布尔迪厄：《社会空间与象征权力》，王志弘译，载包亚明主编：《后现代性与地理学的政治》，上海：上海教育出版社，2001，第292—314页)

——1990. *The Logic of Practice.* Stanford: Stanford University Press.(中译本为[法]皮埃尔·布迪厄：《实践感》，蒋梓骅译，南京：译林出版社，2012)

Brenan, Byron(璧利南). 1897. "The Office of District Magistrate in China." *Journal of the North China Branch of the Royal Asiatic Society,* Vol. 32, pp.36-65.

Brook, Timothy(卜正民). 1985. "The Spatial Structure of Ming Local Administration." *Late Imperial China,* Vol. 6, No.1, pp.1-55.

Brunnert, H. S., and V. V. Hagelstrom. 1978. *Present-Day Political Organization of China.* 台北：成文出版社，1978(据1912年版重印)

Buxbaum, David C.(包恒)1971. "Some Aspects of Civil Procedure and Practice at the Trial Level in Tanshui and Hsinchu from 1789 to 1895." *The Journal of Asian Studies,* Vol. 30, No.2, pp.255-279.

Chü T'ung-tsu(瞿同祖).1962. *Local Government in China Under the Ch'ing.* Cambridge: Harvard University Press.(中译本为瞿同祖：《清代地方政府》(修订译本)，范忠信、何鹏、晏锋译，北京：法律出版社，2011)

——1965. *Law and Society in Traditional China*. Paris: Mouton.(中文本为瞿同祖:《中国法律与中国社会》,北京:商务印书馆,2017)

Cole, James H.(柯慎思)1986. *Shaohsing: Competition and Cooperation in Nineteenth-Century China*. Tucson: University of Arizona Press.

Creel, H. G.(顾理雅)1964. "The Beginnings of Bureaucracy in China: the Origin of the Hsien." *Journal of Asian Studies,* Vol. 23, No.2, pp.155-184.

Deysine, Anne. 1980. "Political Corruption: A Review of the Literature."*European Journal of Political Research,* Vol. 21, No.2, pp.447-462.

Duara, Prasenjit(杜赞奇). 1988. *Culture, Power, and the State, Rural North China, 1900-1942*. Stanford: Stanford University Press.(中译本为[美]杜赞奇:《文化、权力与国家:1900—1942年的华北农村》,王福明译,南京:江苏人民出版社,1994)

Eisenstadt, S. N. 1963. *The Political Systems of Empires*. New York: The Free Press.(中译本为[美]艾森斯塔得:《帝国的政治体系》,阎步克译,贵阳:贵州人民出版社,1992)

Elman, Benjamin A.(艾尔曼)1984. *From Philosophy to Philology, Intellectual and Social Aspects of Change in Late Imperial China*. Cambridge: Harvard University Press.(中译本为[美]艾尔曼:《从理学到朴学:中华帝国晚期思想与社会变化面面观》,赵刚译,南京:江苏人民出版社,1995)

Esherick, Joseph W.(周锡瑞)and Ye Wa(叶娃). 1996. *Chinese Archives, An Introductory Guide*. Berkeley: University of California Press.

Faure, David(科大卫). 1976. "Land Tax Collection in Kiangsu Province in the Late Ch'ing Period." *Ch'ing-shih Wen-t'i*, Vol. 3, No.6, pp. 49-75.

Feuchtwang, Stephan(王斯福). 1977. "School Temple and City God." In *The City in Late Imperial China*, edited by G. W. Skinner(施坚雅),

Stanford: Stanford University Press, pp.581－608.(中译文为［英］斯蒂芬·福伊希特旺:《学宫与城隍》,载［美］施坚雅主编:《中华帝国晚期的城市》,叶光庭等译,陈桥驿校,北京:中华书局,2000,第699—730页)

Freidson, Eliot. 1968. "The Impurity of Professional Authority." In *Institutions and the Person*, edited by Howard S. and Blanche Greer Becker, David Riesman, Robert S.Weiss, Chicago: Aldine Publishing Company, pp.25－34..

——1986. *Professional Powers: A Study of the Institutionalization of Formal Knowledge*. Chicago: University of Chicago Press.

Gerth, H. H. and C. Wright Mills, eds. 1946. *From Max Weber: Essays in Sociology*. New York: Oxford University Press.

Hansson, Anders(韩安德). 1996. *Chinese Outcasts, Discrimination and Emancipation in Late Imperial China*. Leiden: E. J. Brill.

Heidenheimer, Arnold J., Michael. Johnston, and Victor T. LeVine. 1989.*Political Corruption: A Handbook*. New Brunswick: Transaction Publishers.

Hickey, Paul C.1991. "Fee－Taking, Salary Reform, and the Structure of State Power in Late Qing China, 1909－1911."*Modern China,* Vol. 17, No.3, pp.389－417.

Hsiao, Kung－chuan(萧公权). 1960. *Rural China, Imperial Control in the Nineteenth Century*. Seattle: University of Washington Press.(中译本为萧公权:《中国乡村:19世纪的帝国控制》,张皓、张升译,北京:九州出版社,2018)

Hsieh Pao－chao(谢保樵). 1925. *The Government of China, 1644－1911*. Baltimore: The Johns Hopkins Press.

Huang Liu－Hung(黄六鸿). 1984. *A Complete Book Concerning Happiness and Benevolence: A Manual for Local Magistrates in Seventeenth－Century China,* translated and edited by Djang Chu（章楚）. Tucson Ariz: University of Arizona Press.（译者注:此书为清代官员黄六鸿所撰的《福惠全书》之英译本）

Huang, Philip C. C.（黄宗智）1985. *The Peasant Economy and Social Change in North China*. Stanford: Stanford University Press.（中译本为黄宗智:《华北的小农经济与社会变迁》,北京:中华书局,2000）

——1993. "Between Informal Mediation and Formal Adjudication: The Third Realm of Qing Justice." *Modern China,* Vol. 19, No. 3, pp. 251-298.（中译文为黄宗智:《介于民间调解与官方审判之间:清代纠纷处理中的第三领域》,载黄宗智、尤陈俊主编:《历史社会法学:中国的实践法史与法理》,北京,法律出版社,2014）

——1996. *Civil Justice in China, Representation and Practice in the Qing*. Stanford: Stanford University Press.（中译本为黄宗智:《清代的法律、社会与文化:民法的表达与实践》,上海:上海书店出版社,2001）

Hummel, Arthur W.（恒慕义）ed. 1943. *Eminent Chinese of the Ch'ing Period*. Washington: United States Government Printing Office.（中译本为[美]恒慕义主编:《清代名人传略》,中国人民大学清史研究所《清代名人传略》翻译组译,西宁:青海人民出版社,1990）

Huntington, Samuel. 1968. *Political Order in Changing Societies*. New Haven: Yale University Press.（中译本为[美]塞缪尔·P. 亨廷顿:《变化社会中的政治秩序》,王冠华、刘为等译,上海:上海人民出版社,2008）

Johnston, R. F.（庄士敦）1910. *Lion and Dragon in Northern China*. Reprint, New York: Oxford University Press, 1986.（中译本为[英]庄士敦:《狮龙共舞:一个英国人笔下的威海卫与中国传统文化》,刘本森译,威海市博物馆、郭大松校,南京:江苏人民出版社,2014）

Kiser, Edgar, and Xiaoxi. Tong（童小溪）. 1992. "Determinants of the

Amount and Type of Corruption in State Fiscal Bureaucracies, An Analysis of Late Imperial China." *Comparative Political Studies,* Vol. 25, No.3, pp.300−331.

Kracke, E. A.(柯睿格) 1953. *Civil Service in Early Sung China, 960−1067.* Cambridge: Harvard University Press.

Kuhn, Philip A.(孔飞力) 1970. *Rebellion and Its Enemies in Late Imperial China, Militarizationand Social Structure, 1796 − 1864.* Cambridge: Harvard University Press.(中译本为[美]孔飞力:《中华帝国晚期的叛乱及其敌人:1796—1864 年的军事化与社会结构》,谢亮生译,北京:中国社会科学出版社,1990)

——1975. "Local Self−Government Under the Republic." in *Conflict and Control in Late Imperial China,* edited by Fredrick Wakeman and Carolyn Grant, Berkeley: University of California Press, pp.257−298.

LaPolambara, Joseph. ed. 1963. *Bureaucracy and Political Development.* Princeton: Princeton University Press.

Leff, N. H. 1964. "Economic Development Through Bureaucratic Corruption."*American Behavioural Scientist*, Vol.8, No.3, pp.8−14.

Legge, James(理雅各). 1971. *Confucius, Confucian Analects, The Great Learning and the Doctrine of the Mean.* New York: Dover.

Leys, Colin. 1965. "What is the Problem About Corruption?"*Journal of Modern African Studies,* Vol. 3, No.2, pp.214−224.

Littrup, Leif(李来福). 1981. *Subbureaucratic Government in Ming Times, A Study of Shandong Province in the Sixteenth Century.* Oslo: Universitforlaget.

Liu Wang Hui−chen(刘王惠珍). 1959. *The Traditional Chinese Clan Rules*, Monographs of the Association for Asian Studies. New York: J. J. Augustin.

Liu, James T. C.(刘子健) 1959. *Reform in Sung China; Wang An−shih*

(1021-1086) and His New Policies. Cambridge: Harvard University Press.

——1967. "The Sung Views on the Control of Government Clerks." *The Journal of the Economic and Social History of the Orient,* Vol.10, No.2-3, pp. 317-344.

Liu Cheng-yun(刘铮云). 1985. "Kuo-lu: A Sworn Brotherhood Organization in Szechuan." *Late Imperial China,* Vol. 6, No.1, pp.56-82.

Lo, Winston W.(罗文) 1982. *Szechuan in Sung China, A Case Study in the Political Integration of the Chinese Empire.* Taipei: University of Chinese Culture Press.

——1987. *An Introduction to the Civil Service of Sung China.* Honolulu: University of Hawaii Press.

Lui, Adam Y. C.(吕元聪) 1979. *Corruption in China During the Early Ch'ing Period, 1644-1660.* Hong Kong: University of Hong Kong.

Macauley, Melissa A. 1993. "The Civil Reprobate: Pettifoggers, Property, and Litigation in Late Imperial China, 1723-1850." Ph. D. dissertation, University of California, Berkeley.

——1994. "Civil and Uncivil Disputes in Southeast Coastal China, 1723-1820." In *Civil Law in Qing and Republican China,* edited by Kathryn Bernhardt and Philip C. C. Huang, Stanford: Stanford University Press, pp. 85-121.

——1998. *Social Power and Legal Culture: Litigation Masters in Late Imperial China.* Stanford, Calif.: Stanford University Press.(中译本为[美]梅利莎·麦柯丽:《社会权力与法律文化:中华帝国晚期的讼师》,明辉译,北京:北京大学出版社,2012)

Mann, Michael. 1986. *The Sources of Social Power.* Vol. 1, Cambridge: Cambridge University Press.(中译本为[英]迈克尔·曼:《社会权力的来

源》(第 1 卷),刘北成、李少军译,上海:上海人民出版社,2007)

Marsh, Robert M. 1962. "The Venality of Provincial Office in China and in Comparative Perspective." *Comparative Studies in Society,* Vol. 4, No.4, pp.454−466.

Mayers, William Fredrick(梅辉立). 1878. *The Chinese Government: A Manual of Chinese Titles Categorically Arranged and Explained.* Shanghai: American Presbyterian Mission Press.

McKnight, Brian E.(马伯良) 1971. *Village and Bureaucracy in Southern Sung China.* Chicago: Chicago University Press.

Metzger, Thomas A.(墨子刻) 1973. *The Internal Organization of Ch'ing Bureaucracy: Legal, Normative, and Communicative Aspects.* Cambridge: Harvard University Press.

Min, Tu−ki(闵斗基). 1989. *National Polity and Local Power, The Transformation of Late Imperial China.* Cambridge: Harvard University Press.

Naquin, Susan(韩书瑞). 1976. *Millenarian Rebellion in China, The Eight Trigrams Uprising of 1813.* New Haven: Yale University Press.(中译本为[美]韩书瑞:《千年末世之乱:1813 年八卦教起义》,陈仲丹译,南京:江苏人民出版社,2010)

——1981. *Shantung Rebellion, The Wang Lun Uprising of 1774.* New Haven: Yale University Press.(中译文为[美]韩书瑞:《山东叛乱:1774 年王伦起义》,刘平、唐雁超译,南京:江苏人民出版社,2009)

Nye, J. S. 1978. "Corruption and Political Development: A Cost−Benefit Analysis." In *Political Corruption, A Handbook,* edited by Arnold J. Heidenheimer et al, New Brunswick: Transaction Publishers, pp.564−578.

Ocko, Jonathan K.(欧中坦) 1983. *Bureaucratic Reform in Provincial China, Ting Jih−ch'ang in Restoration Kiangsu, 1867−1870.* Cambridge: Harvard

University Press.

——1988. "I'll Take in All the Way to Beijing: Capital Appeals in the Qing." *The Journal of Asian Studies,* Vol.47, No.2, pp.291−315.（中译文为［美］欧中坦:《千方百计上京城:清朝的京控》,载［美］高道蕴、高鸿钧、贺卫方主编:《美国学者论中国法律传统》,谢鹏程译,北京:中国政法大学出版社,1994,第566—611页）

Polachek, James. 1975. "Gentry Hegemony: Soochow in the T'ung−chih Restoration." In *Conflict and Control in Late Imperial China*, edited by Frederick Wakeman（魏斐德）and Carolyn Grant. Berkeley: University of California Press, pp.211−256.

Rankin, Mary Backus（冉玫珠）. 1986. *Elite Activism and Political Transformation in China, Zhejiang Province, 1865 − 1911.* Stanford: Stanford University Press.

Rowe, William T.（罗威廉）1993. "The Problem of 'Civil Society' in Late Imperial China." *Modern China,* Vol. 19, No.2, pp.139−157.（中译文为［美］罗威廉:《晚清帝国的"市民社会"问题》,杨念群译,载邓正来、［英］J. C.亚历山大编:《国家与市民社会:一种社会理论的研究路径》,北京:中央编译出版社,2002,第401—419页）

Susan Mann−Jones（曼素恩）and Kuhn, Philip A.（孔飞力）. 1978. "Dynastic Decline and the Roots of Rebellion." In *Cambridge History of China, Volume 10, Late Ch'ing 1800−1911, Part I,* edited by John K. Fairbank（费正清）,Cambridge: Cambridge University Press, pp.107−162.（中译文为［美］苏珊·M·琼斯、［美］菲利普·A·库恩:《清王朝的衰落与叛乱的根源》,载［美］费正清主编:《剑桥中国晚清史》（上册）,北京:中国社会科学出版社,第115—174页）

Schoppa, Keith R.（萧邦奇）1982. *Chinese Elites and Political Change:*

Zhejiang Province in the Early Twentieth Century. Cambridge: Harvard University Press.

——1989. *Xiang Lake: Nine Centuries of Chinese Life*. New Haven: Yale University Press.

Scott, James C. 1972. *Comparative Political Corruption*. Englewood Cliffs: Prentice Hall.

Shiga, Shuzo（滋贺秀三）. 1974. "Criminal Procedure in the Ch'ing Dynasty, part 1." *Memoirs of the Research Department of the Toyo Bunko,* Vol. 32, pp.1−45.

——1975. "Criminal Procedure in the Ch'ing Dynasty, part 2." *Memoirs of the Research Department of the Toyo Bunko,* Vol. 33, pp.115−138.

——1976. "Criminal Procedure in the Ch'ing Dynasty, part 3." *Memoirs of the Toyo Bunko,* Vol. 34, pp.16−26.

Shue, Vivian. 1988（许慧文）. *The Reach of the State: Sketches of the Chinese Body Politic*. Stanford: Stanford University Press.

Skinner, G. William（施坚雅）. 1977. "Cities and the Hierarchies of Local Systems." In *The City in Late Imperial China*, edited by William G. Skinner, Stanford: Stanford University Press, pp.275−352.（中译文为[美]施坚雅:《城市与地方体系层级》,载[美]施坚雅主编:《中华帝国晚期的城市》,叶光庭等译,陈桥驿校,北京:中华书局,2000,第327—417页）

Smith, Richard J.（司马富）1990. "Ritual in Ch'ing Culture." In *Orthodoxy in Late Imperial Culture*, edited by Kwang−ching Liu（刘广京）, Berkeley: University of California Press, pp. 281−310.

Sommer, Matthew H.（苏成捷）1994. "Sex, Law and Society in Late Imperial China." Ph.D Dissertation, UCLA, 1994.

Theobald, Robin. 1990. *Corruption, Development and Underdevelopment*.

Durham: Duke University Press.

Turner, C. and M. N. Hodge. 1970. "Occupations and Professions." In *Professions and Professionalization*, edited by John Jackson. Cambridge: Cambridge University Press, pp.19-50.

Unger, Roberto M. 1976. *Law in Modern Society: Toward a Criticism of Social Theory*. New York: The Free Press.(中译本为[美]昂格尔:《现代社会中的法律》,吴玉章、周汉华译,北京:中国政法大学出版社,1994)

van der Sprenkel, Sybille. 1977. *Legal Institutions in Manchu China: A Sociological Analysis*. New York: Humanities Press.(中译本为[英]S·斯普林克尔:《清代法制导论:从社会学角度加以分析》,张守东译,北京:中国政法大学出版社,2000)

van Roy, Edward. 1970. "On the Theory of Corruption." *Economic Development and Cultural Change,* Vol.19, No.1, pp.86-110.

Vandermeersch, Leon(汪德迈). 1985. "An Enquiry into the Chinese Conception of Law." In *The Scope of State Power in China*, edited by Stuart R. Schram. New York: St. Martin's Press, pp.3-35.

Vollmer, Howard M. and Donald L. Mills. 1966. *Professionalization*. Englewood Cliffs: Prentice Hall.

Watt, John R. (华璋)1972. *The District Magistrate in Late Imperial China*. New York: Columbia University Press.

——1977. "The Yamen and Urban Administration." In *The City in Late Imperial China*, edited by William G. Skinner, Stanford: Stanford University Press, pp. 353-390.(中译文为[美]约翰·R·瓦特:《衙门与城市行政管理》,载[美]施坚雅主编:《中华帝国晚期的城市》,叶光庭等译,陈桥驿校,北京:中华书局,2000,第 418—468 页)

Weber, Max. 1947. *Social and Economic Organization*. New York: The Free

Press.

——1978. *Economy and Society*. Berkeley: University of California Press. (中译文为[德]马克斯·韦伯:《经济与社会》,阎克文译,上海:上海人民出版社,2019)

Wright, Mary Clabaugh(芮玛丽). 1957. *The Last Stand of Chinese Conservatism, The T'ung‑chih Restoration, 1862‑1874*. Stanford: Stanford University Press.(中译本为[美]芮玛丽:《同治中兴:中国保守主义的最后抵抗(1862—1874)》,房德邻等,刘北成校,北京:中国社会科学出版社,2002)

Wrong, Dennis H. 1995. *Power: Its Forms, Bases, and Uses*. New Brunswick: Transaction.

Wu, Silas(吴秀良). 1970. *Communication and Imperial Control in China: Evolution of the Palace Memorial System, 1693‑1735*. Cambridge: Harvard University Press.

Zelin, Madeline(曾小萍). 1984. *The Magistrate's Tael, Rationalizing Fiscal Reform in Eighteenth‑Century Ch'ing China*. Berkeley: University of California Press.(中译本为[美]曾小萍:《州县官的银两:18世纪中国的合理化财政改革》,董建中译,北京:中国人民大学出版社,2005)

——1986. "The Rights of Tenants in Mid‑Qing Sichuan: A Study of Land Related Lawsuits in the Ba Xian Archive." *The Journal of Asian Studies*, Vol. 45, No.3, pp.499‑526.

译后记

如今摆在读者们面前的这本《爪牙：清代县衙的书吏与差役》，其英文原书出版于 2000 年，系斯坦福大学出版社推出的"中国的法律、社会与文化"（Law, Society, and Culture in China）系列丛书之一种。这套由当时任教于加利福尼亚大学洛杉矶分校（UCLA）历史系的黄宗智（Philip C. C. Huang）教授和白凯（Kathryn Bernhardt）教授联袂主编的英文学术丛书，从 1994 年至 2001 年，总共出版了 7 本，其中包括 1 本专题论文集和 6 本个人专著。① 而在那 6 本个人专著的 5 位作者当中（黄宗智教授一人撰写了其中的

---

① 除了本书，这套英文学术丛书中的其他 6 本，分别是黄宗智和白凯主编的专题论文集 *Civil Law in Qing and Republican China*，黄宗智的两本专著 *Civil Justice in China：Representation and Practice in the Qing* 和 *Code, Custom, and Legal Practice in China：the Qing and the Republic Compared*，麦柯丽（Melissa Ann Macauley）的 *Social Power and Legal Culture：Litigation Masters in Late Imperial China*，白凯的 *Women and Property in China, 960-1949*，以及苏成捷（Matthew H. Sommer）的 *Sex, Law, and Society in Late Imperial China*。

两本），除了麦柯丽（Melissa Ann Macauley），其他 4 位皆与加利福尼亚大学洛杉矶分校历史系有着深厚的学术渊源，他们分别是该丛书的两位共同主编黄宗智、白凯，以及其门下的两位弟子苏成捷（Matthew H. Sommer，现为斯坦福大学历史系教授）和本书作者白德瑞（Bradly W. Reed，现为弗吉尼亚大学历史系副教授）。在 2008 年发表的一篇长篇论文中，我曾将黄宗智、白凯、苏成捷、白德瑞等师生组成的学术群体称为"UCLA 中国法律史研究群"，并指出他们的研究在很大程度上共同推动了美国的中国法律史研究之范式转变。① 正如知名的美国中国法研究者戴茂功（Neil J. Diamant）教授在 2001 年发表的一篇英文书评当中所评论的那样，"在过去的十年间，一场智识上的地震正轰然作响地发生于中国法律史研究领域。确切地说，它的震中位于洛杉矶。正是在那里，加利福尼亚大学洛杉矶分校历史系的一些学者与博士生们，成功地从根基上动摇了数十年来关于中国（尤其是清代）法律的一些流行看法"。②

　　作为上述英文学术丛书当中的一种，本书脱胎于作为"UCLA 中国法律史研究群"之核心成员的白德瑞 1994 年提交给加利福尼亚大学洛杉矶分校的博士学位论文。除了内容方面的进一步完善，白德瑞在其博士论文之基础上后续所做的精心打磨，还体现在对书名的修改上面。相较于当初的博士论文题目"Scoundrels and Civil Servants：Clerks，Runners，and County Administration in Late

① 参见尤陈俊：《"新法律史"如何可能——美国的中国法律史研究新动向及其启示》，《开放时代》2008 年第 6 期。
② Neil J. Diamant，"Book Review：*Sex*，*Law and Society in Late Imperial China*"，*American Historical Review*，Vol.106，No.2（2001），p. 546.

Imperial China"（《无赖与公人：中华帝国晚期的书吏、差役与县级行政》），如今所用的书名 *Talons and Teeth*：*County Clerks and Runners in the Qing Dynasty*（《爪牙：清代县衙的书吏与差役》），不仅更为形象与凝练，而且也更容易为读者们所记住。

比起上述英文学术丛书中的其他几本专著，白德瑞此书的中译本出版时间要晚了许多年，[①]以至于汉语学界在过去的 20 年间对此书的了解并不多。也因此，先前虽然也有个别中国学者曾在笔下提及本书英文原版，但实际上往往只是简单列出本书的书名或者说上几句模糊的总体印象而已，真正读过本书并对其具体内容做过实质性引用和参考借鉴的，迄今屈指可数，在中国法律史学界更是如此。

现在回想起来，我自己第一次听说本书作者的名字及其对清代吏役的专门研究，是十七八年前我在武汉刚开始攻读法律史专业硕士研究生后不久。记得那时我在自己从书店中购置的《北大

---

① 在上述英文学术丛书收入的另外 5 本个人专著当中，黄宗智的两本专著早已出版了中译本，也最为中国的学者们所熟悉，亦即中国社会科学出版社 1998 年出版的《民事审判与民间调解：清代的表达与实践》（刘昶、李怀印译，该书后由上海书店出版社在 2001 年改用《清代的法律、社会与文化：民法的表达与实践》之书名重新出版）和上海书店出版社 2003 年出版的《法典、习俗与司法实践：清代与民国的比较》（张家炎译）。2014 年时，法律出版社又将上述两书作为黄宗智个人的法律史三卷本著作《清代以来民事法律的表达与实践：历史、理论与现实》中的第一卷和第二卷重印出版。白凯和麦柯丽各自的上述英文专著，也都已经在数年前出版了中译本，前者为上海书店出版社 2003 年出版的《中国的妇女与财产，960—1949》（刘昶译），后者为北京大学出版社 2012 年出版的《社会权力与法律文化：中华帝国晚期的讼师》（明辉译）。这套英文学术丛书当中目前尚未出版中译本的，只有苏成捷的《中华帝国晚期的性、法律与文化》一书（数年前我便已完成了该书的中译，但由于某些原因，中译本至今尚未正式出版）。

法律评论》第 2 卷第 1 辑里面,读到了黄宗智教授应北京大学中国
经济研究中心和北京大学法学院司法研究中心的共同邀请所做的
一场学术演讲的记录稿。在那篇题为《中国法律制度的经济史、社
会史、文化史研究》的演讲记录稿当中,黄宗智教授介绍了他正在
斯坦福大学出版社主编出版的上述那套英文学术丛书,并专门提
及白德瑞关于清代衙门胥吏的研究,指出白德瑞"使用巴县档案
'内政'部分,主要是知县处理衙门内部各房的纠纷的案件档案,对
胥吏作出了新的分析",并预告了作为该系列英文学术丛书之第六
本的"这本书也已经付印"。① 后来我又从黄宗智教授 2003 年在国
内出版的中译本《法典、习俗与司法实践:清代与民国的比较》一书
和梁治平研究员 2002 年发表的《法律史的视界:方法、旨趣与范
式》一文里面,看到他们皆有提及本书作者 2000 年在斯坦福大学
出版社出版的这本英文专著。②

　　可惜的是,我当时就读的中南财经政法大学的图书馆,以及彼
时就坐落在该校首义校区对面的湖北省图书馆,皆未购置此书英
文原版,而那时外文图书文献资料的收集渠道,又远没有今天这般
便利。不过,虽然当时尚无缘一读此书的具体内容,但我从包括上
述那些简要介绍在内的一些有限信息当中,意识到这应该是一本
相当有学术分量的专门研究清代吏役的著作。也因此,我后来在
2004 年发表的一篇论文的一个脚注里面,将此书英文版作为专门

---

① 黄宗智:《中国法律制度的经济史、社会史、文化史研究》,《北大法律评论》第 2 卷
　第 1 辑,北京:法律出版社,1999,第 374 页。
② 黄宗智:《法典、习俗与司法实践:清代与民国的比较》,上海:上海书店出版社,
　2003,第 7 页,第 216 页;梁治平:《法律史的视界:方法、旨趣与范式》,《中国文化》
　第 19、20 期合刊(2002),第 183 页。

研究了清代胥吏和差役在案件处理过程中向百姓收取陋规的做法
及其弊端的三本代表性专著予以列举,尽管当时由于未能亲见此
书,而无法做到像引用另外两本专著时那样具体到书中的页码。①

　　我当时之所以对这本据悉专门研究清代吏役的专著印象颇
深,除了看到过黄宗智教授、梁治平研究员各自对此书的简单介绍
和引用,还与另一件事情有关。2003 年时,我的硕士生导师范忠信
教授刚刚翻译出版了瞿同祖的经典名著《清代地方政府》。② 而我
本科期间在阅读中国政法大学出版社 1998 年出版的《瞿同祖法学
论著集》一书时,便看过范忠信教授分别根据《清代地方政府》英文
原书的第六章第二节和第七章选译成文、另拟题目后收入该书之
中的两篇文章《清代的刑名幕友》《清代地方司法》,得知瞿同祖早
在 1962 年便于哈佛大学出版社出版了一本书名为 *Local Government
in China Under the Ch' ing* 的英文专著。从本科阶段开始,受自己对
社会学、人类学等社会科学的浓厚学术兴趣之影响,我对那种只是
干巴巴地做法律制度梳理的研究和常常明显散发着后人揣测之味
道的法律思想史研究都兴趣不大,而是更喜欢瞿同祖那种能够将
法律史和社会史、历史学和社会学相结合的研究路数(我对瞿同祖
此种独特学术风格的最初印象,来自阅读他那本名扬学界的《中国
法律与中国社会》)。故而 *Local Government in China Under the Ch' ing*

---

① 尤陈俊:《中国传统社会诉讼意识成因解读》,载《中西法律传统》(第 4 卷),北京:
中国政法大学出版社,2004,第 317 页。我当时列出的另外两本专著是瞿同祖的
《清代地方政府》(范忠信、晏锋译,何鹏校,北京:法律出版社,2003)和吴吉远的
《清代地方政府的司法职能研究》(北京:中国社会科学出版社,1998)。
② 瞿同祖:《清代地方政府》,范忠信、晏锋译,何鹏校,北京:法律出版社,2003。法律
出版社后来又在 2011 年出版了该书的修订译本。

一书的中译本《清代地方政府》甫一出版，我便迫不及待地买来仔细拜读。在阅读该书的过程中，我对瞿同祖分专章予以讨论的清代州县政府中的五类人物（州县官、书吏、差役、长随、幕友）及衙门之外的士绅群体在清代地方政务运作（司法当然被包括在内）中的实际作用特别感兴趣。也因此，当我得知在瞿同祖上述英文专著出版近 40 年之后，又有一位学者出版了一本专门研究清代书吏和差役这些以往不怎么被中国法律史学界细致关注过的"小人物"的英文专著，便印象尤为深刻。

于我而言，上述这种仅闻其书名而不得见其书的遗憾，后来终于在 2005 年时得到了弥补。2005 年上半年，我在台湾政治大学法律学院访学期间，见到了本书的英文版，于是赶紧借出来阅读。在翻阅本书英文版时，我又找来了另一些自己先前同样是仅闻其书名而不得见其书的相关专著进行并读参考，其中包括缪全吉的《明代胥吏》和《清代幕府人事制度》①、何炳棣的 *The Ladder of Success in Imperial China*：*Aspects of Social Mobility, 1368–1911* ②、华璋（John R. Watt）的 *The District Magistrate in Late Imperial China* ③、萧公权的 *Rural*

---

① 缪全吉：《明代胥吏》，台北：嘉新水泥公司文化基金，1969；缪全吉：《清代幕府人事制度》，台北：中国人事行政月刊社，1971。

② Ping-Ti Ho，*The Ladder of Success in Imperial China*：*Aspects of Social Mobility, 1368–1911*，New York：Columbia University Press，1962。该书如今已有中译本，即何炳棣：《明清社会史论》，徐泓译注，台北：联经出版事业股份有限公司，2013（繁体字版），北京：中华书局，2019（简体字版）。

③ John R. Watt，*The District Magistrate in Late Imperial China*，New York and London：Columbia University Press，1972.

*China: Imperial Control in the Nineteenth Century*①、墨子刻(Thomas A. Metzger) 的 *The Internal Organization of Ch' ing Bureaucracy: Legal, Normative and Communication Aspects*② 等书。这番并读后所收获的思考成果,便是我当时起笔撰写、后来在 2008 年发表的一篇综述性论文《清代地方司法的行政背景》。在这篇综述性论文中,我对清人韩振在他针对清代行政体制之运作实况所做的一番评论中所区分的"显"与"隐"加以发挥,提出"显治"层面的权力集中与"隐治"层面的权力流逸交错而成的格局可以作为研究清代地方司法的一个分析框架,并在该文的结语部分写道:

> 清代的行政与司法合一,早已成为学界一个颠扑不破的常识,也因为如此,对清代地方行政实施过程中"显治"层面的权力集中与"隐治"层面的权力流逸的把握同样可以作为研究清代地方司法的分析框架(所谓"纲举目张"),或者说,前者构成研究后一具体问题时必须面对的时代背景。以往的大多数研究注意到了地方主官在清代司法中的表现("显治"层面),却没有如同晚近的一些研究那样细致地注意到书吏、衙役、幕友、长随这些"隐治"人物在司法过程中的微妙作用。瞿同祖

---

① Kung-chuan Hsiao, *Rural China: Imperial Control in the Nineteenth Century*, Seattle: University of Washington Press, 1960. 该书如今已有中译本,即萧公权:《中国乡村:论 19 世纪的帝国控制》,张皓、张升译,台北:联经出版事业股份有限公司,2014(繁体字版);萧公权:《中国乡村:19 世纪的帝国控制》,张皓、张升译,北京:九州出版社,2018(简体字版)。

② Thomas A. Metzger, *The Internal Organization of Ch' ing Bureaucracy: Legal, Normative and Communication Aspects*, Cambridge: Harvard University Press, 1973.

当年对书吏、衙役、幕友、长随这些"隐治"人物的关注,尽管就他们在清代司法中的作用多有表述,但这毕竟不是他那本杰作的重点,他所要做的,毋宁是构建清代地方行政运作的宏观图景。但瞿氏指明的这条道路也并未消沉歇绝,而是为后来的一些杰出学者在研究清代司法时所继承。张伟仁是其中的佼佼者之一。在1983年出版的一篇长文中,他以详实的史料,从法律史的角度考察了诸多"隐治"人物在清代中下层司法中的重要作用,出色地揭示了清代司法实况的另一重要面相。而十余年之后,白德瑞,一位美国的汉学研究者,基于对巴县档案的深入研究,对清代书吏与衙役在司法中的角色予以极为细致的考察(白德瑞的著作我已经在前面提及)。这些例子给我们的提示在于,对清代法制的研究,同样应该像研究清代地方行政那样,在关注"显治"层面之时,不要忘记去细致考察"隐治"层面的历史事实。①

促使我得出上述看法的最主要研究成果,正是瞿同祖的《清代地方政府》和白德瑞的此书。只是当时完全没有想到,后来我会成为白德瑞此书的中译者。而这种学术因缘,得益于黄宗智教授的牵线搭桥。记得是在2008年下半年,黄宗智教授告诉我说白德瑞此书先前已有一个初译稿,并询问我是否愿意做校译。我当时觉得校译应该比翻译需投入的精力要少,同时这本书又与我自己的研究领域高度相关,是故我平时对此领域的相关史料和研究成果

① 尤陈俊:《清代地方司法的行政背景》,载《原法》(第3卷),北京:人民法院出版社,2008,第18页。

也比较熟悉，于是便抱着借此机会再次细读此书的想法，一口答应了下来。

不过没有想到的是，当我真正开始对照英文原书来核校作者提供的那个初译稿时，却发现需投入的时间和精力要远远超过自己的预期。或许是由于初译稿的译者并非专门研究清代法律史之故，初译稿当中常常冒出一些若放回到清代情境当中便会显得颇为怪异的现代表述。而这与中国（法律）史题材英文作品之中文翻译的一些固有困难有关。

相较于一些纯粹西方理论性作品从最低程度上讲通常只要翻译得能让当代读者看懂便差不多可以算作合格，中国（法律）史题材英文作品的中文翻译并不能"放飞自我"，而是必须同时兼顾其研究对象所在的中国古代历史语境和当代读者今天的语词使用习惯，但这二者之间又常常存在张力。举例来说，白德瑞此书在谈到巴县衙门的某位书吏或差役不再担任书吏或差役时，最常使用的一个英文单词是 retire。如果直接将英文原书那些地方使用的 retire 翻译成"退休"（就像初译稿所做的那样），当代的读者或许也能大致明白其意思，但这种译法显然不符合清代的历史语境。正如本书所反复提醒的，书吏和差役在清代皆非一种官僚制意义上的职务，而是被国家看作一种向官府服的劳役。因此，如果回到清代的历史语境当中，本书英文版当中那些被与书吏或差役关联在一起的"retire"，其准确的译法应当是"役满告退"。

再加上本书与国内绝大多数中国（法律）史论著还有一个重要的不同之处，亦即本书作者常常在展开讨论时喜欢援用一些来自社会学、政治学等社会科学的概念和理论，且作者有时的英文表述又有些句式繁复，若非对那些被本书作者提及的学术论著事先皆有一定的了解，要想翻译得准确，难度相当大，一不小心，便很有可能将其所引论著的意思翻译得大为走样甚至完全相反。例如，本书作者在描述书吏和差役在巴县衙门从事的这份工作时，最常使用的一个英文单词是 occupation。但如果直接将 occupation 翻译成"职业"，那么将不仅与那种在清代正式行政制度设计中吏役所做工作被当作一种临时性劳役的官方立场相冲突（再次强调，清代吏役们的工作，在朝廷颁布的法令规章中只是被视为一种向国家提供的劳役），而且还混淆了 occupation 和 profession 在社会学意义上的微妙区分。在职业社会学当中，occupation 和 profession 乃是彼此相关但不相同的两个概念，profession 往往被认为不仅意味着拥有更多的专门知识，而且还要求具有利他性动机和自主性，故而区别于通常被翻译为"行业"的 occupation。事实上，本书作者在第二章的最后部分也曾就此做了一些简单的介绍。因此，我在斟酌再三后，决定将作者在英文原书中使用的 occupation 翻译成"营生方式"。

由于上述这些原因，我原先所预想的那种主要只是通读初译稿、感觉哪里有问题时再对照英文原文做核校的工作方式，一旦实际操作起来，很多时候常常变成了不得不逐字逐句细读英文原书并重新翻译，以尽可能地避免漏译和误译。为了能让中国读者早日了解到本书的内容，黄宗智教授后来决定请白德瑞副教授将《爪牙》一书的序言和第一章加以适当修改后，连缀成一篇独立成文的稿子，由我集中精力先将其译定，纳入黄宗智教授和我共同主编、2009 年由法律出版社出版的《从诉讼档案出发：中国的法律、社会与文化》一书先期推出，亦即收入该书之中的那篇题为《"非法"的官僚》的文章。①

随着原先预想中较快就能完工的校译实际上变成了对照英文原书逐字逐句的重译，本书的中译进度也慢了下来。2010 年，我从北京大学法学院博士毕业后，来到中国人民大学法学院任教。对于这一从学生到教师的角色转换，我最大的感触便是，自己可用来集中精力连续做同一件事的时间大大减少，自从任教后，明显感觉到可用来做学术工作的时间变得碎片化，而且还得时刻面对着教学、科研等定期考核压力，但翻译却又几乎不算成果。再加上倘若套用以赛亚·柏林（Isaiah Berlin）将学者区分为刺猬型和狐狸型的说法，我个人在学术天性上又是属于那种喜欢同时做好几件事的狐狸型，而不是专注于做一件事的刺猬型。

2015 年下半年，黄宗智教授建议由赖骏楠与我共同完成本书的最终翻译工作。于是我和赖骏楠商定，我负责从第一章往后处理，而他负责从最后一章往前面处理，然后大家在中间汇合。但当我将我俩按照前述方案各自处理后的译稿内容放在一起仔细通读时，发现了一些棘手的问题。其中的一个问题便是本书作者常常将一些内容穿插到书中不同的章节里面进行相互呼应式的写作（例如前面几章中出现的一些人物、案例，可能会在后面的好几章当中又被重新讨论，并且还提供了不同角度的新细节说明）。如此一来，若非对全书各部分内容皆有非常细致的通盘了解，则在翻译时很容易因为只着眼于某一章的讨论而发生理解偏差。除此之

---

① 黄宗智、尤陈俊主编：《从诉讼档案出发：中国的法律、社会与文化》，北京：法律出版社，2009。

外,作者贯穿全书使用的一些重要的理论概念和分析框架,在对其进行中文翻译时亦需非常细致地推敲并做全书统一处理。因此,我不得不将赖骏楠已在初译稿之基础上辛苦处理过的后几章内容,按照我自己处理前几章的老办法,又逐字逐句对照着英文原书重新翻译了一遍。而这种断断续续的工作,一直持续到 2020 年 8 月底才全部完成。

我需要向本书作者白德瑞副教授及黄宗智教授表达深深的歉意。主要由于我的拖延,中译本的交付出版晚了许多年。不过所幸的是,这本出版于 2000 年的英文专著,二十年后看起来依然有着很高的学术参考价值,并没有因为后来一些同样研究吏役的作品的陆续面世而在学术史上贬值。用著名汉学家叶山(Robin D. S. Yates)教授在 2002 年发表的一篇书评中的话来讲,此书可以说是"新兴的(中国)法律社会史领域的必备读物(essential reading in the burgeoning field of social and legal history)"之一。[1]

在我看来,迄今为止,白德瑞此书仍然是继瞿同祖的《清代地方政府》一书之后,对清代衙门吏役专门加以研究的那些作品中最具研究方法启发性的一本专著。请注意,我这里强调的是"研究方法启发性"。这是因为,在白德瑞此书英文版出版后到如今中译本面世之间的这二十年当中,也有一些中外学者在这个问题的研究上发表和出版了自己的研究成果(其中的一些研究甚至已经精细到完全聚焦于巴县衙门中某一位特定的书吏身上展开探讨),但坦

---

[1] Robin D. S. Yates, "Book Review: *Talons and Teeth: County Clerks and Runners in the Qing Dynasty*, and: *Sex, Law, and Society in Late Imperial China*", *Journal of Interdisciplinary History*, Vol.33, No.3(2002), p. 515.

率地说,管见所及,后来的绝大多数研究作品所做的推进,主要在于史料文献之利用、史实细节之揭示等方面的进一步拓展与丰富,其学术贡献基本上限于史学领域。相较而言,白德瑞此书以清代(主要是光绪朝)巴县衙门的吏役为研究对象,不仅进行了细致的史实挖掘,而且还直接与马克斯·韦伯(Max Weber)等重要学者的社会科学理论进行对话并加以反思。而后一特点使得本书的学术贡献并不限于历史学界,而是还扩展到了社会科学界,对于我们深入理解官僚制、国家与社会之关系、话语分析等社会科学所关心的重要问题皆富有学术启发性。

如果具体就其对中国法律史研究的学术启发而言,那么可以说,本书的上述这种学术风格,鲜明体现了黄宗智教授20世纪90年代从社会经济史研究领域进军中国法律史研究领域以来一直倡导的学术进路。用黄宗智教授当初在为上述那套英文学术丛书所写的总序中所强调的几大要点来讲,那就是,既充分利用诉讼案件档案,又采用新的学术理论和方法,在对法律制度的研究中注重结合社会史和文化史,并且尤其关注其中展现出来的实践与表达之可能背离。又或者用黄宗智教授在为这套由广西师范大学出版社出版的"实践社会科学系列"丛书所写的总序中的话来进行更为简练的概括,白德瑞此书乃是一本"具有重要理论含义"的经验研究著作。

表达我对本书中译工作在手上拖了许多年后方才完工之歉意的最好方式,乃是尽自己最大的努力保证中译本的学术质量。为此,除了逐字逐句地对照着英文原书进行重新翻译以确保忠于作者原意,我所做的工作主要还有如下几个方面。

第一，撰写了 30 多个"译者注"，添加在本书相应的脚注当中。这些总字数合计超过 7000 字的"译者注"，不仅对书中使用的一些普通读者或许不大了解的重要概念、术语加以解释，例如"咽噜""厘金""社区（community）""话语形构（discursive formation）"等，而且还为书中提及的一些历史细节补充了有助于普通读者加深理解的背景性知识说明，例如清朝作为催科定章的"自封投柜"之制所使用的木柜。此外，我还找到英文原书中直接引用的一些史料原句所在的全文内容，例如光绪三十四年七月中旬四川总督赵尔巽发布的饬文《督宪通饬各属整顿史治文》里面与裁撤代书有关的文字原文，以"译者注"的形式在相应脚注中补充呈现，以帮助普通读者更好地理解其意思。

第二，利用各种途径，尽可能地核对书中所引用的巴县档案史料。白德瑞副教授为我们提供了书中直接引用的大部分巴县档案原文，这大大减轻了将原书中那些被翻译成英文的直接引文内容和人名回译成中文的难度。而对那些在英文原书中显示是直接引用但白德瑞副教授如今已找不到当年查资料时的笔记、故而无法提供中文史料原文的地方，我们采取从英文译文进行回译的方式。

尽管书中所引用的（主要是光绪朝）巴县档案史料目前绝大部分都尚未被整理出版，而新冠肺炎疫情期间又无法前往成都到四川省档案馆查阅巴县档案原件并进行核对，但我还是尽最大可能地利用了一些已经整理出版的巴县档案、巴县县志及四川档案馆网站上可供查阅的巴县档案编目（可惜的是，该网站上提供的只是编目，且只有一部分能看到）做了核对。这番功夫没有白费，纠正了作者当初由于误认巴县档案的一些原文文字而在英文原书中出现的错误。例如,英文原书第二章和第四章当中皆多次提及的巴县知县"Zhang Feng",其姓名为"张铎",而并非作者提供给我的"张锋";第三章中重点讨论的巴县衙门工房经书"Lu Lixiang",其姓名为"卢礼卿",而并非作者提供给我的"卢礼乡";第三章当中经常提到的巴县衙门工房经书"Jiang Tingqi",与第六章当中提及的巴县衙门工房经书"Jiang Congzhai",实际上是同一个人,其姓名为"蒋听齐";第五章当中重点讨论的巴县衙门领役宋超,在英文原书中被误写为"Song Zhao";第五章当中提及的巴县知县"Zhou Beiqing",其姓名为"周兆庆",而并非作者提供给我的"周北庆"。英文原书中存在的上述这些人名识读错误,皆源于巴县档案原件上以繁体书写的下列前一个字与后一个字——"鐸"与"鋒"、"卿"与"鄉"、"聽齊"与"聰齋"、"兆"与"北"——看上去极为相似。

第三,对于一些在西方社会科学界常见但中国(法律)史学界目前尚不甚熟悉的理论概念,在翻译成中文时做了更贴近中国读者之语词使用习惯的处理。例如,英文原书第三章当中经常出现的一对学术名词即"patron"和"client",以及由这两个术语构成的学术概念"patron-client relations",我并没有像政治学界的一些学者那样将它们分别译为"恩庇者""侍从者""恩庇—侍从关系",而是选择了更为通俗易懂的中文译法,亦即译为"庇护人""被庇护人""庇护关系"。

第四,对英文原书个别章节的标题在翻译时做了适当的处理。例如,英文原书第一章的标题与第七章第一节的标题一模一样,皆为"Illicit Bureaucrats",为了避免混淆,我从第七章第一节的内容当中选取了该节乃至整本书的核心概念之一即"非正式的正当性",

作为该节的新标题;英文原书第三章第二节之下的第一个标题,与第五章第一节之下的第二个标题表述雷同,皆为"Patrons and Clients",为了在目次上能显得有所区别,我将前一个标题翻译为"庇护关系",而将后一个标题翻译为"庇护人与被庇护人"。

第五,在书末的参考文献部分当中,为那些先前已被翻译成中文发表/出版的文献添加了中译文/中译本的各自详细信息,以期有助于感兴趣的中国读者能够找来进行更有效率的延伸阅读。此外,还改正了英文原书中一些写错了的文献信息。例如,H. S. Brunnert 和 V. V. Hagelstrom 合著的 *Present-Day Political Organization of China* 一书,英文原书将其中的"of"误写为"in",现予改正;Ernest Alabaster 所写的"Notes on Chinese Law and Practice Preceding Revision"一文,乃是刊发于 1906 年印行的 *Journal of the North China Branch of the Royal Asiatic Society*(《皇家亚洲文会北中国支会会刊》)第 37 卷上面,英文原书中误将其刊发时间写成 1960 年,现予改正。又如,本书第一章当中引用了杜赞奇(Prasenjit Duara)提出的一个著名观点,即认为民国时期那些业已变成所谓的"营利型国家经纪(entrepreneurial state brokers)"的低级别行政办事人员在人数上的增多及其所做出的种种掠夺性行为,最终导致了一种可称之为"国家政权内卷化(state involution)"的发展模式,并由此造成了国民党政府的正当性丧失。杜赞奇的上述看法乃是出自其 *Culture, Power, and the State, Rural North China, 1900-1942*(《文化、权力与国家:1900—1942 年的华北农村》)一书的第三章,并非本书英文版中所写的第二章,故现予改正。

第六,本书作者未写明其作者/编者、具体版本等信息的一些被引中文史料，我尽可能地予以补充完整，并将书中所引的所有中文文献在参考文献部分单独编为一类，以与外文文献相区分。例如，英文原书中只是写为"*Huangchao jinshi wenxubian（Supplement to the Collected Qing Memorials on Statecraft*"的一书，我将其还原并补充为"［清］葛士浚辑：《皇朝经世文续编》，清光绪十四年（1888）图书集成局铅印本"的完整文献信息。此外，我还对英文原书中一些可能有误的被引中文史料信息做了核查与更正。例如，本书多处引用了清代名臣刘衡的《庸吏庸言》一书，而作者在英文原书中所列出的该书版本信息，只写了该书的刊行时间为1827年。但我遍查了《庸吏庸言》的不同版本信息，皆未发现该书有刊行于1827年（道光七年）的版本。刘衡（1776—1841）在道光五年（1825）六月任巴县知县，后于道光七年（1827）十月升任成都遗缺知府，补保宁府，兼署川北道。目前所见《庸吏庸言》一书最前面有刘衡本人所写、落款为道光十年（1830）的自序，该书自道光年间以来曾多次重刊，其中最具代表性的为清同治七年（1868）楚北崇文书局刊本和清同治七年（1868）江苏书局刻本。结合这些信息，我怀疑本书作者在换算成公元纪年时，可能误将同治七年（1868）当作了道光七年（1827）。因此，我将书中引用的《庸吏庸言》版本信息统一修改变更为清同治七年（1868）楚北崇文书局刊本，并根据该版本对英文原书中引用《庸吏庸言》的文字内容做了原文核实，以及添加了新的被引页码。

第七，从一些已影印出版的巴县档案选编、官箴书、清末的《点石斋画报》等史料中选取了若干张档案原件照片、书页和图画，作为中译本封面设计的素材与书内的插图。例如，书内的首张插图，便是我在翻阅了全部的《点石斋画报》后,所选出来的一张与本书研究主题恰好契合的图画。又如,书内插图中的那两张某人自愿投充巴县衙门捕役的投充状和巴县衙门两位捕头为该人作保的保状,乃是我在翻阅《清代巴县档案整理初编·司法卷·乾隆朝(一)》(四川省档案馆编,成都:西南交通大学出版社,2015)时所发现的。此外,为了让这些插图与本书内容更好地相互映照,我将那些巴县档案原件、书页和图画中的关键文字或全部文字录出,以方便读者阅读。

上述工作全部完成后,我自己又将全书中译稿反复通读了很多遍,并做了进一步的修改完善。同时,赖骏楠也对全书中译稿进行了通读检查,并针对英文原书中一些不容易翻译的语句表述提供了更妥帖的中文译法。在此之前,赖骏楠曾请对巴县档案有研究的娄敏(时为上海交通大学历史系博士生,现为上海工程技术大学马克思主义学院讲师)读过一部分初译稿,娄敏提供了一些建议。为了尽最大可能地确保中译本的质量,我又邀请了对清代法律史有专门研究的中山大学法学院杜金副教授,以及我自己所指导的两位博士研究生孙一桢和黄骏庚,从读者的角度对出版社排版后的中译稿清样进行了通读。他(她)们在通读清样后,不仅为我指出了译稿中存在的一些错别字、漏字和衍字,而且还反馈了颇多有用的建议。尤其是杜金副教授,向我指出了译稿中存在的数处有可能会引发读者误解的重要文字。他(她)们的反馈和建议,使中译本的质量得以提高,在此谨致谢忱。

我还要对广西师范大学出版社的刘隆进编辑致以诚挚的谢意。他不仅一直在以最快的速度推动本书的出版,而且既宽容又巧妙地对我加以及时督促,包括但不限于发微信朋友圈预(hua)告(shi)进(cui)度(gao)。若非隆进兄的鼓励和督促,本书的交付出版恐怕将会晚上一些时间。尤其让我惭愧和感动的是,隆进兄以极大的耐心,包容了我在每次核校纸样时都忍不住还要再做许多改动的文字洁癖,以至于他一次又一次地从我手上拿回的,都是我用红笔改得密密麻麻的校样,甚至还超出了通常的校次。

作为本书的译者,我和赖骏楠两人虽然先前都曾各自翻译出版过不少作品,但自来译事难为,尤其是中国(法律)史题材英文论著这种穿梭于"古""今""中""西"之间的学术论著,要想翻译得"信""达""雅"兼具,其难度极大。本书的翻译,虽然我们尽了最大的努力,但自知仍不免会存在一些问题,尚祈读者海涵。若有可能,更希望有心的读者能向我们具体反馈指出,以待本书将来若有机会重版时予以订正。

尤陈俊

2021 年 1 月 31 日夜完稿于中国人民大学明德法学楼办公室

2021 年 3 月 20 日最后改定